Rüdiger Götte

Das 1x1 der fundamentalen Aktienanalyse

Ein Lehr- und Arbeitsbuch
für Anfänger und Fortgeschrittene

Rüdiger Götte

DAS 1x1 DER FUNDAMENTALEN AKTIENANALYSE

Ein Lehr- und Arbeitsbuch
für Anfänger und Fortgeschrittene

ibidem-Verlag
Stuttgart

Bibliografische Information der Deutschen Nationalbibliothek
Die Deutsche Nationalbibliothek verzeichnet diese Publikation in der
Deutschen Nationalbibliografie; detaillierte bibliografische Daten sind im
Internet über http://dnb.d-nb.de abrufbar.

Bibliographic information published by the Deutsche Nationalbibliothek
Die Deutsche Nationalbibliothek lists this publication in the Deutsche Nationalbibliografie;
detailed bibliographic data are available in the Internet at http://dnb.d-nb.de.

∞

Gedruckt auf alterungsbeständigem, säurefreien Papier
Printed on acid-free paper

ISBN-13: 978-3-8382-0599-1

© *ibidem*-Verlag
Stuttgart 2015

Vorwort zur zweiten Auflage
– Was sich verändert hat!

Geschäftsberichte bilden mit ihren Finanzinformationen die zentrale Grundlage zur Beurteilung der Chancen und Risiken von Unternehmen. Welch große Bedeutung den Finanzinformationen innerhalb der Geschäftsberichte zukommt, hat die jüngste Wirtschafts- und Finanzkrise gezeigt, als deren Mitauslöser die falsche Einschätzung von Risiken gilt. Allerdings kann man den heutigen Geschäftsberichten kaum mangelnde Transparenz vorwerfen. So hat sich ihr durchschnittlicher Umfang in den letzten Jahren deutlich erhöht. Manche Berichte erreichen einen Umfang von mehr als 400 Seiten. Dies ist nicht alleine Schuld der Unternehmen, sondern letztlich ein Spiegelbild der Schnelllebigkeit und Komplexität heutiger Geschäftsvorfälle. So ist die Erschließung neuer Märkte durch Unternehmenszusammenschlüsse ebenso die Regel geworden wie Verkäufe von Unternehmensteilen zwecks Konzentration auf das Kerngeschäft. Beispielsweise erwarb Bayer im Juni 2002 die Aventis CropScience und schloss damit im Pflanzenschutzmarkt zur Weltspitze auf. Die Bayer AG überführte zunächst ihr klassisches »Chemiegeschäft« und Teile des Polymergeschäftes in die Lanxess AG. Die Lanxess AG wurde schließlich am 28. Januar 2005 von der Bayer AG abgetrennt. Im März 2006 kündigte Bayer ein Übernahmeangebot für die Schering AG an. Nach der erfolgreichen Übernahme wurde die Schering AG im Dezember 2006 umbenannt in BayerSchering Pharma AG.

Obendrein werden die Geschäftsberichte immer »dicker«, weil es immer komplexere Mitarbeitervergütungs- und Kundenverträge gibt, die in den Geschäftsberichten erläutert werden müssen. So schreibt z.B. die Bayer AG in ihren Geschäftsbericht 2012 (S. 136), dass sie im Rahmen des konzernweiten Short-Term-Incentive-Programms über 700 Mio. € an variablen Einmalzahlungen an ihre Beschäftigten vorgesehen hat. Zudem führen auch die vielen neuen Finanzaktionen zu weiterem Erklärungsbedarf.

Damit die Geschäftsberichte die aktuelle Unternehmensentwicklung widerspiegeln, werden von den Unternehmen heute nicht nur umfangreichere, sondern vor allem aktuellere Informationen gefordert. Deswegen werden immer mehr Bilanzpositionen zu ihrem aktuellen Zeitwert (Fair Value) anstatt zu ihren historischen Anschaffungs- und Herstellungskosten bewertet. Das Problem ist, dass der aktuelle Zeitwert von den Unternehmen geschätzt werden muss. Daher sind diese Werte – im Vergleich zu historischen Wertansätzen – unsicherer und können leichter bilanzpolitisch verzerrt werden. Darüber hinaus kann durch eine regelmäßige Aktualisierung der aktuellen Zeitwerte ein bislang unbekanntes Ausmaß an Gewinnvolatilität entstehen. Aus diesem Grund ist heute der Gesamtgewinn eines Unternehmens anders zu definieren und zu interpretieren als noch vor knapp einem Jahrzehnt.

Deshalb habe ich auch den Aufbau dieses Buches für die zweite Auflage grundlegend verändert. Hauptsächlich betrifft dies die Ausführungen über den Geschäftsbericht. Dessen Aufbau entspricht jetzt im Wesentlichen der üblichen Gliederung eines Geschäftsberichtes. So möchte ich Sie in die Lage versetzen, sich besser in einem Geschäftsbericht zurechtzufinden. Da die wenigsten Privatanleger die Zeit haben, sich 100 oder mehr Positionen aus den Bilanzen eines Unternehmens anzusehen, werde ich Ihnen in diesem Kapitel zeigen, wie Sie selektiv einen Geschäftsbericht lesen, um nicht ob der Fülle der Informationen das Wesentliche aus den Augen zu verlieren. Beispielsweise hat der Geschäftsbericht der Bayer AG des Geschäftsjahres 2012 296 Seiten. Dieser Geschäftsbericht stellt die Grundlage für die Erläuterungen zur fundamentalen Aktienanalyse in diesem Buch dar. Er ist kostenlos erhältlich bei der Bayer AG (www.investor.bayer.de). Die wesentlichen Informationen für die fundamentale Aktienanalyse der folgenden Seiten sind diesem Bericht entnommen. Dazu werden anhand eines Auszuges aus dem Bayer-Geschäftsbericht die praxisrelevanten wichtigsten Merkmale aktueller Geschäftsberichte erklärt. Zusätzlich wurden einige neue Kennzahlen eingeführt, die heute große Bedeutung haben. Außerdem wurde die Berechnung der Kennzahlen übersichtlicher gestaltet. Dabei wurde Wert darauf gelegt, dass der Leser die Berechnung der Kennzahlen leicht nachvollziehen kann.

Dr. Rüdiger Götte
November 2014

Vorwort zur ersten Auflage

Häufig bleibt dem Kleinanleger an der Börse nur ein französisches Sprichwort übrig: »Ein Schelm, wer Böses dabei denkt!« Dieses Sprichwort hat an der Börse das Zeug dazu, ein Leitsatz der Kleinanleger zu werden.

Meistens werden nämlich durch Börsenanalysten die Kleinanleger in eine Aktie getrieben, indem die Messlatte der Erwartungen an eine Firma auf rekordträchtige Höhen getrieben wird. Verfehlt nun das Unternehmen diese Erwartung, zeigt man sich enttäuscht und senkt den Daumen zum Verkauf. Dieses Verhalten von Börsenanalysten ist nichts anderes als ein umsatz- und provisionsfördernder Aktionismus ohne fundamentale Begründung. Hier liegt vielmehr der Verdacht nahe, dass Eigeninteresse mit von der Partie ist. Zudem lassen oftmals Kursprognosen von Analysten Zweifel an deren fachgerechter Ausbildung aufkommen. Ein Sprichwort an der Börse sagt: »Wer nichts wird, wird Wirt. Und wer nichts ist? Wird Analyst.«

Vielleicht ist dies zu hart formuliert, aber ist der Börsenanalyst wirklich die Kompassnadel, die den Weg durch das Dickicht des Börsendschungels zeigt? Ist der Börsenanalyst wirklich der Unparteiische, der die Spreu vom Weizen trennt? Oder ist der Börsenanalyst nichts anderes als ein Verkäufer, der zuerst die Taschen seiner Auftraggeber und damit nicht zuletzt auch die eigenen füllt?

Schlägt man in einem Wörterbuch nach, was eigentlich Analyse bedeutet, so bekommt man folgende Aussage: Unter Analyse versteht man die systematische Untersuchung eines Gegenstandes bzw. Sachverhaltes. Doch wie sorgfältig können Analysen von Börsenanalysten schon sein, wenn sie wenige Minuten nach der Veröffentlichung von teilweise komplexen Umsatz- und Gewinnzahlen zu einem für das Unternehmen teilweise vernichtenden Urteil kommen? Ist dies nicht vielmehr eine Art Bauernfängerei?

Ferner sind viele Vermögensberater und letztlich auch Medien auf Finanzanalysten angewiesen, um ihre Kunden bzw. Leser oder Zuschauer mit vermeintlicher Kompetenz zu beeindrucken.

Das wohl bekannteste Beispiel für den Eigennutz von Analysten sind die im Jahr 2000 vielfach erstellten Analysen von Internetunternehmen, wo viele Unternehmen als besonders vielversprechend dargestellt wurden, die in Wirklichkeit keinerlei langfristige Geschäftsperspektive hatten. Aufgrund solcher Analysen sind zum Beispiel in Amerika einige namhafte Brokerhäuser ins Fadenkreuz der Justiz geraten.

Sie fragen sich nun sicherlich, warum ich Ihnen dies alles überhaupt erzähle. Möchte ich vielleicht nur mein Buch besonders marktschreierisch anpreisen? Nein, das ist nicht der Grund; ich möchte Ihnen vielmehr die Augen dafür öffnen, dass an der Börse (fast) nichts ohne Hintergedanken geschieht. Zudem sind häufig für die großen Investmenthäuser am Markt die Kleinanleger nur Manövriermasse, die es in die eine oder andere Richtung zu bewegen gilt.

Das Wissen darum sollten Sie bei jeder Anlageentscheidung berücksichtigen. Gönnen Sie also jeder Meldung und Empfehlung noch einen zweiten oder dritten Blick, und bleiben Sie kritisch, wenn es jemand auf den ersten Blick allzu gut mit Ihnen meint.

Nur die Anleger, die wissen, wie man eine fundamentale Aktienanalyse erstellt, haben die Chance, eine Analystenmeinung einzuordnen und sich so ein eigenes Bild von dem Geschehen zu machen, damit sie eben nicht mehr nur die dumme Manövriermasse der Analysten sind. Hierzu gibt es ein schönes Sprichwort: »Wissen ist Macht« – und in diesem Fall auch Geld. Darum möchte ich dem Anleger mit meinem Buch das Wissen für die fundamentale Aktienanalyse vermitteln.

Für die freundliche Unterstützung bei den Recherchearbeiten zum vorliegenden Band möchte ich dem Diplom-Ingenieur Hans-Jürgen Götte danken. Des Weiteren bedanke ich mich für die Überlassung einiger Screenshots bei www.onvista.de. Zusätzlich danke ich der Bayer AG für die freundliche Überlassung der Daten aus dem Geschäftsbericht 2001.

Dr. Rüdiger Götte

Inhaltsverzeichnis

Vorwort zur zweiten Auflage – Was sich verändert hat! V

Inhaltsverzeichnis...IX

Abbildungsverzeichnis...XIV

Tabellenverzeichnis..XVI

1 Einleitung... 1

2 Vorauswahl eines Unternehmens für die fundamentale Aktienanalyse 5

3 Ablauf der fundamentalen Aktienanalyse... 13

4 Geschäftsbericht.. 15
4.1   Was ist ein Geschäftsbericht? 15
4.2   Woher bekommt man einen Geschäftsbericht?..............................21
4.3   Wie ist ein Geschäftsbericht aufgebaut?......................................22
   4.3.1   Brief an die Aktionäre...28
   4.3.2   An unsere Aktionäre...29
   4.3.3   Konzernlagebericht 35
      4.3.3.1   Corporate-Governance-Bericht 50
      4.3.3.2   Wertorientiertes Management 52
         4.3.3.2.1   Return-on-Capital-Employed (RoCE, Kapitalrendite) 53
         4.3.3.2.2   Konzept des Cashflow-Return-on-Investment (CFRoI).... 55
         4.3.3.2.3   Economic-Value-Added-Konzept (EVA-Konzept) 55
   4.3.4   Konzernabschluss...57
      4.3.4.1   Konsolidierungsmethoden von Tochterunternehmen 58
         4.3.4.1.1   Vollkonsolidierung von Tochterunternehmen nach der Erwerbsmethode...................................... 58
            4.3.4.1.1.1   Erstkonsolidierung nach der Buchwertmethode........ 59
            4.3.4.1.1.2   Goodwill bzw. Badwill.............................. 61
            4.3.4.1.1.3   Folgekonsolidierung nach der Erwerbsmethode........ 64
         4.3.4.1.2   Kapitalkonsolidierung nach der Equity-Methode........... 68
      4.3.4.2   Bilanz...70
         4.3.4.2.1   Aufgaben der Bilanz.. 71
         4.3.4.2.2   Bilanzierungsrichtlinien 71

4.3.4.2.3   Gliederung der Bilanz 72

    4.3.4.2.3.1   Aktiva 73

        4.3.4.2.3.1.1 Langfristige Vermögenswerte
               (Anlagevermögen) 73

        4.3.4.2.3.1.2 Kurzfristige Vermögenswerte
               (Umlaufvermögen) 75

    4.3.4.2.3.2   Passiva 76

        4.3.4.2.3.2.1 Eigenkapital 76

        4.3.4.2.3.2.2 Fremdkapital 77

4.3.4.3   Gesamtergebnisrechnung 78

    4.3.4.3.1   Gewinn- und Verlustrechnung 81

    4.3.4.3.2   Gesamtergebnisrechnung (sog. IFRS-
           Erfolgsrechnung)... 84

4.3.4.4   Eigenkapitalentwicklung....................................... 86

4.3.4.5   Kapitalflussrechnung oder Finanzierungsrechnung 90

4.3.5   Konzernanhang 98

    4.3.5.1   Anlagegitter bzw. -spiegel 100

4.3.6   Bestätigungsvermerk des Abschlussprüfers 104

5   Analyse von Produkten und Dienstleistungen 107

6   Untersuchung des Branchen- und Wettbewerbsumfeldes sowie der Unternehmensstrategie 111

7   Allgemeiner Überblick über das betrachtete Unternehmen 117

8   Finanz- und erfolgswirtschaftliche Analyse (Bilanzanalyse)...................... 121

8.1   Einleitung 121

8.2   Strukturanalyse 123

    8.2.1   Vermögensstrukturanalyse 124

        8.2.1.1   Kennzahlen der Vermögensstrukturanalyse 124

    8.2.2   Kapitalstrukturanalyse 128

        8.2.2.1   Kennzahlen der Kapitalstrukturanalyse 128

    8.2.3   Finanzstrukturanalyse 131

        8.2.3.1   Kennzahlen der Finanzstruktur............................ 132

    8.2.4   Strukturanalyse für den Beispielsfall der Bayer AG............ 133

8.3   Finanzanalyse.. 140

    8.3.1   Liquiditätsanalyse.. 140

        8.3.1.1   Liquiditätskennzahlen 140

    8.3.2   Cashflow.. 142

        8.3.2.1   Cashflow-Kennzahlen 143

    8.3.3   Finanzanalyse für den Beispielsfall der Bayer AG 144

8.4   Erfolgsanalyse 146

    8.4.1   Wirtschaftlichkeitsanalyse...................................... 146

8.4.2 Rentabilität 149

    8.4.2.1 Die Eigenkapitalrentabilität 150

    8.4.2.2 Gesamtkapitalrendite 150

    8.4.2.3 Betriebsrentabilität 151

    8.4.2.4 Umsatzrentabilität 152

    8.4.2.5 Return-on-Investment-Konzept 152

8.4.3 Erfolgsanalyse für den Beispielsfall der Bayer AG 155

8.5 Zukunftsvorsorge 158

8.5.1 Anwendung auf den Beispielsfall der Bayer AG 160

8.6 Abschließende Beurteilung des Unternehmens Bayer AG 162

8.7 Schnellverfahren zur Ermittlung der Solidität und Finanzkraft eines Unternehmens 166

8.7.1 Exkursion: Bonität 166

    8.7.1.1 Messung der Bonität eines Schuldners 166

    8.7.1.2 Wie kommt es zu Bonitätsveränderungen? 168

    8.7.1.3 Auswirkungen einer Bonitätsveränderung 168

8.7.2 Schnelltest zur Prüfung von Solidität und Finanzkraft eines Unternehmens 169

    8.7.2.1 Anwendung des Schnelltests für unser Beispiel Bayer AG .. 171

9 Aktien- und kursbezogene Kennzahlen 173

9.1 Aktienbezogene Kennzahlen 173

9.2 Kursbezogene Kennzahlen 175

9.2.1 Dividendenrendite 175

9.2.2 Kurs/Buchwert-Verhältnis 176

9.2.3 Q-Ratio 177

9.2.4 Kurs-Gewinn-Verhältnis und Kurs-Cashflow-Verhältnis 177

    9.2.4.1 Kurs-Gewinn-Verhältnis 177

        9.2.4.1.1 Einschub: PEG 180

    9.2.4.2 Kurs-Cashflow-Verhältnis 180

    9.2.4.3 Klassifizierung von Substanz- und Wachstumsaktien 181

9.2.5 Kurs-Umsatz-Verhältnis 183

9.2.6 EBIT und EBITDA 183

10 Methoden zur Berechnung des fairen Aktienkurses 187

10.1 Traditionelle bzw. relative Bewertungsverfahren 188

10.1.1 Das Kurs-Gewinn-Verhältnis (KGV) 188

10.1.2 Price/Earnings to Growth Ratio (PEG) 189

10.1.3 Enterprise-Value-Verfahren (EV) 190

10.1.4 Beispiel für die Bewertung eines Unternehmens mittels
Multiplikatorenverfahren 192
10.2 Moderne Bewertungsverfahren 195
10.2.1 Das Substanzverfahren 196
10.2.2 Das Ertragsverfahren 196
10.2.3 Das Dividend-Discount-Modell 199
10.2.4 Das Discounted-Cashflow-Verfahren (DCF-Methode) 199
    10.2.4.1   Der Entity-Ansatz 199
    10.2.4.2   Equity-Ansatz 201
10.2.5 Beispiel für die Anwendung moderner Bewertungsmethoden 201
    10.2.5.1   Beispiel für moderne Bewertungsmethoden basierend
auf dem Cashflow 201
        10.2.5.1.1 Discounted Cashflow (DFC) 202
    10.2.5.2   Beispiele für moderne Bewertungsmethoden basierend
auf dem Gewinn je Aktie 206
        10.2.5.2.1 Ertragsmethode 206
        10.2.5.2.1 Modifizierte Ertragsmethode 209
        10.2.5.2.3 Gewinn je Aktie / KGV-Modell 211
        10.2.5.2.4 Berechnung des fairen Wertes mithilfe von
Internetkalkulatoren 217
    10.2.5.3   Der faire Wert eines Unternehmens 217
10.3 Relative Bewertungsmethoden im Vergleich zu modernen
Bewertungsmethoden am Beispiel der Bayer AG 219
10.4 Abschließende Bewertung der Berechnungsverfahren 220

11 Anlagestrategien 223
11.1 Einleitung 223
11.2 Wichtige Aktienregeln 223
11.3 Informationssuche für die Aktienstrategien 224
11.4 Indexbezogene und nichtindexbezogene Aktienstrategien 225
11.4.1 Indexbezogene Strategien 225
    11.4.1.1   Strategie Dividendenrendite 226
    11.4.1.2   Nach Marktkapitalisierung bzw. Big-10-Strategie 230
    11.4.1.3   Nach Kurs-Umsatz-Verhältnis 230
    11.4.1.4   Strategie Aggressives Wachstum 231
    11.4.1.5   Wert-Strategie 231
    11.4.1.6   Wachstums-Strategie 232
    11.4.1.7   Vergleich der indexbezogenen Strategien 233
11.4.2 Nichtindexbezogene Aktienstrategien 234
    11.4.2.1   Variation der Reinganum-Strategie 234
    11.4.2.2   Grahams Aktienstrategie 235

12 Goldene Regeln der fundamentalen Unternehmensanalyse 237

13 Schlusswort 239

14 Literaturverzeichnis 243

15 Glossar.. 245

16 Stichwortverzeichnis.. 259

Abbildungsverzeichnis

Abbildung 1:   Auszug aus dem Brief des Vorstandsvorsitzenden der Bayer AG
(Geschäftsbericht 2012, S. 1ff.) 28

Abbildung 2:   Auszug aus dem Bericht des Aufsichtsrates der Bayer AG (S. 45 im
Geschäftsbericht 2012) 30

Abbildung 3:   Auszug aus dem Bericht des Aufsichtsrates der Bayer AG (S. 45 im
Geschäftsbericht 2012) 30

Abbildung 4:   Kennzahlen zur Bayer-Aktie (Geschäftsbericht 2012, S. 49) 32

Abbildung 5:   Auszug aus dem Konzernlagebericht der Bayer AG zum Thema Strategie
(Geschäftsbericht 2012, S. 59ff.) 36

Abbildung 6:   Auszug aus dem Konzernlagebericht der Bayer AG zum Thema
wirtschaftliches Umfeld (Geschäftsbericht 2012, S. 64ff.) 36

Abbildung 7:   Auszug aus dem Lagebericht der Bayer AG zum Thema wirtschaftliches
Umfeld (s. S. 61ff. im Geschäftsbericht 2012) 37

Abbildung 8:   Wachstum der Branche im Vergleich zum Teilkonzern
(Geschäftsbericht 2012, S. 61, 68, 74 und 77) 39

Abbildung 9:   Auszug aus dem Lagebericht der Bayer AG zum Thema CropScience
(Geschäftsbericht 2012, S. 74–76) 39

Abbildung 10: Auszug aus dem Lagebericht der Bayer AG zum Thema Gewinn- und
Verlustrechnung (Kurzfassung) (Geschäftsbericht 2012, S. 82) 41

Abbildung 11: CVA für die Teilkonzerne (Geschäftsbericht 2012, S. 87) 43

Abbildung 12: Auszug aus dem Lagebericht der Bayer AG zum Thema Kapitalflussrechnung
(Kurzfassung) (Geschäftsbericht 2012, S. 87) 45

Abbildung 13: Auszug aus dem Lagebericht des Bayer-Konzerns zum Thema
Nettofinanzverschuldung (Geschäftsbericht 2012, S. 89) 46

Abbildung 14: Auszug aus dem Lagebericht des Bayer-Konzerns zum Thema Bilanz
(Kurzfassung) (Geschäftsbericht 2012, S. 90) 47

Abbildung 15: Auszug aus dem Konzernlagebericht der Bayer AG zum Thema Umsatz-
und Ergebnisprognose (Geschäftsbericht 2012, S. 161ff.) 49

Abbildung 16: Auszug aus dem Corporate-Governance-Bericht der Bayer AG 2012
(Geschäftsbericht 2012, S. 118) 51

Abbildung 17: Auszug aus dem Konzernlagebericht der Bayer AG zum Thema
Kapitalkostenansatz (Geschäftsbericht 2012, S. 85) 54

Abbildung 18: Ursprüngliche Beispielsbilanzen für die Erstkapitalkonsolidierung nach
der Erwerbsmethode 65

Abbildung 19: Erstkonsolidierung der Tochtergesellschaft nach der Erwerbsmethode 66

Abbildung 20: Folgekonsolidierung nach der Erwerbsmethode 67

Abbildung 21: Ausschnitt aus dem Anlagegitter Finanzanlagen am 31.12.2002 nach
Buchwertmethode 68

Abbildung 22: Ausschnitt aus dem Anlagegitter Finanzanlagen am 31.12.2003 nach
               Buchwertmethode 69

Abbildung 23: Konzernbilanz Bayer (Geschäftsbericht 2012, S. 168) 72

Abbildung 24: Gewinn- und Verlustrechnung des Bayer-Konzerns (
               Geschäftsbericht 2012, S. 166) 82

Abbildung 25: Gesamtergebnisrechnung Bayer-Konzern (Geschäftsbericht 2012, S. 167) 85

Abbildung 26: Eigenkapitalentwicklung der Bayer AG 88

Abbildung 27: Kapitalflussrechnung des Bayer-Konzerns (Geschäftsbericht 2012, S. 169) 91

Abbildung 28: Ermittlung der liquiden Mittel für den Bayer-Konzern 2012 97

Abbildung 29: Auszug Kapitalflussrechnung InBev. N. V. 2008 97

Abbildung 30: Auszug aus dem Konzernanhang der Bayer AG
               (Geschäftsbericht 2012, S. 168) 98

Abbildung 31: Anlagespiegel immaterielle Vermögenswerte (Geschäftsbericht, S. 225) 101

Abbildung 32: Anlagegitter Sachanlagen der Bayer AG 104

Abbildung 33: Auszug aus dem Konzernlagebericht der Bayer AG zum Thema
               Bestätigungsvermerk (Geschäftsbericht 2012, S. 284) 106

Abbildung 34: Auszug aus dem Prognosebericht zum Teilkonzern CropScience
               der Bayer AG (S. 160 im Geschäftsbericht 2012) 114

Abbildung 35: Auszug aus dem Prognosebericht zum Teilkonzern HealthCare
               der Bayer AG (S. 160 im Geschäftsbericht 2012) 114

Abbildung 36: Auszug aus dem Prognosebericht zum Teilkonzern MaterialScience
               der Bayer AG (S. 160 im Geschäftsbericht 2012) 115

Abbildung 37: Allgemeiner Überblick über die Bayer AG Teil 1 118

Abbildung 38: Allgemeiner Überblick über die Bayer AG Teil 2 118

Abbildung 39: Fremdkapitalstruktur der Bayer AG 129

Abbildung 40: Ermittlung des ordentlichen Betriebsergebnisses für die Bayer AG 151

Abbildung 41: Ermittlung des betriebsnotwendigen Vermögens für die Bayer AG 152

Abbildung 42: Return-on-Investment-Konzept für die Bayer AG 154

Abbildung 43: Bayer AG im Überblick 163

Abbildung 44: Entwicklung der prognostizierten Gewinne für ein Beispielsunternehmen 197

Abbildung 45: Present Value unseres Beispielsunternehmens 197

Abbildung 46: Navigationsleiste Onvista, Quelle: Onvista 226

Abbildung 47: Eingabemenü Quelle: Onvista 227

Abbildung 48: Ergebnis-Liste. Quelle: Onvista 228

Tabellenverzeichnis

Tabelle 1:   Warum Bayer? 10

Tabelle 2:   Die wichtigsten Unterschiede in den Rechnungslegung der Bilanzen
              nach HGB, IAS und US-GAAP 18

Tabelle 3:   Allgemeiner Aufbau eines Geschäftsberichts................................... 25

Tabelle 4:   Beispiel zur Berechnung des RoCE der Bayer AG 54

Tabelle 5:   Berechnung des CFRoI für die Bayer AG.. 55

Tabelle 6:   Aufschlüsselung des Unterschiedsbetrages per 31.12.2002............... 69

Tabelle 7:   Nebenrechnung für den Unterschiedsbetrag zum 31.12.2003........... 69

Tabelle 8:   Nebenrechnung zur Fortschreibung des Beteiligungswertes zum 31.12.2003.... 69

Tabelle 9:   Gewinnrücklagenveränderung für das Jahr 2012 89

Tabelle 10:   Veränderung des Eigenkapitals zum 31.12.2012 90

Tabelle 11:   Wichtige Positionen im Konzernanhang 99

Tabelle 12:   Geschäftsfelder der Bayer AG einschließlich wichtigster Produkte................ 108

Tabelle 13:   Kennzahlen zur Vermögensstrukturanalyse für Bayer AG 134

Tabelle 14:   Kennzahlen der Kapitalstrukturanalyse für die Bayer AG 135

Tabelle 15:   Kennzahlen der Finanzanalyse der Bayer AG 136

Tabelle 16:   Kennzahlen für die Finanzanalyse Bayer-Konzern 145

Tabelle 17:   Intensitäten zur Wirtschaftlichkeit für Bayer AG 148

Tabelle 18:   Intensitäten für die Bayer AG 155

Tabelle 19:   Rentabilitätskennzahlen für die Bayer AG....................................... 157

Tabelle 20:   Kennzahlen zur Zukunftsvorsorge der Bayer AG 161

Tabelle 21:   Ratingsymbole 167

Tabelle 22:   Schnellverfahren zur Unternehmensbewertung............................. 170

Tabelle 23:   Kriterien für die Einordnung in Substanz- und Wachstumsaktien 181

Tabelle 24:   EBIT und EBITDA der Bayer AG (Geschäftsbericht 2012, S. 82ff.) 184

Tabelle 25:   Cashflow je Aktie der Bayer AG (Quelle: www.onvista.de)................ 202

Tabelle 26:   modifizierter Netto-Cashflow für die Bayer AG 204

Tabelle 27:   Abdiskontierte mod. Netto-Cashflows für die Bayer AG................ 205

Tabelle 28:   Gewinn je Aktie für die Bayer AG (Quelle: bwinvestment.de)............ 207

Tabelle 29:   Geschätzter Gewinn je Aktie für die Bayer AG................................ 208

Tabelle 30:   Abdiskontierter Gewinn je Aktie für die Bayer AG 209

Tabelle 31:   Geschätzter Gewinn je Aktie für die Bayer AG mit Berücksichtigung der
              Eintrittswahrscheinlichkeit der Gewinnprognose 210

Tabelle 32:   Abdiskontierter Gewinn je Aktie für die Bayer AG
              (mit Diskontierungsfaktor 3 %)... 211

Tabelle 33:   Umsatzerlöse der Bayer AG der letzten fünf Jahre 214

Tabelle 34:   KGV-Aufschlag für Umsatzwachstum 214

Tabelle 35:   Geschätzter Gewinn je Aktie für die Bayer AG 216

Tabelle 36:   KGV der Bayer AG (Quelle: www.onvista.de) 216

Tabelle 37:   Berechnung des fairen Aktienkurses mithilfe eines Internetkalkulators 217

Tabelle 38:   Fairer Wert der Bayer AG nach verschiedenen Berechnungsmodellen 218

Tabelle 39:   Relative Kennzahlen für die Bayer AG, Teil 1 (Quelle: www.onvista.de) 219

Tabelle 40:   Relative Kennzahlen für die Bayer AG Teil 2 (Quelle: www.onvista.de) 219

Tabelle 41:   Beispieldepot für die Dividendenstrategie 229

Tabelle 42:   Beispieldepot für Dividendenstrategie mit fünf Aktien 229

Tabelle 43:   Statistische Daten der Big-10-Strategie 230

Tabelle 44:   Statistische Daten der Strategie Kurs-Umsatz-Verhältnis 231

Tabelle 45:   Statistische Daten für die Strategie Aggressives Wachstum 231

Tabelle 46:   Statistische Daten der Wert Strategie 232

Tabelle 47:   Statistische Daten der Wachstums-Strategie 232

Tabelle 48:   Vergleich der indexbezogenen Strategien 233

1   Einleitung

Welcher Mensch träumt nicht vom großen Geld, einem Leben in Reichtum und Luxus? Und nirgends scheint dieser Wunsch heutzutage leichter realisierbar zu sein als an der Börse. Kurssteigerungen von mehreren hundert Prozentpunkten waren bis ins Frühjahr 2001 am Neuen Markt eher die Regel als die Ausnahme. Dauerurlaub als Lebenskonzept rückte damit in greifbare Nähe. Leider lauern dicht neben gigantischen Gewinnen auch katastrophale Abstürze. So fiel beispielsweise der Neue-Markt-Index (NEMAX All Share) von 8.544 (Datum: 10.03.2000) auf 462 Punkte am 13.09.2002, also um mehr als 90 %[1]. Manch frisch gebackener Anleger musste die bittere Erkenntnis machen, für kurze Zeit reich gewesen zu sein, um kurz darauf sein gesamtes Vermögen wieder zu verlieren – was für ihn heißt: Außer Spesen nichts gewesen.

Aus diesem Beispiel ersieht man, dass die meisten Anleger seltsamerweise an der Börse exakt das Gegenteil dessen tun, was sie im täglichen Leben tun würden. Je höher die Kurse steigen, je teurer also die Aktien sind, desto eher sind sie zu Käufen bereit. Obwohl dies jeglicher Vernunft widerspricht, denn in Phasen allgemeiner Aktienbegeisterung sind die Verlustrisiken am größten. Genau dieses seltsame Verhalten der Anleger veranlasste den amerikanischen Journalisten Charles H. Dow (1851-1902) schon vor mehr als 100 Jahren zu dem Spruch: »Der größte Fehler der Anleger ist: Sie achten auf den Kurs einer Aktie statt auf ihren Wert.«

Um den Wert einer Aktie zu erkennen, entwickelten die Analysten ein ausgefeiltes Instrumentarium, nämlich die fundamentale Aktienanalyse. Dabei geht die fundamentale Aktienanalyse von der Hypothese aus, dass die Bewertung einer Aktiengesellschaft durch den Markt, d.h. den Aktienkurs, mehr oder weniger stark um den inneren Wert des Unternehmens herumpendelt. Dabei gilt: Ein Unternehmen kann immer nur so viel wert sein wie die gegenwärtigen und zukünftigen Gewinne.

Zudem geht die fundamentale Aktienanalyse davon aus, dass früher oder später fundamental günstige Aktien im Aktienkurs steigen werden. Als besten Beweis für die Gültigkeit der fundamentalen Aktienstrategie kann man wohl den legendären Erfolg des amerikanischen Aktiengurus Warren Buffet und seiner Investmentgesellschaft Berkshire Hathaway anführen, welche er streng nach den Grundsätzen der fundamentalen Aktienanalyse managt.

---

[1]   Diese hohen Kursverluste führten dazu, dass der Neue-Markt-Index schließlich am 28.02.2003 eingestellt wurde, d.h., dieses Marktsegment existiert nicht mehr.

Doch kommen wir nun zurück zu dem Privatanleger: Welchen Nutzen bringt ihm die fundamentale Aktienanalyse? Der Privatinvestor strebt bei seiner Kapitalanlage in Aktien gewöhnlich nach einer absoluten Performance, für ihn besteht der Nutzen seiner Investition in Aktien vor allem aus Kurssteigerungen und erhaltenen Dividenden. Im Prinzip möchte er die Aktien möglichst billig kaufen und teuer wieder verkaufen. Genau dabei hilft ihm die fundamentale Aktienanalyse. Mit ihr kann der Privatinvestor erkennen, ob eine Aktie billig oder teuer ist.

Darum eröffnet dieses Buch dem Anleger das Geheimnis der fundamentalen Aktienanalyse. Dazu werden dem Anleger zunächst alle notwendigen Grundkenntnisse vermittelt. So erlernt der Privatinvestor anhand des Geschäftsberichtes des Unternehmens Bayer AG, einen Geschäftsbericht zu lesen. Im nächsten Schritt wird ihm erläutert, was eine Bilanz, eine Gewinn- und Verlustrechnung, ein Lagebericht usw. ist. Zudem lernt der Privatinvestor einen Konzernabschluss zu lesen. Er erfährt dabei unter anderem, was Goodwill-Abschreibungen sind.

Mit diesem Rüstzeug und Wissen kann dann die eigentliche fundamentale Aktienanalyse beginnen. Im Rahmen der fundamentalen Aktienanalyse wird dem Privatanleger auch gezeigt, wie man eine Bilanzanalyse durchführt. In der Literatur wird die Bilanzanalyse meistens als Synonym für die Auswertung eines Geschäftsberichtes verwendet. Das Ziel der Bilanzanalyse ist es, herauszufinden, wie die gegenwärtige und zukünftige Ertragskraft und die finanzielle Stabilität eines Unternehmens sind. Als Auswertungsinstrument werden dazu Kennzahlen verwendet. Kennzahlen liefern Erkenntnisse über die wirtschaftliche Lage und Entwicklung des Unternehmens als Ganzes sowie in komprimierter Form auch prägnante Einsichten in Teilbereiche eines Unternehmens. Daher vermitteln Kennzahlen ein Bild der Situation, lassen Interdependenzen erkennen und decken Schwächen und Stärken eines Unternehmens im Betriebs- und Zeitvergleich auf. Um die Bilanzanalyse mittels Kennzahlen besonders anschaulich zu erklären, wird jeder Schritt am Beispiel der Bayer AG erklärt.

Nach Abschluss der Bilanzanalyse, welche relativ umfangreich und zeitaufwendig ist, wird dem Anleger ein alternatives Verfahren aufgezeigt, das die Bilanzanalyse zu substituieren vermag, da es dieselben Ergebnisse liefert.

Letztlich zeigen beide Analysen, ob für das betrachtete Unternehmen eine Insolvenzgefahr besteht oder nicht. Für die fundamentale Aktienanalyse kommen nämlich nur Aktien von Unternehmen infrage, bei denen keine Insolvenzgefahr besteht.

Im letzten Schritt wird nun anhand der Bayer AG aufgezeigt, wie man mit einfachen Mitteln den fairen Aktienkurs berechnet. Dabei gilt: Ist der gegenwärtige Aktienkurs unterhalb des fairen Aktienkurses, so ist die Aktie fundamental unterbewertet. Im anderen Fall wäre sie fundamental überbewertet und nach Ansicht der fundamentalen Aktienanalyse nicht mehr kaufenswert.

Zum Abschluss des Buches stelle ich Ihnen noch einige besonders erfolgreiche fundamentale Aktienstrategien vor.

2 Vorauswahl eines Unternehmens für die fundamentale Aktienanalyse

Häufig werde ich gefragt: Wie findet man eigentlich ein für ein Investment interessantes Unternehmen? Schließlich kann eine Unternehmensanalyse nur dann gewinnbringend sein, wenn man interessante Unternehmen findet. Somit kommt dem Auffinden von entsprechenden Unternehmen eine ebenso zentrale Rolle zu wie der eigentlichen fundamentalen Aktienanalyse. Vorab sei gesagt, dass es leider kein Patentrezept für das Auffinden von attraktiven Unternehmen gibt. Deswegen besteht ein maßgeblicher Teil der wertschöpfenden und kreativen Tätigkeit bei der fundamentalen Aktienanalyse darin, sich immer neue Kanäle (z.b. Internetforen, Zeitungen usw.) zu erschließen, um potenziell interessante Unternehmen zu finden. Sie sollten auch über den Tellerrand schauen, d.h. lesen Sie nicht nur Wirtschaftspublikationen, sondern auch Technikmagazine usw. So geben die Technikmagazine, wie z.b. C't, häufig frühzeitig Hinweise auf sich abzeichnende neue Trends. So berichtete z.b. die C't frühzeitig über den sich abzeichnenden Siegeszug des mobilen Internets.

Meiner Ansicht nach sollte bei der Vorauswahl der Unternehmen der Fokus auf dem Geschäftsmodell und weniger auf Fundamentaldaten oder Aktienbewertungen[2] liegen. Denn eine Vorauswahl nach Aktienbewertungen führt oftmals zu den sog. »Value Traps«. Dies sind nur scheinbar günstige Unternehmen, bei denen die günstigen Fundamentaldaten oft über einen Mangel im Geschäftsmodell oder schlechte Zukunftsaussichten hinwegtäuschen.

Viele interessante Unternehmen lassen sich einfach durch ihre Präsenz im Alltag auffinden. Dies bezieht sich zum einen auf ihre Produkte, die wegen der Preispolitik, Qualität, Medienpräsenz oder aktueller Trends auffallen. Manchmal wird man auch durch die Berichterstattung über ein Unternehmen oder einen Trend in den Medien auf Investitionsmöglichkeiten aufmerksam. Zudem ist es ratsam, ein Netzwerk mit anderen Investoren aufzubauen, um Ideen auszutauschen.

---

[2] Denkbar wäre z.b. eine Liste mit allen europäischen Unternehmen mit einer EBIT-Marge von mehr als 10 %, einer Verschuldung (Gearing) von weniger als 50 %, einer Eigenkapitalrendite von 10 % und einem KGV kleiner von 15. Hier rückt der Fokus auf rein quantitative Faktoren, allerdings bekommt man so eine schnelle Auswahl von attraktiv bewerteten Unternehmen mit soliden Fundamentaldaten. Als besonders geeignete Kombinationen von Fundamentaldaten haben sich in der Praxis bewährt: KGV in Kombination mit Gewinnwachstum, KBV mit Gegenüberstellung der Eigenkapitalrendite oder das EV/EBITDA mit der EBITDA-Marge.

Ein Privatinvestor sollte allerdings nur Aktien von Unternehmen kaufen, deren Produkte oder Dienstleistungen er versteht, d.h. deren Geschäfte er versteht. Unternehmen, deren Produkte oder Dienstleistungen ein Privatinvestor nicht kennt oder versteht, scheiden damit sofort aus[3].

Ziel der Vorauswahl eines Unternehmens für die fundamentale Aktienanalyse ist es, die besten unter den vielen tausend gehandelten Unternehmen an der Börse zu finden. Deswegen ist es ratsam, im Zweifelsfall eher gegen als für ein Unternehmen zu stimmen. Nach welcher Art von Unternehmen sucht man also? Ich lasse mich von dem Grundsatz leiten: Das Geschäftsmodell und die Produkte des zu bewertenden Unternehmens müssen verständlich und nachvollziehbar sein, nur dann ist eine genaue Analyse durchführbar! Hier sind von besonderem Interesse folgende Arten von Unternehmen:

1. Hersteller kurzlebiger Produkte mit bekannten Markennamen, wie z.B. Wrigley, Coca-Cola, L'Oreal, Procter & Gamble (Gillette), Unilever, Nestlé usw.

   Unternehmen dieser Gruppe stellen Produkte mit relativ kurzen Lebenszyklen her. Verkauft z.B. Gillette einen Rasierer, so wird der Kunde immer wieder neue, passende Rasierklingen kaufen müssen. Das heißt, das Unternehmen sichert sich durch den Verkauf des Rasierers zusätzliche wiederkehrende Verkäufe von Klingen. Ein anderes Beispiel ist Nestlé mit der Einführung von Nespresso gelungen: Jede verkaufte Kaffeemaschine garantiert dem Unternehmen weitere Kapselverkäufe.

2. Anbieter von Produkten, die immer gekauft werden müssen, wie z.B. Bayer, E.ON, Deutsche Telekom, Abertis (Betreiber von Autobahnen) usw.

   Selbst in wirtschaftlich schwierigen Zeiten müssen die Konsumenten diese Produkte nachfragen. So ist die aus der Schweiz stammende Vetropack-Gruppe ein gutes Beispiel für diese Gruppe von Unternehmen. Die Vetropack-Gruppe stellt u.a. Glasverpackungen für die Getränke- und Lebensmittelindustrie her. Sicherlich kennen sie den Spruch: »*Gegessen und getrunken wird immer.*« Während es nicht gesichert ist, dass Kunden auch in wirtschaftlichen Abschwüngen zu teuren Markenprodukten (wie. z.B. von Unilever oder Nestlé) greifen, so ist es doch wahrscheinlich, dass auch in der

---

[3] Beispielsweise kauften zu Zeiten des Neuen Marktes (um 2000) viele Investoren das Unternehmen BioDATA, weil sie glaubten, das Unternehmen sei in der Biotechnologie tätig, die gerade boomte. Tatsächlich war es allerdings ein Softwareunternehmen. Wie blind manchmal in Zeiten der Euphorie die Anleger sind, zeigt sich daran, dass das Unternehmen bei ca. 23,5 Mio. € Umsatz und Verlust in der Spitze mit über 2 Mrd. € an der Börse bewertet war.

tiefsten Rezession Getränke und Lebensmittel verpackt werden müssen. Entsprechend verdient die Vetropack-Gruppe als Verpackungslieferant mit.

3. Unternehmen, deren Produkte aufgrund von Markenname, Image, Technik oder Qualität mit einem deutlichen Aufschlag am Markt verkauft werden können, wie z.b. Apple, LVMH, Audi, Tiffany & Co usw.

   In dieser Kategorie trifft man hauptsächlich Unternehmen an, die Luxusartikel oder Life-Style-Produkte anbieten. So können z.b. Tiffany & Co, LVMH dank ihres Image und ihrer Produktqualität hohe Preise durchsetzen.

4. Anbieter von Produkten, die wegen externen Einflüssen und Regulierungen nachgefragt werden müssen, wie z.b. Rosenbauer, Geico usw.

   So kommt z.b. keine Kommune, Stadt oder kein Flughafen ohne eine moderne Flotte an Löschfahrzeugen aus. In diese Lücke stößt der österreichische Löschfahrzeughersteller Rosenbauer. Zudem wirtschaftet das Unternehmen in einem Oligopol aus einigen wenigen Anbietern weltweit. Ein anderes Unternehmen ist die Allianz. So ist laut Gesetz in Deutschland jeder Autofahrer verpflichtet, eine Autoversicherung abzuschließen.

5. Unternehmen, deren Produkte über eine hohe Skalierbarkeit verfügen, d.h. deren Grenzkosten gegen null streben, wie z.b. SAP, Microsoft, Pfizer usw.

   In diese Gruppe werden z.b. Softwareunternehmen eingeordnet, da sich ihre Produkte, wenn sie einmal entwickelt wurden, quasi ohne weitere Kosten vervielfältigen lassen. Problematisch an Softwareunternehmen ist, dass sie schwer zu analysieren sind, weil der Unternehmenserfolg häufig an wenigen Produkten und Innovationen hängt. Verschläft das Management einen Trend, kann das ganze Unternehmen auf der Kippe stehen. Beispielsweise kämpft Microsoft immer noch um den Anschluss an das mobile Zeitalter. So laufen die Produkte des Unternehmens auf Smartphone oder Tablet eher selten. Ebenfalls zu dieser Gruppe zählen die Hersteller von Pharmazeutika. Zu Beginn fallen zwar hohe Kosten für Forschung und Entwicklung an, welche sich aber nach Markteinführung durch geringe Stückkosten pro Pille amortisieren.

6. Anbieter des günstigsten Produktes in einem Markt, wie z.B. Walmart, Amazon usw.

   Nicht nur ein Markenname ist ein Alleinstellungsmerkmal, auch der günstigste Anbieter in einem Markt zu sein, kann ein solches Merkmal sein. Der Onlinehändler Amazon hat durch sein ausgeklügeltes Logistiknetz und seine Größe einen Kostenvorteil gegenüber seinen Mitbewerbern. Walmart hat durch sein gigantisches Umsatzvolumen von mehr als 400 Mrd. $ eines der höchsten Einkaufsvolumen weltweit und sichert sich dadurch Vorteile im Einkauf.

7. Anbieter von langlebigen Gütern, wie Daimler, BMW usw.

Innerhalb dieser Gruppe werden mitunter hohe Umsätze (z.b. mit Häusern, Waschmaschinen, Autos usw.) erzielt. Allerdings benötigt der Konsument selten mehr als eine Einheit dieser Produkte. Dementsprechend sind die Wiederkaufszyklen weit gestreckt. Zudem werden von Konsumenten in Abschwungphasen größere Investitionen in langlebige Güter eher aufgeschoben.

Ein anderer interessanter Ansatz ist die A-Z-Analyse. Bei der A-Z-Analyse wird ganz simpel eine Liste von Unternehmen dem Alphabet nach von A bis Z zusammengestellt und ausgewertet. Die Grundgesamtheit kann dabei eine Liste aller nationalen oder internationalen Unternehmen enthalten. So erklärte Warren Buffett in einem Interview seinen Ansatz, schlichtweg jedes börsennotierte Unternehmen in den USA anzusehen. Der verschreckte Reporter sagte erstaunt: »But there's 27.000 public companies«, worauf Buffet erwiderte: »Well, start with A's.«

Sie sehen schon, dieser Ansatz erfordert hohen Zeiteinsatz und Ausdauer. Da in der Regel die wenigsten Privatinvestoren diesen Aufwand leisten können, habe ich die A-Z-Analyse abgewandelt, damit sie schneller zum Ziel führt. Dabei orientiere ich mich an der Brancheneinordung der großen Indices, insbesondere des Euro-Stoxx 50. So bekommt man einen repräsentativen Überblick über die Wirtschaft. Danach wähle ich aus jeder Branche die besten Unternehmen aus. Dazu stelle ich mir folgende Frage: Hat das Unternehmen einen bekannten Markennamen in seiner Branche? Schließlich wird die Rentabilität eines Unternehmens durch seine Marktposition und das Kostenmanagement bestimmt.

Als die Extremposition einer ausgeprägten Marktposition ist natürlich das Monopol zu nennen. Dies ist allerdings in der Realität wegen Wettbewerbs- und Regulierungsgründen in Reinform selten vorzufinden. Darum gilt es, nach abgeschwächten Formen von Monopolen zu suchen, also nach Unternehmen mit einem Alleinstellungsmerkmal, wie einem bekannten Markennamen. Beispielsweise ist der Markenname der Coca-Cola Company in weiten Teilen der Welt einer der bekanntesten. Deshalb kann kaum ein Restaurant oder Supermarkt darauf verzichten, Produkte von Coca-Cola anzubieten, ohne Gefahr zu laufen, Ertragseinbußen hinzunehmen. Dem Management der Coca-Cola Company ist es gelungen, die Brause von einem simplen Getränk zu einem Life-Style-Produkt mit eigener Botschaft (»köstlich und erfrischend«) zu entwickeln. Deswegen verfügt das Unternehmen über Marktmacht, die es ihm erlaubt, Kostensteigerungen an die Kunden weiterzugeben und so nachhaltig hohe Renditen zu erzielen.

Andere Unternehmen mit bekannten Markennamen sind z.B.: Bayer (Aspirin), Beiersdorf (Nivea), BMW, VW, Daimler (Mercedes-Benz), Porsche, Metro (Media-Saturn-Gruppe), aber auch Amazon, Microsoft (Windows) oder Google. Traut man sich als Privatinvestor nicht zu entscheiden, ob ein Unternehmen einen bekannten Markennamen hat, so muss man auf die jährlich publizierten Hitlisten der bekanntesten Markennamen zurückgreifen. Solche Hitlisten werden veröffentlicht von Agenturen wie beispielsweise Interbrand[4]. Diese Hitlisten werden in Zeitungen oder im Internet veröffentlicht. Die Idee hinter diesem Kriterium ist, dass Marken buchstäblich Gold wert sind und ein Garant für die Stabilität von Gewinnen.

Als nächstes sollte Sie sich der Frage zuwenden: Ist das Unternehmen der Herrscher innerhalb seiner Branche? Dabei gilt: Ist ein Unternehmen nicht die Nummer 1 in seiner Branche bzw. seinem Markt, dann gehört es auch nicht in die Vorauswahl. Viele Laien verfallen nämlich dem Irrtum und setzen auf die Nummer 2, weil sie glauben, dass die Nummer 2 noch »Aufholpotenzial« hat. Dies ist ein großer Irrtum. Sie würden ja auch beim Pferderennen nicht auf die Nachzügler setzen.

Beispielsweise ist Google die Nummer 1 bei den Internetsuchmaschinen und gehört somit zur Vorauswahl. Auch Yahoo gehört zu den Marktführern bei den Internetsuchmaschinen, allerdings ist der Abstand zu Google beträchtlich. Obwohl Yahoo noch Marktführer bei der Verwaltung von E-Mail-Accounts ist, gehört es nicht zur Vorauswahl, da es derzeit einige fundamentale Probleme hat.

Allerdings kann eine Nummer 1 auch seinen Platz an der Sonne verlieren! Die Geschichte ist voll von sog. »Fallen Angels«, großen Marken, die durch Managementfehler oder äußere Einflüsse an Ansehen verloren haben. Beispielsweise war Nokia in den 1990er Jahren die Nummer 1 im Handymarkt (fast jedes zweite verkaufte Handy stammte von Nokia) und gehörte somit zur Vorauswahl. Allerdings »verschlief« das Management wichtige Entwicklungen im Handymarkt, wie z.B. Smartphones und Apps. Aus diesem Grund verlor Nokia seine Marktführerschaft an Samsung und Apple. Wie schwer die Krise von Nokia war, zeigt sich daran, dass Nokia im September 2013 seine Handysparte komplett an Microsoft verkauft hat. Deswegen sollte der Anleger sich von Zeit zu Zeit fragen: Welches Verhalten und welche Einstellungen bewirken das finanzielle Ergebnis des Unternehmens? Mit anderen Worten: Wie hat sich die Branche verändert, in der das Unternehmen tätig ist? Beispielsweise wurde durch das Internet der Zeitungsmarkt grundlegend verändert, sodass viele Traditionshäuser mit sinkenden Einnahmen bzw. Verlusten zu kämpfen haben.

---

[4]   Internetadresse: www.interbrand.ch.

Letztlich ist es egal, in welcher Branche ein Unternehmen tätig ist. Solange es ein Branchenführer ist, wie z.b. Samsung, lohnt sich ein Blick auf das Unternehmen. In vielen Branchen, so zum Beispiel in der Automobilbranche, gibt es keinen wirklichen Herrscher. Deswegen sind Daimler oder VW, trotz ihrer offensichtlichen Qualitäten, keine Herrscher der Branche. In solchen Fällen kann man dieses Kriterium für die Branche nicht anwenden. Für solche Branchen gilt, dass man sich auf Unternehmen konzentrieren sollte, die über bekannte Marken verfügen. Bedenken Sie dabei immer: Ein Unternehmen wird in der Regel zum Marktführer, weil es das bessere Unternehmen ist und die besseren Produkte hat.

Bei meiner Vorauswahl nach attraktiven Unternehmen bin ich auf die Bayer AG gestoßen. Sie überzeugte mich aus den folgenden Gründen:

Tabelle 1:   Warum Bayer?

Allgemeines:
Bayer ist ein weltweit tätiges Unternehmen mit Kernkompetenzen auf den Gebieten Gesundheit, Ernährung und hochwertige Materialien. Dies bedeutet, dass die Bayer AG in sehr attraktiven Geschäftsbereichen tätig ist. Diese Bereiche versprechen für die Zukunft ein Wachstum und hohe Ertragskraft, weil Gesundheit und Ernährung Megatrends sind. Daneben sollte wegen des Klimawandels der Bereich hochwertige Materialien zulegen können, weil hier viele Produkte zur Energieeffizienz bzw. zur Vermeidung von CO_2, wie Dämmstoffe oder leichte Materialien, entwickelt werden.

Aufbau der Bayer AG

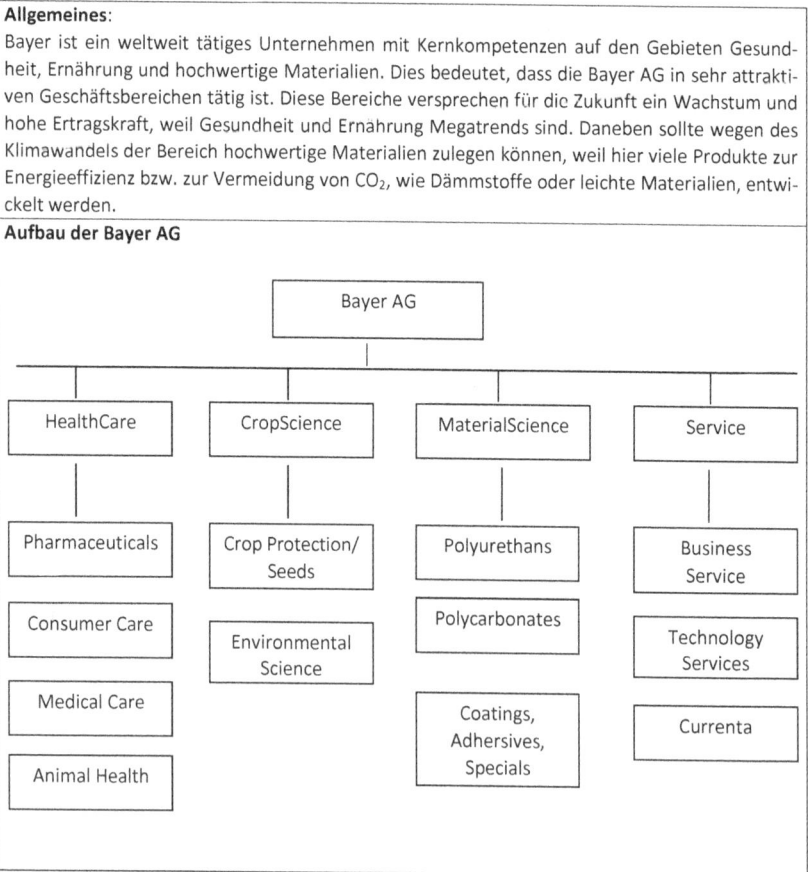

Bayer AG			
HealthCare	CropScience	MaterialScience	Service
Pharmaceuticals	Crop Protection/ Seeds	Polyurethans	Business Service
Consumer Care	Environmental Science	Polycarbonates	Technology Services
Medical Care		Coatings, Adhersives, Specials	Currenta
Animal Health			

		Umsatzerlöse in Mio. €	
Bayer-Konzern		39.760	
Teilkonzerne		in Mio. €	Anteil am Konzernumsatz in %
	HealthCare	18.612	47 %
	CropScience	8.383	21 %
	MaterialScience	11.503	29 %

Einzelne Geschäftsbereiche bzw. Teilkonzerne:

Bayer HealthCare (Gesundheitsbereich) gehört zu den weltweit führenden innovativen Unternehmen der Gesundheitsversorgung. Das Geschäft ist in vier Divisionen aufgeteilt: Animal Health (Tierarzneimittel und -pflegeprodukte), Consumer Care (verschreibungsfreie Arznei- und Nahrungsergänzungsmittel), Medical Care (Blutzucker-Messgeräte, Kontrastmittel usw.) und Pharmaceuticals (verschreibungspflichtige Arzneimittel). Dieser Bereich hat viele bekannte Marken, wie z.B. Aspirin, Yasmin, Adalat.

Bayer CropScience gehört zu den großen Unternehmen im Bereich Pflanzenschutz und Saatgut. Der Bereich ist in folgende Segmente unterteilt: Crop Protection/Seeds (dieser Bereich bietet hochwertiges Saatgut (Seeds) und Pflanzenschutzlösungen auf biologischer und chemischer Basis an) sowie Environmental Science (fokussiert sich auf nicht-landwirtschaftliche Anwendungen. Darum werden viele Produkte und Dienstleistungen zur Kontrolle von Schädlingen in Heim und Garten bis hin zur Forstwirtschaft angeboten). Auch dieser Teilkonzern besitzt viele bekannte Marken innerhalb der Landwirtschaft, wie z.B. Adengo, Basta, Luno, BayerGarden usw.

Bayer MaterialScience gehört zu den weltweit größten Polymer-Unternehmen. Daneben bietet es Systemlösungen an, die in zahlreichen Produkten des täglichen Lebens Anwendung finden. Der Bereich ist in folgende Divisionen unterteilt: Polyurethanes (wichtiges Einsatzgebiet ist die Bauindustrie, wo Hartschaum auf Basis von Polyurethanen (PU) als hochwertiger Dämmstoff eingesetzt wird), Polycarbonates (durch Einsatz von Polycarbonat werden u.a. gewichtsreduzierte Materialien hergestellt, wie z.B. Autoscheiben), »Coating, Adhesives, Specialities« (u.a. Lack- und Klebstoffrohstoffe) sowie Industrial Operations. Bayer verfügt über viele bekannte Marken innerhalb der Branche, wie z.B. Makrolon (Polycarbonat (transparenter, schlagzäher Kunststoff)), der Anwendung im Automobil-, Elektrobereich oder bei der Herstellung von CD und DVDs findet.

Daneben gibt es noch Servicegesellschaften, die zentrale Servicefunktionen für das operative Geschäft der Bayer-Teilkonzerne (HealthCare usw.) erbringen. Der Bereich Business Services konzentriert sich auf Dienstleistungen bei der IT-Infrastruktur, Einkauf, Logistik, Finanz- und Rechnungswesen usw. Technology Services bietet das technologische Rückgrat, wenn es um die Entwicklung und die Planung sowie den Bau und die Optimierung von Prozessen und Anlagen geht. Currenta bietet Dienstleistungen im chemisch-technischen Bereich an, wie u.a. Energieversorgung, Entsorgung, Infrastruktur usw. Daneben betreibt es den Chempark an den Standorten Leverkusen, Dormagen und Krefeld-Uerdingen. Diese Servicegesellschaft ist ein Gemeinschaftsunternehmen von Bayer und Lanxess.

Fazit:

Bayer ist ein Unternehmen, das in allen seinen drei Teilkonzernen sehr bekannte Marken hat. Diese dürften für ein gutes Wachstum sorgen. Obendrein gehört Bayer in allen seinen drei Bereichen – Pharma, CropScience, Materialien – zu den Top-Playern am Markt. Diese Stellung dürfte die Bayer AG halten können, weil sie 8 % des Umsatzes in Forschung und Entwicklung investiert. Hieraus sollte ein stetiger Strom von neuen bzw. verbesserten Produkten resultieren, die zu einem Umsatzwachstum führen. Zudem betätigt sich der Konzern in zukünftig vielsprechenden Bereichen.

Der Medikamentenbedarf dürfte wegen der fortschreitenden Alterung der Bevölkerung und der steigenden Nachfrage in den Schwellenländern zulegen. Getrübt werden die Aussichten dadurch, dass auf fast allen Gesundheitssystemen ein zunehmender Kostendruck lastet. Er dürfte dazu führen, dass nach Patentablauf verstärkt Generika nachgefragt werden statt der Originalpräparate. Durch die hohen Forschungsausgaben dürfte Bayer stetig Innovationen liefern, die Umsatzeinbußen ausgleichen.

Um die steigende Weltbevölkerung mit Nahrungsmitteln zu versorgen, wird eine Steigerung der Ernteerträge und -qualität immer wichtiger. Dies dürfte auch die Nachfrage nach Saatgut und Pflanzenschutzmitteln ankurbeln.

Obendrein führt die steigende Weltbevölkerung zu einer Verknappung fossiler Ressourcen, zu einer steigenden Mobilität und zu einem Wachstum der Städte. Zur Lösung dieser Herausforderungen bietet der Bereich »hochwertige Materialien« eine Vielzahl von Produkten zur Energie- und Ressourceneffizienz, umweltschonende Mobilität, Bauen und Wohnen an.

All dies dürfte dazu führen, dass die Bayer AG in Zukunft auch weiterhin gute, rentable Geschäfte tätigen kann. Somit lohnt sich ein detaillierterer Blick auf die Bayer AG.

Abschließend sollten Sie immer vor Augen haben, dass der moderne Kapitalismus einer Segelregatta gleicht, bei der die einzelnen Schiffe sehr hart am Wind segeln. Unternehmen, die sich auf nur einen Geschäftsbereich konzentrieren, fahren mit einem höheren Risiko als Unternehmen mit vielen Geschäftsbereichen (wie zum Beispiel Siemens). Dadurch haben die Unternehmen mit einem Geschäftsbereich die Geschwindigkeit, die sie benötigen, um zu den Siegern zu gehören. Ob Sie auf Unternehmen setzen, die sich ausschließlich auf ihr Kerngeschäft konzentrieren – wie z.B. Coca-Cola (Softdrinks und Nahrungsmittel), ebay (Internetauktionen), Nestlé (Nahrungsmittel), Walmart (Einzelhandel) oder Disney (Medien) – hängt von ihren persönlichen Präferenzen ab.

Bedenken Sie aber auch, dass Mischkonzerne mit mehreren unterschiedlichen Geschäftsbereichen auch ihre Reize haben – so wie beispielsweise General Electric oder Siemens.

Nachdem wir uns nun mit der Vorauswahl eines Unternehmens beschäftigt haben, steigen wir direkt in die fundamentale Aktienanalyse ein.

3 Ablauf der fundamentalen Aktienanalyse

Bevor man sich der fundamentalen Aktienanalyse zuwendet, ist es sinnvoll, sich zunächst kurz mit der Börsenpsychologie zu beschäftigen. So sagte einmal der Altmeister der Börsenspekulanten André Kostolany:»Wirtschaft und Börse verhalten sich wie ein Mann und sein Hund. Der Mann geht langsam voran, der Hund läuft vor, schnuppert und kommt wieder zurück und am Ende kommen beide gemeinsam an.« Dies bedeutet nichts anderes, als dass kurz- und mittelfristig psychologische Faktoren die beherrschenden Faktoren der Börsenentwicklung sind. Aber langfristig dagegen bestimmen Fundamentaldaten den Trend an der Börse. Ein Beispiel für den Effekt ist die Kursexplosion bei den Aktien der sog. New Economy an den Weltbörsen in den Jahren 1998 bis zum Frühjahr 2000. Diese Kursexplosion stellte die traditionelle fundamentale Aktienanalyse infrage. Aber mit dem dramatischen Abschwung der New Economy in den folgenden Jahren bestätigte sich wiederum der Leitspruch von Kostolany:»Wirtschaft und Börse verhalten sich wie ein Mann und sein Hund ...« Daher empfiehlt Kostolany:»Aktien stets nach sorgfältiger Vorauswahl kaufen und anschließend in Dauerschlaf verfallen. Und falls man zwischenzeitlich erwacht und die Kurse gefallen sein sollten: Nicht in Panik verfallen, sondern nachkaufen.«

Nach dieser kleinen Exkursion kommen wir nun wieder zurück zur fundamentalen Aktienanalyse. Grundsätzlich läuft jede fundamentale Aktienanalyse nach einem bestimmten Schema ab. Aber die Aussage der Analyse hängt von dem Zweck der Zielgruppe ab. Dies wird deutlich, indem man sich die unterschiedlichen Ziele von einzelnen Nutzergruppen der fundamentalen Aktienanalyse ansieht:

- Eigentümerwechsel: Im Rahmen von Unternehmenskäufen bzw. -verkäufen dient die Analyse zur Preisfindung. Hierbei spiegelt der letztlich gefundene Preis den jeweiligen Nutzen bzw. Wert für den Käufer und Verkäufer wieder. So können beispielsweise künftig erzielbare Synergien einen Käufer dazu veranlassen, ein Unternehmen höher zu bewerten, als sich auf Basis einer Stand-alone-Analyse ergeben würde.

- Kapitalanlage für Privatanleger: Ein Privatanleger strebt gewöhnlich nach absoluter Performance seiner Anlage, für ihn besteht der Nutzen seiner Anlage vor allem aus Kurssteigerungen und Dividenden.

- Kapitalanlage für Institutionelle: Der institutionelle Investor (dies sind z.B. Versicherungen oder Aktienfonds) bemisst den Wert einer Investition in eine Aktie auf Basis der erwarteten Performance relativ zu einem Referenzindex bzw. einer Benchmark (z.B. einen Aktienindex, wie der Deutsche Aktien-index [DAX]). Er sucht also Aktien, die besser sind als der Index.

Diese Beispiele verdeutlichen, dass die Unternehmensanalyse kein Standard-produkt ist, welches jeder Zielgruppe gerecht wird. So kann dieselbe Analyse bei den einzelnen Zielgruppen zu widersprüchlichen Aussagen führen: Eine Aktie kann in einem fallenden Markt für einen institutionellen Investor ein Kauf sein, wenn sie sich besser – trotz Kursrückgang – entwickelt als der entsprechende Benchmark. Dagegen ist die gleiche Aktie für einen Privatanleger kein geeignetes Investment, da er absolut gesehen Geld verliert. Hieraus wird deutlich, dass undifferenziertes Betrachten einer Analyse zu wenig aussagekräftigen Ergebnissen führt.

Trotz der angesprochenen Zielgruppenproblematik läuft der Prozess einer funda-mentalen Aktienanalyse immer nach einem bestimmten Muster ab:

- Analyse von Produkten/Dienstleistungen;
- Untersuchung des Branchen- und Wettbewerbsumfeldes sowie der Unter-nehmensstrategie; es werden solche Fragen gestellt wie: Wie ist die Stellung des Unternehmens im Markt? Gibt es besondere Einflüsse, die dem Unter-nehmen ernsthaft schaden können[5]?
- Finanz- und erfolgswirtschaftliche Analyse (Bilanzanalyse);
- Bewertung des Unternehmens.

Die einzelnen Schritte sind dabei jedoch niemals isoliert zu betrachten, sondern jeweils ein integraler Bestandteil eines komplexen Prozesses. In den folgenden Kapiteln wird dieser Ablauf der fundamentalen Aktienanalyse ausführlich am Bei-spiel der Bayer AG erläutert. Um überhaupt mit der fundamentalen Aktienanalyse beginnen zu können, benötigt man einen Geschäftsbericht eines Unternehmens. Denken Sie dabei immer daran: Der Geschäftsbericht ist ein Spiegel der wirtschaft-lichen Zustände und Entwicklungen eines Unternehmens. Letztlich zeigt er das wirtschaftliche Geschehen in einem Unternehmen an. Daher beschäftigt sich das nächste Kapitel zunächst einmal mit den Fragen:

- Was ist ein Geschäftsbericht?
- Woher bekommt man einen Geschäftsbericht?

---

[5] Ein Beispiel für den schadhaften externen Einfluss auf eine Branche ist die Solarindustrie. Zum einen wird durch Subventionen und zum anderen durch Zuschüsse eine hohe Nachfrage generiert, welche zum überwiegenden Teil auf manipulierten Kaufanreizen beruht (siehe Einspeisevergütung). Auf der anderen Seite ist die Industrie durch Konkurrenz aus Niedrig-lohnländern bedroht, die durch Anti-Dumping-Zölle bekämpft werden soll. Beide externen Einflüsse liegen außerhalb der Macht der einzelnen Solarunternehmen. Ein Wandel in der Politik, z.B. geringere Subventionen, kann in kurzer Zeit sowohl Nachfrage- als auch Kosten-nachteile mit sich bringen. Dagegen stellt eine ruhige, sich langsam wandelnde Branche ein geeignetes Umfeld für ein Investment dar.

4 Geschäftsbericht

Nach Altmeister André Kostolany zeichnet sich der erfolgreiche Börsianer durch die Beachtung der vier Gs aus: **Geld** (eigenes und kein geliehenes) haben, sich **Gedanken** machen, in schwierigen Zeiten in **Geduld** üben sowie auf ein Quäntchen **Glück** hoffen. Sich Gedanken machen – das heißt, sich profund zu informieren, bevor man handelt.

Genau dieses Hintergrundwissen liefert der Geschäftsbericht. Folgerichtig ist der Geschäftsbericht das wichtigste Handwerkszeug bei der fundamentalen Aktienanalyse. Darum sollten Sie in der Lage sein, einen Geschäftsbericht zu lesen und – was vielleicht noch wichtiger ist – ihn zu bewerten. Dazu vermittelt Ihnen dieses Kapitel das notwendige Rüstzeug.

4.1 Was ist ein Geschäftsbericht?

Der Geschäftsbericht ist die wichtigste Informationsquelle, aus der Finanzanalysten bzw. Privatinvestoren ihr Wissen über ein Unternehmen schöpfen. Der Geschäftsbericht enthält in der Regel den Jahresabschluss, den Lagebericht sowie weitere Informationen. Dabei setzt sich der Jahresabschluss aus der Bilanz, der Gewinn- und Verlustrechnung sowie dem Anhang zusammen. Aus all diesen Informationen lässt sich ein Bild des Unternehmens formen.

Dabei richten sich die Informationen eines Geschäftsberichtes nicht nur an die Aktionäre und solche, die es werden möchten, sondern auch an Kunden, Lieferanten und Mitarbeiter, kurz gesagt: an die gesamte interessierte Öffentlichkeit. Insofern findet man in dem Geschäftsbericht auch Stellungnahmen zur gesamtwirtschaftlichen Entwicklung und der Branche, in dem das Unternehmen tätig ist. Außerdem wird häufig auch im Geschäftsbericht Stellung genommen zur Wirtschafts- und Steuerpolitik. Durch diese Aussagen kann der Aktionär relativ gut abschätzen, wie sich das Unternehmen im Branchenumfeld geschlagen hat. Wird zum Beispiel erwähnt, dass die Branche um 5 % gewachsen ist, aber das Unternehmen nur um 3 %, so deutet dies darauf hin, dass das Unternehmen Marktanteile verloren hat.

Vor allem an die Aktionäre richten sich die Quartals- und Zwischenberichte, die börsennotierte Aktiengesellschaften über die Quartale oder die erste Hälfte ihres Geschäftsjahres veröffentlichen. Diese Berichte informieren den Aktionär zwischen den Erscheinungsterminen der Geschäftsberichte über die Entwicklung der Geschäftstätigkeit des Unternehmens und geben Aussagen über die mögliche

Entwicklung des Unternehmens bis zum Ende des Geschäftsjahres. Die Publizitäts-pflichten der Unternehmen regelt das Handelsgesetzbuch (Abk. HGB).

Für einen unbedarften Leser enthalten die Geschäftsberichte eigentlich nur lange Zahlenkolonnen. Hinter diesen Zahlenkolonnen verbergen sich aber Informationen über die Vermögens-, die Finanz- und die Ertragslage des betrachteten Unternehmens. Die nachfolgenden Abschnitte werden Ihnen dabei helfen, das Geheimnis dieser Zahlenkolonnen zu lüften.

Doch vorab sollten wir uns einen Augenblick damit befassen, nach welchen allgemeinen Regeln ein Geschäftsbericht aufgebaut wird. Ein Geschäftsbericht wird nach Bilanzierungsregeln aufgebaut. Sie regeln, grob gesagt, wie die Zahlenkolonnen zustande kommen, also wie die einzelnen Positionen bzw. Zahlen der Zahlenkolonnen zusammengestellt werden. In Deutschland spielen drei Bilanzierungsregeln zurzeit eine Rolle. Diese sind:

- Das Handelsgesetzbuch (HGB) zusammen mit den deutschen Rechnungsle-gungsstandards (DRS),
- die US-amerikanischen Generally Accepted Accounting Principles (Abk.: US-GAAP)
- und die International Financial Reporting Standards (Abk.: IFRS[6]).

Während sich die international anerkannten Richtlinien US-GAAP und IFRS von Aufbau und Struktur her ähneln, weichen die Vorschriften des HGBs deutlich davon ab.

So berücksichtigt der Abschluss nach HGB in erster Linie die Interessen der Gläubiger und stellt deswegen prinzipiell eine vorsichtige Bewertung des Vermögens in den Vordergrund. Dagegen orientieren sich die internationalen Richtlinien US-GAAP und IFRS/IAS vornehmlich am Interesse der Investoren, die an einem realistischen Gewinnausweis interessiert sind. Daher verlangen US-GAAP und IFRS, zeitnah und vorausschauend zu bilanzieren. Darüber hinaus verlangen sowohl US-GAAP als auch IFRS detaillierte Informationen über den Geschäftsverlauf, wie beispielsweise umfangreiche Angaben zu den Segmenten eines Unternehmens. Ein

---

[6] Alle vom International Accounting Standards Board (IASB) beschlossenen Rechnungslegungs-standards (IAS und IFRS) sowie die vom IFRS Interpretations Committee (IFRIC) ausgearbeite-ten Interpretationen der Rechnungslegungsstandards (sog. IFRIC Interpretations bzw. SIC In-terpretations) werden seit der Neuorganisation des IASB im Jahr 2001 unter dem Oberbe-griff »IFRS« zusammengefasst. Folglich werden neue Rechnungslegungsstandards seitdem mit »IFRS« und neue Interpretationen mit »IFRIC« bezeichnet. Allerdings behalten die alten Standards und Interpretationen ihre alten Bezeichnungen »IAS« bzw. »SIC«. Es ist beabsich-tigt, sie nach und nach durch eigenständige IFRS zu ersetzen oder sie in bestehende IFRS ein-zubeziehen, d.h. die alten Bezeichnungen IAS und SIC »sterben« langsam aus.

weiterer Unterschied zu den HGB-Richtlinien ist, dass die internationalen Richtlinien US-GAAP und IFRS keine steuerlich motivierten Wertansätze zulassen.

Die Unterschiede zwischen den drei Bilanzierungsstandards sind zum Teil historisch bedingt. So entstand das HGB bereits Anfang des 20. Jahrhunderts. Zu dieser Zeit unterstand die Geldpolitik in Deutschland ausschließlich dem Staat. Der Staat als Gesetzgeber hatte ein Interesse daran, inflationäre Erscheinungen im Sinne des Gläubigerschutzes aus den Bilanzen herauszuhalten. Der Abschluss nach HGB ist weiterhin relevant für die Einzelabschlüsse vieler Unternehmen und dient als Ausschüttungs- und Steuerbemessungsgrundlage.

Dagegen entstanden die US-GAAP als Folge des großen Börsenkrachs von 1929. Dieses Ereignis wurde zum Anlass genommen, den Handel mit Wertpapieren unter scharfe Kontrolle zu stellen. Darum dient die US-GAAP-Richtlinie auch vorrangig der Prämisse des Investorenschutzes.

Die in Europa weit verbreiteten IFRS wurden vom Londoner International Accounting Standards Board (IASB)[7] mit dem Ziel entwickelt, die Bilanzierungsgrundsätze von Geschäftsberichten international zu harmonisieren.

Die Unterschiede in der Rechnungslegung können beträchtlich sein, wie folgende Tabelle zeigt.

---

[7] Das IASB ist ein mit Experten aus Europa, Asien und Amerika besetzter Rat, der sich mit Fragen der Rechnungslegung befasst.

Tabelle 2: Die wichtigsten Unterschiede in den Rechnungslegung der Bilanzen nach HGB, IAS und US-GAAP

Sachverhalt	HGB	IAS	US-GAAP	Beispiel
Selbsterstelltes immaterielles Anlagevermögen (z.B. Patente und Lizenzen).	Dürfen in der Bilanz nicht angesetzt werden.	Dürfen zu Herstellungskosten ausgewiesen werden, wenn sie künftig zu Gewinnen führen.	Werden bei Ertragsaussicht in der Bilanz ausgewiesen.	BASF stellte 1998 von HBG auf US-GAAP um. Hierdurch konnte selbst entwickelte und genutzte Software in Höhe von 50,1 Mio. € in der Bilanz angesetzt werden. Zusammen mit anderen Anpassungen stieg das Geschäftsergebnis auf 1,32 Mrd. € (HGB: 1,24 Mrd. €).
Forschungs- und Entwicklungskosten für selbsterstelltes immaterielles Anlagevermögen.	Dürfen in der Bilanz nicht angesetzt, aber in der Gewinn- und Verlustrechnung als Aufwand gebucht werden.	Werden in die Bilanz als Aktiva gebucht, falls zukünftig Gewinne zu erwarten sind. Kein Vollkostenansatz in der Gewinn- und Verlustrechnung.	Dürfen nicht in die Bilanz aufgenommen werden, mit folgenden Ausnahmen: Computer-Software, Erdöl- oder Erdgasexploration.	DaimlerChrysler bilanziert seit 2001 nach US-GAAP. Dies führte dazu, dass in der Gewinn- und Verlustrechnung Forschungs- und Entwicklungskosten von über 5,9 Mrd. € verbucht wurden, was das Konzernergebnis und den Gewinn stark schmälerte.
Goodwill bei Übernahmen.	Darf in der Bilanz angesetzt werden und über 4 Jahre oder längere Nutzungsdauer gewinnmindernd abgeschrieben werden. Wahlweise darf der Goodwill auch erfolgsneutral mit Rücklagen verrechnet werden.	Muss in der Bilanz gebucht und über 20 Jahre abgeschrieben werden. Die jährliche Abschreibung drückt selbstverständlich den Gewinn. Jährlich wird geprüft, ob die planmäßige Abschreibung um eine außerplanmäßige (Goodwill-Abschreibung) ergänzt werden muss, wenn der Goodwill besonders stark gefallen ist.	Muss in der Bilanz gebucht werden. Anstelle kontinuierlicher Abschreibungen wird der Wert jährlich geprüft und ggf. korrigiert. Dies führt zu tendenziell höheren Gewinnen, die aber in den einzelnen Jahren stark schwanken.	1999 stellte die Deutsche Telekom von HGB auf US-GAAP um. So musste sie erstmals Goodwill-Differenzen ausweisen. Hierdurch erhöhte sich das Geschäftsergebnis um 5 Mio. €.

18

Rückstellung für drohende Verluste oder Verbindlichkeiten.	Sind möglich, wenn der Eintritt der Verbindlichkeit möglich ist. Dabei darf eher ein höherer Betrag als ein zu niedriger gebucht werden.	Darf gebucht werden, wenn die Verpflichtung gegenüber Dritten besteht und die Inanspruchnahme wahrscheinlich ist. Es muss aber der niedrigste zu erwartende Betrag angesetzt werden.	Darf gebucht werden, wenn die Verpflichtung gegenüber Dritten besteht und die Inanspruchnahme wahrscheinlich ist. Der Betrag muss realistisch geschätzt werden.	Mit der Umbuchung von HGB auf IAS löste die Münchner Rück 1998 eine gesetzlich vorgeschriebene Schwankungsreserve von 276 Mio. € auf, die nach IAS-Regeln nicht erlaubt ist. Der Jahresüberschuss verdoppelte sich fast auf 1,2 Mrd. € im Vergleich zum HGB.
Bewertung von Pensionsrückstellung.	Nur nach den tatsächlich entstandenen Verpflichtungen zum Stichtag.	Dynamisch, wobei das künftige Gehalts- und Rententwachstum mit berücksichtigt werden muss.	Dynamisch, wobei das künftige Gehalts- und Rententwachstum mit berücksichtigt werden muss.	RWE erhöhte bei der Umstellung von HGB auf IAS diesen Posten von 5,98 Mrd. € auf 9 Mrd. €, entsprechend belastete dies den Gewinn.

Diese Unterschiede zeigen sich besonders deutlich, wenn man sich Konzernabschlüsse desselben Unternehmens ansieht, die jeweils nach zwei verschiedenen Rechnungslegungen aufgestellt wurden.

Bilanz- und Ertragspositionen von VW, Stichtag 31.12.2000

HGB		IFRS	
Umsatz	85.554 Mio. €	Umsatz	83.127 Mio. €
Jahresüberschuss	2.061 Mio. €	Jahresüberschuss	2.614 Mio. €
Eigenkapital	11.267 Mio. €	Eigenkapital	21.371 Mio. €
Vorräte	8.389 Mio. €	Vorräte	9.335 Mio. €

Bilanz- und Ertragspositionen von Allianz, Stichtag 31.12.2006

IFRS		US-GAAP	
Jahresüberschuss	7.021 Mio. €	Jahresüberschuss	6.517 Mio. €
Eigenkapital	49.650 Mio. €	Eigenkapital	52.999 Mio. €
Gewinn je Aktie	17,09 €	Gewinn je Aktie	15,59 €

Es zeigt sich, dass HGB und IFRS teilweise heftige Unterschiede in den Bilanzierungsvorschriften haben. Zum Teil erklären sich die Unterschiede durch geänderte Nutzungsdauern von Vermögensgegenständen und abweichende Abschreibungsverfahren sowie die Aktivierung von Entwicklungskosten. Daneben führt eine andere Behandlung von Leasingverträgen zu den Unterschieden. U.a. wegen der Aktivierung von Entwicklungskosten und der Bewertung der Leasingvorräte fällt beim IFRS-Abschluss der Gewinn deutlich höher aus als beim HGB-Abschluss. So erlaubt der HGB-Abschluss z.b., dass die Entwicklungskosten meist direkt aufwandswirksam werden, wohingegen die Entwicklungskosten beim IFRS-Abschluss als Vermögensgegenstand in die Bilanz aufgenommen werden können und über die Nutzungsdauer des entwickelten Produkts abgeschrieben werden. Folglich verteilt sich der Aufwand über mehrere Perioden, was dazu führt, dass der Gewinn steigt. Deswegen erscheinen ein und dasselbe Unternehmen auf dem Papier manchmal wie Fremde, je nachdem welcher Abschluss zugrunde liegt.

Obendrein zeigt sich, dass die Unterschiede zwischen IFRS und US-GAAP nicht ganz so groß sind als beim Vergleich von HGB und IFRS. Prinzipiell bietet ein IFRS-Abschluss mehr Spielraum bei Wahlrechten als US-GAAP.

Trotz der zahlreichen Auflagen und Regulierungen seitens der Börsenaufsicht kommt es immer wieder zu Bilanzfälschungen. Den wohl beeindruckendsten Fall der Bilanzfälschung vollbrachte eines der größten US-Unternehmen seiner Zeit – Enron. Wie fälschte Enron seine Zahlen? Es wurden u.a. Geschäfte mit eigenen oder vom Management gegründeten Offshore-Gesellschaften abgeschlossen und diese als Gewinn verbucht oder langlaufende Verträge sofort als Gewinn verbucht, d.h. der Gewinn wurde schon gebucht, bevor der eigentliche Umsatzakt ausgewiesen wurde (bezeichnet man als Gewinnsteuerung bzw. verfrühter Ausweis von Gewinnen). Außerdem lagerte Enron Milliarden an Schulden in Offshore-Gesellschaften aus, sodass sie nicht mehr in den eigenen Büchern standen (bezeichnet man als Off-Balance Sheet Accounting). Zusätzlich wurden Vermögenswerte durch fragwürdige Bewertungsmodelle zu extrem hohen Werten in der Bilanz berücksichtigt (bezeichnet man als Aktivierung von fiktiven Wirtschaftsgütern). All diese Betrügereien wurden nicht von Enron erfunden, sondern nur konsequent umgesetzt. Damals sagte ein Analyst etwas fassungslos: »Die Verrücktheiten in den Geschäftsberichten funktionieren nach den Gesetzen von Ebbe und Flut. Sie verschwinden, aber nur, um in irgendeiner Form wiederzukommen.«

Allerdings führen die Enron-Betrügereien weltweit dazu, dass die Bilanzierungsvorschriften strenger und die Strafen für Bilanzfälschung erhöht wurden. Z.B. wurde in Deutschland der Corporate-Governance-Kodex (s. S. 50ff.) eingeführt. Dennoch ist die Bilanzierung bzw. der Geschäftsbericht die einzige Möglichkeit, sich ein Bild von der unternehmerischen Wirklichkeit zu machen.

In meinem Buch möchte ich Ihnen nur die Bilanzierungsrichtlinie nach IFRS erläutern, weil ab dem Jahr 2005 grundsätzlich alle börsennotierten Unternehmen innerhalb der EU-Länder verpflichtet sind, ihre Geschäftsberichte nach IFRS aufzustellen. Auch außerhalb Europas finden die IFRS-Abschlüsse zunehmend Anwendung. So werden z.b. seit 2009 Abschlüsse nach IFRS auch an den US-Börsen anerkannt.

Doch bevor wir uns mit den Bilanzierungsrichtlinien nach IFRS befassen können, müssen wir zunächst einmal einen Geschäftsbericht in Händen halten. Darum wenden wir uns erst einmal der Frage zu: Woher bekommt man einen Geschäftsbericht?

4.2 Woher bekommt man einen Geschäftsbericht?

Viele Geschäftsberichte können kostenlos über den Handelsblatt-Geschäftsbericht-Service[8] bestellt werden. Eine andere Möglichkeit, sich kostenlos Geschäftsberichte zu besorgen, ist über www.yahoo.de (Rubrik: Finanzen) oder über www.onvista.de.

Allerdings sind bei diesen kostenlosen Versendern leider nicht alle Geschäftsberichte von nationalen bzw. internationalen Unternehmen vorhanden. Um dennoch den Geschäftsbericht des betrachteten Unternehmens zu bekommen, ist es ratsam, sich auf der Internetseite des Unternehmens umzusehen. Dort findet man häufig die Rubrik Investor Relations. Innerhalb dieser Rubrik kann man dann den Geschäftsbericht anfordern oder direkt als PDF-Datei herunterladen. Wie findet man eigentlich die Internetseite eines Unternehmens?

Beispiel 1:	Suche nach der Internetseite eines Unternehmens
	Zur Suche nach der Internetseite eines Unternehmens empfiehlt es sich, zunächst einmal die Finanzportale http://de.finance.yahoo.com oder www.onvista.de im Internet aufzusuchen. Dort kann man mittels einer Suchfunktion ein Porträt des Unternehmens aufrufen. Dieses Porträt gibt einen kurzen Überblick über das Tätigkeitsfeld des Unternehmens, und meistens befindet sich dort auch die Internetadresse des Unternehmens. Ein anderer Weg ist, bei Wikipedia.de nach dem Unternehmen zu suchen. Falls das Unternehmen hier aufgeführt ist, erhält man einen guten Überblick. Meistens ist dort auch ein Link zur Unternehmenswebseite vorhanden. Häufig bieten die Unternehmen auf ihren Webseiten die Möglichkeit an, den Geschäftsbericht zu nutzen und ihn beispielsweise nach bestimmten Kennzahlen zu selektieren.

---

[8]   Internetadresse: www.handelsblatt.com/gberichte oder Telefon: 0800 1 81 41 40.

Eine andere Möglichkeit, Informationen zu Unternehmen zubekommen, sind die im Internet verfügbaren Portale von Banken. So trifft man in Sachen Unternehmensdaten beispielsweise bei www.comdirect.de oder www.deutsche-bank.de ins Volle. Diese Internetseiten liefern neben einem Kurzporträt des jeweiligen Unternehmens umfangreiches Datenmaterial zur Bilanz (Umlauf-, Anlagevermögen, Grundkapital, Rückstellungen usw.), zu Gewinnen und Verlusten (Umsatzerlöse, Steuern, operatives Ergebnis vor Zinsen und Ertragsteuern (EBIT) usw.), zu Gewinn pro Aktie, zum Kurs-Gewinn-Verhältnis, zur Dividende, zum Cashflow, ferner die Zahl der Beschäftigten, die Beteiligung von Anteilseignern, die Namen von Vorstands- und Aufsichtsratsmitgliedern, Gewinnerwartung, Ausblick und vieles mehr. Stammdaten (Emission, Unternehmen, Aktionärsstruktur) und Kurzporträts von Gesellschaften, deren Papiere an der Frankfurter Wertpapierbörse gehandelt werden, hat die Deutsche Börse auf ihre Homepage www.exchange.de gestellt. Dort lassen sich auch das Börsengesetz, Regelwerke und diverse Bekanntmachungen einsehen.

Im nächsten Abschnitt werde ich Ihnen erläutern, wie sich im Einzelnen der Geschäftsbericht aufbaut.

4.3 Wie ist ein Geschäftsbericht aufgebaut?

Ich kann ihr Aufstöhnen quasi schon hören: »Ich will doch kein Buchhalter werden!« Nein, natürlich nicht. Warren Buffet sagte dazu: »Man muss die Rechnungslegung begreifen und man muss die Feinheiten der Rechnungslegung begreifen. Das ist die Sprache der Unternehmen und sie ist unvollkommen, aber wenn man nicht bereit ist, sich die Mühe zu machen und die Rechnungslegung zu erlernen – wie man Unternehmenszahlen liest und interpretiert – sollte man wirklich nicht selbst Aktien aussuchen.«[9]

Um Ihnen das benötigte Wissen möglichst spannend darzustellen, möchte ich Ihnen den Aufbau eines Geschäftsberichtes direkt anhand eines Beispiels erläutern. Dazu verwende ich auszugsweise den Geschäftsbericht des Unternehmens Bayer AG für das Geschäftsjahr 2012. Wie bei vielen börsennotierten Unternehmen handelt es sich bei der Bayer AG um einen Konzern, also um einen Verbund mehrerer Einzelunternehmen unter einer Konzernmutter. In diesem Fall ist der Konzernabschluss der wichtigste Bezugspunkt bei der fundamentalen Aktienanaly-

---

[9] Buffett, M. und Clark, D.: So liest Warren Buffett Unternehmenszahlen, Börsenbuchverlag Kulmbach 2008 , S. 17.

se. Der Konzernabschluss ist ein Jahres- oder Zwischenabschluss der gesamten Gruppe, in dem die einzelnen Abschlüsse der Töchterunternehmen (s. auch Kapitel 4.3.4.1., S. 58ff.) und des Mutterkonzerns zusammengefasst werden. Das heißt, im Konzernabschluss werden die einzelnen Unternehmen einer Unternehmensgruppe so abgebildet, als wäre der Konzern ein einziges Unternehmen. Hierzu werden die Bilanzen und Erfolgsrechnungen der Tochterunternehmen und die des Mutterunternehmens addiert und im Anschluss um die konzerninternen Beziehungen (wie Kapitalbeteiligungen, Forderungen, Verbindlichkeiten, Umsatzerlöse sowie Zwischengewinne) eliminiert. Dagegen sind im Jahresabschluss des Mutterunternehmens (das oberste Unternehmen des Konzerns) alle konzerninternen Beziehungen noch enthalten. Hierzu gehören u.a. Anteile an verbundenen Unternehmen oder die von Tochterunternehmen gezahlten Dividenden und Zinsen auf Kredite.

Beispiel – Holdingstruktur Götte AG
Ein Hersteller von Hundeknochen, die Götte AG, weist folgenden Einzelabschluss auf. Dabei gehen wir davon aus, dass die Götte AG keine weiteren Tochtergesellschaften hat, d.h. der Einzel- entspricht dem Konzernabschluss.

Götte AG			
Aktiva		Passiva	
Sachanlagen	1.000 €	Eigenkapital	1.200 €
Forderungen	50 €	Fremdkapital	400 €
Finanzanlagen	100 €		
Kasse	450 €		
Bilanzsumme	1.600 €	Bilanzsumme	1.600 €

Der Vorstand der Götte AG beschließt nun, die operative Sparte in die eigenständige Gesellschaft Hund GmbH auszulagern. Damit die Hund GmbH operativ tätig werden kann, stattet die Götte AG ihre Tochter mit Sachanlagen in Höhe von 1.000 € und einem Darlehen über 350 € aus. Somit stellen sich die Bilanzen der Götte AG und der Hund GmbH wie folgt dar:

Götte AG			
Aktiva		Passiva	
Sachanlagen	0 €	Eigenkapital	1.200 €
Forderungen	400 €	Fremdkapital	400 €
Finanzanlagen	1.100 €		
Kasse	100 €		
Bilanzsumme	1.600 €	Bilanzsumme	1.600 €

Hund GmbH			
Aktiva		Passiva	
Sachanlagen	1.000 €	Eigenkapital	1.000 €
Forderungen	0 €	Fremdkapital	350 €
Finanzanlagen	0 €		
Kasse	350 €		
Bilanzsumme	1.350 €	Bilanzsumme	1.350 €

Sie sehen: Schon durch die Ausgliederung der operativen Sparte auf die Hund GmbH hat der Einzelabschluss der Götte AG einen deutlich geringeren Informationsgehalt. So wurden die Sachanlagen komplett auf die Tochter Hund GmbH ausgelagert. Zudem nahm wegen des Darlehens an die Hund GmbH die Kasse der Götte AG um 350 € ab. Auffällig ist nun, dass bei der Götte AG der Posten Finanzanlagen in die Höhe geschnellt ist, weil hier die Beteiligung an der neu gegründeten Hund GmbH beinhaltet ist.

Die Götte AG tritt nun als sog. Konzernholding auf und übernimmt nur noch administrative und strategische Aufgaben, wohingegen die Hund GmbH das operative Geschäft durchführt. Um nun einem Anleger Einblick in die Vermögens-, Finanz- und Ertragslage der Götte AG zu gewähren, muss ein Konzernabschluss erstellt werden. Dies geschieht einfach durch Aufaddieren der einzelnen Bilanzpositionen mit anschließender Eliminierung von internen Verflechtungen, d.h. für die Götte AG kommen wir wiederum auf den eingangs dargestellten Konzernabschluss zurück.

Verwenden Sie also stets die Zahlen des Konzernabschlusses für die Analyse. Oftmals ist im hinteren Teil des Geschäftsbericht zusätzlich noch der Einzelabschluss der Konzernmutter angegeben. Dieser ist für die fundamentale Aktienanalyse von untergeordneter Rolle. Der Konzernabschluss wird nach den Vorschriften des IFRS erstellt. Allerdings werden oftmals die Einzelabschlüsse des Mutterkonzerns nach den nationalen Rechnungslegungsvorschriften erstellt (in Deutschland nach HGB).

Wegen des großen Umfanges der heutigen Geschäftsberichte gebe ich zunächst eine Gliederung der Geschäftsberichte an, damit Sie sich überhaupt zurechtfinden bzw. schnell zu den relevanten Informationen gelangen. Letztlich gliedert sich ein Geschäftsbericht in einen Pflicht- und einen Kürteil (häufig auch Magazinteil genannt). Zur Pflicht gehört – wie eingangs erwähnt – die Bilanz, der Anhang, der Lagebericht, der Bericht des Aufsichtsrats und der Prüfungsbericht des Abschlussprüfers. Neuerdings findet sich hier auch noch der Corporate-Governance-Bericht. Da immer mehr Aktiengesellschaften Wert auf eine gute Finanzkommunikation legen, wird der sog. Kürteil des Geschäftsberichts immer wichtiger. Im Kürteil erfolgt eine Darstellung der wichtigsten Meilensteine des vergangenen Geschäftsjahrs und der vorangegangenen Geschäftsjahre. Hierdurch sollen die Erfolge des Unternehmen der letzten und des aktuellen Jahres deutlich werden. Meistens werden auch die einzelnen Geschäftsfelder und deren Alleinstellungsmerkmale und die Neuerungen in den einzelnen Bereichen vorgestellt.

Da die Geschäftsberichte in der Regel klar gegliedert sind, befindet sich der Kürteil im vorderen Bereich und der Finanzteil im hinteren Teil des Geschäftsberichtes. Die meisten deutschen Geschäftsberichte haben folgenden Aufbau:

Tabelle 3: **Allgemeiner Aufbau eines Geschäftsberichts**

siehe Kapitel		Kurze Erläuterung
	Umschlag des Geschäftsberichtes	Viele Geschäftsberichte beginnen auf ihrer jeweiligen Umschlagseite mit einer Tabelle, in der die wichtigsten Kennzahlen des abgelaufenen und vorherigen Geschäftsjahres präsentiert werden.
4.3.1. (S. 28ff.)	Brief an die Aktionäre	Dies ist ein kurzes Vorwort des Vorstandes, wo prägnant und sachlich über das abgelaufene Geschäftsjahr und eventuelle Gewinnausschüttungen informiert wird. Zudem wird ein Ausblick auf das kommende Jahr gegeben.
	Kürteil oder Magazinteil (freiwilliger Teil)	In diesem Teil werden die Highlights des Jahres, die Geschäftsbereiche usw. vorgestellt, insbesondere deren Alleinstellungsmerkmale und die Neuerungen in den einzelnen Bereichen, natürlich auch besondere Leistungen aus Forschung & Entwicklung. Oftmals werden hier weiterführende Informationen zu den Produkten des Unternehmens mit Bildern usw. gegeben. Auch Interviews von leitenden Angestellten findet man dort, die z.B. über aktuelle Forschungsvorhaben berichten. All dies sind freiwillige Angaben. Ich persönlich finde es gut, wenn Unternehmen dem fachfremden Anleger einen kurzen Einblick in die Unternehmensprodukte geben.
4.3.2. (S. 29ff.)	Oftmals als eigene Rubrik: An die Aktionäre Executive Council:	Vorstellung der Organmitglieder der Gesellschaft (Topmanager), meistens mit Bild.
	Bericht des Aufsichtsrates:	Hier berichtet der Aufsichtsrat als Kontroll- und Beratungsgremium des Vorstands, dass er seinen gesetzlichen Pflichten zur Kontrolle des Vorstands nachgekommen ist. Er nennt z.B. die Anzahl der Sitzungen und die Themen, mit denen er sich beschäftigt hat. Ebenfalls werden Personalentscheidungen erklärt.

	Aktien und Anleihen:	In diesem Bereich wird die Entwicklung des Kurses von Aktien und Anleihen dargestellt (kann auch Bestandteil des Lageberichts sein).
4.3.3. (S. 35ff.)	Konzernlagebericht enthält u.a. Berichte zu: Geschäft und Rahmenbedingungen Ertragslage Finanzlage Vermögenslage Nachtragsbericht Risikobericht Prognosebericht Das genaue Aussehen des Lageberichts (d.h., an welcher Stelle die Einzelberichte stehen) unterliegt keinen festen Regeln, sondern obliegt dem jeweiligen Unternehmen. So kann das Unternehmen z.B. auch noch Stellung beziehen zu Forschung und Entwicklung, dem Personal oder der Ausbildungssituation. Allerdings hat sich heute bei den meisten Unternehmen durchgesetzt, dass der Lagebericht mit dem Prognosebericht für das laufende Geschäftsjahr endet. Außerdem wird Stellung genommen zu unternehmerischen Risiken.	Der Lagebericht gibt einen ausführlichen und detaillierten Bericht zu den Vorgängen des abgelaufenen Geschäftsjahres. Oftmals findet man zu Beginn eine Erläuterung der Strategie, Konzernstruktur und des wirtschaftlichen Umfeldes, um dann über die Branchenkonjunktur über den Geschäftsverlauf des Unternehmens zu berichten. Anschließend kann der Lagebericht über die Ertragslage, die Finanzlage und die Vermögenslage des Unternehmens berichten und im Falle mehrerer Geschäftsfelder wird noch Stellung zu den einzelnen Segmenten genommen.
4.3.3.1. (S. 50ff.)	Corporate-Governance-Bericht Dieser Bericht kann an mehreren Stellen im Geschäftsbericht auftauchen: Als Bestandteil des Lageberichts, vor oder nach dem Lagebericht.	In diesem Bericht wird erklärt, ob und wie weit das Unternehmen den Empfehlungen des Deutschen Corporate Governance Kodex gefolgt ist. Dabei werden Abweichungen explizit genannt.
4.3.4. (S. 57ff.)	Konzernabschluss Konzerngesamtergebnisrechnung Konzernbilanz Konzernkapitalflussrechnung Entwicklung des Konzerneigenkapitals Konzernanhang	Der Konzernabschluss stellt das Zahlenmaterial zur Verfügung, um einen genauen Einblick in die betriebswirtschaftliche Situation des Unternehmens zu nehmen. So gehört eine Gewinn- und Verlustrechnung, Bilanz (eventuell Anlagespiegel), Eigenkapitalspiegel und eine Cash-Flow-Rechnung (Kapitalflussrechnung) zu den üblichen Angaben des Kon-

		zernabschlusses. Hinter oder vor den Zahlen des Konzernabschlusses stehen häufig Nummern. Diese Nummern (und die zu den Nummern gehörenden Unternehmenszahlen) werden gesondert ausführlich im Anhang erläutert.
	Versicherung der gesetzlichen Vertreter	Der Vorstand des Unternehmens versichert hier, dass der Konzernabschluss ein realistisches Bild von der Vermögens-, Finanz- und Ertragslage des Konzerns wiedergibt.
4.3.6. (S. 104ff.)	Bestätigungsvermerk des Abschlussprüfers	Dieser Vermerk wird von einer Wirtschaftsprüfungsgesellschaft erstellt und durch die Unterschrift der Wirtschaftsprüfer als richtig vermerkt. Dazu wird der Geschäftsbericht und das Datenmaterial durch den Wirtschaftsprüfer genau überprüft. Liegt kein Grund zu einer Beanstandung des Geschäftsberichts vor, so wird dies im Bestätigungsvermerk aufgeführt. Der Bestätigungsvermerk trägt ein Datum, die Angabe darüber, welche Wirtschaftsprüfungsgesellschaft den Geschäftsbericht geprüft hat, und zudem die Namen der Wirtschaftsprüfer.
	Weitere Informationen (freiwilliger Teil)	In diesem Teil sind z.B. nochmals die Organe der Gesellschaft, eine Organisationsübersicht, Glossar oder Stichwortverzeichnis zu finden. Dieser Teil ist in jedem Geschäftsbericht individuell gestaltet bzw. überhaupt nicht enthalten.

Wir dürfen nicht vergessen, dass der Geschäftsbericht,»nur Mittel zum Zweck ist«, uns die benötigten Daten für die fundamentale Aktienanalyse zu liefern. Schon Johann Wolfgang von Goethe stellte fest:»Welche Vorteile gewährt die doppelte Buchhaltung dem Kaufmanne! Es ist eine der schönsten Erfindungen des menschlichen Geistes ... Sie lässt uns jederzeit das Ganze überschauen, ohne dass wir es nötig hätten, uns durch das Einzelne verwirren zu lassen.« In den folgenden Abschnitten möchte ich Ihr Augenmerk darauf lenken, wie Sie schnell die benötigten Informationen für die fundamentale Aktienanalyse finden. Denn Kritiker der heutigen Geschäftsberichte sagen, dass ein Geschäftsbericht einem Irrgarten von Informationen gleiche, in dem sich die meisten verirren und das Wesentliche übersehen.

4.3.1 Brief an die Aktionäre

Ein Geschäftsbericht beginnt meistens mit einem Vorwort bzw. Brief an die Aktionäre vom Vorstandssprecher bzw. Vorsitzenden des Vorstandes[10]. In dieser Einleitung werden kurz die Highlights des Geschäftsjahres und die Strategie des Unternehmens präsentiert. Diesen Brief sollte man gewissenhaft durchlesen, weil er Indizien für die spätere Analyse enthält.

Abbildung 1:   **Auszug aus dem Brief des Vorstandsvorsitzenden der Bayer AG (Geschäftsbericht 2012, S. 1ff.)**

… Zum anderen waren wir 2012 auch geschäftlich sehr erfolgreich und konnten in allen Teilkonzernen eine anhaltende Wachstumsdynamik vorweisen, getrieben in erster Linie von der Expansion unserer Life-Science-Bereiche – also des Gesundheitsgeschäfts Bayer HealthCare und des Agrargeschäfts Bayer CropScience. …

In dieser Situation hilft es, dass wir rund 70 Prozent unserer Umsätze und ca. 85 Prozent unseres um Sondereinflüsse bereinigten Ergebnisses mit den LifeScience-Bereichen erzielen, die relativ wenig auf Konjunkturschwankungen reagieren. Und zudem erlösen wir immerhin 60 Prozent unserer Umsätze außerhalb Europas. …

… steigerten wir den Umsatz im Konzern um gut 5 Prozent auf 39,8 Milliarden Euro – ein neuer Höchstwert in unserer 150jährigen Unternehmensgeschichte. Das Ergebnis vor Finanzergebnis und Steuern – das EBIT – konnten wir mit knapp 4 Milliarden Euro hingegen nicht ganz auf dem Niveau von 2011 halten. Hauptursache hierfür sind erhebliche Sondereinflüsse in Höhe von 1,7 Milliarden Euro, denen vor allem Rechtsstreitigkeiten zugrunde liegen…

… Denn während andere Pharmaunternehmen sich wegen des Ablaufs ihrer Patente Sorgen machen müssen, sind wir hiervon deutlich weniger betroffen.

Bei CropScience sehen wir ebenfalls hervorragende Perspektiven für unser innovatives Produktsortiment und für unsere Positionierung in den Märkten. Wir schätzen das Umsatzpotenzial der neuen Produkte, die zwischen 2011 und 2016 auf den Markt kommen sollen, in der Spitze auf mehr als 4 Mrd. Euro. So ermöglicht etwa unser bereits eingeführtes neues Fungizid Xpro™ im Schnitt einen Mehrertrag an Getreide von fünf Prozent.

Und was bringt das Jahr 2013 für unsere drei Teilkonzerne?

Bayer HealthCare wird sich zwar auch weiterhin mit dem Druck durch Generika sowie Sparmaßnahmen in den Gesundheitssystemen vieler Länder konfrontiert sehen. Aber wir verfolgen – auch nach Xarelto™ – eine Reihe aussichtsreicher Markteinführungen.

Auch bei CropScience wird es darauf ankommen, dass wir unsere innovationsbasierte Strategie konsequent umsetzen. Im Kern geht es darum, neue und vor allem neuartige Pflanzenschutzprodukte auf den Markt zu bringen und unsere Position bei Saatgut stetig zu verbessern.

Bei MaterialScience ist entscheidend, dass wir unsere Profitabilität kontinuierlich steigern. Schlüssel dafür sind unsere überlegenen Produktions- und Prozess-Technologien und natürlich auch, dass wir die vorhandenen Produktionskapazitäten zu einer höheren Auslastung führen. Dies hängt auch davon ab, wie sich die insgesamt vorgehaltenen Industriekapazitäten einerseits und die konjunkturabhängige Nachfrage der Hauptabnehmerbranchen andererseits entwickeln.

---

[10] Den Vorsitzenden des Vorstandes kann man sich am ehesten als Boss des Unternehmens vorstellen.

Der Brief zeigt, dass für die Bayer AG 2012 ein sehr erfolgreiches Jahr war. Dies liegt daran, dass 70 % der Umsätze und ca. 85 % des um Sondereinflüsse bereinigten Ergebnisses mit relativ konjunkturunabhängigen Produkten des LifeScience-Bereiches erzielt werden. Doch zwischen den Zeilen liest man, dass Bayer Probleme hat, weil das EBIT nicht mit dem Umsatzwachstum standhalten konnte. Hierfür werden vor allem Rechtsstreitigkeiten verantwortlich gemacht. Dies muss im Rahmen der späteren Analyse noch genauer geprüft werden. Liest man weiter zwischen den Zeilen, so deutet sich für 2013 ein Nachlassen der Wachstumsdynamik an, d.h. der Konzern wird nicht mehr so schnell wachsen, da in fast allen drei Teilkonzernen mehr oder minder große konjunkturelle Probleme lauern. Dies gilt besonders für den Teilkonzern MaterialScience.

Nun schließt sich im Bayer-Geschäftsbericht 2012 ein Magazinteil (Kürteil) an. In diesem Magazinteil werden die drei Geschäftsfelder (HealthCare, CropScience und MaterialScience) und deren Alleinstellungsmerkmale präsentiert. Ebenso werden Mitarbeiter vorgestellt. Für die eigentliche Analyse ist dieser Magazinteil nicht von Bedeutung. Allerdings lohnt sich ein Blick hinein, um sich mit dem Konzern und dessen Produkten vertraut zu machen. So bekommt man einen recht guten Blick hinter die Kulissen der nackten Zahlenfassade des Pflichtteils. Besonders für die weniger bekannten Produkte der Teilkonzerne CropScience und MaterialScience ist dies interessant, weil man so besser versteht, wofür man sie einsetzt bzw. welche Bedeutung diese Produkte für die Bayer AG in Zukunft haben.

Hiermit endet sozusagen das »Vorwort« des Geschäftsberichtes. Dieser Teil des Geschäftsberichtes ist bei jedem Unternehmen unterschiedlich gestaltet. Meistens enthält dieser Teil aber eine kurzes Unternehmensporträt, welches die Jahreshighlights zusammenfasst. Wiederum andere Unternehmen verzichten ganz auf ihn und beginnen gleich mit dem Lagebericht. In diesem Fall beginnt der Lagebericht mit dem Brief des Vorstandsvorsitzenden.

4.3.2 An unsere Aktionäre

In diese Rubrik wird beim Bayer-Geschäftsbericht 2012 Folgendes eingeordnet: Executive Council (Vorstellung der Topmanager), Bericht des Aufsichtsrates sowie Bayer-Aktie und -Anleihen.

Für die fundamentale Aktienanalyse ist der Bericht des Aufsichtsrates[11] interessant. Dieser gibt im Prinzip genauso wie das Vorwort des Vorstandssprechers die

---

[11] Dabei hat der Vorstand die Aufgabe, das Unternehmen zu leiten bzw. zu managen. Dagegen fungiert der Aufsichtsrat als Kontrollorgan, welches den Vorstand kontrolliert bzw. berät.

wichtigsten Ereignisse des Geschäftsjahres wieder, aber aus Sicht des Aufsichtsrates.

Hier ist besonders das Verhältnis von Aufsichtsrat und Vorstand von Interesse. Dissonanzen deuten meistens auf Probleme innerhalb des Konzerns hin, wie z.b. bei der Ausrichtung des Konzerns.

Abbildung 2: **Auszug aus dem Bericht des Aufsichtsrates der Bayer AG (S. 45 im Geschäftsbericht 2012)**

Den vom Vorstand aufgestellten Jahresabschluss und den Konzernabschluss billigen wir. Der Jahresabschluss ist damit festgestellt. Mit dem zusammengefassten Lagebericht und insbesondere der Beurteilung zur weiteren Entwicklung des Unternehmens sind wir einverstanden.

Sollte man hier solche Passagen vorfinden wie »zur weiteren Entwicklung des Unternehmens besteht Redebedarf« sollten beim Anleger die Alarmglocken läuten. Es ist anzuraten, das Unternehmen sehr kritisch zu überprüfen oder gleich die Finger von ihm zu lassen. In der Regel deutet sich hier ein Managementwechsel an oder das Unternehmen steckt in einer tiefgreifenden Krise.

Zum Abschluss des Berichtes geht der Aufsichtsrat noch speziell auf Jahres- und Konzernabschluss und Abschlussprüfung ein. Die wichtigste Information für den Aktionär ist, dass für den Inhalt und die Objektivität der vermittelten Informationen die Unternehmensleitung verantwortlich ist; zudem, dass der Jahresabschluss der Bayer AG (Muttergesellschaft des Konzerns) nach den Regeln des Handelsgesetzbuches (HGB) und des Aktiengesetzes (AktG) aufgestellt wurde. Dagegen wurde der Konzernabschluss nach HGB sowie entsprechend den Grundsätzen der International Financial Reporting Standards (IFRS) und der zusammengefasste Lagebericht nach den Regeln des HGB erstellt. Als Abschlussprüfer wurde die Wirtschaftsprüfungsgesellschaft PricewaterhouseCoopers AG eingesetzt. Jetzt kommt schon eine entscheidende Passage:

Abbildung 3: **Auszug aus dem Bericht des Aufsichtsrates der Bayer AG (S. 45 im Geschäftsbericht 2012)**

In seinen Prüfberichten erläutert der Abschlussprüfer die Prüfungsgrundsätze. Als Ergebnis ist festzuhalten, dass Bayer die Regeln des HGB, AktG bzw. International Financial Reporting Standards, wie sie in der EU anzuwenden sind, eingehalten hat. Der Jahres- und Konzernabschluss haben den uneingeschränkten Bestätigungsvermerk erhalten.

Da Bayer von den Wirtschaftsprüfern einen uneingeschränkten Bestätigungsvermerk bekommen hat, kann man davon ausgehen, dass der Geschäftsbericht eine den tatsächlichen Verhältnissen entsprechende Abbildung des Geschäftsverlaufs des Bayer-Konzerns ermöglicht. Hierdurch werden die Unternehmensleitung und die Aktionäre erst in die Lage versetzt, Vermögensrisiken sowie Veränderungen in der wirtschaftlichen Entwicklung des Konzerns frühzeitig zu erkennen. Falls ein Unternehmen keinen uneingeschränkten Bestätigungsvermerk bekommen hat, muss dies sehr kritisch hinterfragt oder besser gleich das Unternehmen aussortiert werden.

Zudem hat sich bei börsennotierten Unternehmen eingebürgert, auch der Börsennotiz und der Kursentwicklung der Aktie ein Kapitel zu widmen. Auch ein kurzer Blick in diese Rubrik gibt Auskunft, ob das Unternehmen auf dem »richtigen Kurs« ist. Sollte die Aktienkursentwicklung hinter der Markt- bzw. Branchenentwicklung um -10 % (Beispiel DAX steigt um 10 %, Aktie um 5 %, so ist die Welt noch in Ordnung) zurückliegen, deutet dies darauf hin, dass der Markt davon ausgeht, dass das Unternehmen Schwierigkeiten (meist erwartet der Markt dann einen Umsatz- oder Gewinnrückgang oder eine deutliche Verschlechterung der Branchenkonjunktur) hat. Der Kurs der Bayer-Aktie stieg im Jahresverlauf 2012 um ca. 46 %. Im Vergleich zum DAX mit 29 %, dem EuroStoxx Health Care Index mit 27 % und dem EuroStoxx Chemicals Index mit 33 % entwickelte sich die Bayer-Aktie im Jahr 2012 deutlich besser. Dies bedeutet, dass die Bayer AG aus Sicht der Märkte keine nennenswerten Schwierigkeiten hat.

Neben einem allgemeinen Blick auf die Börsenentwicklung des abgelaufenen Jahres nehmen die Unternehmen häufig zum Gewinn je Aktie, zu einer möglichen Dividende und zur Entwicklung der Aktie an der Börse Stellung. Um dies zu illustrieren, findet man häufig eine Tabelle mit interessanten Daten oder Kennzahlen für die Aktionäre vor: Kurs-Gewinn-Verhältnis, Kurs-Cashflow-Verhältnis und/oder Dividende pro Aktie. Die Daten werden oftmals für das abgelaufene und aktuelle Geschäftsjahr dargestellt, sodass der Anleger die Entwicklung der Datenlage des Unternehmens schnell über mehrere Jahre überblicken kann.

		2011	2012
Konzernergebnis je Aktie	in €	2,99	2,96
Bereinigtes Konzernergebnis je Aktie	in €	4,83	5,35
Brutto-Cashflow je Aktie	in €	6,25	5,56
Eigenkapital je Aktie	in €	23,30	22,45
Dividende je Aktie	in €	1,65	1,90
Börsenkurs zum Jahresende	in €	49,40	71,89
Höchstkurs	in €	59,35	72,95
Tiefstkurs	in €	36,82	47,97
Ausschüttungssumme	in Mio. €	1.364	1.571
Anzahl dividendenberechtigter Aktien (31.12.)	in Mio.	826,95	826,95
Marktkapitalisierung (31.12.)	in Mrd. €	40,9	59,4
Durchschnittliche tägliche Umsätze	in Mio.	3,8	2,7
Kurs-Gewinn-Verhältnis		16,5	24,3
Bereinigtes Kurs-Gewinn-Verhältnis		10,2	13,4
Kurs-Cashflow-Verhältnis		7,9	12,9
Dividendenrendite	in %	3,3	2,6

Die Kennzahlen zur Bayer-Aktie sollten den Leser hellhörig machen, denn es offenbaren sich einige Unstimmigkeiten mit der Kursentwicklung. Zunächst entnimmt man Abbildung 4, dass das Konzernergebnis je Aktie, der Brutto-Cashflow je Aktie, gefallen ist, obwohl die Bayer AG einen kräftigen Umsatzanstieg hatte. Somit stellt sich die Frage, ob hier ein Umsatzwachstum auf Kosten des Gewinns erzielt wurde. Noch bedenklicher ist, dass das Eigenkapital je Aktie gefallen ist. Normalerweise sollte das Eigenkapital mit steigendem Umsatz bzw. Gewinn auch steigen. Dies könnte ein Indiz dafür sein, dass im Geschäftsjahr 2012 Kapital vernichtet wurde, z.B. durch schlechte Investitionen, oder dass hohe Rückstellungen getroffen wurden usw.

Das deutlich gestiegene Kurs-Gewinn-Verhältnis bzw. Kurs-Cashflow-Verhältnis relativiert den oben erwähnten Kurssprung der Aktie. Das heißt, dass die Börse Bayer für einen Euro Umsatz und Gewinn mehr Börsenwert zugesteht als im Vorjahr – ein Wermutstropfen.

Der Kurssprung ist also vermutlich nicht von fundamentalen Daten unterlegt (muss noch ausgearbeitet werden), sondern eher psychologischen Faktoren an der Börse geschuldet, weil die Bayer AG in Trendbranchen tätig ist (Landwirtschaft), die zurzeit bei den Anleger stark nachgefragt werden.

Hier könnte sich jetzt ein Phänomen abzeichnen, dass den meisten Anlegern wohl unbekannt sein dürfte, aber entscheidenden Einfluss auf die Rendite hat: Der

Fluch der Sieger! Steigt eine Aktie gemessen am Börsenwert, also Kurs multipliziert mit der Zahl der Aktien, zum größten Titel einer Branche, eines Landes oder gar der ganzen Welt auf, so ist die Wahrscheinlichkeit enorm hoch, dass sie sich in den folgenden Jahren weit schlechter entwickeln wird als der Gesamtmarkt. Dieser Fluch ist auch verantwortlich, dass viele Privatanleger schlechter abschneiden als der Gesamtmarkt. Sie hängen einfach zu stark an den Siegern von gestern, die meist die Verlierer von morgen sind. Sie haben dabei im Kopf, dass es so etwas wie Skaleneffekte gibt und die schiere Größe eines Unternehmens eigentlich vorteilhaft sein müsste für weiter steigende Umsätze und Gewinne. Doch tatsächlich ist schiere Größe, zumindest für Aktionäre, ab einem gewissen Punkt nachteilig. So hat der US-Kapitalmarktforscher und Fondsmanager Robert Arnott anhand der Kursentwicklung von Aktien der neun wichtigsten Börsen der Welt in den drei Jahrzehnten bis 2010 festgestellt: Steigt eine Aktie gemessen am Börsenwert zum größten Titel ihrer jeweiligen Branche auf, so schneidet sie in den folgenden zehn Jahren um 4,3 Prozentpunkte pro Jahr schlechter ab als der Durchschnitt dieses Sektors. Ebenso hinkt eine Aktie dem Gesamtmarkt eines Landes hinterher, nachdem sie dort zum größten Wert aufgestiegen ist. Beispielsweise rückte Apple im August 2011 auf den Spitzenplatz vor. Seitdem legten die US-Aktienmärkte gemessen am S&P 500 und NASDAQ um je rund 50 % zu, die Apple-Aktie aber lediglich gut halb so viel.

In Deutschland ist dieses Phänomen besonders ausgeprägt. So schnitten die in Deutschland zum größten Titel des Landes aufgestiegenen Aktien in den folgenden zehn Jahren um 7,8 Prozentpunkte pro Jahr schlechter ab als der Gesamtmarkt. Mit anderen Worten: Die Börsenriesen bewegten sich im Schnitt selbst dann keinen Millimeter, wenn sich der Gesamtmarkt binnen zehn Jahren verdoppelt hat. Das kann so manch ein Aktionär von ehemaligen DAX-Spitzenreitern in Sachen Marktkapitalisierung bestätigen, wie von:

Aktie	Kurs		KGV	
	Höchststand	Sept. 2013	Höchststand	Sept. 2013
Allianz	ca. 415 € (Anfang 2000)	ca. 115 €	34	9,00
E.ON	ca. 50 € (Anfang 2008)	ca. 14 €	19	9,50

Zudem beobachtet man, dass die DAX-Spitzenreiter während ihrer Kursrallye ein immer höheres KGV ausbilden, weil viele Anleger wie auch Profis oftmals prozyklisch investieren, d.h. in Unternehmen mit bereits hohem Börsenwert anlegen, über die sie viel lesen und hören. Hinzu kommen aggressive Wettbewerber, aufsichtsrechtliche Scherereien – Wettbewerbsbehörden sehen sich Marktführer sehr genau an – sowie Imageprobleme. Die drohen stets dann, wenn eine Firma nicht mehr Jäger, sondern Gejagter ist. Welche desaströsen Auswirkungen die Konzentrationen auf die Größe für die Gesamtrendite einer Aktienanlage haben kann, zeigt ein einfaches Zahlenbeispiel. So konnte Robert Arnott aufzeigen, dass, wer im Jahr 1981 1.000 US-Dollar in den globalen Aktienmarkt investiert hatte, sein Geld bis 2010 versechzehnfachen konnte. Dagegen erlitt Schiffbruch, wer auf die jeweils aktuell größten Werte eines jeden Landes gesetzt hatte. Er musste mit ansehen, wie sich über die drei Dekaden hinweg sein Geld annähernd halbierte – inklusive Dividenden.

Dieser kleine Ausflug in die Börsenhistorie ist wichtig, weil die Bayer AG im September 2013 im DAX (Gewichtung 9,99 % 24. Juni 2013) am höchsten gewichtet war. Die Marktkapitalisierung von Bayer ist auf 70.472,49 Mio. € gestiegen.

Außerdem ist das KGV von Bayer im Vergleich zum DAX deutlich angestiegen, d.h. es liegt deutlich oberhalb des DAXes. Ebenso ist das KGV von Bayer von 2011 auf 2012 deutlich gestiegen. Das bedeutet: Ein Anleger muss jetzt für einen Euro Gewinn je Aktie deutlich mehr bezahlen als vor einem Jahr, d.h. die Aktie ist teurer geworden. Hier ist also Vorsicht angebracht! Denn die Börsenhistorie hat gezeigt, dass keine Aktie auf Dauer ein wesentlich größeres KGV als der Marktdurchschnitt hat. Irgendwann fängt der Markt die Werte wieder ein, sodass sich ihre KGVs wieder dem Marktdurchschnitt anpassen. Dies bedeutet für den Aktienkurs im besten Fall eine Stagnation, d.h. bei steigenden Gewinnen je Aktie verharrt der Aktienkurs auf seinem Niveau, bis das Markt-KGV wieder erreicht ist. Im schlimmsten Fall kommt es zu Kursverlusten.

Außerdem veröffentlicht die Bayer AG im Geschäftsbericht 2012 auf Seite 49 die Entwicklung der Credit Default Swaps (CDS) im Jahr 2012. CDS sind vereinfacht gesagt handelbare Kreditversicherungen gegen Zahlungsausfälle eines Emittenten wie Bayer. Darum zeigt die Höhe des CDS eine Einschätzung der Kreditwürdigkeit eines Unternehmens seitens der Marktteilnehmer. Da die Bayer-CDS deutlich unterhalb des Vergleichsindex iTraxx Europe liegt, wird die Bonität des Unternehmens als sehr gut eingeschätzt. Dies bedeutet wiederum, dass der Markt keine nennenswerten Schwierigkeiten im Geschäftsverlauf sieht. Sollte nämlich die Bayer-CDS während eines Jahres kräftig ansteigen, deutet dies darauf hin, dass die Bayer AG Schwierigkeiten hat bzw. in der näheren Zukunft bekommt. Einige Experten sagen auch, dass eine Höhe der CDS von 300 Punkten (Bayer am Jahresende 2012 ca. 60 Punkte) unbedenklich ist. Bei darüber hinaus gehenden Werten sollte der Geschäftsverlauf bzw. der Geschäftsbericht kritisch hinterfragt werden. Zudem sollte auch ein Blick in die Prognose für das nächste Jahr geworfen werden, ob das Unternehmen eventuell mit Umsatz- oder Gewinnrückgängen rechnet.

Danach schließt sich im Bayer-Geschäftsbericht der Konzernlagebericht an. Dieser Teil bildet das Herzstück jeder fundamentalen Aktienanalyse. Darum werde ich diesen Teil besonders ausführlich darstellen. Die Informationen in diesem Teil des Geschäftsberichtes sind besonders nützlich für den ersten Teil der fundamentalen Aktienanalyse, nämlich zur Erfassung der Produkte oder Dienstleistungen sowie zur Untersuchung des Branchen- und Wettbewerbsumfeldes und der Unternehmensstrategie.

4.3.3 Konzernlagebericht

Der Lagebericht enthält eine Darstellung des Geschäftsverlaufes sowie der finanziellen Lage des Unternehmens. Weiterhin gibt der Lagebericht an, wie das Unternehmen innerhalb der Branche und innerhalb der Volkswirtschaft steht. Allerdings sind dies nur subjektive Aussagen bzw. Einschätzungen der Verwaltung des Unternehmens. Ein anderer wichtiger Punkt innerhalb des Lageberichtes sind die Hinweise auf die langfristige Strategie bzw. die zu erwartende Entwicklung des Unternehmens.

Neuerdings wird auch verlangt, dass bei der Vorstellung des Geschäftsverlaufes finanzielle und nicht finanzielle Leistungsindikatoren miteinbezogen werden. Außerdem ist die voraussichtliche zukünftige Entwicklung mit ihren wesentlichen Chancen und Risiken zu erläutern. Wegen der zunehmenden Bedeutung von Finanzinstrumenten muss speziell auch über diesbezügliche Risiken berichtet werden. Obendrein müssen börsennotierte Unternehmen auf die wesentlichen Merkmale ihres rechnungsbezogenen internen Kontroll- und Risikomanagementsystems eingehen. Durch diese neuen bzw. erweiterten Pflichten zur Berichterstattung sind die Konzernlageberichte fast schon eigenständige Bücher mit einem Umfang von mehr als 100 Seiten.

Darum möchte ich an dieser Stelle nicht einen kompletten Lagebericht eines Unternehmens darstellen, weil dies den Umfang des Buches sprengen würde. Stattdessen werde ich die wichtigsten Bereiche für die fundamentale Aktienanalyse auszugsweise anhand des Konzernlageberichtes der Bayer AG aus dem Geschäftsbericht 2012 darstellen.

Zunächst wirft der Konzernlagebericht einen Blick auf die strategische Ausrichtung der Bayer AG. In diesem Bericht wird die zukünftige Strategie des Konzerns sowie seiner Teilkonzerne erläutert.

Abbildung 5: Auszug aus dem Konzernlagebericht der Bayer AG zum Thema Strategie (Geschäftsbericht 2012, S. 59ff.)

Strategie
Wir wollen auch weiterhin führende Rollen in attraktiven Märkten einnehmen und die vorhandenen starken Positionen stetig ausbauen. Ein Schwerpunkt liegt hierbei auf der Weiterentwicklung unserer Life-Science-Bereiche. Zudem wollen wir durch ein besseres Verständnis der Biologie von Mensch, Tier und Pflanze Forschungssynergien heben. Im Bereich MaterialScience wollen wir mit führender Prozesstechnologie unsere Marktstellung verteidigen. Investitionen in Kapazitätserweiterungen sowie neue Anlagen tragen mit Skaleneffekten und Kostenführerschaft zur Stärkung unserer Position und Rentabilität bei.   ... wir investieren konsequent in unsere Innovationsfähigkeiten und maximieren den Wert unserer Forschungs- und Entwicklungspipeline sowie unserer Technologiekompetenz.   ... setzen wir unsere konzernweiten Anstrengungen zur Effizienzverbesserung fort und arbeiten weiter daran, unsere Strukturen und Prozesse zu vereinfachen.

Es zeigt sich, dass der Bayer-Konzern durch Kosteneffizienz sowie durch neue Produkte wachsen möchte. Hierzu schließt er im Bereich CropScience und HealthCare Akquisitionen nicht aus. Die Strategie scheint schlüssig zu sein und darauf ausgelegt, durch neue Produkte Wachstum zu erzielen. Mit anderen Worten: Die Strategie des Bayer-Konzerns verspricht in der Zukunft steigende Umsätze.

Nun lohnt sich ein Blick auf die Umsatzentwicklung des Konzerns. Sie zeigt in groben Zügen an, wie sich das Unternehmen im Wettbewerb geschlagen hat.

Abbildung 6: Auszug aus dem Konzernlagebericht der Bayer AG zum Thema wirtschaftliches Umfeld (Geschäftsbericht 2012, S. 64ff.)

Umsatzentwicklung Gesamtjahr 2012
2012 war ein sehr erfolgreiches Jahr für Bayer. Wir haben unsere Konzernziele erreicht. Operativ erzielten wir beim Umsatz und bereinigten Ergebnis in allen Teilkonzernen Zuwächse. Besonders dynamisch entwickelten sich unsere Life-Science-Geschäfte. Auch strategisch haben wir erfreuliche Fortschritte gemacht. Unsere Innovationspipeline haben wir weiterentwickelt und neue Produkte auf den Markt gebracht. Darüber hinaus haben wir durch Akquisitionen unsere Life-Science-Geschäfte gezielt verstärkt. ... Der Konzernumsatz stieg währungs- und portfoliobereinigt (wpb.) um 5,3 % (nominal: 8,8) auf den Rekordwert von 39.760 Mio. €. (Vorjahr: 36.529 Mio. €). Der Umsatz von HealthCare erhöhte sich währungsbereinigt (wpb.) 4,2 %. Der CropScience-Umsatz verbesserte sich in einem attraktiven Marktumfeld deutlich um wpb. 12,4 %. MaterialScience konnte seinen Umsatz wpb. um 3,0 % steigern.

Es zeigt sich, dass 2012 für den Bayer-Konzern ein gutes Jahr war. Setzen Sie jetzt Ihre rosarote Brille ab. Hat der Bayer-Konzern tatsächlich keine Probleme? Ist diese Entwicklung auf Leistungen des Bayer-Konzerns zurückführen oder ist er einfach nur im konjunkturellen Strom mitgeschwommen? Um das festzustellen, muss man sich zunächst das wirtschaftliche Umfeld des Konzerns ansehen.

Abbildung 7: Auszug aus dem Lagebericht der Bayer AG zum Thema wirtschaftliches Umfeld (s. S. 61ff. im Geschäftsbericht 2012)

Wirtschaftliches Umfeld:
Das Wachstum der Weltwirtschaft hat sich im Jahr 2012 weiter verlangsamt. Der wichtigste Grund dafür war die Krise im Euro-Raum, die mit einer spürbaren Verunsicherung von Verbrauchern und Investoren einherging. Zudem waren die Regierungen in vielen Industrieländern angesichts der hohen Verschuldung der öffentlichen Haushalte zu einem rigiden Konsolidierungskurs gezwungen. Belastend wirkte darüber hinaus, dass der Ölpreis trotz der konjunkturellen Abschwächung auf hohem Niveau verharrte. Positive Impulse kamen dagegen von der weiterhin sehr expansiven Geldpolitik in den Industrieländern.

Wachstum der Wirtschaft:

	Wachstum 2011	Wachstum 2012
Welt	3,0 %	2,6 %
EU	1,6 %	-0,2 %
davon Deutschland	3,0 %	0,7 %
USA	1,8 %	2,3 %
Schwellenländer	6,2 %	4,9 %

Branchenkonjunktur:
HealthCare:
Das Wachstum des Pharmamarktes war in den USA sowie in den großen europäischen Ländern durch die restriktiveren gesundheitspolitischen Rahmenbedingungen beeinträchtigt. In den Schwellenländern dagegen stieg die Nachfrage ..., weil die Gesundheitsdienste für immer größere Teile der Bevölkerung verfügbar wurden. Das weltweite Wachstum des Consumer-Care-Marktes ging gegenüber dem Vorjahr leicht zurück, insbesondere aufgrund des schwachen zweiten Halbjahres – vor allem in den USA und Europa. In den Schwellenländern wie Brasilien, China und Russland hielt die Nachfrage nach rezeptfreien Medikamenten auf hohem Niveau. Zum leichten Anstieg des Medical-Care-Marktes trugen Zuwächse im US-Diabetes-Care-Markt sowie im Kontrastmittel- und Medizingeräte-Markt bei. Der Animal-Health-Markt blieb auf dem durchschnittlichen Wachstumsniveau der vergangenen Jahre.

CropScience:
Der globale Saatgut- und Pflanzenschutzmarkt entwickelte sich im Jahr 2012 weiterhin dynamisch. Die Nachfrage nach ... Saatgut stieg insgesamt weiter spürbar an, und auch der weltweite Pflanzenschutzmarkt wuchs deutlich.

MaterialScience:
Die Produkte von MaterialScience finden hauptsächlich Anwendung in der Automobil- Bau-, Elektro- und Möbelindustrie. Die Entwicklung dieser ... wichtigen globalen Hauptabnehmerbranchen im Jahr 2012 war trotz der sich verschlechternden Wachstumsperspektiven in Europa insgesamt zufriedenstellend. Besonders die fortschreitende Erholung in Nordamerika und die Stabilisierung der Märkte in Asien haben sich positiv auf unsere Geschäftsentwicklung ausgewirkt.

	Wachstum 2011	Wachstum 2012
HealthCare		
Pharmamarkt	6 %	3 %
Consumer-Care-Markt	5 %	4 %
Medical-Care-Markt	2 %	1 %
Animal-Health-Markt	5 %	4 %
CropScience		
Saatgut- und Pflanzenschutzmarkt	>10%	>10 %
MaterialScience (Hauptabnehmerbranchen)		
Automobilindustrie	3 %	6 %
Bauwirtschaft	3 %	3 %
Elektroindustrie	7 %	3 %
Möbelindustrie	6 %	4 %

Die allgemeine wirtschaftliche Lage deutet darauf hin, dass der Bayer-Konzern in einem zunehmend schwierigen wirtschaftlichen Umfeld agiert, das geprägt ist durch die Krise im Euro-Raum. Dennoch verzeichnet die Weltwirtschaft mit Ausnahme von Europa ein Wachstum von 2,6 %. Da Bayer ein weltweit tätiges Unternehmen ist, sollte der Konzernumsatz mindestens um 2,6 % zulegen. Dann wäre das Unternehmen im Rahmen der wirtschaftlichen Entwicklung gewachsen. Tatsächlich schaffte der Konzern 2012 ein Wachstum von 5,3 %. Somit ist der Bayer-Konzern doppelt so schnell gewachsen wie die Weltwirtschaft. Dies deutet auf Gewinne von Marktanteilen in einigen Teilkonzernbereichen hin. Sieht man sich das wirtschaftliche Wachstum der Teilbereiche an, wird diese Aussage wieder relativiert, da der HealthCare-, CropScience- und MaterialScience-Markt teilweise deutlich stärker gestiegen sind als die Weltwirtschaft. Vergleicht man das Wachstum der Teilkonzerne mit dem Wachstum ihrer jeweiligen Branche, so stellt man fest, dass der Bayer-Konzern eher mit der konjunkturellen Entwicklung geschwommen ist als durch spektakuläres eigenes Wachstum, z.B. durch neue Produkte.[12,13] Folglich haben die neu eingeführten Produkte des Konzerns im Jahr 2012 eher dazu geführt, dass das Wachstum mit der Branchenentwicklung standhalten konnte bzw. leicht besser war.

---

[12] Beispielsweise konnte die Apple AG durch die Entwicklung des iPad oder iPhone ihren Umsatz vervielfachen.

[13] Für solche Vergleiche nutzt man nur die währungsbereinigten Zahlen. Sie zeigen das Wachstum eines Unternehmens ohne Währungseinfluss an, d.h. das Wachstum, das durch das Unternehmen selbst generiert wurde. So ist z.B. der Euro im Rahmen der Finanzkrise gefallen. So konnte Bayer bei selben Umsätzen im US-Dollar-Raum (USA) mehr Umsatz in Euro ausweisen, weil man jetzt mehr Euros für einem US-Dollar bekommt. Dieser Effekt wird bei den währungsbedingten Zahlen herausgerechnet.

Abbildung 8: **Wachstum der Branche im Vergleich zum Teilkonzern (Geschäftsbericht 2012, S. 61, 68, 74 und 77)**

	Wachstum Branche 2012	Wachstum Bayer-Teilkonzern 2012
HealthCare		
Pharmamarkt	3 %	4,2 %
Consumer-Care-Markt	4 %	5,6 %
Medical-Care-Markt	1 %	2,2 %
Animal-Health-Markt	4 %	4,2 %
Wachstum des Teilkonzerns:		Nominal: 8,4 %
		Währungsbereinigt: 4, 2 %
CropScience		
Saatgut- und Pflanzenschutzmarkt	>10 %	Nominal: 15,5 %
		Währungsbereinigt: 12,4 %
MaterialScience	Zwischen 6 und 3 %	Nominal: 6,2 %
		Währungsbereinigt: 3,0 %

Um dies zu untermauern, sieht man sich die Geschäftsentwicklung der einzelnen Teilkonzerne an. Dies möchte ich Ihnen exemplarisch anhand des Teilkonzerns CropScience zeigen.

Abbildung 9: **Auszug aus dem Lagebericht der Bayer AG zum Thema CropScience (Geschäftsbericht 2012, S. 74–76)**

CropScience						
	2011		2012		Veränderung	
Umsatzerlöse	7.255	Mio. €	8.383	Mio. €	15,5 %	12,4 wpb %
Brutto-Cashflow	900	Mio. €	1.320	Mio. €	46,7 %	
Netto-Cashflow	691	Mio. €	899	Mio. €	30,1 %	

CropScience steigerte den Umsatz im Geschäftsjahr 2012 in einem attraktiven Marktumfeld wpb. deutlich um 12,4 % auf 8.383 Mio. € (nominal +15,5 %). Dieses Wachstum beruhte im Wesentlichen auf dem guten Geschäft mit neuen Produkten bei Crop Protection sowie einer starken Geschäftsexpansion bei Seeds. Environmental Science entwickelte sich ebenfalls positiv. Die Neuausrichtung unserer Vertriebs- und Marketingaktivitäten und unser gestrafftes Produktsortiment trugen zu dem erfreulichen Geschäftsverlauf bei.

Bei Crop Protection / Seeds stieg der Umsatz im Jahr 2012 wpb. um 13,1 % auf 7.703 Mio. €. Besonders profitierten wir vom Ausbau des Geschäftes mit Saatgutbehandlungsmitteln (Seed-Growth) sowie von einem starken Wachstum unserer neuen Produkte wie dem Insektizid Belt™ und dem Fungizid Fox™.

Im Geschäftsbereich Seeds steigerten wir unseren Umsatz wpb. um 14,1 % auf 962 Mio. €. Hierzu trugen alle Regionen bei, insbesondere jedoch Nordamerika. Ein prozentual zweistelliges Umsatzwachstum erreichten wir außerdem in unseren Kernkulturen Raps, Reis und Baumwolle. Demgegenüber war unser Gemüsesaatgutgeschäft unter der Marke Nunhems™ leicht rückläufig, unter anderem aufgrund einer ungünstigen Preisentwicklung auf dem Gemüsemarkt.

Der Umsatz im Geschäftsbereich Environmental Science stieg um wpb. 5,3 % auf 680 Mio. €. Sowohl das Geschäft mit professionellen Anwendern als auch das Konsumentengeschäft konnten ein Umsatzplus verzeichnen.

Das EBIT von CropScience stieg im Jahr 2012 deutlich von 562 Mio. € auf 1.539 Mio. €. Hierin enthalten sind Sondererträge in Höhe von 13 Mio. € (Vorjahr: -606 Mio. €). Diese beinhalteten im Wesentlichen Erträge aus dem Verkauf eines Betriebsgeländes in Indien. Demgegenüber standen Sonderaufwendungen für die bilanziellen Vorsorgen im Zusammenhang mit Verfahren wegen gentechnisch veränderter Reispflanzen (LL RiCE) in den USA sowie für Restrukturierungsmaßnahmen bei Crop Protection.

Das EBIT vor Sondereinflüssen stieg um 30,7 % auf 1.526 Mio. €. Das EBITDA vor Sondereinflüssen verbesserte sich um 21,4 % auf 2.008 Mio. €. Dieses Wachstum resultierte vor allem aus deutlich gestiegenen Absatzmengen und positiven Währungseinflüssen. Die Herstellungskosten wuchsen unterproportional zur Umsatzentwicklung. Darüber hinaus erzielten wir Einmalerträge in Höhe von 52 Mio. € (Vorjahr: 38 Mio. €), hauptsächlich im Zusammenhang mit der Auslizenzierung und dem Verkauf von Wirkstoffen bei Crop Protection.

Der Lagebericht der CropScience zeigt, dass das Umsatzwachstum im Wesentlichen auf guten Geschäften mit neuen Produkten bei CropProtection sowie einer starken Geschäftsexpansion bei Seeds beruht. Dies ist positiv, weil das Umsatzwachstum hauptsächlich organisch erfolgte und nicht durch den Zukauf des US-Unternehmens AgraQuest Inc.(Geschäftsbericht 2012, S. 59). Außerdem ist hervorzuheben, dass die Herstellungskosten für die Produkte im Vergleich zur Umsatzentwicklung unterproportional wuchsen, d.h. der Gewinn sollte kräftig steigen. Tatsächlich konnte das EBIT vor Sondereinflüssen kräftig zulegen.

Den nächsten Bereich des Konzernlageberichtes, den man sich ansehen sollte, ist die Ertrags-, Finanz- und Vermögenslage des Bayer-Konzerns. Zunächst sieht man sich die Ertragslage an. Um einem Überblick zu bekommen, studiert man zunächst die Kurzfassung der Gewinn- und Verlustrechnung.

Abbildung 10: Auszug aus dem Lagebericht der Bayer AG zum Thema Gewinn- und Verlustrechnung (Kurzfassung) (Geschäftsbericht 2012, S. 82)

Gewinn- und Verlustrechnung (Kurzfassung)			
	31.12.2011	31.12.2012	Veränderung
Umsatzerlöse	36.528 Mio. €	39.760 Mio. €	8,8 %
Herstellungskosten	17.975 Mio. €	19.059 Mio. €	6,0 %
Vertriebskosten	8.958 Mio. €	9.987 Mio. €	11,5 %
Forschungs- und Entwicklungskosten	2.932 Mio. €	3.013 Mio. €	2,8 %
Allgemeine Verwaltungskosten	1.713 Mio. €	1.866 Mio. €	8,9 %
Sonstige betriebliche Aufwendungen und Erträge	-801 Mio. €	-1.875 Mio. €	
EBIT (Ergebnis vor Finanzergebnis und Zinsen)	4.149 Mio. €	3.960 Mio. €	- 4,6 %
Finanzergebnis	-786 Mio. €	-712 Mio. €	9,4 %
Ergebnis vor Ertragsteuern	3.363 Mio. €	3.248 Mio. €	-3,4 %
Ertragsteuern	-891 Mio. €	-752 Mio. €	15,6 %
Ergebnis nach Steuern	2.476 Mio. €	2.496 Mio. €	1,0 %
davon auf andere Gesellschafter entfallend	2 Mio. €	50 Mio. €	
Davon auf die Aktionäre der Bayer AG entfallend (Konzernergebnis)	2.470 Mio. €	2.446 Mio. €	-1,0 %

* Eine Erläuterung der Begriffe der Gewinn- und Verlustrechnung findet im Kapital 4.3.4.3.1. (S. 81ff.) statt.

Steigende Umsätze werden häufig als Zeichen für eine erfolgreiche Geschäftsentwicklung gedeutet. Doch Meldungen über Umsatzsteigerungen sind nur dann positiv zu bewerten, wenn das Unternehmen dabei auch höhere Gewinne erwirtschaftet oder wenigstens die zusätzlichen Kosten (durch das Umsatzwachstum werden Kosten erzeugt, z.B. dadurch, dass mehr Vorräte gekauft werden müssen) gedeckt sind. Dies klingt selbstverständlich, ist es aber nicht. So fällt beim Bayer-Konzern auf, dass die Umsatzsteigerung von 8,8 % auf 39.760 Mio. € (bereinigt um Währungs- und Portfolioeffekte von 5,3 %) sich nicht in einem Anstieg des Konzernergebnisses widerspiegelt. Diese Entwicklung ist bedenklich. Normalerweise sollte eine Umsatzsteigerung auch zu einem erhöhten Gewinn führen. Wieso ist dies nicht so?

Zunächst fällt auf, dass die Herstellungs- und Vertriebskosten stark gestiegen sind. Dazu führt der Bayer-Konzern aus, dass der Anstieg der Herstellungskosten insbesondere höheren Absatzmengen sowie gestiegenen Rohstoffkosten bei MaterialScience geschuldet sind. Dies bedeutet allerdings auch, dass MaterialScience die gestiegenen Kosten nicht vollständig an die Kunden weitergeben konnte, z.B. durch höhere Produktpreise. Dies deutet auf ein hartes Wettbewerbumfeld hin. Die Vertriebskosten erhöhten sich im Wesentlichen wegen höherer Vertriebskosten bei HealthCare im Rahmen der Vermarktung neuer Produkte. Das ist nicht negativ zu sehen, weil sich die Kosten in den nächsten Jahren durch steigende Umsätze und Gewinne der neuen Produkte wieder einspielen sollten.

Negativ zu werten ist, dass die Forschung- und Entwicklungsausgaben mit 3.013 Mio. € (Steigerung 2,8 %) nicht im selben Umfang wie das Umsatzwachstum erhöht wurden. Somit sank die Quote Forschung und Entwicklung zu Umsatz von 8,0 (2011) auf 7,6 % (2012). Der Anstieg der allgemeinen Verwaltungskosten von 8,9 % auf 1.866 Mio. € liegt im Rahmen des Umsatzwachstums. So liegt der Anteil der allgemeinen Verwaltungskosten ebenso wie 2011 bei 4,7 % des Gesamtumsatzes. Dies bedeutet aber auch, dass der Bayer-Konzern in diesem Bereich keinerlei Produktivitätszuwächse erzielt hat. Der erhöhte negative Saldo aus sonstigen betrieblichen Aufwendungen und Erträgen in Höhe von 1.875 Mio. € resultiert insbesondere aus gestiegenen Aufwendungen im Zusammenhang mit Rechtsfällen. All dies führte dazu, dass sich das EBIT verringerte.

Die Ertragslage des Bayer-Konzerns ist durchwachsen und nicht, wie der Kursanstieg der Bayer-Aktie von 46 % zunächst vermuten ließ, besonders gut. Dieser Kursanstieg ist also nicht mit fundamentalen Daten unterlegt.

Daneben befinden sich im Bayer-Geschäftsbericht 2012 (S. 83ff.) Kennzahlen (wie in vielen anderen auch), die nach Ansicht des Unternehmens besser zur Beurteilung der operativen Geschäftstätigkeit geeignet sind. Im Kleingedruckten liest man dann: »Das bereinigte Konzernergebnis, das bereinigte Ergebnis je Aktie (›Core EPS‹) sowie das ›Core EBIT‹ stellen Kennzahlen dar, die nach den internationalen Rechnungslegungsvorschriften nicht definiert sind.«(Geschäftsbericht 2012, S. 85) Das bedeutet, dass ein Unternehmen sich die Gestaltung der Kennzahlen selbst definiert. Ein Schelm wer Böses dabei denkt …

Nun schließt sich ein Kapitel über die wertorientierte Konzernsteuerung[14] an. Heutzutage möchten nämlich die Aktionäre wissen, ob eine Steigerung des Unternehmenswertes erzielt wurde oder nicht.

Der Grundgedanke hierbei ist: Investitionen erfordern Geld, das auf dem Kapitalmarkt verzinst werden muss. Infolgedessen muss jede Investition eines Unternehmens mindestens den Ertrag bringen, welcher der marktüblichen Verzinsung des eingesetzten Kapitals entspricht und der zur Reproduktion des abgenutzten Wirtschaftsgutes benötigt wird. Diese Mindestrendite wird mit dem englischen Begriff »hurdle«[15] bezeichnet. Logisch, dass es stets gilt, diese jährlich neu defi-

---

[14] Unternehmen, welche dies als Grundlage für ihre Unternehmensführung verwenden, geben in der Regel sämtliche Informationen zu den verwendeten Verfahren im Geschäftsbericht wieder.

[15] Was übersetzt so viel bedeutet wie Hürde.

nierte Hürde zu überspringen. Wertmanagement zielt also auf rentables Wachstum ab.

Als Messlatte dafür verwendet man häufig den Brutto-Cashflow (BCF). Dies liegt daran, dass der Brutto-Cashflow das Innenfinanzierungspotenzial des Unternehmens misst – also wieviel Kapital zur Verfügung steht für Dividendenausschüttungen, die Zahlungen von Kreditzinsen und Investitionen.

Übertrifft der Brutto-Cashflow den Betrag, der erforderlich ist, um das investierte Kapital zu verzinsen und zu amortisieren, so spricht man von einem positiven »Unterschieds-Brutto-Cashflow« (engl. Cash Value Added, CVA). Bei Vorliegen eines positiven Cash Value Added spricht man von einem rentablen Wachstum. Für eine dynamische Betrachtung (über mehrere Jahre) verwendet man das Delta Cash Value Added (Delta CVA). Delta CVA gibt die Veränderung des CVA gegenüber der Vorperiode an und stellt für den Bayer-Konzern eine zweite Steuerungsgröße im Wertmanagement dar. Ist der Delta CVA positiv, so konnte die Wertschaffung des Unternehmens gegenüber dem Vorjahr gesteigert werden.

Kommen wir nun zurück zum Bayer-Konzern. Auch der Bayer-Konzern legt Wert auf rentables Wachstum. Darum wird hier auch das Cash Value Added[16] angewendet. Darum wird dem Brutto-Cashflow nun die BCF-Hurdle gegenübergestellt. Für den Bayer-Konzern beträgt die BCF-Hurdle für das Geschäftsjahr 2012 4.337 Mio. € (Geschäftsbericht 2012, S. 86). Der Brutto-Cashflow betrug 4.559 Mio. €. Somit wurde die BCF-Hurdle um knapp 6,0 % übertroffen. Folglich konnte der Bayer-Konzern die Kapital- und die Reproduktionskosten im abgelaufenen Jahr vollständig verdienen. Obendrein sagt der positive CVA von 262 Mio. € aus, dass der Konzern im abgelaufenen Geschäftsjahr die Mindestanforderungen an Verzinsung und Reproduktion übertroffen und Werte für das Unternehmen geschaffen hat. Das heißt, es liegt ein rentables Wachstum vor. Sieht man sich die CVA für die Teilkonzerne an, so stellt man fest:

Abbildung 11: CVA für die Teilkonzerne (Geschäftsbericht 2012, S. 87)

	HealthCare		CropScience		MaterialScience		Konzern	
	2011 in Mio. €	2012 in Mio. €	2011 in Mio. €	2012 in Mio. €	2011 in Mio. €	2012 in Mio. €	2011 in Mio. €	2012 in Mio. €
Brutto-Cashflow	3.254	2.614	900	1.320	939	947	5.172	4.599
BCF-Hurdle	2.205	2.214	857	824	1.033	1.079	4.339	4.337
CVA	1.049	400	43	496	-94	-132	833	262
Delta CVA	392	-649	378	453	.179	-38	446	-571

---

[16] Es gibt noch andere Verfahren zur wertorientierten Unternehmensführung, wie EVA, siehe Kapitel 4.3.10.

So haben nur die beiden Teilkonzerne HealthCare und CropScience zur Steigerung des Unternehmenswertes beigetragen. Dagegen hatte der Teilkonzern Material-Science kein rentables Wachstum. Um mit dem Teilkonzern MaterialScience wieder rentables Wachstum zu erzielen, hat das Management folgende Möglichkeiten:

- Erhöhung der Rentabilität;
- Veränderung des Investitionswertes, entweder durch profitables Wachstum oder durch Rückzug aus unrentablen Geschäften.

Aus dem Geschäftsbericht geht hervor, dass der Teilkonzern MaterialScience durch Wachstumsinvestitionen in neue Produktionsanlagen die Grundlage für zukünftiges profitables Wachstum gelegt hat, z.B. durch den Aufbau einer Mehrzweckanlage für die aliphatischen Isocyanate HDI und IPDI in Leverkusen. Durch diese Maßnahmen könnte es auch gelingen, das negative Delta CVA im nächsten Jahr in ein positives umzuwandeln. Letztlich bedeutet das negative Delta CVA, dass kein Unternehmenswert zum Vorjahr geschaffen wurde. Folglich hat der Bayer-Konzern im Vergleich zum Vorjahr kein rentables Wachstum erzielen können.

Die Rentabilität des Unternehmens wird meistens anhand des Cashflow-Return-on-Investment (CFRoI) gemessen. Hierbei stellt der Brutto-Cashflow die Zählergröße und der durchschnittliche Investitionswert (43.403 Mio. € im Jahr 2012) die Nennergröße dar. Der Rückgang des Brutto-Cashflows von 5.172 Mio. € (2011) auf 4.559 Mio. € in 2012 bei ähnlichem Investitionswert führt dazu, dass der Cashflow-Return-on-Investment (CFRoI) von 9,7 % im Jahr 2011 auf 8,3 % im Jahr 2012 gesunken ist. Diese Größe sollte mindestens so groß sein wie der risikolose Zins. Als Referenz verwendet man hier meistens den Zinssatz einer 10-jährigen Bundesanleihe, also 1,97 %.

Man sieht also, dass der Bayer-Konzern dieses Kriterium erfüllt. Allerdings wird heute argumentiert, dass das Risiko einer Investition in Aktien größer ist als in eine 10-jährige Bundesanleihe. Deswegen verwendet man heute eher eine 10-jährige Euro-Anleihe von Industrieunternehmen mit einen ähnlichen Kreditrating wie die Bayer AG als Vergleichsmaßstab. Das Kreditrating der Bayer AG beträgt A- (Standard & Poor's-Rating, Geschäftsbericht S. 92). Also verwendet man die Rendite einer 10-jährigen Euro-Anleihe mit einem A-Rating. Um diese zu ermitteln, sieht der Anleger sich die Zinsstrukturkurven (sie werden z.B. von der Stuttgarter Börse (www.boerse-stuttgart.de) in der Rubrik Anleihen veröffentlicht) an. Die Zinsstrukturkurve ist die grafische Darstellung der Renditen festverzinslicher Wertpapiere in Abhängigkeit ihrer Restlaufzeit. Die Rendite einer 10-jährigen Euro-Anleihe mit einem A-Rating beträgt 2,5 %. Somit ist dies Kriterium auch erfüllt.

Danach widmet sich der Konzernlagebericht der Finanzlage und Investitionen im Bayer-Konzern. Dazu wird eine Kurzfassung der Kapitalflussrechnung angegeben.

Abbildung 12: Auszug aus dem Lagebericht der Bayer AG zum Thema Kapitalflussrechnung (Kurzfassung) (Geschäftsbericht 2012, S. 87)

Gewinn- und Verlustrechnung (Kurzfassung)				
	31.12.2011		31.12.2012	
Brutto-Cashflow	5.172	Mio. €	4.559	Mio. €
Veränderung Working Capital/ Sonstige nicht zahlungswirksame Vorgänge	-112	Mio. €	-67	Mio. €
Zu-/Abfluss aus operativer Geschäftstätigkeit (Netto-Cashflow	5.060	Mio. €	4.532	Mio. €
Zu-/Abfluss aus investiver Tätigkeit	-3.890	Mio. €	-818	Mio. €
Zu-/Abfluss aus Finanzierungstätigkeit	-2.213	Mio. €	-3.782	Mio. €
Zahlungswirksame Veränderungen aus Geschäftstätigkeit	-1.043	Mio. €	-68	Mio. €
Zahlungsmittel und Zahlungsmitteläquivalente am Periodenanfang	2.840	Mio. €	1.770	Mio. €
Veränderung aus Wechselkurs-/Konzernkreisänderungen	-27	Mio. €	-7	Mio. €
Zahlungsmittel und Zahlungsmitteläquivalente am Periodenende	1.770	Mio. €	1.695	Mio. €

* Eine Erläuterung der Begriffe der Kapitalflussrechnung findet im Kapital 4.3.4.3.1. (S. 81ff.) statt.

Abbildung 12 zeigt, dass der Brutto-Cashflow im Vergleich zum Vorjahr um 11 % auf 4.559 Mio. € gesunken ist. In dessen Schlepptau ist auch der Netto-Cashflow um 10,4 % auf 4.532 Mio. € gesunken.

Aus der investiven Tätigkeit sind 818 Mio. € abgeflossen. So stiegen die Ausgaben für Sachanlagen und immaterielle Vermögenswerte auf 1.929 Mio. €.

Davon entfielen auf HealthCare 721 Mio. € (Vorjahr: 608 Mio. €), auf CropScience 376 Mio. € (Vorjahr: 280 Mio. €) und auf MaterialScience 620 Mio. € (Vorjahr: 565 Mio. €). Überdies gab Bayer für Akquisitionen 466 Mio. € (Vorjahr: 261 Mio. €) aus, u.a. für den Erwerb des US-Agar-Unternehmens AgraQuest Inc., des Wassermelonen- und Melonensaatgutgeschäftes des US-Unternehmens Abbott & Cobb, Inc. sowie den Erwerb des restlichen 50 %-Anteils an der Baulé S.A.S., Frankreich. Dagegen sind dem Konzern durch Desinvestitionen 178 Mio. € (Vorjahr: 173 Mio. €) zugeflossen, u.a. durch den Verkauf des hämatologischen Onkologieportfolios an Genzyme Corp. Daneben flossen aus kurz- und langfristigen Vermögenswerten (Auflösung von Geldanlagen am Kapitalmarkt) 1.068 Mio. € und 104 Mio. € Zins- und Dividendeneinnahmen zu.

Im Rahmen der Finanzierungstätigkeit sind im Geschäftsjahr 2012 Gelder in Höhe von 3.782 Mio. € abgeflossen. So lagen z.B. die gezahlten Dividenden und die Kapitalertragsteuer bei 1.366 Mio. € (Vorjahr 1.242 Mio. €)

Besonders wichtig ist bei der Kapitalflussrechnung, dass am Ende des Geschäftsjahres mehr Zu- als Abflüsse der Zahlungsmittel vorkommen, d.h., dass sich der Zahlungsmittelbestand erhöht. Falls sich der Zahlungsmittelbestand erniedrigt, ist dies immer ein Zeichen dafür, dass das Unternehmen von seiner Substanz lebt. Was letztlich, wenn dieser Zustand von Dauer ist, zur Insolvenz führt. Der Bayer-Konzern hielt seine Zahlungsmittel nahezu konstant mit 1.695 Mio. €. Deswegen sollte der Konzern nicht von seiner Substanz gelebt haben.

An den Börsen findet die Nettofinanzverschuldung immer größeres Gehör. Darunter versteht man die Schulden minus des kurzfristigen Vermögens. Als negativ wird gesehen, wenn die Nettofinanzverschuldung kräftig ansteigt. Als Ausnahme gilt, wenn die Neuverschuldung aufgrund von neuen Investitionsprogrammen oder Übernahmen in die Höhe steigt, weil dann in Zukunft wieder mit einer Abnahme gerecht wird. Die Nettofinanzverschuldung wird wie folgt berechnet:

Abbildung 13: Auszug aus dem Lagebericht des Bayer-Konzerns zum Thema Nettofinanzverschuldung (Geschäftsbericht 2012, S. 89)

	31.12.2011		31.12.2012	
Anleihen/Schuldverschreibungen	7.710	Mio. €	5.528	Mio. €
davon Hybridanleihe	1.344	Mio. €	1.364	Mio. €
Verbindlichkeiten gegenüber Kreditinstituten	2.657	Mio. €	2.841	Mio. €
Leasingverbindlichkeiten	554	Mio. €	542	Mio. €
Verbindlichkeiten aus derivativen Finanzinstrumenten	513	Mio. €	304	Mio. €
Sonstige Finanzverbindlichkeiten	228	Mio. €	313	Mio. €
Positive Marktwerte aus der Sicherung bilanzieller Risiken	-395	Mio. €	-456	Mio. €
Finanzverschuldung	**11.267**	**Mio. €**	**9.072**	**Mio. €**
Zahlungsmittel und Zahlungsmitteläquivalente	-1.770	Mio. €	-1.695	Mio. €
Kurzfristige finanzielle Vermögenswerte	-2.484	Mio. €	-349	Mio. €
Nettofinanzverschuldung	**7.013**	**Mio. €**	**7.028**	**Mio. €**

Die Nettofinanzverschuldung des Bayer-Konzern blieb im Geschäftsjahr 2012 unverändert bei 7,0 Mrd. €. Am Bilanzstichtag belief sich die Finanzverschuldung auf 9,1 Mrd. €[17], sie wurde um knapp 2,1 Mrd. € im Vergleich zu 2011 gesenkt. Um dies zu erreichen, wurden die kurzfristigen finanziellen Vermögenswerte deutlich reduziert.

Nun wendet man sich der Vermögenslage und Kapitalstruktur von Bayer zu. Dazu sieht man sich die Kurzfassung der Bilanz an.

---

[17] Darin enthalten ist die im Juli 2005 begebene nachrangige Hybridanleihe mit 1,4 Mrd. €. Der Vorteil der Hybridanleihe ist, dass sie von Moody's zu 75 % und Standard & Poor's zu 50 % wegen ihrer rechtlichen Konstruktion als Eigenkapital angesehen wird. Hierdurch verringerten sich im Vergleich mit klassischem Fremdkapital (Anleihen, Kredite usw.) die ratingspezifischen Verschuldungskennziffern von Bayer deutlich.

Abbildung 14: Auszug aus dem Lagebericht des Bayer-Konzerns zum Thema Bilanz (Kurzfassung) (Geschäftsbericht 2012, S. 90)

Bilanz (Kurzfassung)						
	31.12.2011		31.12.2012		Veränderung	
Langfristige Vermögenswerte	32.697	Mio. €	32.350	Mio. €	-1,1	%
Kurzfristige Vermögenswerte	19.984	Mio. €	18.986	Mio. €	-5,0	%
Zur Veräußerung gehaltene Vermögenswerte	84	Mio. €				
Summe kurzfristige Vermögenswerte	20.068	Mio. €	18.986	Mio. €	-5,4	%
Gesamtvermögen	52.765	Mio. €	51.336	Mio. €	-2,7	%
Eigenkapital	19.271	Mio. €	18.569	Mio. €	-3,6	%
Langfristiges Fremdkapital	20.104	Mio. €	19.668	Mio. €	-2,2	%
Kurzfristiges Fremdkapital	13.387	Mio. €	13.099	Mio. €	-2,2	%
Rückstellungen in direktem Zusammenhang mit zur Veräußerung gehaltenen Vermögenswerten	3	Mio. €				
Summe kurzfristiges Fremdkapital	13.390	Mio. €	13.099	Mio. €	-2,2	%
Fremdkapital	33.494	Mio. €	32.767	Mio. €	-2,2	%
Gesamtkapital	52.765	Mio. €	51.336	Mio. €	-2,7	%

* Eine Erläuterung der Begriffe innerhalb der Bilanz findet im Kapital 4.3.4.2. (S. 70ff.) statt.

Die Bilanzsumme war im Geschäftsjahr 2012 um 2,7 % auf 51,3 Mrd. € rückläufig. Die langfristigen Vermögenswerte reduzierten sich um 0,3 Mrd. € auf 32,4 Mrd. €. Grund sind planmäßige und außerplanmäßige Wertminderungen von immateriellen Vermögenswerten. Obendrein sind in den langfristigen Vermögenswerten Geschäfts- oder Firmenwerte von 9,3 Mrd. € (Vorjahr: 9,2 Mrd. €) enthalten. Die Zunahme beruhte im Wesentlichen auf Akquisitionen (z.B. AgraQuest, Inc.). Die Abnahme der kurzfristigen Vermögenswerte gegenüber dem Vorjahr um 1,0 Mrd. € auf 19 Mrd. € ist im Wesentlichen auf eine planmäßige Rückzahlung mehrerer Anleihen zurückzuführen. Dem wirkte der Anstieg der Vorräte sowie der Forderungen aus Lieferungen und Leistungen entgegen. Das Eigenkapital verringerte sich um -0,7 Mrd. € auf 18,6 Mrd. €, weil u.a. aufgrund gesunkener langfristiger Kapitalmarktzinsen eine Erhöhung der Pensionsverpflichtungen in Höhe von 2,0 Mrd. € notwendig war. Zudem floss durch die Dividendenausschüttung in Höhe von 1,4 Mrd. € (Vorjahr: 1,2 Mrd. €) Kapital ab. Gegenläufig wirkte sich das Konzernergebnis von 2,4 Mrd. € aus. Somit fiel die Eigenkapitalquote zum 31. Dezember 2012 nur leicht auf 36,2 % (Vorjahr: 36,5 %).

Erfreulich war, dass im Geschäftsjahr 2012 das Fremdkapital gegenüber dem Vorjahr um 0,7 Mrd. € auf 32,8 Mrd. € zurückging. Hierfür ist insbesondere die Rückzahlung mehrerer Anleihen verantwortlich. Dieser Effekt wurde geschmälert durch die Erhöhung des bilanzierten Nettobetrags für Altersversorgungszusagen sowie die Zuführungen zu den Rückstellungen für Rechtsstreitigkeiten.

Daneben veröffentlicht der Bayer-Konzern auch wichtige Bilanz- und Finanzkennzahlen. Auf diese möchte ich aber erst ausführlich im Rahmen der Finanz- und erfolgswirtschaftlichen Analyse (121ff.) eingehen.

Besonders wichtig bei der Bilanzstruktur ist, dass das Fremdkapital geringer ist als die Summe von Gesamtvermögen und Eigenkapital. Bei Bayer ist dies der Fall. Nur dann ist das Unternehmen von der Bilanzstruktur her als gesund zu bezeichnen.

Jetzt muss man noch einen Blick auf die Ertrags-, Finanz- und Vermögenslage der Bayer AG (also des Mutterunternehmens!) werfen. Denn die Bayer AG (von dieser kaufen Sie die Aktien) ist das Mutterunternehmen und strategische Management-Holding des Bayer-Konzerns. In ihr sind die wesentlichen Leitungsfunktionen des Gesamtunternehmens vereinigt. Hierzu gehören u.a. die Festlegung der Konzernstrategie, Ressourcenverteilung sowie das Führungskräfte- und das Finanzmanagement. Die Lage der Bayer AG wird natürlich im Wesentlichen durch den geschäftlichen Erfolg des Konzerns bestimmt. Der Jahresabschluss der Bayer AG ist nach den Vorschriften des deutschen Handelsgesetzbuches (HGB) und des Aktiengesetzes (AktG) aufgestellt.

Letztlich interessant ist hier nur, ob ein Bilanzgewinn ausgewiesen wird oder nicht. Denn nach deutschem Recht darf die Dividende nur aus dem Bilanzgewinn der Bayer AG ausgeschüttet werden[18]. Der Bilanzgewinn der Bayer AG beträgt 1.571 Mio. € im Jahr 2012, d.h. es stehen also maximal 1.571 Mio. € zur Ausschüttung bereit. Daher zahlt die Bayer AG 1,90 € je Aktie Dividende (Anzahl der Aktien 826.947.808) aus.

Für den wirtschaftlichen Erfolg sind zukunftsorientierte Investitionen in Forschung und Entwicklung von entscheidender Bedeutung. Vor allem im globalen Wettbewerb sind Produkte mit einem hohen Innovationsgrad der bestimmende Faktor für anhaltendes Wachstum des Unternehmens. Demzufolge beschäftigt sich der Lagebericht auch ausführlich mit Forschung und Entwicklung. Er sagt zum einen aus, wie hoch das Budget für Forschung und Entwicklung ist (Bayer AG 3,0 Mrd. €), und zum anderen werden die wichtigsten Forschungsvorhaben erläutert.

Daneben wirft der Lagebericht auch noch einen Blick auf die Mitarbeiter. Dort wird berichtet, wie viele Mitarbeiter der Konzern hat. Die Bayer AG hat 110.500

---

[18] So kann es vorkommen, dass der Konzernabschluss einen Verlust aufweist, aber trotzdem eine Dividende ausgezahlt werden kann, weil im Jahresabschluss des Mutterkonzerns ein Bilanzgewinn steht. Beispielsweise wies der Konzern Deutsche Telekom im Jahr 2012 einen Konzernverlust von 5.255 Mio. € (u.a. wegen Abschreibungen auf die Tochter T-Mobile USA) aus. Da allerdings der Jahresabschluss der Deutschen Telekom (Mutterunternehmen) einen Bilanzgewinn von 3.050 Mio. € auswies, konnte die Deutsche Telekom 70 €-Cent Dividende auszahlen.

Mitarbeiter, dies sind 1,2 % weniger als zu Beginn des Jahres. Überdies erhöhte sich der Personalaufwand um 5,5 % auf 9.203 Mrd. €. Dieses entspricht einem Umsatzanteil von 23 %. Der erhöhte Personalaufwand trotz Personalabbau ist im Wesentlichen auf Währungseinflüsse, eine erhöhte Beteiligung der Mitarbeiter am Unternehmenserfolg und regelmäßige Gehaltsanpassungen zurückzuführen.

Zum Abschluss wirft man noch einem Blick in den Prognosebericht. Dort befindet sich jetzt der Risikobericht. Dieser Bericht trägt dem Umstand Rechnung, dass ein Unternehmen im Rahmen seines Geschäftes den unterschiedlichsten Risiken ausgesetzt ist. Solche Risiken sind beispielsweise Währungs- und Zinsrisiken, Beschaffungsrisiken von Rohstoffen, Produktrisiken, Umweltrisiken, Haftungsrisiken und Schadensfälle. Hier berichtet der Bayer-Konzern, dass keine den Fortbestand des Konzerns gefährdenden Risiken vorliegen (Geschäftsbericht 2012, S. 148). Es drohen also aus dem Geschäftsverlauf heraus keine unangenehmen Überraschungen. Zum Abschluss des Konzernlageberichtes kommt die Prognose für das nächste Geschäftsjahr zur Sprache.

Abbildung 15: **Auszug aus dem Konzernlagebericht der Bayer AG zum Thema Umsatz- und Ergebnisprognose (Geschäftsbericht 2012, S. 161ff.)**

Umsatz- und Ergebnisprognose
Wir erwarten auf währungs- und portfoliobereinigter Basis einen Umsatzanstieg von 4 – 5 %. Wir rechnen mit einem Konzernumsatz von ca. 41 Mrd. €. Das EBITDA vor Sondereinflüssen planen wir im mittleren einstelligen Prozentbereich zu steigern. Für Forschung und Entwicklung erwarten wir erhöhte Aufwendungen von etwa 3,2 Mrd.€. Sachanlageinvestitionen haben wir mit rund 1,9 Mrd. € geplant und Investitionen in immaterielle Vermögenswerte mit 0,4 Mrd. €. … In Bezug auf die Finanzlage gehen wir zum Jahresende 2013 von einer Netto-Finanzverschuldung von weniger als 7,0 Mrd. € aus. In unserer Prognose für 2014 planen wir für den Bayer-Konzern einen weiteren Anstieg von Umsatz, EBITDA vor Sondereinflüssen …. Wir erwarten, dass hierzu auch unsere neuen Produkte bei Pharma beitragen. Sachanlageinvestitionen und Investitionen in immaterielle Vermögenswerte planen wir in der Größenordnung von 2013. Aufwendungen für Forschung und Entwicklung erwarten wir auf dem Niveau des Jahres 2013 und planen unsere Projekte gemäß der Darstellung … weiterzuentwickeln. Für 2014 gehen wir von einem weiteren Rückgang der Netto-Finanzverschuldung aus.

Der Bayer-Konzern geht also davon aus, dass er 2013 und 2014 weiterhin wachsen kann. Zudem sollen die Ausgaben für Forschung und Entwicklung steigen, sodass man erwarten darf, dass auch in der Zukunft neue Produkte für Wachstum sorgen. Aus dem Konzernlagebericht sollten wir Folgendes im Hinterkopf behalten:

1. Der Umsatz ist in Rahmen der Branchenkonjunktur der drei Teilkonzerne um 5,3 % auf 39,8 Mrd. gestiegen.
2. Das EBIT ist um -4,6 % auf 4 Mrd. € gefallen. Ebenfalls ist der Konzerngewinn um 1 % auf 2,4 Mrd. € gesunken, trotz steigender Umsätze.

3. Die Vorsorge für Rechtsfälle ist deutlich erhöht wurden. Dies belastet den Gewinn.
4. Der Kurssprung der Aktie von 46 % ist nicht fundamental begründet.
5. Der Teilkonzern MaterialScience befindet sich in einem schwierigen Wettbewerbsumfeld.
6. Der Bayer-Konzern hat dem ersten Eindruck nach eine solide Bilanzstruktur.
7. Der Ausblick für das nächste Geschäftsjahr 2013 ist positiv.

4.3.3.1 Corporate-Governance-Bericht

Der Corporate-Governance-Bericht ist beim Bayer-Geschäftsbericht 2012 im Konzernlagebericht angesiedelt. Corporate Governance bedeutet wörtlich übersetzt »Unternehmensregierung«. Die Befolgung von Corporate-Governance-Grundsätzen soll eine gute und verantwortungsvolle Unternehmensführung und -kontrolle gewährleisten. Alle dafür erforderlichen Regeln werden im Deutschen Corporate Governance Kodex (www.corporate-governance-code.de) zusammengefasst.

Die Inhalte des Kodex wurden von einer Regierungskommission (»Regierungskommission Corporate Governance Kodex«) auf Grundlage wesentlicher gesetzlicher Vorschriften sowie national und international anerkannter Standards der Unternehmensführung erarbeitet. Diese Regierungskommission überwacht und überprüft jährlich den Kodex und veranlasst gegebenenfalls Änderungen beziehungsweise Aktualisierungen. Dieser Kodex verlangt u.a. von Vorstand und Aufsichtsrat einer in Deutschland börsennotierten Gesellschaft (§161 AktG), einmal jährlich zu erklären, ob dem Deutschen Corporate Governance Kodex in der jeweils gültigen Fassung entsprochen wurde und wird. Zudem sind die Unternehmen verpflichtet zu erklären, welche Empfehlungen des Kodex nicht angewendet wurden oder werden. Dies geschieht im Corporate-Governance-Bericht.

Ein Blick in diesen Bericht lohnt sich, denn mit der Befolgung dieser nicht verbindlichen aber als hilfreich und sinnvoll erkannten Grundsätze signalisiert das jeweilige Unternehmen, dass es eine gute Unternehmensführung über das gesetzlich vorgegebene und zwingende Mindestmaß hinaus betreiben möchte. Überdies wird die Überwachung und Befolgung dieser Regeln als Compliance bezeichnet.

So enthält der deutsche Corporate Governance Kodex beispielsweise auch ein Gesetz zur Angemessenheit der Vorstandsvergütung (VorstAG). Dieses Gesetz soll dazu beitragen, dass bei der Festsetzung von Vorstandsvergütungen mehr Anreize für eine nachhaltige Unternehmensentwicklung gesetzt werden. Obendrein soll es möglich sein, bei einer Verschlechterung der Unternehmenssituation die Vergütungen der Vorstände einfacher zu kürzen. Darüber hinaus ist ein Gesetz zur Offenlegung von Vorstandsvergütungen (VorstOG) enthalten. Danach müssen börsennotierte Aktiengesellschaften die gesamten Bezüge jedes einzelnen Vorstandsmitglieds nennen.

Von besonderem Interesse für die fundamentale Aktienanalyse sind die im Kodex enthaltenen Richtlinien für das Bilanzrecht. So stärkt das Bilanzrechtsreformgesetz die Unabhängigkeit der Abschlussprüfer und die Fortentwicklung und Internationalisierung des deutschen Bilanzrechts. Obendrein wird mit dem Bilanzkontrollgesetz ein zweistufiges Verfahren eingeführt, um die Rechtmäßigkeit von Unternehmensabschlüssen zu kontrollieren (»Enforcement«).

Abbildung 16: **Auszug aus dem Corporate-Governance-Bericht der Bayer AG 2012 (Geschäftsbericht 2012, S. 118)**

Der Vorstand und der Aufsichtsrat der Bayer AG erklären gemäß § 161 AktG:

1. Den Empfehlungen des Kodex wurde seit Abgabe der letzten jährlichen Entsprechenserklärung im Dezember 2011 mit der vorübergehenden Ausnahme entsprochen, die in der Ergänzung vom Februar 2012 zur Entsprechenserklärung vom Dezember 2011 genannt ist. Ziffer 5.4.6 Absatz 2 der Kodex-Fassung vom 26. Mai 2010 wurde nicht angewendet. Die Hauptversammlung 2012 hat auf Vorschlag von Vorstand und Aufsichtsrat beschlossen, im Wege der Satzungsänderung nur noch eine feste Vergütung der Aufsichtsratsmitglieder vorzusehen. Ziffer 5.4.6 Absatz 2 in der Fassung vom Mai 2010 enthielt die Empfehlung, neben der festen Vergütung auch eine erfolgsorientierte Vergütung zu zahlen. Diese Empfehlung ist in der Fassung des Deutschen Corporate Governance Kodex vom 15. Mai 2012 nicht mehr enthalten.

2. Künftig wird allen Empfehlungen entsprochen.

Da der Bayer-Konzern von dem Kodex abgewichen ist, muss man sich jetzt ansehen, welchen Punkt des Kodex dies betrifft. Da es sich hier »nur« um die Aufsichtsratsmitgliedervergütung handelt, ist dies eher unproblematisch. Diese Einschätzung wird dadurch bestärkt, dass der Kodex dies ähnlich sieht und in der Fassung vom 15. Mai 2012 den Punkt so abgeändert hat, dass er nun der Praxis von Bayer entspricht. Sollte die Abweichung vom Kodex sich auf Punkte beziehen, die sich auf das Bilanzrecht beziehen, sollte der Anleger hellhörig werden und genauestens ergründen, warum abgewichen wurde. Im Zweifelsfall sollte der Anleger jetzt die Analyse beenden und sich einem anderen Unternehmen zuwenden. Oftmals sind nämlich Änderungen in der Bilanzierung schwerwiegenden Problemen im Unternehmen geschuldet. Da Bayer in allen anderen Punkten den Kodex erfüllt hat, kann man davon ausgehen, dass der Konzernabschluss die unternehmerische Wirklichkeit abbildet. Also können wir uns dem Konzernabschluss zuwenden.

4.3.3.2 Wertorientiertes Management

Dieser Teil des Geschäftsberichtes ist »noch« kein Pflichtteil. Deshalb kommt er auch nicht in jedem Geschäftsbericht vor. Falls er jedoch im Geschäftsbericht enthalten ist, findet man ihn üblicherweise im Konzernlagebericht.

Im Zuge des Shareholder-Value-Gedankens tritt wertorientiertes Management immer mehr in den Vordergrund. Schließlich möchten die Aktionäre gerne wissen, ob das Unternehmen tatsächlich durch sein Handeln (zum Beispiel Investitionen) Unternehmenswert geschaffen hat oder nicht.

Der Grundgedanke des wertorientierten Managements ist eigentlich ganz einfach: Investieren erfordert Geld, das auf dem Kapitalmarkt verzinst werden muss. Folgerichtig sollte jede Investition mindestens den Ertrag bringen, der der marktüblichen Verzinsung des eingesetzten Kapitals entspricht und die Reproduktion des abgenutzten Wirtschaftsgutes ermöglicht.

Um den Unternehmenswert zu steigern, gibt es im Prinzip vier Möglichkeiten. Diese sind:

- Umsatzwachstum durch verbesserte Marktdurchdringung oder Marktentwicklung.
- Steigerung der Umsatzrentabilität, beispielsweise durch Kostensenkungen.
- Effiziente Kapitalnutzung, zum Beispiel durch Abbau von Forderungen und Vorräten.
- Reduzierung des Risikos, d.h. Senkung der risikoabhängigen Kapitalkosten.

Um letztlich dem Aktionär zu eröffnen, ob das Unternehmen tatsächlich einen Mehrwert geschaffen hat, gibt es mehrere unterschiedliche mathematische Verfahren:

- Cash Value Added
- EVA
- Cashflow-Return-on-Investment
- Return-on-Capital-Employed

Mit der Ausnahme des Cash Value Added, welches schon besprochen wurde (s. S. 43ff.), werden die anderen Verfahren hier kurz näher erläutert. Zu erwähnen ist noch, dass es zum guten Ton gehört, dass Unternehmen, die sich dem wertorientierten Management verschrieben haben, dem Aktionär im Geschäftsbericht detailliert die verwendeten Verfahren erläutern. Darum braucht der Aktionär nur zu wissen, wie die Verfahren zu interpretieren sind, denn nachzurechnen braucht er sie nicht.

4.3.3.2.1   Return-on-Capital-Employed (RoCE, Kapitalrendite)

Ein weit verbreitetes Modell zur Messung, ob Unternehmenswert geschaffen wurde, ist der Return-on-Capital-Employed. Zusätzlicher Unternehmenswert wird bei dieser Theorie dann geschaffen, wenn die Rendite auf das eingesetzte Vermögen die Kapitalkosten übersteigt. Zur Messung der Rendite wird das Return-on-Capital-Employed-Konzept verwendet. Dabei spiegelt der Return-on-Capital-Employed die rein operative Rendite eines Unternehmens bzw. Geschäftsfeldes wider, d.h. sie misst, wie rentabel das gebundene Kapital eines Unternehmens eingesetzt wurde. Der Return-on-Capital-Employed (RoCE) wird nach folgender Formel berechnet.

$$RoCE = \frac{Return}{Capital\ Employed}$$

Return = engl. Begriff für betriebliches Ergebnis; Capital Employed = engl. Begriff für betriebliches Vermögen

Das Capital Employed ergibt sich durch Addition von Anlagevermögen und Working Capital (Umlaufvermögen), abzüglich der Zahlungsmittel[19] (wie z.B. Bargeld). Da die Verbindlichkeiten gegenüber Lieferanten als zinsloses Darlehen angesehen werden, werden diese vom Capital Employed abgezogen[20]. Das Capital Employed gibt also das betriebsnotwendige, gebundene Kapital an, mit dem das Unternehmen das operative Geschäft betreibt.

Die erhaltene Kapitalrendite (RoCE) sagt für sich genommen noch nicht viel aus. Um Aussagen treffen zu können, ob beispielsweise ein Mehrwert für das Unternehmen entstanden ist, benötigt man einen Bezugspunkt. Dieser Bezugspunkt sind die Kapitalkosten des Unternehmens.

Die Kapitalkosten ergeben sich als gewichteter Durchschnitt der Eigen- und Fremdkapitalkosten. Dabei erfassen die Eigenkapitalkosten die über eine risikolose Anlage (beispielsweise Staatsanleihen) hinausgehende, unternehmensspezifische Renditeerwartung des Marktes. Dagegen orientieren sich die Fremdkapitalkosten an den langfristigen Finanzierungskonditionen des betrachteten Unternehmens und berücksichtigen die steuerliche Abzugsfähigkeit von Fremdkapitalzinsen.

---

[19]   Die Zahlungsmittel werden abgezogen, weil sie zum Großteil nicht für die operative Tätigkeit benötigt werden.

[20]   Alternativ kann man das Capital Employed auch simpel durch die Addition von Eigenkapital und Finanzverbindlichkeiten, also dem durch das operative Geschäft zu verzinsende Kapital, berechnen. Dummerweise sind beide Wege nicht komplett kongruent, weil in der Literatur kein endgültiger Konsens über die Berechnung des RoCE herrscht.

Die Differenz zwischen RoCE und Kapitalkostensatz ergibt den relativen Wertbeitrag. Durch die Multiplikation mit dem eingesetzten betrieblichen Vermögen erhält man den absoluten Wertbeitrag, welcher meistens als zentrale Steuerungsgröße eingesetzt wird. Er ist somit das entscheidende Kriterium für die Beurteilung von Investitionen. Je höher der Wertbeitrag ist, desto attraktiver ist die jeweilige Investition.

Zur Verdeutlichung dieses doch relativ abstrakten Zusammenhanges sehen wir uns den Bayer-Konzern an. Da Bayer selbst den Kapitalkostenansatz[21] berechnet, kann man ihn direkt aus dem Geschäftsbericht entnehmen.

Abbildung 17: **Auszug aus dem Konzernlagebericht der Bayer AG zum Thema Kapitalkostenansatz (Geschäftsbericht 2012, S. 85)**

Kapitalkostenbestimmung
Die Kapitalkosten werden bei Bayer als gewichteter Durchschnitt der Eigen- und Fremdkapitalkosten zum Jahresbeginn berechnet (WACC = Weighted Average Cost of Capital). Die Eigenkapitalkosten werden als Renditeerwartung der Aktionäre aus Kapitalmarktinformationen abgeleitet. Als Fremdkapitalkosten legen wir die Finanzierungskonditionen einer zehnjährigen Euro-Anleihe von Industrieunternehmen mit einem Kreditrating »A-« zugrunde. Um den unterschiedlichen Rendite-/Risikoprofilen unserer Tätigkeitsschwerpunkte Rechnung zu tragen, berechnen wir für unsere Teilkonzerne individuelle Kapitalkostensätze nach Ertragsteuern. Sie blieben gegenüber 2011 unverändert und betrugen für HealthCare 8,1 %, für CropScience 7,5 % sowie für MaterialScience 7,1 %. Für den Konzern ergab sich wie im Vorjahr ein Verzinsungsanspruch von insgesamt 7,8 %.

Die Kapitalkosten für den Bayer-Konzern betragen 7,8 %.

Tabelle 4: **Beispiel zur Berechnung des RoCE der Bayer AG**

	Betriebliches Ergebnis[22] [Mio. €]	Betriebliches Vermögen[23] [Mio. €]	RoCE [%]	Kapitalkosten [%]	Relativer Wertbeitrag [%]
Bayer AG	3.960	45.346	8,7	7,8	+0,5

---

[21] Analog kann man ihn auch selbst bestimmen: Die Bayer AG hat für das Fremdkapital einen Kostenansatz von ca. 7,5 % vor Steuern und einen Eigenkapitalkostenansatz von 7,0% (Zinssatz für risikolose Anlage 3% plus 4 % unternehmensspezifisches Risiko). Zudem sei das langfristige Verhältnis von Fremdkapital zu Eigenkapital im Konzern 60/40. Daraus ergibt sich ein Kapitalkostenansatz für das Unternehmen von 7,3 %.

[22] Mit dem betrieblichen Ergebnis ist nichts anderes gemeint als das EBIT (Ergebnis vor Finanzergebnis und Steuern) aus der Gewinn- und Verlustrechnung.

[23] Für Bayer ergibt sich das Capital Employed wie folgt: Capital Employed = Anlagevermögen (32.350 Mio. €) + Umlaufvermögen (18.986 Mio. €) – Zahlungsmittel (1.695 Mio. €) – Verbindlichkeiten aus Lieferungen und Leistungen (4.295 Mio. €) = 45.346 Mio. €. Die benötigten Daten können bequem aus der Bilanz entnommen werden.

Aus der obigen Tabelle können wir entnehmen, dass der Bayer-Konzern es geschafft hat, einen echten Wertzuwachs für die Aktionäre zu erzielen, weil der RoCE größer ist als die Kapitalkosten.

Obendrein zeigt der RoCE an, wie rentabel das gebundene Kapital eines Unternehmens eingesetzt wurde. Aus einem hohen RoCE folgt in der Regel eine geringe Kapitalbindung, d.h. das Unternehmen setzt sein Kapital effektiv ein. Oftmals geht dies einher mit einem hohen freien Cashflow, der für Ausschüttungen usw. verwendet werden kann. Dies erhöht die Attraktivität eines Unternehmens, weil ein hoher Gewinn mit verhältnismäßig wenig Kapitaleinsatz erzielt werden kann.

4.3.3.2.2 Konzept des Cashflow-Return-on-Investment (CFRoI)

Die wirtschaftliche Entwicklung eines Unternehmens wird beurteilt anhand des erwirtschafteten Wertbeitrages. Ausgangspunkt für die Berechnung des Wertbeitrages ist die Verzinsung des eingesetzten Kapitals. Dieses wird gemessen über den Cashflow-Return-on-Investment (CFRoI). Die Bayer AG ermittelt den CFRoI mittels des Brutto-Cashflows als Zählergröße und des durchschnittlichen Investitionswerts als Nennergröße.

Tabelle 5:   Berechnung des CFRoI für die Bayer AG

	2012
Brutto-Cashflow*	3600 Mio. €
Durchschnittlicher Investitionswert	43.403 Mio. €
CFRoI	8,3 %

*Der Brutto-Cashflow zur Berechnung des CFRoI ergibt sich aus dem Brutto-Cashflow 4.599 Mio. € abzüglich der Reproduktion des abnutzbaren Anlagevermögens von 999 Mio. € (Abschreibungen auf Technische Anlagen und Andere Anlagen s. Anlagengitter Sachanlagen (s. S. 104))

Aus der Gegenüberstellung des CFRoI und der geforderten Mindestrendite[24] von 7,8 % ergibt sich die Über- bzw. Unterrendite. Eine Überrendite symbolisiert eine Schaffung von Unternehmenswert, und eine Unterrendite zeigt eine Vernichtung von Unternehmenswert an. Für den Bayer-Konzern ergibt die Gegenüberstellung eine Überrendite von 0,5 %, das heißt, es liegt echtes Wachstum vor.

4.3.3.2.3 Economic-Value-Added-Konzept (EVA-Konzept)

Das EVA-Konzept ist wohl das in der Literatur aber auch in der Öffentlichkeit meist diskutierte Modell. Nach dem EVA-Konzept erwirtschaftet ein Unternehmen nur dann einen Wertzuwachs, wenn die Erträge aus dem operativen Geschäft sämtli-

---

[24] Die Mindestrendite ergibt sich aus den Kapitalkosten bei der Berechnung des RoCE (siehe Seite 68ff.).

che Kosten, einschließlich der kalkulatorischen Eigenkapitalkosten, übersteigen. Ganz vereinfacht kann man die Berechnung des EVA wie folgt darstellen:

EVA = NOPAT - Kapitalkosten

Als Maßstab für die Erträge aus dem operativen Geschäft dient der NOPAT (Net Operating Profit After Tax), sprich EBIT ± Ertragsteuern. Falls das Unternehmen seine Gewinn- und Verlustrechnung nach dem Umsatzkostenverfahren erstellt hat, wie der Bayer-Konzern, so ergibt sich das NOPAT wie folgt:

		Bayer-Konzern 2012	
	Umsatzerlöse	39.760	Mio. €
-	Herstellungskosten	- 19.059	Mio. €
-	Vertriebskosten	- 9.987	Mio. €
-	Forschungs- und Entwicklungskosten	- 3.013	Mio. €
-	Allgemeine Verwaltungskosten	- 1.866	Mio. €
+	Sonstige Erträge	+ 1.083	Mio. €
-	Sonstige betriebliche Aufwendungen	- 2.953	Mio. €
-	Ertragsteuern	- 752	Mio. €
=	NOPAT	= 3.208	Mio. €

Für den Bayer-Konzern ergibt sich ein NOPAT von 3.208 Mio. €. Um die Kapitalkosten zu berechnen, wird zunächst das betriebsnotwendige Kapital (auch NOA genannt) ermittelt:

	Aktivseite der Bilanz	Bayer-Konzern 2012	
	Immaterielle Vermögensgegenstände (hiermit sind die Posten Geschäfts- oder Firmenwerte und sonstige immaterielle Vermögenswerte gemeint)	18.747	Mio. €
+	Sachanlagen	+ 9.863	Mio. €
+	Betriebsnotwendige Zahlungsmittel (hiermit ist der Posten Zahlungsmittel und Zahlungsmitteläquivalente gemeint)	+ 1.695	Mio. €
+	Forderungen (hiermit ist der Posten Forderungen aus Lieferungen und Leistungen gemeint)	+ 7.431	Mio. €
+	Bestände (hiermit ist der Posten Vorräte gemeint)	+ 6.980	Mio. €
-	Verbindlichkeiten (hiermit ist der Posten Verbindlichkeiten aus Lieferungen und Leistungen gemeint)	- 4.295	Mio. €
=	NOA	= 40.421	Mio. €

Die Kapitalkosten ergeben sich aus der Multiplikation des NOA mit einem bestimmten Zinssatz. Dieser Zinssatz ist der gewichtete Durchschnitt aus Fremdkapitalzinsen und der von den Aktionären geforderten Rendite auf das Eigenkapital, d.h. der schon bekannte Kapitalkostensatz (s. S. 54). Er beträgt für den Bayer-Konzern 7,8 %.

Kapitalkosten = (WACC/100) · NOA = (7,8/100) · 40.421 = 3.153 Mio. €

Zur Ermittlung der EVA des Bayer-Konzerns braucht man nur noch die Kapitalkosten vom NOPAT abziehen.

$EVA_{Bayer-Konzern}$ = 3.208 Mio. € - 3.153 Mio. € = 55 Mio. €

Allgemein gilt: Das EVA eines Unternehmens ist dann positiv, wenn das operative Ergebnis die Kapitalkosten übersteigt. Ist das EVA negativ, bedeutet dies nichts anderes, als dass die verantwortlichen Manager Unternehmenswert vernichtet haben. Da das EVA des Bayer-Konzerns positiv ist, bedeutet dies, es wurde Unternehmenswert geschaffen. Allerdings zeichnet sich die Berechnung von EVA durch eine komplexe Ermittlung von Bezugsgrößen aus. So ergeben sich bei der Berechnung des EVA bis zu 164 Anpassungsmaßnahmen[25] der entsprechenden Bezugsgrößen, also der Kapital- und Gewinngrößen. Welche Bedeutung hat das EVA sonst noch für den Aktionär?

EVA berücksichtigt natürlich auch das primäre Interesse der Aktionäre, nämlich eine Verzinsung für das von ihnen zur Verfügung gestellte Eigenkapital. Diese Verzinsung bzw. Rendite muss zum einen die Risiken der Börse und zum anderen die Risiken des Unternehmens widerspiegeln und sollte darum höher sein als die Rendite sicherer Anleihen. Dies stellt ein positives EVA sicher.

Aber das EVA gibt dem Aktionär auch Einblicke in das Unternehmen. So deutet beispielsweise ein dauerhaft negatives EVA auf Misswirtschaft des Managements des Unternehmens hin.

EVA zeigt auch an, ob ein Börsenkurs eines Unternehmens gerechtfertigt ist oder nicht. In der Regel steckt in jedem Aktienkurs eine bestimme Erwartung über die zukünftige Wertschöpfung des Unternehmens. Liegt diese Erwartung weit über dem aktuellen EVA, so ist dies ein Indiz für eine Überbewertung.

4.3.4   Konzernabschluss

Ein Konzernabschluss, der nach den IFRS-Richtlinien aufgestellt wurde, enthält die Konzern-Gewinn- und Verlustrechnung, die Konzerngesamtergebnisrechnung, Konzernbilanz, Konzernkapitalflussrechnung, Konzerneigenkapitalveränderungsrechnung sowie erläuternde Angaben im Konzernanhang.

---

[25] Wie detailliert die Ermittlung von EVA erfolgt, bleibt den Unternehmen selbst überlassen. Sie geben dazu in ihren Geschäftsberichten meistens ausführlich Stellung. In der Praxis hat sich durchgesetzt, dass die Unternehmen sich eng an die Werte in den Bilanzen halten, d.h. fast keine Korrekturen vornehmen.

Bevor man sich dem Konzernabschluss widmen kann, muss man sich zunächst mit den Konsolidierungsmethoden von Tochtergesellschaften beschäftigen. Dies liegt daran, dass die meisten Aktiengesellschaften aus einer Gruppe von rechtlich selbstständigen Unternehmen im Inland und Ausland bestehen. Daher gibt der Einzelabschluss einer Muttergesellschaft keinen wirklichen Überblick über die tatsächliche wirtschaftliche Lage der Unternehmensgruppe. Deswegen werden die vielen Einzelabschlüsse nach einer einheitlichen Rechnungslegung in einem Konzernabschluss zusammengefasst.

4.3.4.1 Konsolidierungsmethoden von Tochterunternehmen

Bei Konzernabschlüssen muss man sich auch die Konsolidierung von Tochtergesellschaften ansehen. Sie geht von dem Prinzip der Einheitstheorie aus. Dieses Prinzip sagt aus: Im Konzernabschluss werden die Vermögens-, Finanz- und Ertragslage der einbezogenen Unternehmen so dargestellt, als ob diese Unternehmen insgesamt ein einziges Unternehmen wären. Dabei sieht die Einheitstheorie den Konzernverbund als eine eigenständige wirtschaftliche Einheit an, in dem die einzelnen Unternehmen die wirtschaftliche Stellung unselbstständiger Betriebsstätten einnehmen.

Darum werden auch konzerninterne Gewinne und Verluste, Umsätze, Aufwendungen und Erträge und die zwischen konsolidierten Gesellschaften bestehenden Forderungen und Verbindlichkeiten eliminiert.

Grundsätzlich muss ein Mutterunternehmen alle seine Tochtergesellschaften in den konsolidierten Konzernabschluss einbeziehen. Je nach dem Prozentsatz des Beteiligungsbesitzes der Muttergesellschaft erfolgt die Konsolidierung der einzelnen Tochtergesellschaften auf unterschiedlichem Weg:

- Bei Tochtergesellschaften, an denen die Muttergesellschaft zwischen 50% bis 100% beteiligt ist, erfolgt die Vollkonsolidierung.
- Bei Tochtergesellschaften, an denen die Muttergesellschaft zwischen 20% bis 50% beteiligt ist, wird die Equity-Methode angewendet.
- Bei Tochtergesellschaften, an denen die Muttergesellschaft mit weniger als 20% beteiligt ist, werden im Anlagegitter Finanzanlagen in die Gruppe »Anteile an übrigen Beteiligungen« eingeordnet.

4.3.4.1.1 Vollkonsolidierung von Tochterunternehmen nach der Erwerbsmethode

Bei dieser Methode geht das Tochterunternehmen in den Konzernabschluss mit allen Vermögens- und Schuldpositionen seines Einzelabschlusses ein. Sie findet immer dann statt, wenn der Mutterkonzern einen beherrschenden Einfluss auf das Tochterunternehmen ausübt oder mehr als 50 % an dem Tochterunternehmen hält.

Dabei findet die erstmalige Aufnahme der Bilanzpositionen des Tochterunternehmens in den Konzernabschluss unter der Fiktion statt, dass alle Vermögensgegenstände und Schuldpositionen aus dem Einzelabschluss des Tochterunternehmens in die Konzernbilanz eingehen. Um dies zu bewerkstelligen, wird in der Regel die Erwerbsmethode (engl. Purchase Method) angewendet. Doch bevor man diese Methode anwenden kann, muss eine Erstkonsolidierung des Tochterunternehmens vorgenommen werden.

4.3.4.1.1.1 Erstkonsolidierung nach der Buchwertmethode

Die Buchwertmethode zeichnet sich dadurch aus, dass der Beteiligungsbuchwert aus dem Einzelabschluss der Muttergesellschaft gegen das der Muttergesellschaft zustehende Eigenkapital des Tochterunternehmens aufgerechnet wird. Das Eigenkapital des Tochterunternehmens ergibt sich aus der Gegenüberstellung der Buchwerte der Vermögensgegenstände, Schulden, Rechnungsabgrenzungsposten, Bilanzierungshilfen und Sonderposten. Da sich hierbei im Regelfall der Beteiligungswert des Mutterkonzerns und das dem Mutterkonzern anteilige Eigenkapital des Tochterunternehmens nicht entsprechen, ergibt sich eine Aufrechnungsdifferenz (Konsolidierungsausgleichsposten, Abk. KAP). Zur Verdeutlichung dieses doch recht abstrakten Zusammenhanges sehen Sie sich bitte folgende Beispiele an.

Ein Mutterkonzern hält 80% an einem Tochterunternehmen. Das Tochterunternehmen hat ein Eigenkapital von 800 €. Überdies beträgt der Beteiligungsbuchwert des Mutterkonzerns 1.000 €. Der Konsolidierungsausgleichsposten ergibt sich wie folgt: 1.000 − (0,8 · 800) = 360 €. Dies wird auch als aktiver Konsolidierungsausgleichsposten bezeichnet. Er tritt immer dann auf, wenn der Beteiligungsbuchwert größer ist als das anteilige Eigenkapital am Tochterunternehmen.

Ein Mutterkonzern hält 80 % an einem Tochterunternehmen. Das Tochterunternehmen hat ein Eigenkapital von 800 €. Überdies beträgt der Beteiligungsbuchwert des Mutterkonzerns 500 €. Der Konsolidierungsausgleichsposten ergibt sich: 500 − (0,8 · 800) = − 140 €. Dies wird auch als passiver Konsolidierungsausgleichsposten bezeichnet. Er tritt immer dann auf, wenn der Beteiligungsbuchwert kleiner ist als das anteilige Eigenkapital des Mutterkonzerns.

Ein aktiver Konsolidierungsausgleichsposten ist dadurch gekennzeichnet, dass der Mutterkonzern mehr Geld für seine Beteiligung am Tochterunternehmen bezahlt hat, als der Buchwert des Tochterunternehmens wert ist. Dieses könnte folgende Gründe haben:

- Die stillen Reserven[26] in der Bilanz des Tochterunternehmens sollten mit abgegolten werden, z.B. wertvolle Immobilien.
- Nicht bilanzierte oder nicht bilanzierungsfähige Vermögensgegenstände sollen mit bezahlt werden, z.B. Markenrechte an Produkten.
- Besonders positive Zukunftschancen des Unternehmens (wird auch als Goodwill bezeichnet) sollen abgegolten werden.

Dagegen kommt ein passiver Konsolidierungsausgleichsposten zustande, wenn ein geringerer Preis für die Beteiligung an dem Tochterunternehmen gezahlt wird als der Buchwert des Tochterunternehmens. Dies kann folgende Gründe haben:

- Vermutung einer Überbewertung von Aktiva oder Unterbewertung von Passiva im Einzelabschluss des Tochterunternehmens.
- Negative Zukunftschancen des erworbenen Unternehmens (wird auch als Badwill bezeichnet) müssen beim Kauf berücksichtigt werden.
- Der Erwerb erfolgte unter dem tatsächlichen Wert – wegen geschickter Verhandlungen seitens des Erwerbers.

Doch bevor wir uns näher mit dem Konsolidierungsausgleichsposten befassen können, müssen wir uns noch die Bedeutung der stillen Lasten und Reserven vor Augen führen. So haben beispielsweise die 30 Unternehmen des Deutschen Aktienindex in den ersten drei Quartalen 2002 ihre stillen Reserven aufgebraucht und zudem stille Lasten in einer Gesamthöhe von ca. 20,6 Mrd. € aufgehäuft. Wichtigster Grund für den massiven Substanzverlust war die Aktienbaisse, die den Wert von Aktien im Handelsbestand sowie von Beteiligungen dezimierte. Dies bedeutet, dass die stillen Reserven dadurch entstehen, dass Vermögenswerte einen höheren Wert haben, als in der Bilanz ausgewiesen. Demgegenüber entstehen stille Lasten, wenn der Wert der Vermögensgegenstände unterhalb des bilanzierten Wertes fällt. Darum ist es auch möglich, dass, wenn der Wert des Aktienportfolios wieder steigt, stille Reserven aufgebaut werden. Beispielsweise bildet die Münchner Rück ab einem DAX-Stand von ca. 2.800 Punkten wieder stille Reserven durch ihr Aktienportfolio aus.

Kommen wir nun nach dieser Exkursion zurück zu den Konsolidierungsausgleichsposten. Der Konsolidierungsausgleichsposten wird in der Regel auf die Bilanzpositionen des Tochterunternehmens aufgeteilt. In der Fortführung des obigen Beispiels mit aktiven Konsolidierungsausgleichsposten sei angenommen, dass die Summe der stillen Reserven in der Bilanz des Tochterunternehmens 510 € beträgt

---

[26] Stille Reserven treten auf, wenn beispielsweise die Vorräte des Unternehmens nicht zu marktnahen Preisen bewertet werden.

sowie die stillen Lasten[27] gleich 150 €. Werden nun sämtliche stille Reserven und Lasten aufgelöst, so ergibt sich per Saldo eine Erhöhung des Eigenkapitals in der Bilanz des Tochterunternehmens von 510 € – 150 = 360 €, also in Höhe des Konsolidierungsausgleichspostens.

Auch wenn die Muttergesellschaft keine 100-%ige Beteiligung an dem Tochterunternehmen hat, werden dessen nicht in die Kapitalaufrechnung eingehende Bilanzpositionen (wie stille Reserven und Lasten) in voller Höhe in die Konzernbilanz übernommen, das heißt, es findet eine Vollkonsolidierung statt.

Zum Bilanzausgleich wird daher das anteilig auf andere Gesellschafter entfallende Eigenkapital des Tochterunternehmens in die Konzernbilanz übernommen. Dazu wird auf der Passiv-Seite der Bilanz der Bilanzpunkt »Anteile andere Gesellschafter« aufgenommen. Da natürlich auch andere Gesellschafter Anteile am Gewinn bzw. Verlust haben, wird die Konzerngewinn- und -verlustrechnung um den Punkt »Auf Anteile im Fremdbesitz entfallender Gewinn und Verlust« erweitert. Meistens findet man im Konzernanhang unter Punkt »Konsolidierungskreis und Beteiligungen« (Bayer-Geschäftsbericht 2012, S. 197ff.) eine genaue Aufstellung der Tochterunternehmen und deren Anteilsbesitz.

Was passiert, wenn der Konsolidierungsausgleichsposten nicht vollständig auf stille Reserven und Lasten zurückführen ist? In diesem Fall entsteht ein Goodwill oder Badwill. Im nächsten Abschnitt werden die Auswirkungen vom Goodwill und Badwill näher erläutert.

4.3.4.1.1.2 Goodwill bzw. Badwill

Falls der Konsolidierungsausgleichsposten (oder Kapitalaufrechnungsdifferenzen) nicht vollständig auf stille Reserven zurückzuführen ist, wird die Differenz als ein über den Substanzwert des Unternehmens hinaus bezahlter Bestandteil des Kaufpreises interpretiert. Dies wird als Goodwill (oder zu Deutsch als Firmenwert) bezeichnet. Mit anderen Worten: Als Goodwill bezeichnet man den Aufschlag auf den ermittelten »wahren« Unternehmenswert bei Übernahmen. Häufig zahlen nämlich Unternehmen einen höheren Preis, als das Vermögen der neuen Tochter zum Kaufzeitpunkt wert ist[28]. Diese Differenz schlägt sich in der Bilanz in der Posi-

---

[27] Stille Lasten sind zum Beispiel eine zu geringe Dotierung der Pensionsrückstellungen.

[28] Das Unternehmen Götte AG kauft das Unternehmen Katze AG für 50 Mio. € zwecks Erweiterung seiner Produktpalette. Nach der Übernahme findet eine Neubewertung der Vermögensgegenstände und Schulden der Katze AG statt. Dabei wird festgestellt, dass das Unternehmen Katze AG einen Buchwert von 35 Mio. € hat, d.h. bilanziell ist das Unternehmen Katze AG 35 Mio. € wert. Folglich hat die Götte AG die Katze AG für mehr als dessen Buchwert (Eigenkapital) übernommen. Die Differenz zwischen Kaufpreis und Buchwert von 15 Mio. € muss in der Bilanz der Götte AG als Goodwill ausgewiesen werden. Hierdurch entsteht auf

tion Geschäfts- und Firmenwerte (Goodwill) nieder. Das machen die Unternehmen z.B. wegen eines über die Jahre erworbenen guten Images des zu übernehmenden Unternehmens, des Markennamens, des Kundenstamms oder des Know-hows der Mitarbeiter. Schließlich sind diese Faktoren oftmals viel bedeutender als die in der Bilanz ausgewiesenen Vermögensgegenstände wie Maschinen und Vorräte. Folglich ist der Goodwill nichts anderes als ein Hoffnungswert, d.h. eine Art Vorschuss auf den zukünftigen Erfolg des übernommenen Unternehmens. Unternehmen, die nach den IFRS-Rechnungslegungsregeln bilanzieren, sind zu einem jährlichen Impairment-Test (Werthaltigkeitstest)[29] verpflichtet. Dabei wird überprüft, ob diese Hoffnungen auch noch der Realität entsprechen.

Sind die erwarteten Erträge (Hoffnungen) ausgeblieben, so muss der Zeitwert des erworbenen Unternehmens nach unten korrigiert werden. Es erfolgt eine außerplanmäßige Goodwill-Abschreibung. Das hat negative Auswirkungen auf die Gewinn- und Verlustrechnung und das Eigenkapital. Allerdings sind diese außerplanmäßigen Abschreibungen des Goodwills nicht zahlungswirksam. Damit ist gemeint, dass zwar eine Aufwendung in der Gewinn- und Verlustrechnung besteht, allerdings fließt durch diese Aufwendung kein Geld aus dem Unternehmen.

Viele Unternehmen setzen den Wert übernommener Firmen (Goodwill) häufig zu optimistisch an. Somit besteht die latente Gefahr einer Überbewertung der Aktiva, weil deutliche Goodwill-Abschreibungen in den Folgejahren eintreten können.

Beispielsweise musste die Deutsche Telekom[30] 2012 mehr als 7 Mrd. € auf ihre Tochter T-Mobile USA abschreiben und der Konzern stürzte tief in die roten Zahlen. Dies führte dazu, dass die immateriellen Vermögenswerte (dort bilanziert die Deutsche Telekom den Goodwill in der Bilanz) von 50.097 Mio. € im Jahr 2011 auf 41.732 Mio. € im Jahr 2012 fielen. Hierdurch verringerte sich die Bilanzsumme des Konzerns Deutsche Telekom von 122.542 Mio. € (2011) auf 107.942 Mio. € im Jahr 2012.

Sie sehen, also die Goodwill-Abschreiben können tiefe Löcher in die Bilanzen reißen. Da die Konzernkasse unberührt bleibt, wenn sich in der Bilanz Milliarden in Luft auflösen, wirtschaften die Unternehmen weiter wie bisher. Die einzige Gefahr für die Konzernbilanz besteht darin, dass durch die Goodwill-Abschreibungen das

---

der Aktivseite der Konzernbilanz ein Unterschiedsbetrag, welcher als Firmen- oder Geschäftswert ausgewiesen wird.

[29] Dieser Werthaltigkeitstest überprüft also, ob die Höhe des Vermögenswertes Goodwill in der Bilanz gerechtfertigt ist.

[30] Auf insgesamt 210,78 Mrd. € beziffert die Wirtschaftsprüfungsgesellschaft Ernst & Young den Goodwill in den Bilanzen der 30 DAX-Konzerne Ende 2012.

Konzerneigenkapital vermindert wird. So verringerte sich das Konzerneigenkapital der Deutschen Telekom von 39.941 Mio. € (2011) auf 30.543 Mio. € (2012).

Deswegen spricht man von einem Goodwill-Risiko, wenn es angesichts eines verschlechterten konjunkturellen und branchenspezifischen Umfeldes wahrscheinlich ist, dass ein solcher Abwertungsbedarf besteht. Kritisch wird es vor allem dann, wenn der Goodwill das Eigenkapital übersteigt. So hatten 2012 beispielsweise einen gefährlich hohen Goodwill-Anteil in ihrer Bilanz Fresenius Medical Care (mit Goodwill 120 % des Eigenkapitals), die Deutsche Post (99 %), SAP (94 %) und RWE (94 %). Dagegen liegt der Goodwill-Anteil beim Bayer-Konzern bei 48 % (= Eigenkapital (18.596 Mio. €)/Goodwill (9.293 Mio. €) des Eigenkapitals. Trotz möglicher Goodwill-Abschreibungen sollte Bayer noch weiterhin solide Bilanzkennzahlen haben. Denn solche Goodwill-Abschreibungen sind nicht liquiditätswirksam und ziehen daher keine Auszahlung nach sich. Allerdings bedeutet eine Goodwill-Abschreibung im Prinzip nichts anderes, als dass das Geld falsch angelegt, sprich zum Fenster hinausgeworfen wurde.

Bilanzexperten sagen deswegen: Goodwill kann eine gigantische Zukunftserwartung widerspiegeln oder eine bilanzpolitische Luftnummer sein. Kritisch wird es, wenn der Goodwill das Eigenkapital übersteigt. Dann besteht die Gefahr, dass das ganze Eigenkapital bei einer Abschreibung aufgezehrt wird. Dem Unternehmen droht die Überschuldung.

Jede Münze hat zwei Seiten. So kann natürlich auch der Wert des anteiligen Eigenkapitals des Mutterkonzerns den Wert des damit korrespondierenden Beteiligungsansatzes am Tochterunternehmen übersteigen und die Differenz nicht auf stille Lasten (z.B. zu geringe Dotierung von Pensionsrückstellungen) verteilt werden. Dann ist dieser Differenzbetrag auf der Passivseite der Konzernbilanz anzugeben. Dies wird als Badwill (negativer Goodwill) bezeichnet, d.h. der Beteiligungsbuchwert ist niedriger als das Eigenkapital der Tochter. Kommt im Badwill ein Preisabschlag aufgrund zukünftiger Verluste bzw. Ertragseinbußen des Tochterunternehmens zum Ausdruck, so hat der Badwill den Charakter einer Rückstellung und wird gesondert unter Rückstellung ausgewiesen. Kommt der Badwill dagegen durch einen günstigen Einkauf zustande, so ist der Badwill eher als Kapitalbestandteil zu sehen und gesondert unter Kapitalrücklage auszuweisen.

Leider schreibt das Gesetz keine Zuordnung des Badwills zu einer bestimmten Bilanzposition der Passivseite vor. Daher behilft man sich damit, dass der Badwill von Fall zu Fall je nach seinem Charakter einer bestimmten Bilanzposition zugeordnet wird. Dies wird dann im Konzernanhang erläutert.

Sowohl die als Goodwill und Badwill ausgewiesenen Beträge als auch ihre Veränderungen gegenüber dem Vorjahr werden im Anhang des Geschäftsberichts dargestellt. Da der Goodwill vom Charakter her am ehesten mit immateriellem Anlagevermögen vergleichbar ist, wird er in den Anlagespiegel aufgenommen. Daher findet man im Anlagespiel für immaterielle Anlagevermögen häufig den Punkt »Firmen- und Geschäftswert« oder »Erworbener Geschäfts- oder Firmenwert«. Dagegen ist der Badwill prinzipiell unverändert fortzuführen. Er ist jedoch aufzulösen, wenn:

- am Abschlussstichtag der Bilanz feststeht, dass der Badwill einem realisierten Gewinn entspricht oder
- eine zum Zeitpunkt des Erwerbs der Anteile erwartete ungünstige Entwicklung der künftigen Ertragslage des Unternehmens eingetreten ist.

Um nun herauszufinden, ob ein Konzern nur wegen der Goodwill-Abschreibungen Verluste ausweist, wurde die Kennzahl EBITDA (siehe auch Kapital 9.2.6. 183ff.) eingeführt. Das EBITDA stellt dabei das Ergebnis vor Zinsen, Steuern und Abschreibungen dar. Es ist ein Gradmesser dafür, ob ein Unternehmen in seinem Kerngeschäft Gewinne erwirtschaftet oder nicht. Ist das EBITDA positiv, deutet dies darauf hin, dass das Unternehmen in seiner Substanz nicht durch die hohen Goodwill-Abschreibungen gefährdet ist. Falls dagegen das EBITDA negativ ist, besteht eine Gefahr für den Konzern, weil das Konzerneigenkapital bzw. die Konzernrücklagen zum Ausgleich des Verlustes eingesetzt werden müssen.

4.3.4.1.1.3 Folgekonsolidierung nach der Erwerbsmethode

Die aus der Erstkonsolidierung resultierenden Wertansätze in der Bilanz des Tochterunternehmens sind aus der Sicht des Konzerns die Anschaffungskosten für die einzelnen Bilanzpositionen. Diese Wertansätze müssen in der Folgezeit fortgeführt werden. Die Folgekonsolidierung wird anhand eines Beispiels erläutert.

Für dieses Beispiel nehmen wir an, dass ein Unternehmen[31] ein anderes Unternehmen[32] zu 100 % gekauft hat. Damit der Mutterkonzern bzw. das Mutterunternehmen das erworbene Unternehmen (Tochterunternehmen) in seine Bilanz aufnehmen kann, muss zunächst eine Erstkonsolidierung stattfinden.

In den folgenden Jahren erfolgt dann eine Folgekonsolidierung des erworbenen Unternehmens in der Bilanz des Mutterkonzerns bzw. -unternehmens. Darum startet mein Beispiel auch mit der Erstkonsolidierung nach der Erwerbsmethode.

---

[31] Diese Unternehmen wird fortan als Mutterkonzern bezeichnet.
[32] Dieses Unternehmen wird von nun ab nur noch als Tochterunternehmen bezeichnet.

Abbildung 18: Ursprüngliche Beispielsbilanzen für die Erstkapitalkonsolidierung nach der Erwerbsmethode

Bilanzpositionen	Bilanz Muttergesellschaft		Bilanz Tochtergesellschaft zu Buchwerten	
	Aktiva [€]	Passiva [€]	Aktiva [€]	Passiva [€]
Immaterielle Vermögensgegenstände	5.000		1.600	
Finanzanlagen	1.000			
Summe	6.000		1.600	
Gezeichnetes Kapital		1.000		300
Konzerngewinn		1.500		600
Fremdkapital		3.500		700
Summe		6.000		1.600

Zudem sei angenommen, dass das Tochterunternehmen zu 100 % der Muttergesellschaft gehört. Außerdem entspricht der Beteiligungsbuchwert der Bilanzposition Finanzanlagen, also 1.000 €. Dagegen wird das anteilige Eigenkapital des Mutterkonzerns am Tochterunternehmen aus den Bilanzpositionen gezeichnetes Kapital (300 €) und Konzerngewinn (600 €) des Tochterunternehmens berechnet. Daher wird die Kapitalkonsolidierung wie folgt durchgeführt: $1.000 - 1,0 \cdot (300 + 600) = 100$, d.h. der Konsolidierungsausgleichsposten beträgt 100. Ferner sei die Summe der vorhandenen stillen Reserven 80, davon 60 in den immateriellen Vermögensgegenständen und 20 in nicht bilanzierungsfähigen Vermögensgegenständen wie Markenrechten gebunden. Dies bedeutet, die stillen Reserven von 80 sind kleiner als der aktive Konsolidierungsausgleichsposten von 100. Deswegen wird der nicht verteilbare Restbetrag von 20 als Geschäftswert interpretiert und in die Aktiva der Konzernbilanz aufgenommen.

Bilanzposition	Muttergesellschaft [€]		Tochterunternehmen [€]		Summenbilanz [€]		Konsolidierungsbilanz [€]		Konzernbilanz [€]	
	Aktiva	Passiva	Aktiva	Passiva	Aktiva	Passiva	S	H	Aktiva	Passiva
Immaterielle Vermögensgegenstände	5.000		1.600		6.600		60		6.660	
KAP*							100	100		
Geschäftswert							20		20	
Finanzanlagen	1.000				1.000			1.000		
Summe	6.000		1.600		7.600				6.680	
Gezeichnetes Kapital		1.000		300		1.300	300			1.000
Konzerngewinn		1.500		600		2.100	600			1.500
Verbindlichkeiten		3.500		700		4.200	20			4.180
Summe		6.000		1.600		7.600				6.680

* Abk. für Konsolidierungsausgleichsposten

Um die Folgekonsolidierung durchzuführen, gehen wir davon aus, dass sich das Eigenkapital der Muttergesellschaft und das des Tochterunternehmens durch Gewinne um 500 bzw. 100 € erhöht hat. Überdies wird der Geschäftswert des Tochterunternehmens jährlich zu einem Viertel abgeschrieben, also 20 / 4 = 5 €. Obendrein wird unterstellt, dass die bei der Erstkonsolidierung den immateriellen Vermögenswerten zugeschriebenen stillen Reserven in Höhe von 60 € innerhalb von fünf Jahren abgeschrieben werden. Insofern muss im Konzernabschluss zusätzlich zur Abschreibung im Einzelabschluss des Tochterunternehmens 60 € / 5 = 12 € abgeschrieben werden. Neben der Aufteilung des Konsolidierungsausgleichspostens von 100 auf immaterielle Vermögenswerte, Geschäftswert, Verbindlichkeiten (siehe dazu Konsolidierungsspalte) müssen die daraus resultierenden Wertänderungen an den Bilanzwerten erfolgswirksam verbucht werden (siehe dazu Spalte erfolgswirksame Buchungen), wie in Abbildung 20 dargestellt.

Abbildung 20: Folgekonsolidierung nach der Erwerbsmethode

Bilanzposition	Muttergesellschaft		Tochterunternehmen		Summenbilanz		Konsolidierungsbilanz		Erfolgswirksame Buchungen		Konzernbilanz	
	Aktiva	Passiva	Aktiva	Passiva	Aktiva	Passiva	S	H	S	H	Aktiva	Passiva
Im. Vermögen.*	5.500		1.650		7.150		60			12	7.198	
Geschäftswert							20			5	15	
Finanzanlagen	1.000				1.000			1.000				
Summe	6.500		1.650		8.150						7.213	
Gezeichnetes Kapital		1.000		300		1.300	300					1.000
Rücklagen bzw. Bilanzgewinn		2.000		700		2.700	600		37			2.063
Verbindlichkeiten		3.500		650		4.150	20			20		4.150
Summe		6.500		1.650		8.150	1.000	1.000				7.213

* Immaterielle Vermögensgegenstände

Nun erkennt man, dass sich bei der Folgekonsolidierung der Konzernunternehmen die thesaurierten Gewinne von 600 € (Muttergesellschaft 500 € und 100 € Tochtergesellschaft) auf das konsolidierte Konzerneigenkapital auswirken. Aber die Abschreibungen bzw. die aufgelösten stillen Reserven in Höhe von 37 € (12 sonstige Aktiva, 5 Geschäftswert Tochterunternehmen und 20 Konsolidierungsausgleichsposten) verringern das Konzerneigenkapital.

4.3.4.1.2 Kapitalkonsolidierung nach der Equity-Methode

Übt eine Muttergesellschaft einen maßgeblichen Einfluss auf die Geschäfts- und Finanzpolitik eines nicht einbezogenen Unternehmens aus, so ist dieses als assoziiertes Unternehmen nach der Equity-Methode zu bewerten und in die Konzernbilanz aufzunehmen. Als Kriterien für einen maßgeblichen Einfluss auf ein Tochterunternehmen gelten Vertretung im Aufsichtsrat, Mitwirkung an wichtigen Entscheidungen, Personalverflechtungen, ein Anteil am Tochterunternehmen von mehr als 20 % sowie finanzielle oder technologische Abhängigkeiten.

Die Equity-Methode ist eine besondere Form der Bestimmung des Wertansatzes einer Beteiligung. Dies führt dazu, dass in der Konzernbilanz nicht wie bei der Vollkonsolidierung die Aktiva und die nicht aufgerechneten Passiva des assoziierten Unternehmens übernommen werden, sondern lediglich der Wertansatz der Beteiligung. Das Ziel der Equity-Methode ist, die Beteiligung in der Konzernbilanz möglichst zeitnah und nur mit dem anteiligen Eigenkapital zu bewerten. Dazu verwendet man folgendes Korrekturschema.

> Anschaffungskosten der Beteiligung
> + anteiliger Jahresüberschuss des assoziierten Unternehmens
> - anteiliger Jahresfehlbetrag des assoziierten Unternehmens
> - vereinnahmte Gewinnausschüttung vom assoziierten Unternehmen
> - außerplanmäßige Abschreibungen
> + Zuschreibungen
> = Wertansatz für die Beteiligung

Da die Equity-Methode sehr kompliziert ist, möchte ich diese direkt anhand eines Beispiels erläutern. Dazu erfolgen Errechnung und Ausweis des Equity-Wertes nach der Buchwertmethode.

Für unser Beispiel nehmen wir an, dass die Muttergesellschaft eine 30-%ige Beteiligung an einem assoziierten Tochterunternehmen zu 1.000 € im Jahr 2002 gekauft hat. Dafür bekommt die Muttergesellschaft ein anteiliges Eigenkapital des assoziierten Tochterunternehmens von 400 €. Die Differenz zwischen dem Kaufpreis der Beteiligung und dem anteiligen Eigenkapital am Tochterunternehmen von 600 € sind 400 € stille Reserven und 200 € Goodwill. Weiterhin teilen sich die 400 € stille Reserven auf in 300 € für eine Maschine (Abschreibung innerhalb von 3 Jahren) und 100 € für ein Grundstück.

Abbildung 21: **Ausschnitt aus dem Anlagegitter Finanzanlagen am 31.12.2002 nach Buchwertmethode**

Anteile an übrigen Beteiligungen assoziierte Unternehmen	1.000 €

Zwecks der Folgekonsolidierung werden zunächst einmal die stillen Reserven und der Geschäftswert, also der Unterschiedsbetrag, genau aufgeschlüsselt.

Tabelle 6:   Aufschlüsselung des Unterschiedsbetrages per 31.12.2002

Geschäftswert	200 €

Stille Reserven
Davon
    Maschinen 300 €
    Grundstücke 100 €
	400 €

Außerdem wird angenommen, dass im Konzernverbund die Geschäftswerte innerhalb von 2 Jahren abgeschrieben werden.

Tabelle 7:   Nebenrechnung für den Unterschiedsbetrag zum 31.12.2003

Position	AK*	Abschreibung lfd. Gj.	Zuschreibung	Restbuch-wert	Abschreibungen kumuliert
Geschäftswert	200	100		100	100
Stille Reserve Maschine Grundstück	300 100	100		200 100	100
Unterschiedsbetrag	600	200		400	200

* Anschaffungskosten

Zudem weist das Tochterunternehmen einen Jahresüberschuss von 100 € im Jahr 2003 aus. Da aber der Mutterkonzern nur 30 % an dem Tochterunternehmen hält, werden bei der Equity-Methode von den 100 € Gewinn nur 30 € berücksichtigt. Der Wertansatz nach der Buchwertmethode ergibt sich wie folgt:

Tabelle 8:   Nebenrechnung zur Fortschreibung des Beteiligungswertes zum 31.12.2003

Anschaffungskosten der Beteiligung	1.000 €
- Veränderung des darin enthaltenen Unterschiedsbetrages	- 200 €
Anteiliger Jahresüberschuss des Tochterunternehmens	+ 30 €
Wertansatz	830 €

Dieser Wertansatz wird nun einfach in das Anlagegitter Finanzanlagen eingetragen.

Abbildung 22:   Ausschnitt aus dem Anlagegitter Finanzanlagen am 31.12.2003 nach Buchwertmethode

Anteile an übrigen Beteiligungen assoziierte Unternehmen	830 €

Nachdem wir die Konsolidierung von Tochterunternehmen in der Bilanz bzw. Gewinn- und Verlustrechnung besprochen haben, beschäftigen wir uns nun mit der

Bilanz des Unternehmens. Wenn in der Bilanz eines Unternehmens Tochtergesellschaften konsolidiert werden, spricht man von einer Konzernbilanz.

4.3.4.2 Bilanz

Die Bilanz ist eine Aufstellung des Vermögens und der Verbindlichkeiten eines Unternehmens zu einem bestimmten Stichtag. Zudem wird die Bilanz eingeteilt in zwei Teile, nämlich die Vermögensseite und die Seite für die finanziellen Mittel. Dabei wird die Vermögensseite auch Aktiva genannt und die Seite für die finanziellen Mittel auch Passiva.

Außerdem ist die Pflicht zur Buchführung und zur Bilanzierung im Interesse der Rechtssicherheit und zum Schutz der Gläubiger und der Aktionäre oder Gesellschafter sowie zur Sicherstellung der Besteuerung im Handelsgesetzbuch (HGB) geregelt. Dieses Gesetz[33] verpflichtet jeden Kaufmann zur Führung von Büchern, aus denen seine Handelsgeschäfte und die Lage seines Vermögens ersichtlich sind. Außerdem verpflichtet das Handelsgesetzbuch dazu, die Bücher so zu führen, dass die einzelnen Geschäftsvorfälle laufend und aktuell so erfasst werden, dass ihre Entstehung und Abwicklung durch einen sachverständigen Dritten, wie zum Beispiel einen Aktionär, innerhalb einer angemessenen Zeit nachvollzogen werden können. Hierdurch soll der sachverständige Dritte in die Lage versetzt werden, sich einen Überblick über die Geschäftsvorfälle und über die Lage des Unternehmens zu machen.

Zusätzlich unterscheidet man zwischen Handels- und Steuerbilanzen. Diesen beiden Arten der Bilanz liegen unterschiedliche Rechtsnormen zugrunde. Handelsbilanzen werden nach den handelsrechtlichen Vorschriften erstellt. Die Steuerbilanzen orientieren sich an der Handelsbilanz, aber weichen in einigen Teilen von dieser Bilanz ab, weil es zum Teil andere Steuervorschriften gibt. Daher dienen die Steuerbilanzen auch nur dem Finanzamt als Grundlage für die Besteuerung. Dagegen stellen die Handelsbilanzen Informationsquellen für externe Interessengruppen dar. Solche externen Interessengruppen können sein: Aktionäre, Gläubiger, Arbeitnehmer usw. Da im Normalfall der Aktionär nur die Möglichkeit hat, in die Handelsbilanz zu sehen, wird sich dieses Buch ausschließlich mit der Handelsbilanz beschäftigen.

---

[33] siehe dazu § 238 HGB

4.3.4.2.1 Aufgaben der Bilanz

Die Hauptaufgabe der Bilanz ist es, dem Unternehmen selbst sowie außerhalb des Unternehmens stehenden Gruppen Informationen über die Entwicklung und Lage des Unternehmens zu geben. Für Kapitalgesellschaften fordert das Handelsgesetzbuch die Darstellung der Vermögenslage, der Finanzlage und der Ertragslage. Hieraus lassen sich vier bedeutende Teilaufgaben der Bilanz ableiten:

- Erfolgsausweis,
- Kapitalausweis,
- Vermögensausweis und
- Liquiditätsausweis.

Damit Bilanzen verschiedener Unternehmen vergleichbar sind, muss die Bilanz nach bestimmten Bilanzierungsrichtlinien erstellt werden. Diese werden im nächsten Abschnitt näher erläutert.

4.3.4.2.2 Bilanzierungsrichtlinien

Zunächst einmal gibt es in der Regel vier Grundsätze einer ordnungsgemäßen Bilanzierung:

- Grundsatz der Bilanzklarheit,
- Grundsatz der Bilanzwahrheit,
- Grundsatz der Bilanzkontinuität und
- Grundsatz der Bilanzidentität.

Mit dem Grundsatz der Bilanzklarheit ist gemeint, dass der Jahresabschluss klar und übersichtlich aufzustellen ist. Ferner gibt es auch noch verschiedene Gliederungsvorschriften der Bilanz, welche allerdings hier aus Übersichtlichkeitsgründen nicht ausführlich dargestellt werden. Zusammenfassend kann man sagen, dass diese Vorschriften in erster Linie für ein äußerlich einwandfreies Bilanzbild sorgen, aus welchem sofort die Grundzüge einer auswertungsfähigen Übersicht hervorgeht.

Mit dem Grundsatz der Bilanzwahrheit ist gemeint, dass alle Vermögenswerte in der Bilanz zu verzeichnen sind, das heißt, die Bilanzwahrheit schließt die Vollständigkeit der Bilanz mit ein. Deswegen verstoßen das Weglassen von Vermögensgegenständen ebenso wie der Ansatz von fiktiven Posten usw. gegen die mengenmäßige Wahrheit der Bilanz. Aber nicht nur die mengenmäßige Erfassung der Vermögenswerte in der Bilanz wird geregelt, sondern auch die Bewertung dieser Vermögenswerte.

Der Bilanzierungsgrundsatz der Kontinuität ergibt sich aus der Notwendigkeit, mehrere zeitlich aufeinander folgende Bilanzen miteinander vergleichen zu können. Daher muss die Erstellung der Bilanz immer nach bestimmten Regeln in Bezug auf Form und Inhalt erfolgen.

Die Bilanzidentität schließlich sorgt dafür, dass die Schlussbilanz eines Jahres und die Anfangsbilanz des darauf folgenden Jahres identisch sind. Insofern müssen in beiden Bilanzen demnach alle Positionen, Mengen und Werte völlig identisch sein.

4.3.4.2.3 Gliederung der Bilanz

In diesem Abschnitt wird die Gliederung der Bilanz nach den International Financial Reporting Standards anhand des Beispiels der Bayer AG gezeigt. Bei einer Bilanz wird zunächst zwischen Aktiva (Verwendung des Vermögens) und Passiva (Herkunft des Vermögens) unterschieden. Daraufhin erfolgt eine Feinaufteilung der Aktiva und der Passiva.

Abbildung 23: **Konzernbilanz Bayer (Geschäftsbericht 2012, S. 168)**

	Anhang	31.12.2011	31.12.2012
Aktiva		in Mio €	in Mio €
Langfristige Vermögenswerte			
Geschäfts- oder Firmenwerte	[17]	9.160	9.293
Sonstige immaterielle Vermögenswerte	[17]	10.295	9.464
Sachanlagen	[18]	9.823	9.863
Anteile an at-equity bewerteten Beteiligungen	[19]	319	284
Sonstige finanzielle Vermögenswerte	[20]	1.364	1.324
Sonstige Forderungen	[23]	425	541
Latente Steuern	[14]	1.311	1.581
		32.697	32.350
Kurzfristige Vermögenswerte			
Vorräte	[21]	6.368	6.980
Forderungen aus Lieferungen und Leistungen	[22]	7.061	7.431
Sonstige finanzielle Vermögenswerte	[20]	2.784	856
Sonstige Forderungen	[23]	1.628	1.648
Ertragsteuererstattungsansprüche		373	376
Zahlungsmittel und Zahlungsmitteläquivalente		1.770	1.695
Zur Veräußerung gehaltene Vermögenswerte	[6.3]	84	–
		20.068	18.986
Gesamtvermögen		52.765	51.336
Passiva			
Eigenkapital	[24]		
Gezeichnetes Kapital der Bayer AG		2.117	2.117
Kapitalrücklage der Bayer AG		6.167	6.167
Sonstige Rücklagen		10.928	10.185
Aktionären der Bayer AG zurechenbarer Anteil am Eigenkapital		19.212	18.469
Anteile anderer Gesellschafter		59	100
		19.271	18.569

Langfristiges Fremdkapital			
Pensionsrückstellungen und ähnliche Verpflichtungen	[25]	7.870	9.373
Andere Rückstellungen	[26]	1.649	1.986
Finanzverbindlichkeiten	[27]	7.995	6.962
Sonstige Verbindlichkeiten	[29]	474	409
Latente Steuern	[14]	2.116	938
		20.104	19.668
Kurzfristiges Fremdkapital			
Andere Rückstellungen	[26]	4.218	4.844
Finanzverbindlichkeiten	[27]	3.684	2.570
Verbindlichkeiten aus Lieferungen und Leistungen	[28]	3.779	4.295
Ertragsteuerverbindlichkeiten	[26.1]	76	72
Sonstige Verbindlichkeiten	[29]	1.630	1.318
Rückstellungen in direktem Zusammenhang mit zur Veräußerung gehaltenen Vermögenswerten	[6.3]	3	–
		13.390	13.099
Gesamtkapital		52.765	51.336

Die Spalte »Anhang« in der Bilanz zeigt, wo im Konzernanhang (s. S. 98ff.) nähere Informationen zu den einzelnen Bilanzpositionen zu finden sind. Obendrein erkannt man, dass beide Seiten der Bilanz (Passiva und Aktiva) die gleiche Bilanzsumme (bzw. Gesamtvermögen = Gesamtkapital) haben. In den nächsten Abschnitten wird erläutert, wie sich die einzelnen Punkte der Bilanz zusammensetzen.

4.3.4.2.3.1 Aktiva

Die Aktiva (Mittelverwendung) zeigen, wie sich das Vermögen des Unternehmens aufteilt. Dabei ist das Vermögen unterteilt in langfristige (Anlagevermögen) und kurzfristige (Umlaufvermögen) Vermögenswerte.

4.3.4.2.3.1.1 Langfristige Vermögenswerte (Anlagevermögen)

Generell enthält das Anlagevermögen alle Vermögenswerte (engl. Assets), die dem Unternehmen langfristig zur Verfügung stehen und nicht zum Verkauf bestimmt sind. Im Folgenden möchte ich auf die wichtigsten Positionen des Anlagevermögens eingehen.

1. Geschäfts- oder Firmenwert (Goodwill): Diese Position beinhaltet den Aufpreis, den ein Unternehmen bei der Übernahme über den Buchwert des übernommenen Unternehmens bezahlt hat (s. S. 61ff.).

2. Sonstige immaterielle Vermögenswerte: In dieser Gruppe werden in der Regel immaterielle Vermögenswerte aus erworbenen Rechten eingeordnet, wie z.B. Patente, EDV oder Lizenzen. Da laut IFRS unter bestimmten Voraussetzungen

auch selbst erstellte immaterielle Vermögenswerte aktiviert werden dürfen, muss geprüft werden, wenn diese Position zum Vorjahr einem Sprung gemacht hat, ob diese Vermögenswerte tatsächlich werthaltig sind. Oftmals besteht nämlich gerade bei immateriellen Vermögenswerten ein erheblicher bilanzieller Spielraum.

3. Sachanlagen: Unter Sachanlagen versteht man Fabriken, Filialen, Fuhrpark, Geräte, Maschinen, Grundstücke usw. Bei Industrieunternehmen stellen traditionsgemäß die Sachanlagen eine der größten Bilanzpositionen dar.

4. Anteile an at-equity bewerteten Beteiligungen: In diesen Bereich werden die Buchwerte von assoziierten Unternehmen eingeordnet. Von einem assoziierten Unternehmen spricht man, wenn der Konzern Anteile an einem Unternehmen hält, jedoch nicht mehrheitlich beteiligt ist und es folglich nicht beherrschen kann. Der Konzern kann also nur Einfluss auf die finanz- und geschäftspolitischen Entscheidungen im Rahmen seines Anteilsbesitzes ausüben. Eine solche Einflussnahme wird bei Stimmrechtsanteilen zwischen 20 und 50 % angenommen. Grundsätzlich werden assoziierte Unternehmen nicht konsolidiert, sondern mit dem anteiligen Eigenkapital (at Equity) in der Bilanz bewertet. Dabei wird der Equity-Wert ausgehend vom Anschaffungswert der Unternehmensbeteiligung um die Eigenkapitalveränderung des Berichtsjahres des assoziierten Unternehmens fortgeschrieben. Werden z.B. beim assoziierten Unternehmen Verluste im Berichtsjahr geschrieben, so reduziert sich der Equity-Wert. Werden dagegen Gewinne erzielt, erhöht sich der Equity-Wert. Schüttet allerdings das assoziierte Unternehmen eine Dividende aus, so reduziert sich der Equity-Wert um die Höhe der Dividende.

5. Sonstige finanzielle Vermögensanlagen: Unter diesen Punkt werden gewährte Darlehen und Beteiligungen an anderen Unternehmen zusammengefasst, die langfristig zum Unternehmensvermögen zu zählen sind. Dabei spielt es keine Rolle, ob die Finanzanlagen kurzfristig veräußert werden können, sondern nur, dass langfristig keine Veräußerungsabsicht besteht. Die Folgebewertung von Finanzanlagen ist von der jeweiligen Klassifizierung gemäß IAS 39 abhängig. Hier möchte ich auf zwei Klassifizierungen näher eingehen. Wenn Finanzanlagen als »At fair Value through Profit or Loss« eingestuft sind, dann wird die Wertsteigerung des Wertpapiers direkt in der Gewinn- und Verlustrechnung abgebildet. Steigt der Wert des Wertpapiers z.B. um 100 €, so korrespondiert dies mit einem Ertrag von 100 €. Diese Art der Bewertung hat den Nachteil, dass Bewertungsschwankungen von Wertpapieren zu Verzerrungen in der Gewinn- und Verlustrechnung führen. Diese Verzerrungen gibt es bei der Klas-

sifizierung »Available for Sales« nicht, weil die Wertsteigerung direkt mit dem Eigenkapital verrechnet wird.

6. Latente Steuern: Latente Steuern sind Abgrenzungsposten für zukünftige Ertragsteuerzahlungen und Ertragsteuerverpflichtungen. Sie werden aufgrund der bilanzorientierten Abgrenzungskonzeption des IAS 12 auf temporäre Differenzen zwischen den Wertansätzen nach der Handelsbilanz und den Steuerwerten auf steuerliche Verlustvorträge gebildet. Aber Vorsicht: Latente Steuern begründen zum Bilanzstichtag keine tatsächlichen Forderungen oder Verbindlichkeiten gegenüber den Steuerbehörden. Aktive latente Steuern werden bilanziert, wenn die Aktivposten in der Handelsbilanz niedriger oder die Passivposten höher anzusetzen sind als in der Steuerbilanz.

4.3.4.2.3.1.2 *Kurzfristige Vermögenswerte (Umlaufvermögen)*

Das Anlagevermögen dient im Allgemeinen zur Produktion der Güter, welche im Umlaufvermögen verkauft werden. Deswegen zählen zum Umlaufvermögen sämtliche Vermögensgegenstände, die zum Verkauf oder zur Verarbeitung im Rahmen der Produktion anfallen. Um einen Überblick über das Umlaufvermögen zu bekommen, werden mehrere Untergruppen gebildet.

1. Vorräte: Die Gruppe Vorräte teilt sich oftmals in drei Unterkategorien auf: »Roh-, Hilfs- und Betriebsstoffe«, »Unfertige Erzeugnisse« und »fertige Erzeugnisse und Waren«. In der Untergruppe »Roh-, Hilfs- und Betriebsstoffe« werden Waren zusammengefasst, die zur Herstellung der fertigen Produkte benötigt werden, wie z.B. Schrauben. Unfertige Erzeugnisse umfasst noch nicht zum Bilanzstichtag fertiggestellte Produkte im Besitz des Unternehmens.

2. Forderungen aus Lieferungen und Leistungen: Die hier ausgewiesenen Forderungen resultieren aus bereits getätigten Geschäften, für die aber noch keine Zahlung durch die Kunden erfolgt ist. Falls eine Forderung als ausfallgefährdet eingestuft wird, erfolgt eine entsprechende Abschreibung. Nähere Informationen findet man im Konzernanhang.

3. Zahlungsmittel und Zahlungsmitteläquivalente: Diese Position umfasst alle kurzfristig zur Verfügung stehenden Vermögensgegenstände des Unternehmens, d.h. die flüssigen Mittel des Unternehmens. Dies sind: die gesamten Kassenbestände, Bankguthaben und Schecks des Unternehmens.

4. Sonstige Vermögenswerte: Zu dieser Untergruppe zählen alle Kapitalrechte und verbriefte Gläubigeransprüche, die nicht zum Anlagevermögen zählen.

5. Zur Veräußerung stehende Vermögensteile: Unter diesem Punkt wird das Vermögen von Unternehmensteilen aufgeführt, die verkauft wurden bzw. ver-

kauft werden sollen, für Unternehmensteile, die verkauft wurden, allerdings nur bis zum Verkaufsdatum.

Die Summe von Anlagen- und Umlaufvermögen bezeichnet man oftmals als Gesamtvermögen (oder Summe Aktiva, Bilanzsumme).

4.3.4.2.3.2 Passiva

Die Passiva enthalten das Kapital des Unternehmens. Folgerichtig erklärt die Passivseite der Bilanz die Herkunft der Kapitalwerte, die das Gesamtkapital des Unternehmens ausmachen. Mit anderen Worten: Die Passiva geben an, wie die Vermögenswerte der Aktiva finanziert wurden. Grundsätzlich sind Passiva unterteilt in Eigen- und Fremdkapital.

4.3.4.2.3.2.1 Eigenkapital

Das Eigenkapital steht dem Unternehmen für eine unbegrenzte Zeit zur Verfügung. Üblicherweise gliedert sich das Eigenkapital in einer Konzernbilanz wie folgt auf:

1. Gezeichnetes Kapital: Dieser Posten bildet die Basis des Eigenkapitals und entspricht dem Nennwert der ausstehenden Aktien.

2. Kapitalrücklage: Grob gesagt handelt es sich bei der Kapitalrücklage im Wesentlichen um Mehrbeträge, die dem Unternehmen bei der Ausgabe von Aktien bzw. Anteilen, Wandelschuldverschreibungen[34] oder Vorzugsaktien von außen zugeführt werden. Diese Mehrbeträge resultieren daraus, dass beispielsweise der Preis der ausgegebenen Aktien über dem Nennwert der Aktien liegt. Die Differenz zwischen dem Preis der ausgegebenen Aktien und dem Nennwert ist dann der Mehrbetrag und geht in die Kapitalrücklagen ein. Wenn beispielsweise eine Aktiengesellschaft neue Aktien mit einem Nennwert von 10 € zu einem Preis von 20 € ausgibt, so resultiert daraus ein Mehrbetrag von 10 €, der in die Kapitalrücklage fließt.

3. Gewinnrücklage: Hier dürfen nur Beträge ausgewiesen werden, die im Geschäftsjahr oder in früheren Geschäftsjahren als Gewinn erwirtschaftet wurden.

4. Eigene Anteile: Dies sind z.B. Aktien, die durch einen Aktienrückkauf erworben wurden. Diese werden vom Eigenkapital abgezogen.

5. Konzernergebnis

---

[34] Wandelschuldverschreibungen gewähren ihrem Besitzer neben Zinsen und Rückzahlung des Nennbetrages ein zusätzliches Umtausch- oder Bezugsrecht in Aktien des Unternehmens.

6. Anteile anderer Gesellschafter: Dieser Posten umfasst die Anteile Dritter am Eigenkapital von Tochterunternehmen, die nicht zu 100 % direkt oder indirekt dem Unternehmen gehören (siehe dazu auch S. 61ff.).

7. Aktionären zurechenbarer Anteil am Eigenkapital: Dies ist das Eigenkapital, das den Aktionären des Unternehmens zusteht.

Letztlich gibt das Eigenkapital (Synonyme: Buchwert, Reinvermögen, Shareholders Equity oder Shareholder Investment) den sog. bilanziellen Buchwert des Unternehmens an. Würden sämtlich Vermögenswertes des Unternehmens zum Bilanzstichtag verkauft, so bliebe nach Tilgung der Schulden das Eigenkapital übrig.

4.3.4.2.3.2.2 Fremdkapital

In der Regel wird das Fremdkapital in lang- und kurzfristige Verbindlichkeiten unterteilt. Die wichtigsten Untergruppen beim langfristigen (long-term debt/liabilities) Fremdkapital sind:

1. Langfristige Finanzverbindlichkeiten: Unter langfristige Finanzverbindlichkeiten versteht man alle verzinslichen Verbindlichkeiten mit einer Laufzeit größer einem Jahr. Üblicherweise besteht diese Position hauptsächlich aus Bankkrediten und Anleihen. Im Konzernanhang findet man oftmals Details zu diesen Verbindlichkeiten, wie Zinssatz, Währung, Fälligkeitsstruktur usw.

2. Rückstellungen: Rückstellungen werden in der Regel gebildet, wenn wirtschaftliche Belastungen drohen, deren Eintrittswahrscheinlichkeit oder Höhe nicht genau vorhersagbar sind. Darunter fallen insbesondere Rückstellungen für Rechtsstreitigkeiten, Garantierückstellungen oder Steuerrückstellungen. Anders gesagt, diese Rückstellungen werden gebildet für Ereignisse, die aus dem laufenden Geschäftsbetrieb erfolgen, aber erst in der Zukunft wirksam werden. Je nach Art und Dauer der Rückstellung kann sie auch im kurzfristigen Bereich gebucht werden.

3. Pensionen und ähnliche Verpflichtungen: Diese Verpflichtungen ergeben sich daraus, dass viele Unternehmen für ihre Mitarbeiter für die Zeit nach der Pensionierung Betriebsrenten zahlen.

4. Latente Steuern: Passive latente Steuern werden bilanziert, wenn der Aktivposten in der Handelsbilanz höher oder der Passivposten niedriger anzusetzen ist als in der Steuerbilanz und wenn diese Abweichungen zeitlich befristet sind.

Die wesentlichen Positionen des kurzfristigen Fremdkapitals (short-term liabilities) sind:

1. Verbindlichkeiten aus Lieferungen und Leistungen (VLL): Hierunter werden sämtliche Lieferantenkredite, d.h. offene Rechnungen für Warenlieferungen der Zulieferer des Unternehmens, gebucht. Prinzipiell ist ein Anstieg dieser Po-

sition eher unproblematisch, weil das Unternehmen länger über sein eigenes Geld verfügen kann.

2. Kurzfristige Finanzverbindlichkeiten: In dieser Position werden alle zinstragenden Schulden mit einer Laufzeit von weniger als einem Jahr eingeordnet. Je nachdem sind darunter bald fällige Anleihen oder kurzfristige Bankkredite zu verstehen. Oftmals findet man hier eine Untergruppe: commercial papers (Geldmarktpapiere). Diese Papiere werden zur Deckung des kurzfristigen Finanzierungsbedarfs ausgegeben und haben in der Regel eine Laufzeit von bis zu 270 Tagen.

Die Gesamtfinanzverbindlichkeiten ergeben sich durch die Addition des lang- und kurzfristigen Fremdkapitals. Dagegen bezeichnet man die Addition von Fremdkapital und Eigenkapital als Gesamtkapital.

Veränderungen eines Bilanzpostens können verschiedene Ursachen haben: Kaufe und Verkäufe von Aktiva, Aufnahme und Rückzahlung von Fremdkapital oder Eigenkapital, Bewertungsänderungen von Bilanzpositionen (z.B. durch Abschreibungen) usw. Natürlich kommen auch Veränderungen des Konsolidierungskreises durch Erwerb oder Verkauf von Tochterunternehmen infrage. So kann z.B. eine Zunahme der Vorräte und die gleichzeitige Abnahme der Forderungen aus Lieferungen und Leistungen mit einem Umsatzeinbruch zusammenhängen. Allerdings kann eine Zunahme der Vorräte auch einer Akquisition eines Unternehmens geschuldet sein. Sie sehen schon, ohne Analyse der übrigen Bestandteile des Konzernabschlusses, wie der Gesamtergebnisrechnung, ist es nicht möglich, die Veränderungen in der Bilanz zu verstehen. Letztlich informiert die Bilanz über die Vermögenslage und die Gesamtergebnisrechnung über die Ertragslage des Unternehmens.

4.3.4.3 Gesamtergebnisrechnung

Mit dem 01.01.2009 wurde eine wesentliche Neuerung für den IRFS-Abschluss, die Gesamtergebnisrechnung (statement of comprehensive income), eingeführt. Im Unterschied zu den bisherigen Regelungen wird nun die Gewinn- und Verlustrechnung um die bisher »erfolgsneutral«[35, 36] im Eigenkapital erfassten Ertrags- und Aufwandskomponenten ergänzt.

---

[35] Durch den Verkauf von Waren oder Dienstleistungen erzielt das Unternehmen Einnahmen (Erträge). Aber durch die betriebliche Tätigkeit entstehen auf der anderen Seite auch Aufwendungen (z.B. Lohn, Lagerkosten). Diese Aufwendungen und Erträge mindern das Eigenkapital und den Gewinn des Unternehmens. Deswegen werden sie als erfolgswirksam bezeichnet, weil sie direkt auf den Gewinn (Erfolg) des Unternehmens durchschlagen.

Damit wird aber die Berichterstattung über die Ertragslage eines Unternehmens nicht grundsätzlich neu ausgerichtet, sondern vielmehr wird der Ausweis bestimmter Posten von der Darstellung der Eigenkapitalentwicklung in die Gesamtergebnisrechnung verlagert. Schließlich soll die Gesamtergebnisrechnung sämtliche Veränderungen des Eigenkapitals eines Unternehmens erfassen, sofern sie nicht aus Transaktionen mit den Eigentümern resultieren, wie das bei Dividendenzahlungen oder Kapitalerhöhungen der Fall ist. Somit versucht die Gesamtergebnisrechnung, die Performance des Unternehmens aus Sicht der Eigentümer darzustellen. Dazu sollen neben dem in der klassischen Erfolgsrechnung (Gewinn- und Verlustrechnung) erfassten Gewinnen oder Verlusten auch sonstige Ergebnisbeiträge (Other Comprehensive Income (OCI)) berücksichtigt werden. Unter den sonstigen Ergebnissen werden im Wesentlichen folgende Komponenten erfasst.

- Versicherungsmathematische Gewinne und Verluste aus Vorsorgeplänen, wie z.B. Gewinne und Verluste aus Pensionsverpflichtungen;
- Marktwertanpassungen von Finanzinstrumenten;
- Währungsumrechnungsdifferenzen aus der Konsolidierung von Tochterunternehmen;
- Anteile an sonstigen Ergebnisbeiträgen von assoziierten Unternehmen.

Diesen Komponenten ist eines gemeinsam: Sie ergeben sich im Wesentlichen aus Marktwerten von Vermögensgegenständen und Schulden des Unternehmens. Diese Marktwerte ergeben sich u.a. durch Wechselkurse, Zinssätze, Anleihe-, Aktienkurse, also aus der allgemeinen Konjunkturlage und anderen makroökonomischen Faktoren. Somit ergibt sich das Gesamtergebnis eines Unternehmens nach folgender Formel:

Erfolgsrechnungsergebnis (gem. Gewinn- und Verlustrechnung, GuV)

+   Sonstiges Ergebnis (Other Comprehensive Income (OCI))

=   Gesamtergebnis

Doch welche Relevanz hat das sonstige Ergebnis? Sehen wir uns dazu das sonstige Ergebnis des Schweizer Pharmaunternehmens Novartis an.

---

[36] Diese Erträge und Aufwendungen werden als erfolgsneutral bezeichnet, weil sie lediglich zur Verschiebung von Vermögen und Kapital führen, aber nicht direkt den Gewinn beeinflussen. Das heißt, diese Erträge und Aufwendungen werden unmittelbar im Eigenkapital gegengebucht.

Novartis	2010		2009		2008	
Gewinn oder Verlust aus Gewinn- und Verlustrechnung	9.969	Mio. CHF	8.454	Mio. CHF	8.233	Mio. CHF
Sonstiges Ergebnis	-258	Mio. CHF	1.788	Mio. CHF	-3.935	Mio. CHF
Gesamtergebnis	9.711	Mio. CHF	10.242	Mio. CHF	4.298	Mio. CHF

Es zeigt sich die hohe Volatilität des sonstigen Ergebnisses, insbesondere in Zeiten von Finanz- und Wirtschaftskrisen. Zudem zeigen die Zahlen die Relevanz des sonstigen Ergebnisses. Deswegen möchte an dieser Stelle die Gesamtergebnisrechnung erläutern, obwohl sie noch ein Schattendasein führt.

Um die Gesamtergebnisrechnung durchzuführen, unterscheidet die IFRS bei den Erträgen zwei Arten: die im direkten Zusammenhang mit der Geschäftstätigkeit stehenden Erträge (revenues) (wie z.b. Umsatzerlöse, Miet- und Zinserträge) und die Erträge der sonstigen Unternehmenstätigkeit (gains), die aus Wertsteigerungen von Vermögenswerten oder Schulden resultieren (wie z.B. Erträge aus der Veräußerung von langfristigen Vermögenswerten oder Erträge aus der Neubewertung von Sachanlagen). Analog dazu werden die betriebsbedingten Aufwendungen als expenses definiert (wie z.B. Herstellungskosten, Gehälter und Abschreibungen), wohingegen Aufwendungen der sonstigen Geschäftstätigkeit als losses bezeichnet werden (wie z.B. außerplanmäßige Abschreibungen auf Vermögenswerte). Anschließend werden die revenues und expenses in die GuV gebucht, d.h. aus der Differenz zwischen revenues und expenses wird das Erfolgsrechnungsergebnis (Periodenerfolg)[37] berechnet. Dagegen bildet die Summe aus gains und losses das sonstige Ergebnis.

Es stehen zwei Alternativen für die Erfüllung der Pflicht zur Aufstellung der Gesamtergebnisrechnung zur Verfügung.

1. Der »two-statement-approach« belässt die GuV unverändert als selbstständiges Berichtselement. Dabei wird der aus der GuV resultierende Gewinn oder Verlust als Saldogröße in die separate Gesamtergebnisrechnung übertragen.

2. Der »one-statement-approach« verschmilzt die GuV als Teilrechnung mit der Gesamtergebnisrechnung.

Diese Neuerung hat auf die eigentliche Darstellung bzw. Gliederung der GuV, unabhängig davon, ob sie als eigenständige oder Teilrechnung erfolgt, keine Auswirkung. Da fast alle Unternehmen (auch der Bayer-Konzern) von dem Wahlrecht Gebrauch machen und die traditionelle Gewinn- und Verlustrechnung präsentieren

---

[37] Er ergibt sich aus dem Saldo zwischen realisierten Aufwendungen und Erträgen der Periode, die durch die wirtschaftliche Aktivität des Unternehmens verursacht wurden

und diese um eine separate Gesamtergebnisrechnung ergänzen, möchte ich an dieser Stelle auch nur den »two-statement-approach« erläutern.

4.3.4.3.1 Gewinn- und Verlustrechnung

Die Gewinn- und Verlustrechnung[38, 39] kann man näherungsweise mit einem Haushaltsbuch vergleichen. Genauso wie in einem Haushaltsbuch wird bei der Gewinn- und Verlustrechnung versucht, die Ausgaben und die Einnahmen eines Unternehmens mehr oder weniger übersichtlich darzustellen, mit dem Ziel der Ermittlung des Jahresergebnisses und der Darstellung seiner Komponenten in Form von Erträgen und Aufwendungen. Die Gewinn- und Verlustrechnung zeigt also, wie das Jahresergebnis erreicht wurde. Um die Gewinn- und Verlustrechnung möglichst übersichtlich zu machen, werden die Aufwendungen und Erträge nach betrieblichen, finanzwirtschaftlichen und außerordentlichen Posten gegliedert.

International weit verbreitet ist das Umsatzkostenverfahren. Bei diesem Verfahren werden nur die durch den Umsatz bedingten betrieblichen Aufwendungen aufgezeigt. Daneben werden die Erträge und Aufwendungen für Eigenleistungen gegeneinander saldiert und nicht ausgewiesen[40]. Ich werde an dieser Stelle ausführlich auf das Umsatzkostenverfahren eingehen, weil der Bayer-Konzern nach diesem Verfahren seine Gewinn- und Verlustrechnung erstellt.

---

[38] Abkürzung der Gewinn- und Verlustrechnung GuV.

[39] Andere Bezeichnungen für die Gewinn- und Verlustrechnung sind: Erfolgsrechnung, Aufwandsrechnung oder Ertragsrechnung.

[40] Die Gewinn- und Verlustrechnung kann auch nach dem Gesamtkostenverfahren aufgestellt werden. Hier wird die Gesamtleistung einer Periode dargestellt. Folglich werden neben den Umsatzerlösen auch die in der Periode produzierten, nicht abgesetzten Leistungen ausgewiesen. Der Gesamtleistung werden die in der Periode angefallenen Aufwendungen gegenübergestellt. Im Gegensatz dazu wird beim Umsatzkostenverfahren nur der in der Periode erzielte Umsatzerlös erfasst. Dem stellt man beim Umsatzkostenverfahren lediglich die Herstellungskosten aller produzierten Güter gegenüber. Die wesentlichen Unterschiede zwischen den beiden Verfahren ergeben sich bei den Aufwendungen für Bestandsveränderungen sowie andere aktivierte Eigenleistungen, die im Umsatzkostenverfahren nicht ausgewiesen werden. Letztlich führt das dazu, dass sich die Gliederung der ausgewiesenen Aufwendungen deutlich unterscheidet. So werden beim Gesamtkostenverfahren sämtliche angefallenen Aufwendungen nach Aufwandsarten (wie Material, Personalkosten usw.) aufgeschlüsselt. Dagegen werden beim Umsatzkostenverfahren die Aufwendungen den betrieblichen Funktionsbereichen: Herstellung, Forschung und Entwicklung usw. zugeordnet. Allerdings ist bei beiden Verfahren das Jahresergebnis gleich hoch. Es sind nur zwei verschiedene Wege, die zum gleichen Ziel führen.

Abbildung 24: Gewinn- und Verlustrechnung des Bayer-Konzerns (Geschäftsbericht 2012, S. 166)

	Anhang*	2011	2012
		in Mio. €	in Mio. €
Umsatzerlöse	[7]	36.528	39.760
Herstellungskosten		-17.975	-19.059
Bruttoergebnis vom Umsatz		18.553	20.701
Vertriebskosten	[8]	-8.958	-9.987
Forschungs- und Entwicklungskosten	[9]	-2.932	-3.013
Allgemeine Verwaltungskosten		-1.713	-1.866
Sonstige betriebliche Erträge	[10]	859	1.083
Sonstige betriebliche Aufwendungen	[11]	-1.660	-2.958
EBIT (Ergebnis vor Finanzergebnis und Steuern)		4.149	3.960
Ergebnis aus at-equity bewerteten Beteiligungen	[13.1]	-45	-46
Finanzielle Erträge		586	502
Finanzielle Aufwendungen		-1.327	-1.168
Finanzergebnis	[13]	-786	-712
Ergebnis vor Ertragsteuern (Abk. EBT)		3.363	3.248
Ertragsteuern	[14]	-891	-752
Ergebnis nach Steuern (Abk. EAT)		2.472	2.496
davon auf andere Gesellschafter entfallend	[15]	2	50
davon auf die Aktionäre der Bayer AG entfallend (Konzernergebnis)		2.470	2.446
		in €	in €
Ergebnis je Aktie	[16]		
Unverwässert		2,99	2,96
Verwässert		2,99	2,96

*Der Anhang wird in Kapitel 4.3.5. (S. 98ff.) besprochen.

Die Umsatzerlöse werden normalerweise zum Zeitpunkt der Auslieferung des Produktes an den Kunden bzw. der Leistungserbringung realisiert. Um zu dem »Bruttoergebnis vom Umsatz« zu kommen, zieht man einfach die Herstellungskosten (Kosten der umgesetzten Leistungen, wie z.B. Materialkosten) von den Umsatzerlösen ab.

Um zum »Ergebnis vor Finanzergebnis und Steuern« (EBIT oder auch Betriebsgewinn genannt) zu gelangen, subtrahiert man vom »Bruttoergebnis vom Umsatz«, die Vertriebskosten, Forschungs- und Entwicklungskosten, Allgemeine Verwaltungskosten, sonstige betriebliche Erträge und Aufwendungen.

Wie der Name schon sagt, enthalten die Vertriebskosten alle Aufwendungen, die zum Vertrieb der Produkte notwendig sind, wie zum Beispiel Versandkosten, Werbeausgaben oder Verkaufsförderungskosten. Dagegen werden sämtliche Aufwendungen, die im Rahmen von Forschung und Entwicklung anfallen, zu den Forschungs- und Entwicklungskosten gezählt. Dies sind beispielsweise Kosten für Patente etc. Unter den allgemeinen Verwaltungskosten fasst man in der Regel alle Verwaltungskosten zusammen, die nicht einem anderen Bereich zugeordnet werden können, wie z.B. die Kosten für die Konzernverwaltung. In den sonstigen betrieblichen Aufwendungen sind beispielsweise Abschreibungen[41] auf Forderungen (Kredite an Kunden) und Firmenwerte enthalten. Zusätzlich werden in diesen Posten Kosten für Restrukturierungsmaßnahmen oder Strukturmaßnahmen aufgeführt. Die sonstigen betrieblichen Erträge ergeben sich beispielsweise aus dem Verkauf von Gegenständen aus dem Anlagevermögen, also z.B. Maschinen. Beispielsweise buchte Bayer 2012 den Gewinn in Höhe von 158 Mio. € aus dem Verkauf eines Grundstücks in Indien in diese Position. Das EBIT gibt den Gewinn und Verlust aus der operativen Geschäftstätigkeit an.

Das Finanzergebnis ergibt sich aus der Addition des Beteiligungsergebnisses (Ergebnis aus at-equity bewerteten Beteiligungen, s. S. 74) und finanziellen Aufwendungen und Erträgen. Im Beteiligungsergebnis werden die Erträge bzw. Verluste aus den Beteiligungen an Tochterunternehmen zusammengefasst. In finanzielle Erträge werden u.a. die Zinsen aus den Wertpapieren des Anlagevermögens gebucht. Dagegen werden in finanzielle Aufwendungen u.a. Zinsen auf laufende Kredite bzw. Anleihen des Unternehmens gebucht.

Um zum »Ergebnis vor Steuern« (EBT) zu kommen, wird das Finanzergebnis einfach vom EBIT abgezogen. Auf das »Ergebnis vor Steuern« (EBT) zahlt dann das Unternehmen seine Ertragsteuern. Unter Ertragsteuern versteht man die gezahlten oder geschuldeten Steuern auf Einkommen und Ertrag sowie die latenten Steuerabgrenzungen[42].

Zieht man vom »Ergebnis vor Steuern« die Ertragsteuern ab, so kommt man zum »Ergebnis nach Steuern« (EAT), also dem Jahresüberschuss bzw. -fehlbetrag. Um letztlich zum Konzernergebnis zu kommen, wird vom Jahresüberschuss einfach nur noch die Position »Anderen Gesellschaftern zustehender Gewinn« abgezogen. Unter diesem Punkt wird berücksichtigt, dass nicht alle Tochtergesellschaften zu 100 % zum Bayer-Konzern gehören. Daher steht natürlich den anderen Gesell-

---

[41] Mit Abschreibung ist gemeint, dass ein Gegenstand, z.B. eine Maschine, durch seine Nutzung kontinuierlich an Wert verliert.

[42] Latente Steuern werden auf zeitliche Unterschiede zwischen den Wertansätzen von Vermögenswerten und Schulden in der Handels- und Steuerbilanz ermittelt.

schaftern der Tochtergesellschaften auch ein Anteil am Gewinn oder Verlust der entsprechenden Tochtergesellschaft zu.

Beim »Ergebnis je Aktie« fällt auf, dass es zwei verschiedene gibt. Das »unverwässerte Ergebnis je Aktie« zeigt an, wie hoch das Ergebnis des Konzerns aus der laufenden Geschäftstätigkeit ist, bezogen auf jede im Umlauf befindliche Stammaktie (Anzahl der ausgegebenen Bayer-Aktien: 826,95 Mio. Stück). Das heißt, man teilt einfach den Konzerngewinn durch die Anzahl der Aktien und gelangt zum »unverwässerten Ergebnis je Aktie«. Dagegen berücksichtigt das »verwässerte Ergebnis je Aktie« zusätzlich noch die sog. potenziellen Stammaktien, die bei angenommener Ausübung sämtlicher Options- oder Wandelrechte zu einer Verwässerung führen würden. Mit Verwässerung ist die Verminderung des Ergebnisses je Aktie durch die angenommene Erhöhung der im Umlauf befindlichen Aktien (durch die neuen Aktien, wenn die Options- und Wandelrechte ausgeübt werden) gemeint.

Ist Ihnen etwas aufgefallen? Natürlich, die Gewinn- und Verlustrechnung (Erfolgsrechnung) macht es möglich, die Performance der Geschäftsführung zu beurteilen, während die Gesamtergebnisrechnung die Performance des Unternehmens anhand der Veränderung des Eigenkapitals misst.

4.3.4.3.2 Gesamtergebnisrechnung (sog. IFRS-Erfolgsrechnung)

Wie eingangs erwähnt, kann die Darstellung des Gesamtergebnisses entweder in einer einzigen Rechnung, bei dem sich das sonstige Ergebnis im Sinne einer Zwischensumme nahtlos an den herkömmlichen Jahresüberschuss bzw. -fehlbetrag anschließt, oder in zwei getrennten Bestandteilen erfolgen. Der Bayer-Konzern folgt der getrennten Darstellung bestehend aus separater Gewinn- und Verlustrechnung und einer direkt anschließenden gesonderten Darstellung des sonstigen Ergebnis (statement of comprehensive income), die mit dem Jahresüberschuss bzw. -verlust beginnt und daran die Komponenten des sonstigen Ergebnisses anfügt.

Somit beginnt die Gesamtergebnisrechnung des Bayer-Konzerns mit dem Ergebnis aus Steuern (EAT) von 2.496 Mio. € aus der Gewinn- und Verlustrechnung. Diesem folgt eine Auflistung der ergebnisneutralen Erträge und Aufwendungen, welche das sonstige Ergebnis ausmachen. Diese fasst Bayer unter die Punkte: »Veränderungen des im Eigenkapital erfassten Betrags ...« zusammen. Die Gesamtergebnisrechnung endet mit dem Betrag des Gesamtergebnisses. Dies bezeichnet Bayer als »Summe aus Ergebnis nach Steuern und der im Eigenkapital erfassten Wertänderung«.

Abbildung 25: Gesamtergebnisrechnung Bayer-Konzern (Geschäftsbericht 2012, S. 167)

	Anhang	2011 in Mio. €	2012 in Mio. €
Ergebnis nach Steuern		**2.472**	**2.496**
davon auf andere Gesellschafter entfallend	15	2	50
davon auf Aktionäre der Bayer AG entfallend		2.470	2.446
Veränderung des beizulegenden Zeitwerts von zu Sicherungszwecken eingesetzten Derivaten	30.3	-57	38
In die Gewinn- und Verlustrechnung umgebuchter Betrag		-3	148
Ertragsteuern	14	17	-53
Veränderung des im Eigenkapital erfassten Betrags (Cash-Hedges)		**-43**	**133**
Veränderung des beizulegenden Zeitwertes von zur Veräußerung verfügbaren finanziellen Vermögenswerten	20	4	30
In die Gewinn- und Verlustrechnung umgebuchter Betrag		-1	0
Ertragsteuern	14	-1	-12
Veränderung des im Eigenkapital erfassten Betrags (Zur Veräußerung verfügbare finanzielle Vermögenswerte)		**2**	**18**
Veränderung der versicherungsmathematischen Gewinne (+)/ Verluste (-) aus leistungsorientierten Pensionszusagen und anderen Leistungszusagen sowie Effekte aus der Berücksichtigung der Obergrenze für Vermögenswerte	25	-1.244	-2.849
Ertragsteuern	14	416	876
Veränderung des im Eigenkapital erfassten Betrags (Versicherungsmathematische Gewinne (+)/Verluste(-), Berücksichtigung der Obergrenze für Vermögenswerte)		**-825**	**-1.973**
Veränderung des Ausgleichsposten aus Währungsumrechnung ausländischer Tochtergesellschaften		11	-16
In die Gewinn- und Verlustrechnung umgebuchter Betrag		0	0
Veränderung des im Eigenkapital erfassten Betrags (Währungsumrechnung)		**11**	**-16**
Veränderung aus Konzernkreisänderungen		**0**	**5**
Summe der im Eigenkapital erfassten Wertänderungen (sonstiges Ergebnis)		**-855**	**-1.833**
davon auf andere Gesellschafter entfallend		-5	-4
davon auf Aktionäre der Bayer AG entfallend		-850	-1.829
Summe aus Ergebnis nach Steuern und der im Eigenkapital erfassten Wertänderung (Gesamtergebnis)		**1.617**	**663**
davon auf andere Gesellschafter entfallend		-3	46
davon auf Aktionäre der Bayer AG entfallend		1.620	617

Mit der »Summe der im Eigenkapital erfassten Wertänderungen« ist nichts anderes gemeint als das sonstige Ergebnis. Es beträgt -1.833 Mio. €. Kennzeichnend für die im sonstigen Ergebnis erfassten Wertveränderungen ist, dass sie im üblichen Geschäftsbetrieb für das Unternehmen erst zu einem in sehr weiter Zukunft liegenden Zeitpunkt zu Zahlungsmittelzuflüssen oder -abgängen führen. Beispielsweise führt eine höhere Bewertung von Pensionsrückstellungen durch die gestiegene Lebenserwartung der Mitarbeiter nur langfristig zu höheren Auszahlungen, wenn die Pensionszahlungen tatsächlich länger geleistet werden.

Das Gesamtergebnis des Bayer-Konzerns lautet 663 Mio. €. Davon stehen den Aktionären der Bayer AG 617 Mio. € zu. Beurteilt man die Performance des Bayer-Konzerns anhand der Veränderung des Eigenkapitals, so muss man sagen, dass dieses Geschäftsjahr nicht besonders gut verlaufen ist, weil das Gesamtergebnis deutlich gefallen ist. Allerdings sagt hier der gesunde Menschenverstand mehr über das Gesamtergebnis aus als die »nackte« Zahl. Mein Menschenverstand sagt mir, dass hier etwas nicht stimmt. Deshalb sollte man jetzt die aktuelle Unternehmensentwicklung und das -umfeld studieren. So erfährt man, dass viele Unternehmen aufgrund von Niedrigzinsen ihre Pensionsrücklagen deutlich erhöhen mussten. Bayer stellte tatsächlich mehr in Pensionsrücklagen (s. »Veränderung der versicherungsmathematischen Gewinne ...«) ein, was das Gesamtergebnis deutlich belastete. Ohne diesen Sondereffekt wäre das Gesamtergebnis auf Vorjahresniveau.

4.3.4.4 Eigenkapitalentwicklung

Die Eigenkapitalentwicklung erläutert sämtliche Eigenkapitalveränderungen, wohingegen die Gesamtergebnisrechnung nur das Jahresergebnis und die übrigen erfolgsneutral erfassten Aufwendungen und Erträge des Geschäftsjahres auflistet. Obwohl die meisten deutschen Unternehmen eine Gesamtergebnisrechnung aufstellen, wird trotzdem noch die Eigenkapitalentwicklung angegeben, um die übrigen Pflichtangaben zum Eigenkapital (Entwicklung jeder Rücklagenart, Dividenden, Kapitalerhöhungen etc.) zu bündeln.

Das Eigenkapital stellt bei Kapitalgesellschaften den Anteil dar, den die Anteilseigner geleistet haben. Das Eigenkapital steht der Gesellschaft uneingeschränkt zur Verfügung und kann durch Zuführungen von außen oder durch Einbehaltung von Gewinnen erhöht werden. Prinzipiell können drei Eigenkapitalveränderungen auftreten:

- Erstens aus dem erwirtschafteten Gesamtergebnis (Gewinn erhöht und Verlust erniedrigt das Eigenkapital),

- zweitens durch Kapitaltransaktionen mit den Eigentümern, entweder in Form von Dividenden oder durch Transaktionen, die das eingezahlte Kapital verändern (wie z.B. Kapitalerhöhungen),
- sowie drittens aus Rechnungslegungsänderungen[43].

Um dem Aktionär ein Bild darüber zu geben, wie sich das Eigenkapital durch Zuführungen von außen verändert hat, wurde die Eigenkapitalentwicklung als Bestandteil des Geschäftsberichtes eingeführt.

Dazu zeigt die Eigenkapitalentwicklung detailliert auf, wie sich die einzelnen Bestandteile des Eigenkapitals verändert haben sowie den Anfangs- und Endbestand je Periode. Die Bestandteile des Eigenkapitals[44] sind: Gezeichnetes Kapital, Kapitalrücklage, Gewinnrücklage inkl. Konzerngewinn und Other Comprehensive Income. Als Other Comprehensive Income werden zusammengefasst: Währungsänderungen, Marktbewertung, Cash-Hedges und Neubewertungsrücklagen.

---

[43] Wegen der Vergleichbarkeit aufeinanderfolgender Abschlüsse sind die angewandten Bilanzierungs- und Bewertungsmethoden grundsätzlich beizubehalten. In der Regel dürfen Änderungen der Bilanzierungs- und Bewertungsmethoden nur vorgenommen werden, wenn dies durch den IFRS-Standard oder seine Interpretation gefordert wird. Dies könnte der Fall sein, wenn neue Standards und Bewertungsvorschriften erlassen werden oder wenn eine Änderung der Bewertungsmethoden zu einer aussagefähigeren Darstellung des Unternehmensgeschehen führt. So könnte das Management beschließen, z.B. Fremdkapitalzinsen anstatt der bisherigen Aktivierung – wie branchenüblich – zukünftig im Aufwand zu erfassen. Um die Berücksichtigung der Auswirkungen von Änderungen bei Bilanzierungs- und Bewertungsmethoden zu ermöglichen, wird in der Regel eine rückwirkende Anpassung durchgeführt. Hierbei erfolgt eine erfolgsneutrale Anpassung von Aktiva und Passiva auf den Anfangsstichtag der frühesten im Abschluss ausgewiesenen Periode. Dabei müssen die Anpassungsbeträge so gewählt werden, als seien die neuen Bilanzierungs- und Bewertungsmethoden schon immer angewendet worden. Die Auswirkungen auf jeden Posten des Eigenkapitals sind in der Veränderung des Eigenkapitals kenntlich zu machen. Daneben muss in der Bilanz noch eine dritte Vergleichsspalte auf den Beginn der Vorperiode aufgenommen werden. Dies wird fast immer vorgenommen, wenn das Unternehmen eine Rechnungslegungsmethode rückwirkend anwendet oder Posten im Abschluss rückwirkend anpasst bzw. umgliedert.

[44] Die Bestandteile des Eigenkapitals werden in Kapitel 4.3.4.2.3.1, S. 76ff. erläutert.

Abbildung 26: Eigenkapitalentwicklung der Bayer AG

	Gezeichnetes Kapital der Bayer AG	Kapitalrücklage der Bayer AG	Gewinnrücklagen inkl. Konzernergebnis	Währungsänderungen	Marktbewertungen	Cashflow-Hedges	Neubewertungsrücklage	Aktionären der Bayer AG zurechenbarer Anteil am Eigenkapital	Anteile anderer Gesellschafter am Eigenkapital	Eigenkapital
	in Mio. €	in Mio. €	in Mio. €	in Mio. €	in Mio. €	in Mio. €	in Mio. €	in Mio. €	in Mio. €	in Mio. €
31.12.2010	2.117	6.167	12.345	-1.827	22	-38	47	18.833	63	18.896
Eigen-Transaktionen mit Anteilseignern										
Kapitalerhöhung/-herabsetzung										
Dividenden			-1.240					-1.240	-2	-1.242
Sonstige Veränderungen			5				-6	-1	1	0
Erfolgs neutral erfasste Veränderungen			-825	16	2	-43		-850	-5	-855
Konzernergebnis 2011			2.470					2.470	2	2.472
31.12.2011	2.117	6.167	12.755	-1.811	24	-81	41	19.212	59	19.271
Eigen-Transaktionen mit Anteilseignern										
Kapitalerhöhung/-herabsetzung										
Dividenden			-1.364					-1.364	-2	-1.366
Sonstige Veränderungen			9				-5	4	-3	1
Erfolgs neutral erfasste Veränderungen			-1.968	-12	18	133		-1.829	-4	-1.833
Konzernergebnis 2012			2.446					2.446	50	2.469
31.12.2012	2.117	6.167	11.878	-1.823	42	52	36	18.469	100	18.569

Man liest die Eigenkapitalentwicklung eines Unternehmens wie folgt: Die rechte Spalte zeigt die Maßnahmen auf, die zu der Eigenkapitalveränderung geführt haben. Die darauf folgenden 10 Spalten (wie z.b. gezeichnetes Kapital) zeigen, wie sich das Eigenkapital des Bayer-Konzern zusammensetzt. Man kann mit der Eigenkapitalentwicklung unterschiedliche Fragestellungen bezüglich des Eigenkapitals beantworten. Möchte man beispielsweise wissen, wie sich die Gewinnrücklagen inkl. Konzerngewinn vom 31.12.2011 bis zum 31.12.2012 verändert haben, so sieht man sich die Spalte »Gewinnrücklagen inkl. Konzerngewinn« an. Die Gewinnrücklagen hatten am 31.12.2011 einen Stand von 12.755 Mio. €. Geht man innerhalb der Spalte »Gewinnrücklagen inkl. Konzerngewinn« nach unten, so zeigt sich, dass sich durch Dividendenzahlungen der Wert der Gewinnrücklagen um (-) 1.363 Mio. € verringert hat. Durch »sonstige Veränderungen« in Höhe von 9 Mio. € wurde die Gewinnrücklage erhöht. Durch »Erfolgs neutral erfasste Veränderungen« wurde die Gewinnrücklage um 1.968 Mio. € geschmälert. Der Konzerngewinn 2012 führte zu einer Erhöhung der Gewinnrücklage von 2.446 Mio. €. Per Saldo ergibt sich am 31.12.2012 eine Gewinnrücklage von 11.878 Mio. €.

Tabelle 9: **Gewinnrücklagenveränderung für das Jahr 2012**

	Gewinnrücklagen inkl. Konzernergebnis in Mio. €	
31.12.2010	12.755	Mio. €
Eigen-Transaktionen mit Anteilseignern	+	
Kapitalerhöhung/-herabsetzung	+	
Dividenden	+ -1.363	Mio. €
Sonstige Veränderungen	+ 9	Mio. €
Erfolgs neutral erfasste Veränderungen	+ -1.968	Mio. €
Konzernergebnis 2011	+ 2.446	Mio. €
31.12.2011	= 11.878	Mio. €

Eine andere Fragestellung ist natürlich: Wie verändert sich das Eigenkapital des Unternehmens vom 31.12.2011 bis zum 31.12.2012? Dazu sieht man sich zunächst die Spalte »Aktionären der Bayer AG zurechenbarer Anteil am Eigenkapital« an. Diese Spalte gibt nämlich das gesamte Eigenkapital, welches den Aktionären der Bayer AG gehört, an. Sie ergibt sich aus der Addition der Spalten: Gezeichnetes Kapital, Kapitalrücklage, Gewinnrücklage inkl. Konzerngewinn sowie Other Comprehensive Income. Um einen Wert in der Spalte »Aktionären der Bayer AG zurechenbarer Anteil am Eigenkapital« am 31.12.2012 zu erhalten, braucht man nur die Werte aus der Reihe »31.12.2012« zu addieren.

Tabelle 10: Veränderung des Eigenkapitals zum 31.12.2012

	Betrag vom 31.12.2010	
Gezeichnetes Kapital der Bayer AG	+ 2.117	Mio. €
Kapitalrücklage der Bayer AG	+ 6.167	Mio. €
Gewinnrücklagen inkl. Konzernergebnis	+ 11.878	Mio. €
Währungsänderungen	+ -1.823	Mio. €
Marktbewertungen	+ 42	Mio. €
Cashflow-Hedges	+ 52	Mio. €
Neubewertungsrücklage	+ 36	Mio. €
Aktionären der Bayer AG zurechenbarer Anteil am Eigenkapital	= 18.469	Mio. €

Zu der Spalte »Aktionären der Bayer AG zurechenbarer Anteil am Eigenkapital« wird noch die Spalte »Anteile anderer Gesellschafter am Eigenkapital« von 100 Mio. € hinzu addiert und man erhält das Eigenkapital am 31.12.2012 von 18.569 Mio. €.

Bei der Betrachtung der Eigenkapitalentwicklung sollten Sie immer vor Augen haben: Je höher das Eigenkapital ist, desto solider ist das Unternehmen finanziert. Ein hohes Eigenkapital garantiert nämlich dem Unternehmen Dispositionsfreiheit und weitgehende Unabhängigkeit von Kreditgebern. Darum ist eine drastische Abnahme des Eigenkapitals auch immer bedenklich.

4.3.4.5 Kapitalflussrechnung oder Finanzierungsrechnung

Stellen Sie sich Folgendes vor: Sie betreiben die sprichwörtliche kleine Kneipe um die Ecke. Sie haben ein Vielzahl von Stammgästen, denen Sie erlauben, ihre Getränke anschreiben zu lassen. Durch diese Maßnahme generieren Sie also Umsatz. Dummerweise fehlt jedoch auf absehbare Zeit Geld, um neue Waren, Miete, Strom, Wasser, Personal usw. zu bezahlen, weil Ihre Kunden erst später ihre Rechnung bezahlen. Die Gewinn- und Verlustrechnung (bzw. Gesamtergebnisrechnung) Ihrer Kneipe zeigt diese Problematik nicht oder erst verzögert auf. Sichtbar wird dies erst in der Kapitalflussrechnung (Cashflow-Rechnung), weil das in der Gewinn- und Verlustrechnung ausgewiesene Ergebnis um Effekte bereinigt wird, bei denen Ihrer Kneipe tatsächlich kein Geld zugeflossen ist. Denn die Gewinn- und Verlustrechnung wird verzerrt durch nicht zahlungswirksame Aufwendungen (z.B. nicht bezahlte Getränke der Kunden) oder Erträge. Aufschluss gibt erst die Kapitalflussrechnung. Sie zeigt an, welche Mittel dem Unternehmen wirklich in einer Periode zu- bzw. abgeflossen sind.

Das Finanzgebaren in einem Unternehmen ist ein fortlaufender Prozess, welcher aus den beiden gegenläufigen Stromgrößen Einnahmen und Ausgaben gespeist wird. Insofern soll die Kapitalflussrechnung die Veränderung bzw. Herkunft und

Verwendung liquider Mittel zwischen zwei Abschlussstichtagen transparent machen. Ein Vorteil der Kapitalflussrechnung ist, dass neben der Ermittlung der selbst erwirtschafteten Finanzierungsmittel auch die Aufnahme externer Mittel (wie Kredite) und zugleich deren Verwendung aufgezeigt wird. Daher gibt die Kapitalflussrechnung ein umfassendes Bild über Finanzierungsmittel und -weg eines Unternehmens.

Kurz gesagt: Die Kapitalflussrechnung dient als Dokumentation über die Investitions- und Finanzierungsvorgänge und den daraus resultierenden Finanzbedarf sowie dessen Deckung und die Beeinflussung der Liquidität durch diese Vorgänge. Die Kapitalflussrechnung ist in folgende drei Teile gegliedert:

- Zu-/Abfluss aus operativer Geschäftstätigkeit (oder Cashflow aus operativen Geschäftstätigkeit oder Netto-Cashflow)
- Zu-/Abfluss aus investierter Tätigkeit (oder Cashflow aus Investitionstätigkeit)
- Zu-/Abfluss aus Finanzierungstätigkeit (oder Cashflow aus Finanzierungstätigkeit)

Da die Erstellung der Kapitalflussrechnung relativ kompliziert ist, möchte ich dies nicht theoretisch erläutern, sondern direkt am Fallbeispiel der Bayer AG plastisch darstellen. Ich beschränke mich dabei auch nur auf die Aussagen der Kapitalflussrechnung hinsichtlich der Liquidität. Als Anmerkung sei noch erwähnt, dass ab dem Jahr 2000 eine Kapitalflussrechnung gesetzlich vorgeschrieben ist.

Abbildung 27: **Kapitalflussrechnung des Bayer-Konzerns (Geschäftsbericht 2012, S. 169)**

	Anhang*	2011	2012
		in Mio. €	in Mio. €
Ergebnis nach Steuern		2.472	2.496
Ertragsteuern		891	752
Finanzergebnis		786	712
Gezahlte bzw. geschuldete Ertragsteuern		-1.067	-1.560
Abschreibungen auf Sachanlagen und immaterielle Vermögenswerte		2.769	2.960
Veränderung Pensionsrückstellungen		-504	-542
Gewinne (–)/Verluste (+) aus dem Abgang von langfristigen Vermögenswerten		-175	-219
Brutto-Cashflow		**5.172**	**4.599**
Zu-/Abnahme Vorräte		-241	-674
Zu-/Abnahme Forderungen aus Lieferungen und Leistungen		-389	-452
Zu-/Abnahme Verbindlichkeiten aus Lieferungen und Leistungen		245	539
Veränderung übriges Nettovermögen/Sonstige nicht zahlungswirksame Vorgänge		273	520
Zu-/Abfluss aus operativer Geschäftstätigkeit (Netto-Cashflow)	[33]	**5.060**	**4.532**

Ausgaben für Sachanlagen und immaterielle Vermögenswerte	-1.615	-1.929
Einnahmen aus dem Verkauf von Sachanlagen und anderen Vermögenswerten	275	227
Einnahmen aus Desinvestitionen	173	178
Einnahmen/Ausgaben aus langfristigen finanziellen Vermögenswerten	-211	-261
Ausgaben für Akquisitionen abzüglich übernommener Zahlungsmittel	-261	-466
Zins- und Dividendeneinnahmen	75	104
Einnahmen/Ausgaben aus kurzfristigen finanziellen Vermögenswerten	-2.326	1.329
Zu-/Abfluss aus investiver Tätigkeit [34]	**-3.890**	**-818**
Gezahlte Dividenden und Kapitalertragsteuer	-1.242	-1.366
Kreditaufnahme	1.001	1.309
Schuldentilgung	-1.398	-3.254
Zinsausgaben einschließlich Zinssicherungsgeschäften	-902	-793
Zinseinnahmen aus Zinssicherungsgeschäften	332	325
Ausgaben für den Erwerb von zusätzlichen Anteilen an Tochterunternehmen	-4	-3
Zu-/Abfluss aus Finanzierungstätigkeit [35]	**-2.213**	**-3.782**
Zahlungswirksame Veränderung aus Geschäftstätigkeit	**-1.043**	**-68**
Zahlungsmittel und Zahlungsmitteläquivalente am 1.1.	**2.840**	**1.770**
Veränderung aus Konzernkreisänderungen	–	–
Veränderung aus Wechselkursänderungen	-27	-7
Zahlungsmittel und Zahlungsmitteläquivalente am 31.12.	**1.770**	**1.695**

*Der Anhang wird in Kapitel 4.3.5. (S. 98ff.) besprochen.

Aus der Kapitalflussrechnung des Bayer-Konzerns ist ersichtlich, dass sie aus einer Vielzahl von Einzelpositionen besteht. Viele dieser Positionen ergeben sich durch Subtraktion der aktuellen Werte von ihren Vorjahreswerten aus der Bilanz, wie beispielsweise bei der Position Zu-/Abnahme der Vorräte. Die anderen Positionen ergeben sich aus dem Anhang des Geschäftsberichtes und werden dort direkt angegeben. Ich möchte an dieser Stelle nicht die einzelnen Positionen der Kapitalflussrechnung wie Ausgaben oder Ertragsteuern erläutern, da dies für Sie als Leser doch relativ ermüdend wäre und auch keinen wirklichen Nutzen brächte. Vielmehr möchte ich Ihre Aufmerksamkeit auf die wichtigen Punkte der Kapitalflussrechnung lenken.

Hier ist zunächst der Brutto-Cashflow zu beachten. Er wird aus dem Jahresüberschuss ermittelt, indem die auszahlungswirksamen Aufwendungen (zum Beispiel

Abschreibungen auf Anlagevermögen) hinzuaddiert und die zahlungswirksamen Erträge (zum Beispiel Gewinne aus Abgang von Anlagevermögen) abgezogen werden. Daher zeigt der Brutto-Cashflow den in der Periode aus eigener Kraft des Unternehmens erwirtschafteten Überschuss der Einnahmen über die Ausgaben durch die laufende Betriebstätigkeit an. Sozusagen zur Feinjustierung wird der Cashflow aus der operativen Geschäftstätigkeit aus dem Brutto-Cashflow berechnet. Dieser Cashflow aus der operativen Geschäftstätigkeit stellt sozusagen den Innenfinanzierungsspielraum zur Deckung der Schulden, der Investitionen und der Dividendenzahlungen dar. Dazu gibt er an, welche Zahlungsströme aus dem operativen Geschäft dem Unternehmen zugeflossen sind. Er ergibt sich aus den Brutto-Cashflow sowie der Veränderung des Netto-Umlaufvermögens (Netto-Umlaufvermögen = Forderungen + Vorräte − Lieferantenkredite). Letzteres wird nötig, da Unternehmen häufig bei anziehender Konjunktur verstärkt Gelder ins Umlaufvermögen (z.B. Vorräte) investieren, um das operative Geschäft überhaupt betreiben bzw. hochfahren zu können. Dies stellt natürlich bis zum Verkauf der Ware einen Mittelabfluss dar und muss entsprechend im operativen Cashflow erfasst werden. Stellen Sie sich beispielsweise Ihren Bäcker vor. Er muss zunächst die Rohwaren (wie Mehl, Wasser, Eier usw.) einkaufen (Mittelabfluss), die dann als Brot (fertiges Produkt) in der Auslage liegen (Kapitalbindung). Erst, wenn Sie das Brot kaufen, erfolgt der Mittelzufluss zum Bäcker.

Somit wird verständlich, dass eine Verminderung der »Verbindlichkeiten aus Lieferungen und Leistungen«, also durch das Begleichen von Lieferantenrechnungen, zu einer Minderung des operativen Cashflows führt, weil Geld vom Unternehmen abfließt. Werden dagegen große Mengen an (Roh-)Waren mit einem Zahlungsziel, z.B. Zahlung nach 3 Monaten nach Erhalt der Ware, gekauft, so wirkt sich das positiv auf den Cashflow aus, obwohl es eine Zunahme der »Verbindlichkeiten aus Lieferungen und Leistungen« darstellt. Dies liegt daran, dass »Verbindlichkeiten aus Lieferungen und Leistungen« als zinsloser Kredit angesehen werden.

Außerdem sind die Veränderungen der »Forderungen aus Lieferungen und Leistungen« zu berücksichtigen. Steigen diese Forderungen an, so wird zwar ein höherer Umsatz bzw. Gewinn verbucht, allerdings sind die Rechnungen von den Kunden noch nicht bezahlt. Darum muss der Jahresüberschuss um den Anstieg der Forderungen reduziert werden, weil der Umsatz noch nicht zugeflossen ist.

Der Bayer-Konzern hat einen Brutto-Cashflow von 4.559 Mio. €. Diese Größe dient als Basis zur Ermittlung des operativen Cashflows. Dem Bayer-Konzern flossen 1.126 Mio. € aus Veränderungen der Vorräte und Forderungen ab. Im Vergleich zum Vorjahr hat sich der Bestand aus Forderungen und Vorräten erhöht. Besonders auffällig ist der deutlich erhöhte Abfluss bei den Vorräten. Dies bedeutet, dass Bayer verstärkt in Vorräte investiert hat, was darauf hindeutet, dass Bayer seine Kapazitäten erhöht bzw. besser als im Vorjahr auslasten konnte.[45] Zudem flossen dem Bayer-Konzern aus »Verbindlichkeiten aus Lieferungen und Leistungen« 539 Mio. € zu. Folglich hat Bayer weniger Verbindlichkeiten beglichen als neue hinzukamen. Obendrein hat Bayer in den Posten »Veränderung übriges Nettovermögen/Sonstige nicht zahlungswirksame Vorgänge« beispielsweise Ertragsteuerverbindlichkeiten verbucht.

Somit beläuft sich der operative Cashflow des Bayer-Konzern auf 4.532 Mio. €. Demzufolge sind dem Konzern im Jahr 2012 deutlich mehr Mittel zugeflossen, als die Gewinn- und Verlustrechnung signalisiert hat.

Eine Mindestanforderung an den operativen Cashflow ist, dass er positiv ist (wie bei Bayer). Nur bei stark expandierenden Unternehmen (Umsatzwachstum größer 20%) sowie bei Firmenneugründungen kann man einen negativen Cashflow aus der Geschäftstätigkeit tolerieren. Diese Mindestanforderung kann jedoch nicht befriedigen, da ja durch den Cashflow aus der Geschäftstätigkeit auch die Investitionen zu finanzieren sind. Demzufolge sollte der operative Cashflow auch zu einem erheblichen Teil ausreichen, die Investitionen zu decken. Um dies zu ermitteln, wird der Cashflow aus Investitionstätigkeit berechnet.

Der Cashflow aus Investitionstätigkeit beinhaltet die getätigten Investitionen und Desinvestitionen der Periode. Normalerweise bilden die Investitionen in Sachanlagen den größten Investitionsposten. Dabei werden Investitionen mit einem negativen Vorzeichen (da Geld abfließt) und Desinvestitionen mit einem positiven Vorzeichen (da Geld zufließt) gekennzeichnet. Prinzipiell sind Desinvestitionen in großem Stil immer kritisch zu hinterfragen, weil das Unternehmen Vermögenswerte verkauft, welche in der Regel Cashflows und damit Werte erzeugen. Deswegen ist immer der Grund für die Desinvestition zu hinterfragen. Allerdings ist der Rückzug aus einem defizitären Geschäft mithin positiv zu werten. Im Gegenzug dazu sollte bei gesunkenen Investitionen in Sachanlagen immer genau hingeschaut werden, weil Investitionen notwendig sind, um wettbewerbsfähig zu bleiben und Marktanteile zu halten bzw. auszubauen.

---

[45] Wenn hingegen einem Unternehmen aus der Veränderung der Vorräte und Forderungen Kapital zufließt (Mittelzufluss), d.h. die Positionen »Zu-/Abnahme der Vorräte« und »Zu-/Abnahme Forderungen aus Lieferungen und Leistungen« haben in der Kapitalflussrechnung ein positives Vorzeichen, bedeutet dies, dass das Unternehmen gebundenes Kapital freigesetzt hat. Das ist häufig in Abschwungphasen zu beobachten, wenn Unternehmen ihre Kapazitäten zurückfahren. Dagegen werden in Aufschwungphasen wieder Mittel in das Umlaufvermögen investiert, d.h. es werden insbesondere mehr Vorräte vorgehalten. Diese Beträge werden als Mittelabfluss mit negativem Vorzeichen in der Kapitalflussrechnung gebucht.

Der Bayer-Konzern investiert 2012 1.929 Mio. € in Sachanlagen und immaterielle Vermögenswerte[46]. Diese Mittel wurden vornehmlich aufgewendet für neue Maschinen, Produktionshallen, Software usw. Diesen Ausgaben standen Einnahmen aus dem Verkauf von Sachanlagen und anderen Vermögenswerten in Höhe von 227 Mio. € gegenüber. Daneben wurden noch Einnahmen aus Desinvestitionen in Höhe von 178 Mio. € erzielt. Da zum einen die Desinvestitionen im Vergleich zu den Investitionen gering sind und zum anderen zum Vorjahr in etwa konstant geblieben sind, ist dies als unkritisch zu werten, weil hier nur Randbereiche abgestoßen wurden. Obendrein investierte der Bayer-Konzern 261 Mio. € in Finanzanlagen, wie die Position »Einnahmen/Ausgaben aus langfristigen finanziellen Vermögenswerten« verrät. Des Weiteren nutzte Bayer 466 Mio. €, um Übernahmen zu tätigen. Zudem erhielt Bayer 104 Mio. € aus Zins- und Dividendeneinnahmen. Zusätzlich flossen aus lang- und kurzfristigen finanziellen Vermögenswerten insgesamt 1.068 Mio. € zu. Dies ist nicht bedenklich, weil lediglich Wertpapiere veräußert wurden, d.h. in liquide Mittel getauscht wurden. Somit beträgt der Cashflow aus Investitionstätigkeit -818 Mio. €. Er ist zwar wesentlich niedriger als im Vorjahr, dies ist allerdings nicht weiter kritisch zu sehen. Denn die wesentlichen Investitionspositionen, wie Sachanlagen und Ausgaben für Akquisitionen, sind gestiegen. Die Veränderung resultiert hauptsächlich aus dem Bereich Finanzanlagen. Da diese Positionen eigentlich keinen tatsächlichen Mittelabfluss darstellen, sondern nur eine Umschichtung liquider Mittel, sollten Änderungen in diesem Bereich bei der Analyse der Investitionstätigkeit nicht überbewertet werden. Obendrein zeigt sich, dass der operative Cashflow der Bayer AG größer ist als der Cashflow aus der Investitionstätigkeit, d.h. die Bayer AG erwirtschaftet mit ihrem Geschäft genügend Gelder, um die Investitionen zu tätigen. Die Differenz zwischen operativem Cashflow und Cashflow aus Investitionstätigkeit nennt man Free Cashflow. Dies stellt den Cashflow dar, der nach Abzug der Investitionen vom operativen Cashflow für Leistungen an Gläubiger und Aktionäre übrig bleibt.

Free Cashflow = Operativer Cashflow + Cashflow aus Investitionstätigkeit = 4.532 Mio. €. + (-818) Mio. € = 3.714 Mio. €

Mit den Geldern des Free Cashflow in Höhe von 3.714 Mio. € kann der Bayer-Konzern nun Dividenden auszahlen, Aktien zurückkaufen oder Kredite tilgen. Übersteigen die Investitionen einer Periode den operativen Mittelzufluss, so ergibt sich ein negativer Free Cashflow. Dieser wird meistens durch Aufnahme von Krediten oder die Nutzung vorhandener liquider Mittel ausgeglichen. Um den Finanz-

---

[46] Dieser Betrag wird auch kurz als Sachinvestitionen oder CAPEX bezeichnet.

mittelfluss des Unternehmens von und zu den Kapitalmärkten darzustellen, wurde der Cashflow aus Finanzierungstätigkeit entwickelt.

Er dient primär dazu, das Investitionsprogramm eines Unternehmens zu finanzieren. Er berechnet sich sehr einfach ausgedrückt aus der Addition von Einzahlungen aus Kapitalerhöhungen und Einzahlungen aus der Aufnahme von Krediten. Von diesen Einzahlungen zieht man Dividendenzahlungen, sonstige Auszahlungen an Gesellschafter (zum Beispiel Mitgesellschafter an Tochtergesellschaften) und Auszahlungen für die Tilgung von Krediten ab. Außerdem muss dieser Cashflow bei verlustreichen Unternehmen nicht nur den negativen Cashflow aus Investitionstätigkeit abdecken, sondern auch den negativen operativen Cashflow. Folglich sind stark zunehmende Verbindlichkeiten in Verbindung mit einem defizitären operativen Cashflow eine äußerst gefährliche Situation für das Unternehmen. Dies gilt besonders bei Unternehmen, bei denen dieser Trend über mehrere Jahre hinweg anhält.

Die Bayer AG hat einen Cashflow aus Finanzierungstätigkeit von -3.782 Mio. €. Er resultiert daraus, dass Bayer 2012 deutlich mehr getilgt hat als mit 3.254 Mio. € im Vorjahr. Hierdurch sollten in den folgenden Jahren die Zinsausgaben sinken und so mehr Spielraum für weitere Investitionen gewonnen werden.

Es überrascht Sie vielleicht, dass am Ende der Kapitalflussrechnung der Kassenbestand steht, wie er in der Bilanz zu finden ist. Dies liegt daran, dass die Kapitalflussrechnung erklärt, wie die Änderung der liquiden Mittel[47] zustande gekommen ist. Letztlich geht es hier um die Frage, ob das Unternehmen Liquidität geschaffen oder nur »verbrannt« hat. Dazu wird die Veränderung der Zahlungsmittel addiert mit dem Geldmittel bzw. dem Zahlungsmittel am Anfang der Berichtsperiode. Man erhält dann den Finanzmittel- bzw. Zahlungsmittelbestand am Ende der Periode. Zusätzlich findet noch eine Korrektur mittels der Veränderung der Zahlungsmittel aus den Konzernkreisänderungen (z.B. wegen Verkauf von Tochtergesellschaften) und der Veränderungen der Zahlungsmittel durch Wechselkursänderungen statt. Falls der Zahlungsmittelbestand am Ende der Periode kleiner ist als am Anfang der Periode, bedeutet dies, dass das Unternehmen Liquidität verbrannt hat. Im umgekehrten Fall, dass das Unternehmen Liquidität geschaffen hat. Schematisch sieht das so aus:

---

[47] Die liquiden Mittel umfassen sowohl die Zahlungsmittel (Barmittel und Sichteinlagen) und Zahlungsmitteläquivalente. Unter Zahlungsmitteläquivalente versteht man kurzfristige, hochliquide Finanzinvestitionen mit einer Restlaufzeit von nicht mehr als drei Monaten ab dem Kaufzeitpunkt. Zusätzlich zeichnen sich Zahlungsmitteläquivalente durch ein sehr geringes Wertschwankungsrisiko aus.

Abbildung 28: Ermittlung der liquiden Mittel für den Bayer-Konzern 2012

	Bayer-Konzern
Zahlungsmittel und Zahlungsmitteläquivalente am 1.1.	1.770 Mio. €
+/- Cashflow aus operativer Geschäftstätigkeit	+ 4.532 Mio. €
+/- Cashflow aus Investitionstätigkeit	- 818 Mio. €
+/- Cashflow aus Finanzierungstätigkeit	- 3.782 Mio. €
= Zahlungsmittel und Zahlungsmitteläquivalente am 31.12. (brutto)	= 1.702 Mio. €
+/- Veränderung aus Konzernkreisänderungen	- 0 Mio. €
+/- Veränderung aus Wechselkursrisiken	- 7 Mio. €
= Zahlungsmittel und Zahlungsmitteläquivalente am 31.12.	= 1.695 Mio. €

Man erkennt aus Abbildung 28, dass der Bayer-Konzern keine Liquidität geschaffen, sondern seine Liquidität nahezu konstant gehalten hat. Zudem erkennt man anhand des hohen operativen Cashflow von 4.532 Mio. €, dass der Bayer-Konzern aus seiner betrieblichen Tätigkeit in der Lage ist, die erforderlichen Gelder für Investitionen zu erwirtschaften. Zusätzlich reicht der operative Cashflow zum Großteil aus, um die Schulden, Zinsen und Dividenden bezahlen zu können. Die geringe Abnahme der liquiden Mittel ist vor dem Hintergrund der außergewöhnlich hohen Tilgung von Schulden zu vernachlässigen, weil diese vermutlich nur von einmaliger Natur ist. Somit dürfte nächstes Jahr wieder mit steigenden liquiden Mitteln zu rechnen sein.

Obendrein können sich die Vorzeichen der Positionen in Abbildung 28 ändern, wie bei übermäßiger Kreditaufnahme oder außergewöhnlich hohen Desinvestitionen. Darum muss bei der Analyse der Kapitalflussrechnung stets die aktuelle Unternehmensentwicklung mitberücksichtigt werden. So verursacht z.B. der Neubau einer Konzernzentrale hohe Investitionen, die jedoch von kurzfristiger Natur sind. Besonders bei großen Übernahmen, die mit Krediten finanziert werden, ergeben sich extreme Werte in der Cashflow-Rechnung. Beispielsweise übernahm der belgische Brauereikonzern InBev im Jahr 2008 seinen Konkurrenten Anheuser-Busch. Wegen der 40 Mrd. € schweren Übernahme wurde die Cashflow-Rechnung verzerrt.

Abbildung 29: Auszug Kapitalflussrechnung InBev. N. V. 2008

	2007	2008
Cashflow aus operativer Geschäftstätigkeit	4.064 Mio. €	4.189 Mio. €
Cashflow aus Investitionstätigkeit	-2.358 Mio. €	-42.164 Mio. €
Sachinvestitionen	-1.440 Mio. €	-1.640 Mio. €
Akquisition	-920 Mio. €	-40.500 Mio. €
Cashflow aus Finanzierungstätigkeit	-970 Mio. €	38.421 Mio. €
Kredite	366 Mio. €	35.142 Mio. €

Der operative Cashflow bleibt zwar weiterhin positiv, allerdings flossen aus der Investitionstätigkeit mehr als 42 Mrd. € für die Übernahme ab. Um diesen Betrag zu stemmen, nahm InBev mehr als 35 Mrd. € Kredite auf, sodass aus der Finanztätigkeit knapp 38,4 Mrd. € zuflossen.

4.3.5 Konzernanhang

Die Erläuterungen im Konzernanhang (engl. Notes) informieren über die Zusammensetzung und Gründe wesentlicher Veränderungen einzelner Posten der Bilanz, Gesamtergebnisrechnung und Kapitalflussrechnung.

Dazu erklärt der Konzernanhang im ersten Teil die angewandten Bewertungs- und Bilanzierungsmethoden. Obendrein wird ausführlich auf den Konsolidierungskreis eingegangen, man findet dort z.b. eine Liste der Tochtergesellschaften. Im anschließenden Teil sind die Erläuterungen zu den einzelnen Positionen aus der Bilanz usw. aufgeführt.

Sicherlich haben Sie auch schon die Spalte »Anhang« in der Bilanz, Gewinn- und Verlustrechnung und Finanzierungsrechnung gesehen. Die dort angegebenen Nummern beziehen sich nämlich auf Informationen aus dem Anhang. Dabei geben die Nummern an, an welcher Stelle im Anhang nähere Informationen zu den Posten zu finden sind. Die folgende Abbildung zeigt Ihnen, welche Informationen dort beispielsweise enthalten sein können.

Abbildung 30: Auszug aus dem Konzernanhang des Bayer-Konzerns (Geschäftsbericht 2012, S. 168)

(22) Forderungen aus Lieferungen und Leistungen						
Die Forderungen aus Lieferungen und Leistungen abzüglich Wertberichtigungen betrugen zum Bilanzstichtag 7.431 Mio. € (Vorjahr: 7.061 Mio. €). Die nachfolgende Tabelle zeigt zusammenfassend die Aufteilung der Forderungen aus Lieferungen und Leistungen nach Wertminderung und Überfälligkeiten.						
	Buch-wert	Davon: zum Bilanzstichtag weder wert-gemindert noch überfällig	davon: zum Bilanzstichtag nicht wertge-mindert aber überfällig				davon zum Bi-lanzstich-tag wert-gemin-dert
			Bis zu 3- Monate	3-6- Monate	6-12 Monate	Länger 12 Mo-nate	
	in Mi-o. €	in Mio. €	in Mio. €	in Mi-o. €	in Mi-o. €	in Mio. €	in Mio. €
31.12.2012	7.431	6.225	743	144	104	104	111
Die Forderungen gegenüber staatlichen Institutionen des Gesundheitswesens, insbesondere in Griechenland, Italien, Portugal und Spanien, stehen aufgrund der Staatsschuldenkrise unter be-						

sonderer Beobachtung. Auch wenn bei diesen Forderungen in 2012 und 2011 keine wesentlichen Zahlungsausfälle eingetreten sind, könnte die weitere Entwicklung in diesen Ländern dazu führen, dass Zahlungen nicht fristgerecht geleistet werden oder teilweise ausfallen. Dies könnte zur Folge haben, dass Wertberichtigungen im Rahmen einer Neubewertung aufgrund neuer Ereignisse zu erfassen wären, die über der bisher bilanzierten Vorsorge liegen. Gegenüber staatlichen Institutionen des Gesundheitswesens bestanden in den oben angegebenen Ländern am Jahresende Forderungen aus Lieferungen und Leistungen in Höhe von insgesamt 240 Mio. € (Vorjahr: 341 Mio. €).

Man erkennt aus Abbildung 30, dass rund 1.095 Mio. € aus Forderungen aus Lieferungen und Leistungen überfällig sind. Dies ist noch nicht besonders gefährlich. Aber den Hinweis, dass wegen der Finanzkrise in Europa weitere Neubewertungen drohen, sollte man im Auge behalten. Sie sehen, hinter den Posten in der Bilanz usw. kann sich so einiges verbergen. Darum lohnt sich ein Blick in den Konzernanhang, besonders wenn große Abweichungen zu den Vorjahren vorkommen. So können zum Beispiel in den Vorräten hohe stille Reserven stecken, wenn anstelle eines marktnahen Preises der niedrigste Wert angesetzt wird. Von besonderem Interesse sind folgende Positionen im Konzernanhang.

Tabelle 11: **Wichtige Positionen im Konzernanhang**

Aus	Position	Anhang	Erklärung in Anhang
	Berichterstattung nach Segmenten und Regionen	1	Umsatz, Ergebnisverteilung und weitere Kennzahlungen nach Regionen und Segmenten
Gewinn- und Verlustrechnung	Ergebnis je Aktie	16	Anzahl und Veränderung der ausstehenden Aktien
Gewinn- und Verlustrechnung	Finanzergebnis	13	Zusammensetzung des Finanzergebnisses
Gewinn- und Verlustrechnung	Steueraufwand	14	Erwarteter und tatsächlicher Steuerwand
Bilanz	Immaterielle Vermögenswerte	17	Buchwerte, Abgänge, Abschreibungen sowie Zugänge der immateriellen Vermögenswerte
Bilanz	Sachanlagenspiegel	18	Buchwerte, Abgänge, Abschreibungen sowie Zugänge der Sachanlagen
Bilanz	Vorräte	21	Abschreibungen und Zusammensetzung der Vorräte
Bilanz	Forderungen aus Lieferungen und Leistungen	22	Zusammensetzung und Abschreibungen
Bilanz	Sonstige Forderungen	23	Zusammensetzung und Abschreibungen
Bilanz	Finanzverbindlichkeiten	27	Struktur und Abschreibungen
Bilanz	Verbindlichkeiten aus Lieferungen und Leistungen	28	Struktur und Abschreibungen

*Nummer, unter der die Informationen im Konzernhang der Bayer AG zu finden sind

Aus dieser kleinen Aufstellung sind besonders die folgenden Anlagegitter bzw. -spiegel für die fundamentale Aktienanalyse interessant.

4.3.5.1 Anlagegitter bzw. -spiegel

Das Anlagegitter bzw. der Anlagespiegel gibt die Entwicklung des Anlagevermögens innerhalb der Berichtsperiode wieder. Das Anlagegitter spielt eine wichtige Rolle bei der Beurteilung der zukünftigen Entwicklung des Unternehmens. Denn aus dem Anlagegitter lassen sich Rückschlüsse über die Investitionstätigkeit des Unternehmens gewinnen, schließlich sind Investitionen ja nichts anderes als Zukunftsvorsorge. Dabei bedeutet Investieren die gegenwärtige Festlegung und Umwandlung von finanziellen Mitteln in Vermögensgegenstände. Solche Investitionen können aus Eigen- oder Fremdkapital finanziert werden, eines der wichtigsten Anlagegitter ist das für immaterielle Vermögensgegenstände.

Abbildung 31: Anlagespiegel immaterielle Vermögenswerte (Geschäftsbericht, S. 225)

	Erworbener Geschäfts- oder Firmenwert in Mio. €	Patente und Technologien in Mio. €	Marken in Mio. €	Vermarktungs- und Verkaufsrechte in Mio. €	Produktionsrechte in Mio. €	Forschungs- und Entwicklungsprojekte in Mio. €	Sonstige Rechte und geleistete Anzahlungen in Mio. €	Summe in Mio. €
Anschaffungs- und Herstellungskosten Stand: 31.12.2011	**9.181**	**10.527**	**4.054**	**1.237**	**2.074**	**791**	**2.787**	**30.651**
Konzernkreisänderungen	-	2	-	-	-	-	1	3
Akquisitionen	190	254	15	28	4	80	14	585
Investitionen	-	43	-	56	1	163	179	442
Abgänge	-21	-18	-7	-9	-	-4	-32	-91
Umbuchungen	-	-48	-	122	-	-123	58	9
Umbuchungen gemäß IFRS 5	-	-	-	-	-	-	-	-
Inflationsanpassung IAS 29	2	-	-	-	-	-	-	2
Neubewertung gemäß IFRS 3	7	-	-	14	3	-	-	24
Währungsänderungen	-66	-26	-16	-8	-3	-8	-45	-172
Stand: 31.12.2012	**9.293**	**10.734**	**4.046**	**.1440**	**2.079**	**899**	**2.962**	**31.453**
Kumulierte Abschreibungen Stand; 31.10.2011	**21**	**5.290**	**1.774**	**654**	**1.547**	**12**	**1.898**	**11.196**
Konzernkreisänderungen	-	-	-	-	-	-	1	1
Abgänge	-21	-15	-5	-8	-	-4	-29	-82
Abschreibungen 2012	-	891	347	118	116	5	181	1.658
planmäßig	-	759	172	110	116	-	174	1.331
außerplanmäßig	-	132	175	8	-	5	7	327
Wertaufholung	-	-16	-	-	-	-5	-	-21
Umbuchungen	-	-70	-	-	-	-2	72	0
Umbuchungen gemäß IFRS 5	-	-	-	-	-	-	-	-
Währungsänderungen	-	-7	-9	-3	-2	-	-35	-56
Stand: 31.12.2012	**6.073**	**6.073**	**2.107**	**761**	**1.661**	**6**	**2.088**	**12.696**
Buchwerte 31.12.2012	**9.293**	**4.661**	**1.939**	**679**	**418**	**893**	**874**	**18.757**
Buchwerte 31.12.2011	**9.160**	**5.237**	**2.280**	**583**	**527**	**779**	**889**	**19.455**

Das Anlagegitter für immaterielle Vermögensgegenstände gibt die Wertentwicklung der immateriellen Vermögensgegenstände wieder. Dabei werden zunächst die immateriellen Vermögensgegenstände in Kategorien eingeteilt. Diese Kategorien sind: »Erworbener Geschäfts- oder Firmenwert«, »Patente und Technologien«, »Marken«, »Vermarktungs- und Verkaufsrechte«, »Produktionsrechte«, »Forschungs- und Entwicklungsprojekte« und »Sonstige Rechte und geleistete Anzahlungen«. Ich möchte an dieser Stelle kurz auf die wichtigsten Kategorien eingehen:

Die Kategorie »Erworbener Geschäfts- oder Firmenwert« spiegelt die Tatsache wider, dass ein Unternehmen für eine Beteiligung an einem Tochterunternehmen mehr bezahlt hat als den Buchwert des Tochterunternehmens. Die Differenz zwischen Buchwert und bezahltem Preis für das Unternehmen wird in diese Kategorie eingeordnet. In die Kategorie »Patente und Technologien« werden beispielsweise die Werte der Patente eingebucht. Die Kategorie »Marke« umfasst zum Beispiel die Markenrechte an Markenartikeln. Diese Kategorien und die anderen werden nun in den Spaltenkopf des Anlagegitters eingeordnet. Zum Abschluss wird noch die Spalte »Summe« aus den sieben Kategorien durch Addition gebildet.

In der ersten Spalte des Anlagegitters werden die Maßnahmen aufgeführt, die zu einer Veränderung des Wertes innerhalb der Kategorien führen können. Ferner wird das Anlagengitter in zwei Bereiche unterteilt, nämlich einmal den Bereich der Anschaffungs- und Herstellungskosten und zweitens den Bereich der kumulierten Abschreibungen[48].

Der Bereich Anschaffungs- und Herstellungskosten beginnt immer mit den Anschaffungs- und Herstellungskosten am Anfang der Berichtsperiode, also hier am 31.12.2011. Danach werden die Maßnahmen in der ersten Spalte der Tabelle erfasst, die beschreiben, wie sich die Anschaffungs- und Herstellungskosten verändern.

Die wichtigsten sind: Unter Konzernkreisänderungen versteht man, wenn beispielsweise Tochtergesellschaften Vermögensgegenstände verkaufen bzw. kaufen. Mit Akquisitionen sind Neukäufe gemeint. Die Investitionen werden dagegen in bestehende immaterielle Vermögensgegenstände getätigt. Die Maßnahme Abgänge beschreibt den Umstand, dass auch immaterielle Vermögensgegenstände verkauft werden können. Die Währungsänderungen beschreiben den Einfluss von Wechselkursänderungen bei der Bewertung der immateriellen Vermögensgegenstände.

---

[48] Allgemein beschreibt die Abschreibung, dass sich durch die Nutzung eines Vermögensgegenstandes der Wert des Gegenstandes verringert.

Wie liest man nun den Bereich der Anschaffungs- und Herstellungskosten? Dies geht im Prinzip genauso wie bei der Eigenkapitalentwicklung[49]. Nehmen Sie dazu an, Sie möchten wissen, wie sich die Anschaffungs- und Herstellungskosten vom 31.12.2011 bis zum 31.12.2012 in Summe entwickelt haben. Dazu addieren Sie einfach zu den Anschaffungs- und Herstellungskosten vom 31.12.2011 (30.651 Mio. €) die Maßnahmen (z.B. Investitionen), also 30.651 + 3 + 585 + 442 + (-91) + 9 + 2 + 24 + (-172) = 31.453 Mio. €. Dies bedeutet, dass die Anschaffungs- und Herstellungskosten am 31.12.2012 31.453 Mio. € betrugen.

Kommen wir nun zum Bereich kumulierte Abschreibungen des Anlagegitters. Dieser zeigt dem Investor, wie sich die Abschreibungen durch Maßnahmen ändern. Diese Maßnahmen sind: Währungsänderungen, Konzernkreisänderungen, Abschreibungen in der Berichtsperiode (Abschreibung 2012), Wertaufholung, Abgänge, Umbuchungen usw. Die Abgänge, Währungsänderungen und Konzernkreisänderungen ergeben sich analog wie im Bereich Anschaffungs- und Herstellungskosten. Die Maßnahme Abschreibung in der Berichtsperiode sagt aus, wie hoch der Wertverlust der immateriellen Vermögensgegenstände durch die Nutzung im Jahr 2012 war. Die Wertaufholung und Umbuchung sind Korrekturfaktoren, welche sich aus der Bewertung von immateriellen Vermögensgegenständen und Umbuchungen innerhalb des Unternehmens ergeben.

Die kumulierten Abschreibungen werden genauso gelesen wie die Anschaffungs- und Herstellungskosten. Nehmen Sie dazu an, Sie möchten wissen, wie sich die Summe der Abschreibungen vom 31.12.2011 bis zum 31.12.2012 entwickelt hat. Dazu addieren Sie einfach zu den kumulierten Abschreibungen vom 31.12.2011 (11.196 Mio. €) die Maßnahmen (z.B. Abschreibung 2012), also 11.196 + 1 + (-82) + 1.658 + 1.331 + 327 + (-21) + (-56) = 12.669 Mio. €. Dies bedeutet, dass die kumulierten Abschreibungen am 31.12.2012 12.669 Mio. € betrugen.

Von den Anschaffungs- und Herstellungskosten zieht man noch die kumulierten Abschreibungen ab und kommt zu den Buchwerten. Der Buchwert betrug am 31.12.2012 18.757 Mio. € (= 31.453 - 12.696). Die Buchwerte spiegeln dabei den wirklichen Wert der immateriellen Vermögensgegenstände wider.

Genauso wie das Anlagegitter der immateriellen Vermögensgegenstände wird das Anlagegitter der Sachanlagen aufgebaut und interpretiert, mit der Ausnahme, dass es andere Kategorien im Spaltenkopf gibt. Diese Kategorien sind: »Grundstücke, grundstücksgleiche Rechte und Bauten auf fremden Grundstücken«, »Technische Anlagen«, »Andere Anlagen, Betriebs- und Geschäftsausstattung« und »Geleistete Anzahlungen und Anlagen im Bau«.

---

[49] Siehe Seite 56ff.

Abbildung 32: Anlagegitter Sachanlagen der Bayer AG

	Grundstücke, grundstücksgleiche Rechte und Bauten auf fremden Grundstücken in Mio. €	Technische Anlagen in Mio. €	Andere Anlagen, Betriebs- und Geschäftsausstattung in Mio. €	Geleistete Anzahlungen und Anlagen im Bau in Mio. €	Summe in Mio. €
Anschaffungs- und Herstellungskosten Stand: 31.12.2011	8.361	15.987	1.784	953	27.076
Konzernkreisänderungen	-	-1	-3	1	-3
Akquisitionen	2	10	-	1	13
Investitionen	142	321	182	925	1.570
Abgänge	-246	-276	-130	-12	-664
Umbuchungen	126	345	26	-506	-9
Umbuchungen gemäß IFRS 5	-65	-14	-2	-	-81
Inflationsanpassung gemäß IAS 29	1	1	-	-	2
Neubewertung gemäß IFRS 3	-	-	-	-	-
Währungsänderung	-69	-162	-19	-21	-271
Stand: 31.12.2012	8.252	16.202	1.839	1.341	27.633
Kumulierte Abschreibungen Stand: 31.12.2011	4.490	11.445	1.308	10	17.253
Konzernkreisänderungen	1	-	-2	-	-1
Abgänge	-217	-260	-121-	-10	-608
Abschreibungen 2012	283	811	188	-	1.323
planmäßig	282	811	188	-	1.282
außerplanmäßig	20	16	-	5	41
Wertaufholungen	-	-	-	-	-
Umbuchungen	-	5	-5	-	0
Umbuchungen gemäß IFRS 5	-18	-5	-1	-	-24
Währungsänderungen	-41	-118	-13	-1	-173
Stand: 31.12.2012	4.518	11.894	1.354	4	17.770
Buchwerte 31.12.2012	3.734	4.308	484	1.337	9.863
Buchwerte 31.12.2011	3.871	4.533	476	943	9.823

Natürlich enthält ein Geschäftsbericht noch viele weitere Anlagegitter, die alle nach dem gleichen Prinzip aufgebaut und gelesen werden. Ich habe mich auf die beiden wichtigsten für die fundamentale Aktienanalyse beschränkt. Im Allgemeinen ist die Hauptaufgabe von Anlagegittern, einen besseren Einblick in den technischen Stand der Anlagen, die Kapazität, die Vermögenslage und die Investitionspolitik des Unternehmens zu geben.

4.3.6 Bestätigungsvermerk des Abschlussprüfers

Am Schluss des Geschäftsberichtes tauchen häufig noch zwei Berichte auf, die die Anleger sorgfältig durchlesen sollten. Dies sind:

1. Versicherung der gesetzlichen Vertreter
2. Bestätigungsvermerk des Konzernabschlussprüfers

In der gesetzlichen Versicherung der gesetzlichen Vertreter versichert der Vorstand des Unternehmens, dass der Konzernabschluss nach besten Wissen gemäß den Rechnungslegungsgrundsätzen ein den tatsächlichen Verhältnissen entsprechendes Bild der Vermögens-, Finanz- und Ertragslage des Konzerns vermittelt. Sollte diese Versicherung nicht von allen Vorstandsmitgliedern mitgetragen werden oder nur eingeschränkt gegeben sein, wird eigentlich die fundamentale Aktienanalyse ad absurdum geführt, weil man nicht weiß, ob die Zahlen im Konzernabschluss stimmen! Zum Glück wurde die Versicherung durch den Bayer-Vorstand erteilt (Geschäftsbericht, S. 282).

So kommen wir nun zum Bestätigungsvermerk des Abschlussprüfers. Zunächst teilt der Abschlussprüfer mit, was überhaupt von ihm kontrolliert wurde. Im Falle der Bayer AG wurde der Konzernabschluss, bestehend aus Gewinn- und Verlustrechnung, Bilanz, Eigenkapitalentwicklung, Finanzierungsrechnung und Anhang für das Geschäftsjahr vom 1. Januar bis zum 31. Dezember 2012 geprüft. Dabei ist es die Aufgabe des Abschlussprüfers zu kontrollieren, ob der Konzernabschluss auch tatsächlich nach den Regeln des IFRS aufgestellt wurde. Dabei wird die Prüfung so durchgeführt, dass mit hinreichender Sicherheit gesagt werden kann, ob der Konzernabschluss frei von wesentlichen Fehlaussagen ist.

Dazu soll der Abschlussprüfer eine kritische Grundhaltung gegenüber den zu prüfenden Unternehmen einnehmen. Angesichts der großen Bilanzskandale (Enron, Tycos, Worldcom, ComROAD usw.) wird häufig kritisch über die Rolle der Abschlussprüfer gestritten. Wenigen ist bekannt, dass die Prüfung nicht gezielt auf die Aufdeckung von Täuschungen und Unterschlagungshandlungen ausgerichtet ist. Denn selbst bei gewissenhafter Prüfung besteht immer die Möglichkeit, dass wesentliche Fehler nicht aufgedeckt werden, wenn diese Täuschungen und Vermögensschädigungen (etwa Unterschlagung) durch das Management des geprüften Unternehmens resultiert (Erwartungslücke). Vielmehr ist es Aufgabe des Abschlussprüfers, die Verlässlichkeit der Informationen des Konzernabschlusses, Lageberichts usw. zu erhöhen und damit auch die Glaubwürdigkeit der Rechnungslegung sicherzustellen. Nun kommen wir wohl zur wichtigsten Aussage des Abschlussprüfers, nämlich der Bestätigung des Konzernabschlusses.

Bestätigungsvermerk des Abschlussprüfers
Nach unserer Beurteilung aufgrund der bei der Prüfung gewonnenen Erkenntnisse entspricht der Konzernabschluss in allen wesentlichen Belangen den IFAS, ... und vermittelt unter Beachtung dieser Vorschriften ein den tatsächlichen Verhältnisses entsprechendes Bild der Vermögens- und Finanzlage des Konzerns zum 31. Dezember 2012 sowie der Ertragslage für das an diesem Stichtag endende Geschäftsjahr.
... dass unsere Prüfung des zusammengefassten Lageberichts zu keinen Einwendungen geführt hat.

Sofern der Abschlussprüfer keine Einwendungen gegen die Ordnungsmäßigkeit der Rechnungslegung hat, wie im Fall der Bayer AG, wird ein uneingeschränkter Bestätigungsvermerk erteilt. Andernfalls kommt eine Einschränkung des Bestätigungsvermerks oder sogar eine Erteilung eines Versagungsvermerks infrage. Beides wird dann ausführlich von den Abschlussprüfern begründet. Obendrein können im Bestätigungsvermerk auch hinweisende oder bedingte Zusätze enthalten sein. Dies könnte beispielsweise erforderlich sein, wenn Risiken vorliegen, die den Fortbestand des Unternehmens gefährden, falls die Bestandsgefährdung vom Management des geprüften Unternehmens im Lagebericht nicht zutreffend dargestellt wurde. Allerdings muss der Abschlussprüfer auch bei bestandsgefährdeten Unternehmen einen uneingeschränkten Bestätigungsvermerk erteilen, wenn es keine Einwendungen gegen die Ordnungsmäßigkeit der Rechnungslegung gibt. Deswegen sollte man den Bestätigungsvermerk immer genau lesen.

Falls kein uneingeschränkter Bestätigungsvermerk vorliegt bzw. das Testat nur für Teilbereiche des Geschäftsberichtes erteilt wurde, ist dies sehr besorgniserregend. In solchen Fällen ist dem Aktionär zu raten, dies sofort kritisch zu hinterfragen, weil dies meistens ein Anzeichen für eine Insolvenz bzw. betrügerisches Vorgehen des Unternehmens ist. Eigentlich ist dann die fundamentale Aktienanalyse zur Beurteilung des Unternehmens nicht geeignet, weil man nicht weiß, ob das Zahlenwerk, das die Grundlage für die Analyse ist, noch vertrauenswürdig ist.

5   Analyse von Produkten und Dienstleistungen

In diesem Teil der fundamentalen Aktienanalyse findet sozusagen eine Bestandsaufnahme der Geschäftstätigkeit eines Unternehmens statt. Dazu stellt man sich
einfach folgende Frage:
Welche Produkte werden hergestellt bzw. welche Dienstleistungen bietet das Unternehmen an?
Unter der Analyse der Produkte oder Dienstleistungen ist zu verstehen, sich bewusst zu machen, was eigentlich das Unternehmen herstellt. Zu diesem Punkt fällt
mir vor allem ein Zitat von Warren Buffet ein: »Kaufe nur Aktien eines Unternehmens, dessen Produkte du verstehst.«
Um Informationen über das Produkt- bzw. Dienstleistungsangebot eines Unternehmens zu bekommen, ist es ratsam, sich zunächst auf der Internetseite des Unternehmens umzusehen (zum Finden der Internetseite siehe S. 21). Dort findet
man häufig eine detaillierte Beschreibung sämtlicher Produkte bzw. Dienstleistungen des Unternehmens. Eine andere wichtige Quelle ist der Geschäftsbericht eines
Unternehmens. Sehen wir uns dazu doch gleich das Beispiel der Bayer AG an.
Aus dem Geschäftsbericht der Bayer AG (siehe Kapitel 4.3., S. 22ff.) entnimmt
man, dass die Bayer AG ein Mischkonzern ist. Dessen Geschäftsfelder sind: Landwirtschaft, Gesundheit sowie Polymere. Um einen tieferen Einblick in diese Geschäftsfelder zu bekommen, sieht man sich im Geschäftsbericht den Lagebericht
(siehe Kapitel 4.3.3.) an. Dort werden nämlich die wichtigsten Produkte und vor allen auch die Größe der Geschäftsfelder angegeben.

Tabelle 12: Geschäftsfelder der Bayer AG einschließlich wichtigster Produkte

Geschäftsfeld	2011 [Mio. €]	2012 [Mio. €]	Produkte
HealthCare			
Umsatz	17.169	18.612	Aspirin, Alka-Seltzer, Bephanten, Yasmin
EBIT	3.191	2.154	
Forschung		2.000	
CropScience			
Umsatz	7.255	8.383	BayerGarden, Confidor, Gaucho
EBIT	562	1.539	
Forschung		800	
MaterialScience			
Umsatz	10.932	11.503	Polymere, werden eingesetzt in Stadiondächern, Autoteilen, DVDs und Polsterungen, wie z.B. Marklon
EBIT	633	597	
Forschung		200	

Aus der obigen Tabelle entnimmt man, dass der Bayer-Konzern rund 70 % seiner Umsätze und ca. 83 % des EBIT mit den Life-Science-Bereichen (HealthCare und CropScience) erzielt. Dieser Life-Science-Bereich reagiert relativ wenig auf Konjunkturschwankungen. Außerdem erwirtschaftet der Bayer-Konzern fast 60 % seiner Umsätze außerhalb Europas.

Der Wermutstropfen ist, dass die Teilkonzerne HealthCare und MaterialScience derzeit einige Probleme haben, weil der operative Gewinn doch relativ stark eingebrochen ist. Zudem entnimmt man dem Geschäftsbericht, dass das Unternehmen zur Verbesserung der Ertragslage innerhalb dieser Geschäftsbereiche schon Maßnahmen getroffen hat. So wurde innerhalb des Geschäftsbereiches HealthCare ein umfangreiches Netzwerk von externen Partnerschaften aufgebaut, um möglichst schnell neue Medikamente zu entwickeln. Zudem dürften die hohen Rückstellungen für Rechtsstreitigkeiten kurzfristig den Gewinn des Teilkonzerns HealthCare belasten. Dagegen werden im Teilkonzern MaterialScience Kosten eingespart. Zusätzlich sollen die Fabriken effizienter werden. Daher kann man davon ausgehen, dass diese Schwächen innerhalb der Geschäftsbereiche überwunden werden.

Kommen wir nun zu den Produkten der Bayer AG zurück. Das Problem der Bayer AG ist, dass die meisten Produkte des Bereiches MaterialScience Vorprodukte für andere Endprodukte sind. Um die Produkte der Bayer AG noch besser einschätzen zu können, ist es sinnvoll, bei dem Unternehmen nachzufragen: Wozu dienen überhaupt die Produkte? Dazu schreibt man einfach einen Brief oder eine E-Mail an die Investor-Relations-Abteilung des Unternehmens. Die Adresse der Investor-Relations-Abteilung wird meistens im Geschäftsbericht oder auf der Internetseite des Unternehmens unter der Rubrik »Investor Relations« veröffentlicht. Die meisten Unternehmen antworten dann mit einer detaillierten Aufstellung bzw. Verwendung der Produkte. Aufgrund dieser Liste kann man sagen, dass die Bayer AG über ein starkes Portfolio von Produkten verfügt, welche aber meistens nur in Fachkreisen einen hohen Bekanntheitsgrad haben.

Aber nach welchen Kriterien sollte nun ein Privatinvestor die Produkte eines Unternehmens beurteilen? Die wohl sinnvollste Methode ist, sich kritisch die folgenden Fragen zu stellen:

- Würde ich die Produkte des Unternehmens kaufen bzw. nutzen?
- Könnte ich mir vorstellen, dass andere Konsumenten Geld für die Produkte des Unternehmens ausgeben würden?

Falls der Investor diese Fragen mit nein beantwortet, dann sollte er das Unternehmen nicht weiter im Auge behalten, weil es nicht zu dem Investor passt. Schließlich handelt es sich bei einer Aktie um eine Unternehmensbeteiligung und nicht um ein Lotterielos.

Peter Lynch, einer der erfolgreichsten Fondsmanager der USA, empfiehlt: »Kaufen Sie einen Anteil eines Unternehmens, von dem auch Ihre Tante Emma weiß, dass es offensichtlich großartig ist.« In seinen Büchern berichtet Lynch von der achten Klasse einer Gesamtschule aus Boston, die regelmäßig mit ihrer Strategie besser gefahren sei als die sog. »Experten« an der Wall Street. Die Schüler kauften McDonalds-, Nike- oder Coca-Cola-Aktien, weil sie die Produkte der Unternehmen kannten und an die Unternehmen glaubten. Dies liegt daran, dass Marken buchstäblich Gold wert sind. Je mehr Personen die Produkte eines Unternehmens oder das Unternehmen kennen, desto wertvoller ist dies für ein Unternehmen. Marken sind nämlich ein Garant für die Stabilität von Gewinnen.

Die Bayer AG stellt im Geschäftsbereich Gesundheit solche bekannten Produkte wie Aspirin oder das Antibiotikum Ciprobay/Cipro her. Laut der Bayer AG stellt der Geschäftsbereich Landwirtschaft innerhalb der Branche bekannte Produkte wie das Maisherbizid MIKDO her. Zudem stellt der Geschäftsbereich Polymer das Produkt Makrolon her, welches für die Produktion von CD-ROMs oder DVDs verwendet wird. Weiter wird das Produkt Bisphenol A produziert, welches in vielen Kunststoffverpackungen enthalten ist. Immerhin hat Bayer über 61.000 nationale Markenregistrierungen und -anmeldungen. Hinzu kommen über 800 europäische Gemeinschaftsmarken sowie annähernd 1.900 internationale Marken. (Geschäftsbericht 2012, S. 229)

Da ich selber einige der Produkte nutze, wie Aspirin, und ich mir auch vorstellen kann, dass andere Konsumenten Geld für Produkte der Bayer AG ausgeben, könnte ich mir vorstellen, Aktien der Bayer AG zu kaufen. Untermauert wird dies durch die Tatsache, dass Bayer über 76.000 Patente und Patentanmeldungen hat. Dies spricht dafür, dass Bayer ein forschungsintensives Unternehmen ist und so in Zukunft durch neue innovative Produkte weiter wachsen könnte. Daher folgt nun der nächste Schritt der fundamentalen Aktienanalyse – die Untersuchung des Branchen- und Wettbewerbsumfeldes sowie der Unternehmensstrategie.

6   Untersuchung des Branchen- und Wettbewerbsumfeldes sowie der Unternehmensstrategie

Manch Privatinvestor schaut bei seinen Entscheidungen ausschließlich aufs Handelsgeschehen, vergisst oder übersieht dabei, dass hinter der Fieberkurve der Kurse auch Firmen stehen, die sich nicht allein am flüchtigen Wert eines Papiers messen lassen. Darum folgt nach der Analyse des Produkt- und Dienstleistungsangebotes des Unternehmens die Untersuchung der Branche, in der das Unternehmen tätig ist. Dazu werden folgende Fragen diskutiert:

- Welche Faktoren bestimmen die Nachfrage nach Gütern und Dienstleistungen des Unternehmens?
- Welche Korrelation besteht zur gesamtwirtschaftlichen Entwicklung, d.h. ist die Branche konjunkturabhängig oder gibt es strukturelle Gründe für eine abweichende Entwicklung von der Gesamtwirtschaft?
- Welche politischen bzw. regulatorischen Einflüsse bestimmen die Nachfrage und die Ertragslage einer Branche?

Zur Beantwortung dieser Fragen liefert das Internet einen bislang nie da gewesenen Fundus an börsenrelevanten Informationen. So stehen umfassende Research-Materialien zu Unternehmen, Bilanz- und Gewinn- und Verlustdaten, volkswirtschaftliche Kennziffern, aber auch Anlageempfehlungen zur Verfügung. Dabei präsentieren Top-Adressen wie Morgan Stanley, Goldman Sachs oder Deutsche Bank Research Daten von Spitzenqualität, und das oftmals kostenfrei. Über die Suchmaschinen von Yahoo, Bing oder Google können selbst Termine und Details zu geplanten Kapitalmaßnahmen wie Splits, Dividenden und so weiter erfragt werden. Spezielle Event-Kalender geben Informationen zu Hauptversammlungen und anderen wichtigen Unternehmensereignissen, die Einfluss auf den Wert von Aktien haben können.

Doch bevor man sich das Branchenumfeld ansehen kann, sollte man zunächst einen Blick auf die gesamte Volkswirtschaft werfen. Der Chefvolkswirt des Bankhauses Sal. Oppenheim misst deswegen dem Ifo-Geschäftsklimaindex[50] eine große Bedeutung zu. Diese Kennziffer zeigt mit einem Vorlauf von einigen Monaten an, wie es mit der Wirtschaft weitergeht, und ist daher für Börsianer sehr interessant. Dabei gilt: Fällt der Ifo-Geschäftsklimaindex über mehrere Monate, so deutet sich

---

[50]   Der Ifo-Geschäftsklimaindex wird auf der Internetseite www.ifo.de publiziert.

eine Verschlechterung der wirtschaftlichen Lage an, was unweigerlich früher oder später zu fallenden Aktienkursen führt. Zur Ermittlung des Indices befragt das Münchner Wirtschaftsforschungsinstitut einmal im Monat rund 7.000 Unternehmen der gewerblichen Wirtschaft Gesamtdeutschlands nach ihrer Einschätzung der Geschäftslage und ihren Erwartungen für die kommenden sechs Monate. Die Antworten werden dann nach der Bedeutung der Branchen gewichtet und aggregiert; das geometrische Mittel daraus bezieht sich auf das Basisjahr 1991.

Als Insidertipp für Frühindikatoren über die hiesigen Konjunkturaussichten gilt auch der ZEW-Index des Zentrums für Europäische Wirtschaftsforschung (ZEW)[51]. Die Forscher werten Meinungen und Einschätzungen von rund 400 Analysten aus. Empirische Untersuchungen haben gezeigt, dass die Prognosequalität des ZEW-Indices besser als die des Münchener Ifo-Geschäftsklimaindices ist. Auch der zeitliche Vorlauf der Prognosen soll um einen Monat vorauseilen. Erklärt wird dies mit der anderen Sichtweise von Analysten, die mehr in übergreifenden Zusammenhängen denken als die beim Ifo-Geschäftsklimaindex befragten Unternehmer, die eher ihre eigene Firma im Blick haben dürften.

Über die wirtschaftliche Zukunft Deutschlands geben auch Umfragen wie die Herbstumfrage des Deutschen Industrie- und Handelskammertages (DIHK)[52] Auskunft. Beispielsweise mit der Auswertung »Wirtschaftslage und Erwartungen 2011« präsentiert der DIHK die Ergebnisse einer Konjunkturumfrage bei den 82 Industrie- und Handelskammern in Deutschland. Die IHKs befragen dabei jeweils eine repräsentative Auswahl von Mitgliedsunternehmen. Im Herbst 2012 kamen wiederum mehr als 25.000 Antworten zusammen, davon mehr als 5.000 aus den neuen Bundesländern.

Zudem veröffentlicht das Statistische Bundesamt[53] auf seiner Webseite Daten zum Auftragseingang, zu Umsatz- und Preisentwicklung. Die Veränderungen bei den Auftragseingängen liefern zusätzlich auch branchenspezifische Kennzahlen zum Beispiel für die Investitions- und Verbrauchsgüterindustrie und das Bauhauptgewerbe. Höhere Auftragseingänge geben für Konjunktur und Börse positive Signale, niedrigere dagegen negative.

Da für die deutsche Wirtschaft auch die US-Volkswirtschaft besonders wichtig ist, sollte man sich auch deren Entwicklung ansehen. Für die Entwicklung der US-Volkswirtschaft wird häufig der Einkaufsmanager-Index der »National Association

---

[51] Der ZEW-Index wird auf der Internetseite www.zew.de veröffentlicht.
[52] Die Umfragen der DIHK findet man auf der Internetseite www.dihk.de.
[53] Die Internetseite des Statistischen Bundesamtes lautet www.destatis.de.

of Purchasing Management (NAPM)«[54] herangezogen. Die Einschätzungen der Chefeinkäufer der 350 wichtigsten US-Industriefirmen werden monatlich erhoben und konnten in den vergangenen 40 Jahren eine hohe Trefferquote vorweisen. Immerhin kündigte der NAPM-Index den Beginn von elf konjunkturellen Auf- und elf Abschwüngen im Durchschnitt sechs Monate im Voraus an.

Die Einführung einer gemeinsamen Geldpolitik in achtzehn europäischen Ländern erhöht außerdem die Bedeutung von konjunkturellen Frühindikatoren. Daten zum monetären Umfeld, der aktuellen Inflationsrate und den Leitzinsen (zum Beispiel Euribor) findet man auf den Internetseiten der Europäischen Zentralbank[55]. Die Zinsentwicklung ist einer der entscheidenden Indikatoren auch für die Börse und sollte daher regelmäßig beobachtet werden. Es gilt die einfache Regel: Wenn die Zinsen sinken, steigen die Aktienkurse, und umgekehrt. Denn sinken die Zinsen, macht das die Dividendenrendite von Aktien attraktiver als die Rendite von Anleihen. Besonders negativ auf steigende Zinsen reagieren Titel aus der Finanzdienstleistungsbranche, da sich dann zum Beispiel Hypothekenkredite verteuern, was Kunden abschreckt.

Besonders zu empfehlen, um sich über die Konjunkturlage zu informieren, sind auch die Monatsberichte der Deutschen Bundesbank. Diese können im Internet angesehen oder kostenlos bei der Deutschen Bundesbank[56] bezogen werden. Diese Monatsberichte geben einen guten Überblick über die konjunkturelle Entwicklung einzelner Branchen und der gesamten Volkswirtschaft.

Sie sollten diese Frühindikatoren ernst nehmen, weil diese Indikatoren frühzeitig den Abschwung der Wirtschaft im Jahr 2000 vorhergesehen haben und somit den Abschwung der Börsen. Zudem bietet ja gerade das Internet dem privaten Investor neben Ifo-Geschäftsklimaindex und DIHK-Konjunkturprognosen auch mehr. Wer Indikatoren, Indices, Kennziffern und Fundamentaldaten aufmerksam studiert, kann sich auch ohne wirtschaftswissenschaftliches Fachstudium ein Bild von der Lage machen. Viele Gutachten und Kennziffern werden zudem von Stellen erhoben, die kein eigenes kommerzielles Interesse verfolgen.

Kommen wir nach dieser kurzen Exkursion der wichtigsten Frühindikatoren wieder zurück zur zukünftigen konjunkturellen Entwicklung der deutschen Volkswirtschaft. Sowohl der Ifo-Geschäftsklimaindex als auch die DIHK-Konjunkturprognosen deuten auf einen verhaltenen wirtschaftlichen Aufschwung hin. Dies bedeutet

---

[54] Den NAPM-Index findet man auf der Internetseite www.napm.org/NAPMReport/PMIndex.cfm

[55] Die Adresse der Internetseite der Europäischen Zentralbank ist www.ecb.de

[56] Adresse: Deutsche Bundesbank, Postfach 10 06 02, 60006 Frankfurt am Main; Internet: www.bundesbank.de.

für die Bayer AG natürlich eine Belebung des Geschäftes, was zu steigenden Gewinnen und Umsätzen führen kann. Da die Bayer AG ein Mischkonzern ist, muss man sich natürlich auch die Branchenkonjunktur der Geschäftsbereiche Landwirtschaft, Pharma und Polymere ansehen. Hierfür liefert der Lagebericht des Geschäftsberichtes und dort insbesondere der Prognosebericht (Geschäftsbericht 2012, S. 159ff.) der Bayer AG gute Informationen.

Abbildung 34:   **Auszug aus dem Prognosebericht zum Teilkonzern CropScience der Bayer AG (S. 160 im Geschäftsbericht 2012)**

Nachdem sich der globale Saatgut- und Pflanzenschutzmarkt 2012, im zweiten Jahr in Folge, mit einer Wachstumsrate von über 10 % entwickelt hat, gehen wir auch für das kommende Jahr von einem weiterhin freundlichen, aber dennoch volatilen Marktumfeld aus. Die prognostizierten, weltweit relativ niedrigen Lagerbestände für die meisten pflanzlichen Agrarrohstoffe und die kontinuierlich steigende Nachfrage nach Nahrungs- und Futtermitteln lassen zumindest für die erste Jahreshälfte ein vergleichsweise hohes Preisniveau erwarten. Die wirtschaftlichen Aussichten der Landwirte dürften somit positiv bleiben und Investitionen in hochwertiges Saatgut und Pflanzenschutzmittel anregen. Davon sollte der globale Saatgut- und Pflanzenschutzmarkt profitieren. Dennoch rechnen wir für 2013 mit einer im Vergleich zum Vorjahr insgesamt geringeren Wachstumsrate von mindestens 5 %.

Bayer geht davon aus, dass sich das Wachstum des Saatgut- und Pflanzenschutzmarktes von einer stürmischen Entwicklung (+ 10%) auf eine deutliche geringere Wachstumsrate einpendelt.

Bayer dürfte dieses Wachstum auch erzielen, weil durch gezielte Akquisitionen (wie AgraQuest) seine starke Stellung weiterhin ausgebaut wird. Zusätzlich kommen neue Produkte mit einem geschätzten Umsatz von 4 Mrd. € zwischen 2011 bis 2016 auf den Markt.

Abbildung 35:   **Auszug aus dem Prognosebericht zum Teilkonzern HealthCare der Bayer AG (S. 160 im Geschäftsbericht 2012)**

Das Wachstum des Pharmamarktes dürfte im Jahr 2013 weiterhin von den Schwellenländern wie China, Brasilien, Indien und Russland getrieben sein. In den USA und einigen europäischen Ländern rechnen wir aufgrund der weiterhin restriktiven gesundheitspolitischen Rahmenbedingungen mit einem Rückgang.

Letztlich rechnet die Bayer AG mit einem Wachstum im Pharmamarkt, welches getragen wird durch die Schwellenländer. Dieses Wachstum dürfte sich allerdings im folgenden Jahr abschwächen, weil sich eine starke öffentliche Diskussion über die Entwicklung der Kosten im Gesundheitssystem abzeichnet. Dies bedingt den Trend hin zu Generika.

Überdies muss man bedenken, dass eines der größten Risiken des Pharmamarktes ist, dass Medikamente wegen plötzlich festgestellter Nebenwirkungen mit anderen Medikamenten vom Markt genommen werden müssen. Zudem kommt in solchen Fällen auch noch das Risiko von Schadensersatzklagen in mehrstelliger Millionenhöhe hinzu. So wird in der Presse berichtet, dass es beim Blutverdünnungsmittel Xarelto auffallend viele Nebenwirkungen gegeben habe. Das Medikament zählt zu den großen Hoffnungsträgern des Konzerns. Dies könnte das Ergebnis deutlich belasten. Um drohenden Umsatzsatzausfall wegen des Medikamentenstopps zu kompensieren, wurde ein enges Netz aus externen Partnerschaften zur Entwicklung von Medikamenten geknüpft.

Zusätzlich musste Bayer bilanzielle Vorsorge im Zusammenhang mit Yasmin treffen, die das Ergebnis der HealthCare-Sparte erheblich beeinflusst hat.

Abbildung 36: **Auszug aus dem Prognosebericht zum Teilkonzern MaterialScience der Bayer AG (S. 160 im Geschäftsbericht 2012)**

Für 2013 gehen wir von einem weiterhin stabilen, dennoch mit Risiken behafteten Wachstum der für MaterialScience wichtigen globalen Hauptabnehmerbranchen aus.

Der Polymerbereich steht vor einer schwierigen wirtschaftlichen Lage, die eventuell sogar zu einem Rückgang des Wachstums führt. Denn dieser Bereich ist im Gegensatz zu den anderen Bereichen zyklisch, d.h. eine verschlechterte wirtschaftliche Lage schlägt sich unweigerlich auf die Zahlen des Teilkonzerns durch. So wird in der Presse berichtet, dass die Lage in der Polymerbranche widrig sei – es gebe branchenweit zu viele Fabriken, Energie- und Rohstoffkosten seien hoch. Da zu allem Überfluss auch noch der wichtige chinesische Markt langsamer wachse, könnten die Kosten nur schwer in höhere Preise umgemünzt werden. Das verlangsamte Marktwachstum trifft Bayer als weltgrößten Hersteller von Polycarbonat-Kunststoffen mit einem Marktanteil von etwa 27 % voll. Zusätzlich ist Bayer bei Polyurethan-Schaumstoffen mit 20 bis 24 % führend.

Allerdings entnimmt man dem Konzernbericht auch, dass der Bayer-Konzern rund 70 % seiner Umsätze mit dem Life-Science-Bereich erzielt, der relativ wenig auf Konjunkturschwankungen reagiert. Das bedeutet auf der anderen Seite, dass die Umsätze zu 30 % konjunkturabhängig sind, und gerade diese stehen 2013 unter Druck.

Aus dem oben Gesagten kann man sagen, dass für die Bayer AG im kommenden Jahr die »Ampeln auf Grün stehen«, weil der größte Teil der Umsätze auf nicht konjunkturell von Schwankungen betroffenen Bereichen entfällt. So rechnet Bayer selbst mit einem Anstieg des Konzernumsatzes um 5 % auf 41 Mrd. €

Nach der Analyse von Produkt- bzw. Dienstleistungsangeboten sowie dem Wettbewerbs- und Branchenumfeld erfolgt die finanz- und erfolgswirtschaftliche Analyse des Unternehmens. Doch zu Beginn jeder finanz- und erfolgswirtschaftlichen

Analyse eines Unternehmens (Bilanzanalyse) sollte zunächst ein grober Überblick über das betrachtete Unternehmen stehen.

7 Allgemeiner Überblick über das betrachtete Unternehmen

Jede finanz- und erfolgswirtschaftliche Analyse sollte beginnen mit einem groben Überblick über das betrachtete Unternehmen. Dieser Überblick sollte folgende Informationen enthalten:

- Art, Größe, Rechtsform, Eigentums- und Kapitalverhältnisse.
- Die Beziehung zu verbundenen Unternehmen.
- Die Stellung des Unternehmens im Markt, Konkurrenz- und Branchenverhältnisse.

Die Eigentums- und Kapitalverhältnisse des Unternehmens werden meistens in den Geschäftsberichten angegeben, unter der Rubrik Aktionärsstruktur. Falls allerdings keine Angaben dazu gemacht werden, muss man diese Informationen aus Branchenverzeichnissen oder der Wirtschaftspresse entnehmen. Die Kenntnis der Eigentums- und Kapitalverhältnisse des Unternehmens sind deswegen von Bedeutung, da die Hauptgesellschafter meistens einen starken Einfluss auf Geschäftspolitik und Unternehmensführung nehmen.

Überdies sind die meisten Unternehmen mit anderen Unternehmen verbunden oder verflochten. Von diesen Unternehmensverflechtungen gehen Einflüsse auf die Geschäftspolitik des Unternehmens aus. Beispielsweise wenn eine Muttergesellschaft in finanzielle Schwierigkeiten kommt, so beobachtet man häufig, dass deren Tochtergesellschaften mit in diese Schwierigkeiten hereingezogen werden. Dies geschieht meist in der Form, dass das Tochterunternehmen höhere Ausschüttungen an die Muttergesellschaft vornehmen muss, was auch zur Existenzbedrohung des Tochterunternehmens führen kann. Häufig saniert sich nämlich die Muttergesellschaft auf Kosten der Tochtergesellschaft. Ein Beispiel hierfür ist das Unternehmen Peguform (ein Autozulieferer), welches aufgrund hoher Geldabführungen zwecks Sanierung des amerikanischen Mutterkonzerns insolvent wurde.

Im Anhang des Geschäftsberichtes werden die Anteilsbesitze des Unternehmens genannt. Ferner liefert der Anhang Informationen über die Höhe des gezeichneten Kapitals, Zusammensetzung der Anteile, Höhe der Rücklagen usw. Hierdurch bekommt man einen guten Einblick in die Solidität und Größenordnung des Unternehmens.

Auch die Branchen- und Konkurrenzverhältnisse haben einen Einfluss auf das Ergebnis des Unternehmens. Je stärker die Konkurrenzverhältnisse sind, desto mehr Werbung, Investitionsmaßnahmen usw. müssen getätigt werden, welche das Jahresergebnis direkt beeinflussen. Informationen hierzu befinden sich im Lagebericht. Anschließend sieht man sich die Branche des Unternehmens an. Besonders wichtig hierbei ist, wie sich die Gewinne und Umsätze in der Branche entwickelt haben.

Aus dem oben Gesagten lässt sich der folgende allgemeine Überblick über die Bayer AG aufstellen.

Abbildung 37: Allgemeiner Überblick über die Bayer AG Teil 1

Rahmenbedingungen		
	Unternehmung	Bayer AG
	Branche	Pharmazeutik, Landwirtschaft, Polymer
	Jahr	2012

Eigentums- und Kapitalverhältnisse	Anzahl der dividendenberechtigten Aktien 826,95 Mio. Stück, die breit gestreut sind, kein Mehrheits- oder Großaktionär.

Unternehmensdaten	2011 Mio. €	2012 Mio. €	Bemerkung
Umsatz	36.528	39.760	Steigerung des Umsatzes bei fallenden Gewinnen. Der Gewinnrückgang ist auf hohe Rückstellungen für Rechtsstreitigkeiten zurückzuführen, d.h. temporärer Natur. Ca. 70 % der Umsätze und fast 84 % des EBITs werden mit den relativ wenig auf Konjunkturschwankungen reagierenden Life-Science-Produkten erzielt.
Bilanzsumme	52.765	51.336	
Mitarbeiter	112.459	111.510	
EBIT	4.149	3.960	

Unternehmensverbindungen
Die Bayer AG ist Mutter eines weit verzweigten, auch international stark tätigen Konzerns mit ca. 291 Tochterunternehmen. Die Umsätze des Konzern verteilen sich wie folgt auf die Regionen: Nordamerika 24,1 %, Lateinamerika/Afrika/Nahost 16,8 %, Asien/Pazifik 22,0 % und Europa 37,1.

Abbildung 38: Allgemeiner Überblick über die Bayer AG Teil 2

Branchenverhältnisse, Konkurrenten und Entwicklung
Positive Gesamteinschätzung für die Pharmabranche, aber durch Kosteneinsparungen der Krankenkassen bei Medikamenten kann es mittelfristig zu Problemen kommen, Entwicklung neuer Medikamente und Einführung neuer Medikamente in den Markt. Starke Konkurrenz durch Aventis, Roche, GlaxoSmithKline. In der Branche eher ein großes Unternehmen.
Pflanzenschutz: starke Stellung im Markt. Konkurrenz durch BASF, Syngenta. Verstärkung des Geschäftsbereiches durch gezielte Akquisition und neue Produkte.
Polymere: auch starke Stellung im Markt, in einigen Bereichen Weltmarktführer. Konkurrenz durch BASF, Sabic. Allerdings ziehen am Konjunkturhimmel dunkle Wolken auf. Konzern reagiert mit Einsparungen.

Erste Auswertung des Anhangs und Lageberichts	
Testat des Wirtschaftsprüfers	Voll erteilt
Investitionstätigkeiten	Hohe Forschungs- und Entwicklungskosten (zwischen 2013 und 2015 plant Bayer für Forschung und Entwicklung sowie für Investitionen in Sachanlagen 18 Mrd. € auszugeben).
Exportabhängigkeit	Stark, aber noch knapp 37 % entfallen auf Europa.
Alarmsignale	Keine, Kurssprung der Aktie gerechtfertigt?

Der allgemeine Überblick zeigt, dass die Bayer AG eine solide Bilanzpolitik hat. Ferner wird die Richtigkeit der Bilanzierung durch das Testat des Wirtschaftsprüfers vollends bestätigt.

Zudem sind bei der ersten groben Durchsicht des Geschäftsberichtes keine Besonderheiten bzw. Alarmsignale aufgefallen, außer vielleicht der Kurssprung der Aktie von 46 %. Daher wird im nächsten Abschnitt gezeigt, wie das im Geschäftsbericht dargestellte Zahlenmaterial interpretiert wird, also wie man die finanz- und erfolgswirtschaftliche Analyse durchführt.

8 Finanz- und erfolgswirtschaftliche Analyse (Bilanzanalyse)

8.1 Einleitung

Ziel der finanz- und erfolgswirtschaftlichen Analyse ist es, aus den veröffentlichten historischen Informationen[57] Aussagen über die gegenwärtige und zukünftige Ertragskraft und die finanzielle Stabilität eines Unternehmens zu gewinnen. Ferner geht diese Analyse von einem systematischen und einem unsystematischen Ertragsrisiko für den Aktionär aus. Beide Ertragsrisiken zusammen ergeben das gesamte Ertragsrisiko, das der Anleger mit dem Kauf einer Aktie eingeht.

Das systematische Risiko (Marktrisiko) wird im Wesentlichen durch gesamtwirtschaftliche Abhängigkeiten verursacht, wie zum Beispiel durch

- konjunkturelle Risiken wie Nachfrageschwankungen oder
- marktstrukturelle Risiken wie Verkaufspreisschwankungen für die Produkte.

Dagegen hängt das unsystematische Risiko (Produktionsrisiko) in erster Linie von individuellen Entscheidungen des Unternehmens ab, wie zum Beispiel von

- Investitionsentscheidungen,
- Produktionsstruktur, d.h. Fixkostenanteil, oder Produkte.

Viele empirische Untersuchungen zeigen, dass es mithilfe der finanz- und erfolgswirtschaftlichen Analyse möglich ist, das systematische und unsystematische Risiko für einen Aktionär abzuschätzen. Ferner zeigen diese Untersuchungen, dass die Verwendung von jahresabschlussbezogenen Informationen zu einer besseren Anlageentscheidung führt. Daher ist es sinnvoll, eine finanz- und erfolgswirtschaftliche Analyse durchzuführen, bevor man eine Kauf- bzw. Verkaufsentscheidung für eine Aktie trifft.

Heutzutage wird diese Analyse durch die im Internet enthaltenen Datenbanken sehr erleichtert, weil mit deren Hilfe die Jahresabschlüsse von börsennotierten Unternehmen nach den unterschiedlichsten Kriterien untersucht werden können.

Als eines der wichtigsten Instrumente der finanz- und erfolgswirtschaftlichen Analyse hat sich die Kennzahlenrechnung erwiesen. Kennzahlen sind betriebswirtschaftlich relevante Zahlen bzw. Verhältniszahlen, die messbare betriebliche Tatbestände zusammenfassen und analysierbar machen. Die eigentliche Kunst bei dieser Analyse ist die Auswahl und Interpretation der Kennzahlen.

---

[57] Solche Informationen sind zum Beispiel im Geschäftsbericht enthalten.

Um Kennzahlen interpretieren zu können, sind Vergleichsmaßstäbe notwendig. Solche Maßstäbe und Bezugsgrößen können durch Zeit- und Entwicklungsvergleiche oder Branchen- oder Betriebsvergleiche erhalten werden.

Bei dem Zeit- und Entwicklungsvergleich werden die Jahresabschlüsse eines Unternehmens über mehrere Jahre analysiert. Hierdurch werden Entwicklungstendenzen sichtbar, anhand derer ein Urteil möglich ist, ob die Entwicklung normal ist oder nicht. Normalerweise werden dabei Mittelwerte für die Kennzahlen über mehrere Jahre ermittelt und anschließend mit den aktuellen Kennzahlen verglichen.

Beim Betriebsvergleich wird das zu betrachtende Unternehmen mit vergleichbaren Unternehmen verglichen. Allerdings sind für einen fundierten Betriebsvergleich nur Unternehmen geeignet, die in Bezug auf Größe, Produktionsweise, Standort usw. ähnlich sind. Da dies in den meisten Fällen nicht möglich ist, wird sich damit beholfen, dass die Analyse auf vergleichbare Teilbereiche verschiedener Unternehmen begrenzt wird. Daher ist diese Analyse meistens auch nicht so aussagekräftig.

Bei dem Branchenvergleich wird zunächst der Mittelwert für eine Kennzahl über alle maßgeblichen Unternehmen der Branche gebildet. Anschließend wird diese Kennzahl mit der des betrachteten Unternehmens verglichen. Aber keine Angst, solche Branchenkennzahlen braucht man nicht selber zu bestimmen, sondern erhält sie bei den Wirtschaftsverbänden, bei Banken oder aus dem Internet.

Kommen wir nach dieser Beschreibung der Kennzahlen zurück zu der finanz- und erfolgswirtschaftlichen Analyse. Zunächst wollte ich dieses Kapitel eigentlich so aufbauen, dass ich nur die wichtigsten Kennzahlen zur finanz- und erfolgswirtschaftlichen Analyse darstelle. Doch ein bedeutender Börsenspekulant sagte mir einmal, vermeiden Sie in ihren Büchern hastige, losgelöste Einzelinformationen, da sie meistens für den Leser nicht Gewinn bringend sind, sondern in der Regel nur zu »tödlichem« Halbwissen führen. Darum habe ich mich entschlossen, an dieser Stelle eine komplette Bilanzanalyse darzustellen. Nur so können Sie die Bedeutung der einzelnen Kennzahlen abschätzen. Schließlich werden Sie als potenzieller Aktionär bzw. als Aktionärin mit einer Vielzahl dieser Kennzahlen »bombardiert«, um zu irgendeiner Aktion (Kauf oder Verkauf der betreffenden Aktien) bewegt zu werden. Aber am Ende dieses Kapitels werde ich Ihnen ein Schnellverfahren zur Bilanzanalyse aufzeigen, welches zu dem gleichen Ergebnis führt wie die Bilanzanalyse.

Zu erwähnen ist jedoch, dass Kennzahlen, die auf Basis der Rohdaten aus den Jahresabschlüssen (d.h. Geschäftsberichten) gebildet worden sind, möglicherweise nur unzureichend die »wahre« Vermögens- und Kapitalstruktur sowie den Unternehmenserfolg widerspiegeln, da diese von bilanzpolitischen Maßnahmen beeinflusst sein können (z.b. im Branchenvergleich abweichender Ansatz der Herstellungskosten oder Bewertungswechsel), welche die Vergleichbarkeit von Unternehmen deutlich einschränken können. Daher werden Jahresabschlüsse so weit wie möglich bereinigt und vergleichbar gemacht, was ein sehr komplexer, zeitaufwendiger und nicht immer befriedigend lösbarer Prozess der Bilanzanalyse ist. Da aber heute aufgrund des Druckes des Kapitalmarktes die Geschäftsberichte nach einer immer ähnlicheren Art erstellt werden, kann man durchaus die Rohdaten aus dem Geschäftsbericht verwenden. Die Bilanzanalyse teilt sich in drei verschiedene Teilanalysen auf. Diese sind:

1. Strukturanalyse,
2. Finanzanalyse und
3. Erfolgsanalyse.

Mithilfe der Strukturanalyse soll die Ausstattung des Unternehmens mit Vermögen und Kapital im Hinblick auf seine Aufgabenerfüllung beurteilt werden. Dagegen soll mit der Finanzanalyse die Liquidität des Unternehmens untersucht werden, d.h. die Fähigkeit des Unternehmens, jederzeit seine fälligen Zahlungsverpflichtungen zu erfüllen. Zielsetzung der Erfolgsanalyse ist die Beurteilung der derzeitigen und zukünftigen Ertragslage des Unternehmens.

8.2 Strukturanalyse

Die Zielsetzung der Strukturanalyse ist es, die Ausstattung des Unternehmens mit Vermögen und Kapital im Hinblick auf seine Aufgabenerfüllung zu beurteilen. Hierbei wird besonderes Augenmerk darauf gelegt, ob die Kapitalstruktur des Unternehmens ausreicht, um auf lange Sicht die Expansionschancen und die damit verbundenen Wachstumschancen zu nutzen. Überdies teilt man die Strukturanalyse in drei Bereiche ein:

1. Vermögensstrukturanalyse,
2. Kapitalstrukturanalyse und
3. Finanzstrukturanalyse.

Überdies ist das Kapitel so aufgebaut, dass alle vorgestellten Kennzahlen[58] für das Beispielsunternehmen Bayer AG berechnet werden. Berechnung und Diskussion

---

[58] Leider gibt es bei der Kennzahlenanalyse immer ein Problem: Es gibt keine allgemein gültige Definition. Häufig gibt es für eine laut Bezeichnung identische Kennzahl verschiedene Berechnungsansätze, die auch noch zu verschiedenen Ergebnissen führen. Daher hat eine Kennzahlenanalyse immer einen subjektiven Charakter. Vergessen Sie also nicht: Wenn es

der Ergebnisse finden immer am Ende des Abschnittes über die Vermögens-, Kapital- und Finanzstrukturanalyse statt.

8.2.1 Vermögensstrukturanalyse

Mithilfe der Vermögensstrukturanalyse wird untersucht, wie sich das Vermögen des Unternehmens zusammensetzt, d.h. wir wenden uns zunächst schwerpunktmäßig der Aktivseite der Bilanz zu. Dabei wird das Vermögen in Anlagevermögen und Umlaufvermögen (siehe dazu S. 73) unterteilt. Hierbei muss man vor Augen haben, dass Investitionen in das Anlagevermögen und in das Umlaufvermögen ein mehr oder minder großes Risiko für das Unternehmen darstellen. So können Produktionsanlagen veralten bzw. überdimensioniert sein, oder Vorräte können sich als Ladenhüter herausstellen.

Deshalb wird versucht herauszufinden, mit welcher Geschwindigkeit sich Vermögensteile durch den Umsatzprozess wieder zu Geld machen lassen.

Häufig haben nämlich zu lange Kapitalbindungen im Anlage- oder Umlaufvermögen extreme Auswirkungen auf das Unternehmen. So führen häufig überhöhte, nicht abgesetzte Warenlager oder zu große Produktionsanlagen zu einer Insolvenz des Unternehmens. Deswegen gilt: Das Vermögen eines Unternehmens stellt sein Schuldendeckungspotenzial dar. Zudem: Je schneller die Vermögensgegenstände zu Geld gemacht werden können, desto geringer ist die Gefahr der Insolvenz.

8.2.1.1 Kennzahlen der Vermögensstrukturanalyse

Um einen Überblick über das Vermögen zu bekommen, wird zunächst der Anteil des Anlage- und des Umlaufvermögens am Gesamtvermögen gebildet.

$$\text{Anlagenintensität} = \frac{\text{Anlagevermögen}}{\text{Gesamtvermögen}} \cdot 100$$

$$\text{Arbeitsintensität} = \frac{\text{Umlaufvermögen}}{\text{Gesamtvermögen}} \cdot 100$$

Gesamtvermögen = Anlagevermögen + Umlaufvermögen = Bilanzsumme

---

unterschiedliche Definitionen für eine Kennziffer gibt, dann wird eigentlich immer der günstigste Berechnungsansatz herangezogen, damit das Ergebnis optisch besser aussieht. So trifft man in Geschäftsberichten verschiedener Firmen unterschiedliche Definitionen für ein und dieselbe Kennzahl an, je nachdem, wie das Ergebnis aussehen soll. Vertrauen Sie niemals den in den Geschäftsberichten angegebenen Kennzahlen, sondern rechnen Sie sie nach! Ebenso macht die fehlende Standarddefinition von Kennzahlen es schwierig, Unternehmen zu vergleichen, wenn man zwar die Kennzahl hat, aber die Berechnungsgrundlage nicht kennt. Allzu häufig vergleicht man dann »Äpfel mit Birnen«. Die getroffenen Aussagen haben dann einen Wert, der gegen Null tendiert. Verwenden Sie also Kennzahlen, die Sie z.B. aus dem Internet haben, nur, wenn Sie die Berechnungsparameter genau kennen.

Die Anlagenintensität misst, wie viel des Gesamtkapitals (Bilanzsumme) im Anlagevermögen steckt. Daher sind hohe Anlageintensitäten gleichbedeutend mit hoher Kapitalintensität und damit mit hohem (Re-)Investitionsbedarf. Schließlich binden Anlagen langfristig Kapital. Hierdurch verursachen sie auch hohe Strukturkosten (auch fixe Kosten genannt), wie z.b. Zinsen, Energie, Raumkosten, Abschreibungen usw. Diese Kosten sind unabhängig von der konjunkturellen Situation und der Ertragslage des Unternehmens. Deshalb muss das Unternehmen immer um Vollauslastung und permanente Absatz- und Produktivitätssteigerungen kämpfen, damit die Kosten je Werkstück (Stückkosten) gering bleiben. Aus diesem Grund ist eine hohe Anlagenintensität gleichbedeutend mit einem hohen vermögensbedingten Fixkostenblock und einem erhöhten Ertragsrisiko.

Ebenso führt eine hohe Anlageintensität zu einer Inflexibilität und geringen Anpassungsfähigkeit des Unternehmens. Mit Anpassungsfähigkeit ist gemeint, sich auf neue Märkte und technologische Veränderungen einstellen zu können. Denn das Anlagevermögen hat in der Regel einen langfristigen Charakter und kann nicht schnell liquidiert werden. Zudem gilt, dass Unternehmen mit relativ hohem Anlagevermögen weit inflexibler sind als Unternehmen mit kleinem Anlagevermögen. Deswegen gilt: Je schneller sich das Anlagevermögen in liquide Mittel umwandeln lässt und somit in eine andere Verwendung übertragen werden kann, desto schneller lassen sich Maßnahmen gegen Gewinnrückgänge umsetzen.

Zusätzlich gilt: Je kleiner der Anteil des Anlagevermögens ist, desto größer ist die finanzielle Liquidität des Unternehmens. Denn ein hohes, sich schnell umschlagendes Umlaufvermögen[59] setzt kontinuierlich Liquidität frei. Darüber hinaus deutet eine geringe Anlageintensität auf eine gute Kapazitätsauslastung hin. Allerdings kann eine zu geringe Anlagenintensität auch negativ sein, wenn das Unternehmen überwiegend mit alten, bereits stark abgeschriebenen Anlagen arbeitet, welche nur noch mit geringen Werten im Anlagevermögen stehen. Es drohen dann in Zukunft hohe Investitionen in das Anlagevermögen.

Um einen besseren Einblick in die Anpassungsfähigkeit des Unternehmens zu bekommen, wurde das Immobilisierungsverhältnis eingeführt.

$$\text{Immobilisierungsverhältnis} = \frac{\text{Anlagevermögen}}{\text{Umlaufvermögen}} \cdot 100$$

Hat das Immobilisierungsverhältnis einen Wert von über 100 %, deutet dies auf eine relativ unelastische Betriebsstruktur hin. Ist dagegen der Wert deutlich unter

---

[59]   Aber eine extrem hohe Arbeitsintensität kann auch auf überhöhte Lagerbestände hinweisen (Produktion auf Lager, viele Ladenhüter im Programm usw.). Dies muss anhand des Geschäftsberichtes überprüft werden.

100 %, spricht dies dafür, dass das Unternehmen eine relativ elastische Betriebsstruktur hat. Je unelastischer die Betriebsstruktur, desto größer ist die Fixkostenabhängigkeit. Dies führt in einem sich verschlechternden Marktumfeld immer zu einem extremen Gewinneinbruch.

Obendrein lassen sich aus den Kennzahlen des Umlaufvermögens Rückschlüsse auf den Geschäftsverlauf ziehen. Die Wirtschaftlichkeit in der Bestandsführung des Umlaufvermögens lässt sich mithilfe von Umschlagszahlen wie etwa der Umschlagshäufigkeit der Vorräte beurteilen. Je höher die Umschlagshäufigkeit ist, umso günstiger ist die Kapitalbindung in den Vermögenswerten.

$$\text{Umschlagshäufigkeit der Vorräte} = \frac{\text{Umsatzerlöse}}{\text{Vorräte}} \cdot 100$$

Zusätzliche Informationen können aus den Umschlagskoeffizienten gewonnen werden.

$$\text{Gesamtkapitalumschlag} = \frac{\text{Umsatz}}{\text{Gesamtkapital}}$$

Gesamtkapital = Eigenkapital + Fremdkapital

Die Kennzahl Gesamtkapitalumschlag gibt an, wie häufig sich das eingesetzte Gesamtkapital des betrachteten Jahres im Umsatzprozess erneuert hat, d.h. wie intensiv das eingesetzte Kapital im Unternehmen genutzt wird. Beispielsweise bedeutet ein Gesamtkapitalumschlag von 5, dass mit einem Euro Kapital im Berichtszeitraum 5 € Umsatz erzielt wurden. Somit gilt: Je niedriger der Kapitalumschlag ist, desto höher ist der Kapitalbedarf des Unternehmens, weil sich das Kapital langsamer freisetzt. Auf der anderen Seite ist ein hoher Gesamtkapitalumschlag vorteilhaft, weil mit wenig Kapital hohe Erlöse erzielt werden.

Die Höhe der Kennzahl Gesamtkapitalumschlag hängt von der Branche ab. Infolgedessen muss diese Kennzahl immer mit anderen Unternehmen der Branche verglichen werden. Weicht das Unternehmen vom Normalfall in der Branche ab, so ist zu prüfen, ob eventuell die Anlagenkapazität oder das Warenlager oder die Außenstände des Unternehmens zu hoch sind.

Zur Ergänzung der Kennzahl Gesamtkapitalumschlag werden noch weitere Umschlagskoeffizienten gebildet. Allen gemeinsam ist, dass sie anzeigen, in welchem Zeitraum ein bestimmter Vermögensgegenstand bzw. -posten im Geschäftsumlauf wieder zu Geld umgewandelt wird. Der wichtigste Umschlagskoeffizient ist die Umschlagsdauer des Vorratsvermögens.

$$\text{Umschlagsdauer des Vorratsvermögens} = \frac{\text{durchschnittlicher Bestand an Vorräten}}{\text{Umsatzerlöse}} \cdot 360$$

Diese Kennzahl gibt an, wie lange Vorräte und das zu ihrer Finanzierung erforderliche Kapital gebunden sind. Bei der Interpretation dieser Kennzahl muss man bedenken, dass eine geringe Umschlagsdauer der Vorräte laufend Ersatzbeschaffungen nach sich ziehen und somit Zahlungsmittelbedarf verursachen. Daher ist es für die Liquidität des Unternehmens besser, wenn die Umschlagsdauer des Vorratsvermögens groß ist, weil liquiditätsverschlechternde Ausgaben weniger häufig anfallen.

Mit der Kennzahl Kundenziel (oder Debitorenlaufzeit) kann man Rückschlüsse auf das Zahlungsverhalten der Kunden des Unternehmens gewinnen.

$$\text{Kundenziel} = \frac{\text{durchschnittliche Forderungen aus Lieferungen und Leistungen} \cdot 360}{\text{Umsatzerlöse}}$$

Allgemein deutet eine hohe Kennzahl Kundenziel auf eine schlechte Zahlungsmoral der Kunden hin, d.h. diese Kennzahl gibt an, wie lange es dauert, bis die Kunden des Unternehmens ihre Rechnung zahlen. Dies kann bei den Unternehmen zu Liquiditätsengpässen führen. In der Regel ist eine Kennzahl Kundenziel von größer 100 bedenklich. Um die Aussagekraft der Kennzahl Kundenziel zu erhöhen, schaut man sich auch deren Spiegelbild – die Kreditorenlaufzeit – an.

$$\text{Kreditorenlaufzeit} = \frac{\text{durch. Verbindlichkeiten aus Lieferungen und Leistungen} \cdot 360}{\text{Materialaufwand}}$$

Die Kreditorenlaufzeit[60] gibt an, wie lange das Unternehmen benötigt, um seine eigenen Rechnungen an die Lieferanten zu bezahlen. Aus dem Postulat, Forderungen gegenüber Kunden schnell einfordern und eigene Rechnungen möglichst spät bezahlen, ergibt sich folgende Beziehung für die beiden Kennzahlen.

Kundenziel < Kreditorenlaufzeit

Eine optimale Zusammensetzung des Vermögens eines Unternehmens gibt es nicht, das heißt, es gibt keine allgemein gültigen Normen. Eine Beurteilung der Kennzahlen der Vermögensstruktur erfolgt demzufolge nur im Wege des Betriebs- und Branchenvergleiches. Abweichungen und Übereinstimmungen gegenüber den Branchenvergleichskennzahlen ermöglichen lediglich eine erste eingeschränkte Beurteilung der Vermögenslage des Unternehmens. Eine abschließende Bewertung der Vermögenslage kann nur mithilfe der anderen beiden ausstehenden Analysen erfolgen, also mit der Kapital- und der Finanzstrukturanalyse.

---

[60] Bei Unternehmen wie Bayer, die nach dem Umsatzkostenverfahren ihre Gewinn- und Verlustrechnung aufstellen, verwendet man als Näherung für den Materialaufwand die Herstellungskosten.

8.2.2 Kapitalstrukturanalyse

Zielsetzung der Kapitalstrukturanalyse ist es, die Proportionen der einzelnen Kapitalbestandteile im Gesamtkapital zu ermitteln sowie deren Auswirkungen auf die Finanzierung des Unternehmens. Daher wird bei der Kapitalstrukturanalyse die Passivseite der Bilanz analysiert.

8.2.2.1 Kennzahlen der Kapitalstrukturanalyse

Mittels der Herkunft des Kapitals eines Unternehmens lassen sich Rückschlüsse auf das Ergebnisrisiko ziehen. So müssen beispielsweise für Fremdkapital regelmäßig Zinsen gezahlt werden. Demgemäß bedeutet ein hoher Fremdkapitalanteil (Debt Ratio) im Umkehrschluss natürlich auch eine hohe Abhängigkeit der Gewinne vom Zinsniveau, da die Zinsen für das Fremdkapital vom Gewinn bezahlt werden müssen.

Allgemein gilt: Je höher der Anteil des Fremdkapitals am Gesamtkapital ist, desto höher sind die zu zahlenden Zinsen und desto größer ist somit das Ergebnisrisiko. Um dies mit einer Kennzahl beschreiben zu können, wurde die Kennzahl Fremdkapitalquote bzw. Verschuldungsgrad (Debt Ratio) eingeführt.

$$\text{Fremdkapitalquote} = \frac{\text{Fremdkapital}}{\text{Gesamtkapital}} \cdot 100$$

Zur Unterstützung der Aussagen der Kennzahl Fremdkapitalquote empfiehlt es sich, die Fremdkapitalstruktur anzusehen. Hierbei interessiert zunächst einmal, über welchen Zeitraum das Fremdkapital verfügbar ist. Dabei wird eine Finanzierung als umso sicherer angesehen, je länger die Mittel zur Verfügung stehen, das heißt, je größer der Anteil des langfristigen Fremdkapitals ist. Aber meistens sind kurzfristige Kredite deutlich billiger als langfristige Kredite. Daher müssen die Unternehmen zwischen dem Sicherheitsaspekt und der Wirtschaftlichkeit abwägen.

Auch die Zusammensetzung der Verbindlichkeiten nach ihrer Herkunft, d.h. Kreditgebern, ist zu untersuchen. Denn je nach Wahl der Kreditbeschaffung lassen sich Mutmaßungen über die Sicherung der Anschlussfinanzierung und die Anpassungsfähigkeit an veränderte Zinssituationen erkennen.

Besonderes Augenmerk sollte man den Verbindlichkeiten aus Lieferungen und Leistungen geben. Denn sie ermöglichen Rückschlüsse auf die Liquiditätsverhältnisse und informieren über die finanzielle Ausstattung des Unternehmens. So deuten überhöhte bzw. steigende Werte bei den Verbindlichkeiten aus Lieferungen und Leistungen auf finanzielle Engpässe hin.

Abbildung 39:   Fremdkapitalstruktur der Bayer AG

	Anhang	31.12.2011 in Mio €	31.12.2012 in Mio €
Langfristiges Fremdkapital			
Pensionsrückstellungen und ähnliche Verpflichtungen	[25]	7.870	9.373
Andere Rückstellungen	[26]	1.649	1.986
Finanzverbindlichkeiten	[27]	7.995	6.962
Sonstige Verbindlichkeiten	[29]	474	409
Latente Steuern	[14]	2.116	938
Gesamtes langfristiges Fremdkapital		**20.104**	**19.668**
Kurzfristiges Fremdkapital			
Andere Rückstellungen	[26]	4.218	4.844
Finanzverbindlichkeiten	[27]	3.684	2.570
Verbindlichkeiten aus Lieferungen und Leistungen	[28]	3.779	4.295
Ertragsteuerverbindlichkeiten	[26.1]	76	72
Sonstige Verbindlichkeiten	[29]	1.630	1.318
Rückstellungen in direktem Zusammenhang mit zur Veräußerung gehaltenen Vermögenswerten	[6.3]	3	–
Gesamtes kurzfristiges Fremdkapital		**13.390**	**13.099**
Gesamtes Fremdkapital		**33.494**	**32.767**
Quote langfristiges Fremdkapital zum gesamten Fremdkapital		60 %	60 %
Quote kurzfristiges Fremdkapital zum gesamten Fremdkapital		40 %	40 %

Eine nähere Betrachtung der Fremdkapitalstruktur des Bayer-Konzerns kann nur im Zusammenspiel mit der Eigenkapitalstruktur erfolgen. Dazu sieht man sich zunächst das Gearing an. Es gibt an, zu welchem Grad die Nettofinanzverbindlichkeiten (d.h. Finanzverbindlichkeiten abzüglich flüssiger Mittel) durch Eigenkapital gedeckt sind. Das Gearing betrachtet demnach nur die zinstragenden Verbindlichkeiten.

$$Gearing = \frac{\text{Finanzverbindlichkeiten-liquide Mittel}}{\text{Eigenkapital}}$$

Je niedriger das Gearing, desto geringer ist die tatsächliche Verschuldung eines Unternehmens. Hat ein Unternehmen mehr liquide Mittel als Finanzverbindlichkeiten, so wird es als quasi schuldenfrei angesehen, d.h. das Gearing ist negativ. Aus Rendite-/Risiko-Aspekten wird ein Gearing von 10-20% als ideal angesehen, weil weder zu viele liquide Mittel gehortet werden noch die finanzielle Stabilität vernachlässigt wird. Werte zwischen 20-50 % gelten noch als akzeptabel. Kritisch sind Werte oberhalb von 70%. Beispielsweise hätte Ende 2008 ein Blick in die Bilanz des insolventen Chemieriesen LyondellBasell schon deutliche Anzeichen für den bevorstehenden Insolvenzantrag (ein Jahr später) vermittelt, weil das Gearing 1.270 % betrug. Allerdings können strategische Übernahmen oder Expansionspläne das Gearing kurzfristig auf kritische Werte ansteigen lassen. Falls jedoch die Kredite durch den Cashflow der letzten Jahre wieder abgetragen werden können, stellt dies kein Problem dar. Um dies abschätzen zu können, sollte das Gearing immer zusammen mit dem dynamischen Verschuldungsgrad (s. S. 143) gesehen werden.

Der Eigenkapitalanteil (Equity Ratio oder Eigenkapitalquote) eines Unternehmens wird wie folgt ermittelt.

$$\text{Eigenkapitalanteil} = \frac{\text{Eigenkapital}}{\text{Gesamtkapital}} \cdot 100$$

Generell gilt: Je höher die Kennzahl Eigenkapitalanteil ist, desto solider ist das Unternehmen finanziert, weil dessen Verschuldung umso geringer ist. Ein hoher Eigenkapitalanteil garantiert nämlich dem Unternehmen Dispositionsfreiheit und weit gehende Unabhängigkeit von Kreditgebern.

Andererseits kann das Streben nach einer Finanzierung mit Eigenkapital auch ein Nachteil sein, da Unternehmen auf Wachstumschancen verzichten und notwendige Anpassungen an den technischen Fortschritt nicht vornehmen, was letztlich auf längere Sicht zu einem Verlust der Wettbewerbsfähigkeit führen kann.

Wird das Verhältnis von Fremdkapital und Eigenkapital gebildet, so erhält man den Anspannungskoeffizienten.

$$\text{Anspannungskoeffizienten} = \frac{\text{Fremdkapital}}{\text{Eigenkapital}} \cdot 100$$

Steigt der Anspannungskoeffizient im Zeitvergleich, so deutet dies auf eine Zunahme der Verschuldung des Unternehmens hin. Geht der Anspannungskoeffizient dagegen zurück, sinkt die Verschuldung.

Jedes Unternehmen verfolgt das Ziel einer möglichst hohen Eigenkapitalrendite. Die Eigenkapitalrendite stellt die Beziehung zwischen Gewinn und Eigenkapital dar. Sie gibt die Verzinsung des eingebrachten Kapitals wieder und bietet Investoren eine Vergleichsgröße zwischen verschiedenen Anlagen. Oftmals ist eine niedrige Eigenkapitalrendite ein Anzeichen für den ineffizienten Einsatz von Kapital oder eine Überbewertung der Aktiva (und damit des Eigenkapitals).

$$\text{Eigenkapitalrendite} = \frac{\text{Konzerngewinn (Gewinn nach Ertragsteuern)}}{\text{durchschnittliches Eigenkapital}} \cdot 100$$

Die Eigenkapitalrendite lässt sich mithilfe von Fremdkapital steigern. Dies gelingt, wenn die Fremdkapitalzinsen unter der Gesamtkapitalrendite des Unternehmens liegen. Die Gesamtkapitalrendite wird anhand nachfolgender Formel berechnet. Sie setzt den Jahresüberschuss und die gezahlten Zinsen ins Verhältnis mit dem von Fremd- und Eigenkapitalgebern eingebrachten Kapital, d.h. sie drückt die Rendite aller Kapitalgeber aus.

$$\text{Gesamtkapitalrendite} = \frac{\text{Jahresüberschuss} + \text{Fremdkapitalzinsen}}{\text{Bilanzsumme}}$$

Allerdings nimmt mit steigendem Fremdkapital das Risiko zu. Lassen sich zum Beispiel mit den durch das Fremdkapital finanzierten Investitionen nicht die entsprechenden Gewinne erwirtschaften, reduziert sich durch die Zinsen für das Fremdkapital die Eigenkapitalverzinsung. Im allerschlimmsten Fall muss dann sogar die Bezahlung der Zinsen durch das Eigenkapital erfolgen. Infolgedessen gilt, dass das optimale Verhältnis von Fremd- zu Eigenkapital unternehmensspezifisch ist.

Die Umschlagshäufigkeit des Kapitals gibt darüber Auskunft, wie produktiv das Kapital eines Unternehmens eingesetzt wurde. Dabei deutet ein hoher Kapitalumschlag an, dass das Kapital schnell wieder in das Unternehmen zurückfließt. Darum benötigt das Unternehmen weniger Kapital, um sein Geschäft durchzuführen.

$$\text{Kapitalumschlag} = \frac{\text{Umsatz}}{\text{durchschnittliche Bilanzsumme}}$$

Eine Verbesserung des Kapitalumschlags kann erreicht werden, wenn z.B. die Vorräte schlanker gestaltet werden, nicht oder nur selten benutzte Maschinen verkauft werden, Forderungen per Factoring verkauft oder Forderungen durch Anreize wie Skonti schneller eingetrieben werden können.

8.2.3 Finanzstrukturanalyse

Bei der Finanzstrukturanalyse erfolgt eine Beurteilung der Kapitalstruktur durch den Vergleich der Fristenkongruenz der Passiv- und Aktivseite der Bilanz, d.h. es werden die Aktiv- und Passivseite der Bilanz in Beziehung zueinander gesetzt.

Dieser Vergleich wird durchgeführt, weil eine lange Bindungsdauer beim Anlagevermögen im Allgemeinen das Investitionsrisiko erhöht. Dagegen hat das Umlaufvermögen wegen seiner kurzen Bindungsdauer ein niedrigeres Investitionsrisiko. Folgerichtig sollten deswegen alle Vermögensgegenstände bzw. Vermögensgruppen jeweils mit solchen Mitteln finanziert werden, die genauso lange zur Verfügung stehen wie die Vermögensgegenstände bzw. Vermögensgruppen. Vereinfacht ausgedrückt sollte langfristiges Vermögen (Anlagevermögen) mit langfristigem Kapital finanziert werden und kurzfristig gebundenes Vermögen (Umlaufvermögen) mit kurzfristigem Kapital. Dies bezeichnet man als die »Goldene Finanzregel«. Diese Regel sagt aus, dass das Anlagevermögen mit langfristigem und das Umlaufvermögen mit kurzfristigem Fremdkapital finanziert sein sollte. Dann stimmen die Rückflüsse der Finanzmittel aus der Investition mit der Kapitalrückzahlung überein. Folgerichtig wird durch die »Goldene Finanzregel« die Zahlungsfähigkeit des Unternehmens gesichert, ohne dass der betriebliche Leistungsprozess gestört wird.

Um das Investitionsrisiko noch näher einzugrenzen, wurde die »Goldene Bilanzregel« aufgestellt. Sie besagt: Je größer die Risiken einer Investition sind, umso höher muss der Eigenkapitalanteil im Verhältnis zum Fremdkapital sein. Aus diesem Grund leitet sich aus der »Goldenen Bilanzregel« folgende Regel für die Finanzierung des Anlagevermögens ab:

- Das Anlagevermögen sollte möglichst durch Eigenkapital gedeckt sein oder mindestens durch Eigenkapital und langfristiges Fremdkapital.

8.2.3.1 Kennzahlen der Finanzstruktur

Der Deckungsgrad A bzw. der Anlagedeckungsgrad 1 drückt die Eigenfinanzierung des Anlagevermögens aus, d.h. wie viel Prozent des Anlagevermögens mit Eigenkapital finanziert ist. Zur Größe des Deckungsgrades A sind nur branchenbezogene Aussagen ableitbar, da die Höhe der für notwendig gehaltenen Eigenkapitaldeckung des Anlagevermögens vom operativen Ertragsrisiko und von der Anlageintensität abhängt.

$$\text{Deckungsgrad A} = \frac{\text{Eigenkapital}}{\text{Anlagevermögen}} \cdot 100$$

$$\text{Deckungsgrad B} = \frac{\text{Eigenkapital} + \text{langfristiges Eigenkapital}}{\text{Anlagevermögen}} \cdot 100$$

Aufgrund der »Goldenen Bilanzregel« sollte der Deckungsgrad B bzw. der Anlagedeckungsgrad 2 größer gleich 100 % sein, weil dieser Deckungsgrad anzeigt, wie viel Prozent des Anlagevermögens langfristig finanziert ist. Je mehr nun der Deckungsgrad B den Wert von 100 % überschreitet, desto größer ist der Anteil des Umlaufvermögens, was durch langfristiges Kapital mitfinanziert ist. Dies führt zu einer größeren finanziellen Stabilität des Unternehmens.

Ist dagegen der Deckungsgrad B kleiner 100 %, so spricht man von einer Unterdeckung des langfristigen Anlagevermögens. Dies kann zu einer existenziellen Bedrohung des Unternehmens führen, wenn die Anschlussfinanzierung nicht gesichert ist. Außerdem werden die Unterdeckungen meistens durch kurzfristiges Kapital finanziert. Insbesondere bei zyklischen oder finanziell angeschlagenen Unternehmen ist diese Kennzahl besonders zu beobachten. Eines der prominentesten Opfer dieser Kennzahl war in den letzten Jahren die Hypo Real Estate. Sie finanzierte langfristige Kredite kurzfristig, um aus dem Zinsunterschied ihren Gewinn zu steigern. Die Nichtbeachtung dieser Kennzahl führte also in die Pleite. Anleger, die auf diese Kennzahl geschaut haben, konnten sich rechtzeitig »in Sicherheit bringen«.

Grundsätzlich kann man davon ausgehen, dass ein Rückgang des Deckungsgrades A und B im zeitlichen Verlauf zu einer Vergrößerung des Ergebnisrisikos des Unternehmens führt.

8.2.4 Strukturanalyse für den Beispielsfall der Bayer AG

In diesen Abschnitt möchte ich Ihnen anhand des Beispielsfalls des Bayer-Konzerns zeigen, wie man eine Strukturanalyse durchführt. Dazu werden zunächst die Kennzahlen zu den drei Unterbereichen der Strukturanalyse berechnet. Die Unterbereiche sind die Vermögensstruktur-, die Kapitalstruktur- und die Finanzstrukturanalyse.

Tabelle 13: Kennzahlen zur Vermögensstrukturanalyse für Bayer AG

			in Mio. € 31.12.2011	in Mio. € 31.12.2012	Sollwert
Anlageintensität (%) (Wie viel % der Bilanzsumme ist im Anlagevermögen investiert?)	Zähler	Anlagevermögen	32.697,00	32.350,00	
	Nenner	Bilanzsumme	52.765,00	51.336,00	
	Ergebnis	Division x 100	61,97%	63,02%	>50 % anlagenintensiv
Arbeitsintensität (%) (Wie viel % der Bilanzsumme ist im Umlaufvermögen investiert?)	Zähler	Umlaufvermögen	20.068,00	18.986,00	
	Nenner	Bilanzsumme	52.765,00	51.336,00	
	Ergebnis	Division x 100	38,03%	36,98%	
Gesamtkapitalumschlag (Faktor) (Wie häufig wird das Kapital auf Basis der Umsätze umgeschlagen?)	Zähler	Umsatzerlöse	36.528,00	39.760,00	
	Nenner	Gesamtkapital = Eigenkapital + Fremdkapital	52.706,00	51.236,00	
	Ergebnis	Division	0,69	0,78	
Umschlagsdauer der Vorratsvermögen (Tage) (Wie lange dauert es, bis die Vorräte durch den Umsatz umgeschlagen werden?)	Zähler	Bestand an Vorräten	6.368,00	6.980,00	
	Nenner	Umsatzerlöse	36.528,00	39.760,00	
	Ergebnis	Division x Tage (360)	62,76 Tage	63,20 Tage	möglichst klein
Kundenziel (Tage) (Wie lange dauert es, bis Kunden ihre Rechnungen bezahlen?)	Zähler	Forderungen aus Lieferungen und Leistungen	7.061,00	7.431,00	
	Nenner	Umsatzerlöse	36.528,00	39.760,00	
	Ergebnis	Division x Tage (360)	69,59 Tage	67,28 Tage	kleiner 100 Tage
Kreditorenlaufzeit (Tage) (Wie lange dauert es, bis das Unternehmen seine Rechnungen bezahlt?)	Zähler	Verbindlichkeiten aus Lieferungen und Leistungen	3.779,00	4.295,00	
	Nenner	Materialaufwand (als Ersatz Herstellungskosten)	17.975,00	19.059,00	
	Ergebnis	Division x Tage (360)	75,69 Tage	81,13 Tage	Kundenziel < Kreditorenlaufzeit
Immobilisierungsverhältnis (%) (Wie ist die Anpassungsfähigkeit des Unternehmens?)	Zähler	Anlagevermögen	32.697,00	32.350,00	
	Nenner	Umlaufvermögen	20.068,00	18.986,00	
	Ergebnis	Division x 100	162,93%	170,39%	>100 % unelastische Betriebsstruktur

*Die Kennzahlen beruhen auf Positionen der Bilanz und Gewinn- und Verlustrechnung. Das Anlagevermögen entspricht in der Bayer-Bilanz dem Posten langfristige Vermögenswerte und das Umlaufvermögen dem Posten kurzfristige Vermögensgegenstände. Die Bilanzsumme ergibt sich durch Addition von Anlage- und Umlaufvermögen. Der Posten Bestand an Vorräten entspricht dem Posten Vorräte in der Bilanz.

Tabelle 14: Kennzahlen der Kapitalstrukturanalyse für die Bayer AG

			in Mio. € 31.12.2011	in Mio. € 31.12.2012	Sollwert
Eigenkapitalanteil (%) (Wie viel % des Gesamtkapitals kann als Sicherheit gelten, da Eigenkapital?)	Zähler	Eigenkapital	19.212,00	18.469,00	
	Nenner	Gesamtkapital = Eigenkapital + Fremdkapital	52.706,00	51.236,00	
	Ergebnis	Division x 100	36,45%	36,05%	> 20 %
Fremdkapitalquote (%) (Wie viel % des Gesamtkapitals ist Fremdkapital?)	Zähler	Fremdkapital	33.494,00	32.767,00	
	Nenner	Gesamtkapital = Eigenkapital + Fremdkapital	52.706,00	51.236,00	
	Ergebnis	Division x 100	63,55%	63,95%	< 80 %
Gearing (Zu wie viel % die sind Nettoschulden durch Eigenkapital gedeckt?)	Zähler	Finanzverbindlichkeiten –Liquide Mittel	9.909,00	7.837,00	
	Nenner	Eigenkapital	19.271,00	18.569,00	
	Ergebnis	Division x 100	51,42%	42,20%	<50 %
Eigenkapitalrendite (%) (Wie viel Gewinn nach Steuern wird je Eigenkapital-Euro erzielt?)	Zähler	Gewinn nach Ertragsteuern	2.470,00	2.446,00	Anlage auf dem langfristigen Anleihemarkt
	Nenner	Eigenkapital	19.212,00	18.469,00	
	Ergebnis	Division x 100	12,86%	13,24%	
Gesamtkapitalrendite (%) (Wie viel Gewinn vor Steuern wird je Gesamtkapital-Euro erzielt?)	Zähler	Jahresüberschuss + Fremdkapitalzinsen	3.374,00	3.289,00	Größer als Fremdkapitalzinsen Bayer: 5 %
	Nenner	Gesamtkapital = Eigenkapital + Fremdkapital	52.706,00	51.236,00	
	Ergebnis	Division x 100	6,40%	6,42%	
Kapitalumschlag (Wie schnell wird das Kapital des Unternehmens umgeschlagen?)	Zähler	Umsatzerlöse	36.528,00	39.760,00	
	Nenner	Bilanzsumme	52.765,00	51.336,00	
	Ergebnis	Division	0,69	0,77	je höher desto besser

*Die Kennzahlen beruhen auf Positionen der Bilanz, Gewinn- und Verlustrechnung und Kapitalflussrechnung. Liquide Mittel entspricht dem Posten »Zahlungsmittel und Zahlungsmitteläquivalente« in der Bayer-Bilanz.

Tabelle 15: Kennzahlen der Finanzanalyse der Bayer AG

			in Mio. € 31.12.2011	in Mio. € 31.12.2012	Sollwert
Deckungsgrad A (%)	Zähler	Eigenkapital	19.212,00	18.469,00	
(Wie viel % des Anlagevermögens	Nenner	Anlagevermögen	32.697,00	32.350,00	
sind mit Eigenkapital finanziert?)	Ergebnis	*Division x 100*	58,76%	57,09%	>60 %
Deckungsgrad B (%)	Zähler	Eigenkapital + langfristiges Fremdkapital	39.316,00	38.137,00	
(Wie viel % des Anlagevermögens sind mit	Nenner	Anlagevermögen	32.697,00	32.350,00	>100%
Eigen- und langfristigem Fremdkapital finanziert?)	Ergebnis	*Division x 100*	120,24%	117,89%	

Anmerkung: Für die Berechnungen werden immer die Posten »ohne die Anteile anderer Gesellschafter« verwendet. Das bedeutet, dass man anstatt des Eigenkapitals den Posten »Aktionären der Bayer AG zurechenbarer Anteil am Eigenkapital« aus der Bilanz verwendet. Anstatt des Ergebnis nach Steuern verwendet man »davon auf die Aktionäre der Bayer AG entfallend (Konzernergebnis)« aus der Gewinn- und Verlustrechnung.

Die hohe Anlagenintensität bedeutet, dass die Bayer AG inflexibel ist und eine geringe Anpassungsfähigkeit hat. Dies liegt daran, dass das Anlagevermögen einen langfristigen Charakter hat und nicht schnell liquidiert werden kann. Darum kann die Bayer AG das Anlagevermögen nicht schnell in liquide Mittel umwandeln, um es in eine andere Verwendung zu überführen, welche vielleicht rentabler ist[61]. Zudem führt die hohe Anlageintensität zu einem hohen Fixkostenblock[62] und somit zu einem erhöhten Ertragsrisiko. Allgemein gilt: Je höher das Anlagevermögen im Verhältnis zum Umlaufvermögen ist, desto höher ist die Belastung mit fixen Kosten. Ein weiteres Indiz für die hohe Inflexibilität ist das hohe Immobilisierungsverhältnis von deutlich über 100 %.

Diese hohe Inflexibilität und geringe Anpassungsfähigkeit führt natürlich dazu, dass sich Maßnahmen gegen Gewinnrückgänge bzw. verschlechterte Wirtschaftslage nur langsam umsetzen lassen. Denn eine hohe Anlagenintensität erfordert immer einen hohen Anteil an Eigenkapital und langfristiges Fremdkapital, welches eine höhere Zinsbelastung darstellt.

Positiv fällt auf, dass die Kennzahl Kundenziel mit nur 67 Tagen deutlich unter der kritischen Marke von 100 Tagen ist. Zusätzlich ist es positiv, dass die Kennzahl Kundenziel um über 2 Tage geringer geworden ist. Es kommt hinzu, dass die Kennzahl Kundenziel kleiner ist als die Kreditorenlaufzeit. Daher kann man davon ausgehen, dass die Kunden der Bayer AG eine gute Zahlungsmoral haben. Deswegen drohen der Bayer AG keine Liquiditätsengpässe von dieser Seite.

Um einen noch besseren Überblick über die Ausstattung des Unternehmens mit Vermögen und Kapital zu bekommen, sehen wir uns nun die Ergebnisse der Kapitalstrukturanalyse an.

Aus der Kapitalstrukturanalyse erkennt man, dass der Eigenkapitalanteil mit 36 % deutlich größer ist als der durchschnittliche Wert der deutschen Industrie von 20 %. Die leichte Abnahme des Eigenkapitalanteils von 2011 auf 2012 ist nicht be-

---

[61] Die Energiewende in Deutschland zeigt, wie schwer es Unternehmen mit einem hohen Anlagevermögen haben (wie z.B. E.ON oder RWE), sich neue Trends zu erschließen, da viel Geld im Anlagevermögen steckt, das nicht schnell in neues Kapital für neue Investitionen umgewandelt werden kann. Vielmehr verliert das Anlagevermögen rapide an Wert. Z.B. wollen die deutschen Versorger 26 Kraftwerke schließen. Dies trifft besonders Firmen, die sich verändernden Märkten nicht anpassen wollen bzw. diese Notwendigkeit zu spät erkennen und deswegen an ihrem alten Geschäftsmodell festhalten, bis es fast zu spät ist. Allerdings bedeutet eine hohe Arbeitsintensität nicht per se eine hohe Flexibilität. Gegebenenfalls können Vorräte nicht verkauft werden oder Forderungen nicht eingetrieben werden. In diesem Fall deutet ein Anschwellen des Umlaufvermögens auf ernste Probleme hin.

[62] Fixkosten sind zum Beispiel der Unterhalt von Maschinen.

sorgniserregend[63]. Allerdings muss man diese Entwicklung im Auge behalten. Denn: Je geringer der Eigenkapitalanteil ist, desto größer ist das Risiko des Unternehmens, weil die Finanzierung verstärkt über Fremdkapital erfolgen muss. Fremdkapital ist im Gegensatz zum Eigenkapital kündbar. Somit steigt mit abnehmender Eigenkapitalquote der Fremdeinfluss auf das Unternehmen. In der Regel gilt: Eigenkapitalquote < 5 % Insolvenzgefahr; < 10 % Sanierungsbedarf und < 20 % bedenklich. Als Faustformel gilt: Die Eigenkapitalquote sollte mindestens der Sachinvestitionsquote[64] entsprechen.

$$\text{Eigenkapitalquote} \approx \text{Sachinvestitionsquote} = \frac{\text{Sachinvestitionen}}{\text{operativer Cashflow}} = \frac{1.570 \text{ Mio. €}}{4.532 \text{ Mio. €}} = 34,64\,\%$$

Es zeigt, dass der Bayer-Konzern die Mindestanforderung an das Eigenkapital erfüllt, sogar mit 36 % leicht überschreitet. Zudem ist das Gearing mit 42 % wieder in den akzeptablen Bereich zurückgekehrt. Hier macht sich der Abbau von Schulden bemerkbar.

Somit kann man sagen, dass der Bayer-Konzern solide ist. Überdies garantiert der hohe Eigenkapitalanteil Dispositionsfreiheit und weitgehende Unabhängigkeit von Kreditgebern. Gerade diese Dispositionsfreiheit möchte ja die Bayer AG nutzen, um in den nächsten Jahren ein Investitionsprogramm in Höhe von 18 Mrd. € umzusetzen.

Bei der Vermögensstrukturanalyse haben wir festgestellt, dass die Bayer AG eine geringe Anpassungsfähigkeit gegenüber Änderungen im Marktumfeld hat. Deswegen ist der Gewinn der Bayer AG im laufenden Jahr deutlich gesunken, was zur

---

[63] Das bedeutet, dass der Fremdkapitalanteil gestiegen ist. Damit ist das Risiko des Bayer-Konzerns erhöht, weil die Zinslast zunimmt. Gerade in Abschwungphasen ist der fixe Charakter von Zinszahlungen ein Problem, weil so dem Unternehmen in schwierigen Marktphasen Liquidität entzogen wird. Im Gegensatz dazu weist Eigenkapital weder eine Endfälligkeit noch einen Zwang zur Dividendenzahlung aus, sodass in schwierigen Zeiten Liquidität im Unternehmen gehalten werden kann, was die Flexibilität erhöht.

[64] Es ist ein schlechtes Zeichen, wenn die Sachinvestitionsquote Werte von über 100 % aufweist. Letztlich führt dies dazu, dass das Unternehmen langfristig ruiniert ist, weil es über die Jahre mehr Geld ausgibt, als operativ zufließt. Deswegen ist es über kurz oder lang auf Kredite angewiesen, welche zur Überschuldung führen. Beispielsweise investierte ThyssenKrupp in den Jahren 2007 und 2008 mehr, als der Gesellschaft operativ zugeflossen ist. Die Sachinvestitionsquote betrug 108 %. Der negative Free Cashflow musste durch Kreditaufnahme ausgeglichen werden. Das wesentliche Problem von ThyssenKrupp war, dass die hohen Investitionen nicht die erhofften Gewinne abwarfen, sondern Verluste. Dies hatte zur Folge, dass das Eigenkapital der Gesellschaft mit 8 % auf den niedrigsten Stand aller DAX-Unternehmen abrutschte.

Folge hat, dass die Eigen- und Gesamtkapitalrentabilität deutlich abgenommen haben.

Normalerweise lässt sich mithilfe von Fremdkapital die Eigenkapitalrentabilität steigern. Dies gilt nur, wenn die Gesamtkapitalrentabilität des Unternehmens höher ist als der zu zahlende Zinssatz für das Fremdkapital. Dann wird durch eine weitere Verschuldung, also durch Aufnahme von zusätzlichem Fremdkapital, eine Steigerung der Eigenkapitalrendite erreicht (Leverage-Effekt). Auf der anderen Seite kann der Leverage-Effekt auch negativ wirken, und zwar immer dann, wenn die Gesamtrentabilität des Unternehmens unterhalb des Fremdkapitalzinses fällt. Folglich sinkt die Eigenkapitalrentabilität mit der Zunahme des Fremdkapitals. Natürlich senkt der Leverage-Effekt nicht das Risiko, weil immer noch das Eigenkapital des Unternehmens und nicht das Fremdkapital haftet. Steigt der Fremdkapitalanteil, so erhöht sich das Investitionsrisiko und das Kapitalrisiko für das Unternehmen. Im Allgemeinen gilt: Mit steigendem Verschuldungsgrad wachsen Risiko und Abhängigkeit von den Gläubigern.

Die Gesamtkapitalrentabilität des Bayer-Konzerns ist so gut, dass die zusätzliche Aufnahme von Fremdkapital die Eigenkapitalrentabilität erhöhen dürfte. Um diesem Umstand Rechnung zu tragen, hat der Bayer-Konzern seinen Eigenkapitalanteil leicht gesenkt, was sich unmittelbar in einer steigenden Eigenkapitalrentabilität niedergeschlagen hat.

Bei der Finanzstrukturanalyse zeigt der Deckungsgrad A an, dass das Anlagevermögen zu ca. 57 % durch Eigenkapital gedeckt ist. Dies ist etwas bedenklich, da der Sollwert >60 % ist. Denn: Je höher der Deckungswert ist, desto besser ist die Liquidität. Der Deckungsgrad zeigt also an, ob eine Risikokongruenz gegeben ist, d.h. ob das Anlagevermögen mit risikotragendem, unkündbaren Kapital (zumeist Eigenkapital) finanziert ist. Grundsätzlich bedeutet ein sinkender Deckungsgrad A, dass das Finanzierungsrisiko steigt, weil Anlagevermögen zusätzlich mit kündbarem Fremdkapital finanziert wurde. Allerdings muss das Anlagevermögen dem Unternehmen länger dienen, als das Fremdkapital zur Verfügung steht. Wird beispielsweise das Fremdkapital unerwartet zurückgefordert und stehen keine anderen Finanzierungsmöglichkeiten zur Verfügung, hat dies schwerwiegende Konsequenzen. Dies kann u.a. zu Liquiditätsengpässen oder zu einem Investitionsstopp führen. So stellt sich die Frage: Hat der Bayer-Konzern Teile seines Anlagevermögens mit kurzfristigem Kapital finanziert? Um das festzustellen, sieht man sich den Deckungsgrad B an. Er sagt aus, wie viel Prozent des Anlagevermögens durch Eigenkapital und langfristiges Fremdkapital finanziert wird. Damit das gesamte Anlagevermögen langfristig finanziert ist, sollte der Deckungsgrad B mindestens bei 100 % liegen. Der Bayer-Konzern hat einen Deckungsgrad von 119 %, d.h. das gesamte Anlagevermögen und auch ein Teil des Umlaufvermögens ist langfristig finanziert. Fazit: Der Bayer-Konzern hat eine äußerst solide und stabile Unternehmensfinanzierung und Kapitalausstattung! Diese solide Kapitalausstattung macht die Bayer AG weitgehend unabhängig von Banken und vom Kapitalmarkt und führt zu einem hervorragenden Ausgangspunkt für weiteres Wachstum. Zudem ist die »Goldene Bilanzregel« erfüllt.

Abschließend kann man sagen, dass alle Kennzahlen der Strukturanalyse der Bayer AG auf eine solide Finanzpolitik hindeuten. Überdies zeigt sich, dass die Ausstattung des Unternehmens mit Vermögen ausreicht, um seine unternehmerischen Aufgaben zu erfüllen.

8.3 Finanzanalyse

Die Finanzanalyse dient dazu, mithilfe des Geschäftsberichts Erkenntnisse über die finanzielle Lage des Unternehmens zu erhalten. Dabei teilt sich die Finanzanalyse in die Analyse der Zahlungsfähigkeit (Liquidität) und die Analyse der Finanzkraft (Cashflow-Analyse) auf.

8.3.1 Liquiditätsanalyse

Die Liquiditätsanalyse beschränkt sich lediglich auf den kurzfristigen Bereich in der Bilanz und schließt deshalb nahtlos an die Analyse der Finanzstruktur (Kapitel 8.2.3.) an, die sich primär auf die langfristigen Deckungsverhältnisse bezieht.

Ebenso wie ein geringer Deckungsgrad A und B kann auch eine zu geringe Ausstattung mit kurzfristiger Liquidität aufgrund drohender Zahlungsunfähigkeit zu einer existenziellen Bedrohung für das Unternehmen führen. Außerdem hat eine unzureichende Liquidität immer die Gefahr der Notwendigkeit kurzfristiger und teurer Finanzierungen zur Folge.

8.3.1.1 Liquiditätskennzahlen

Zur Beurteilung der kurzfristigen Liquidität eines Unternehmens werden die Liquiditätsgrade berechnet. Sie ergeben sich aus der unterschiedlichen Fristigkeit des Eigen- und des Fremdkapitals.

Hierbei geht man von der Überlegung aus, dass das finanzielle Gleichgewicht eines Unternehmens erhalten bleibt, wenn zum Beispiel den kurzfristigen Verbindlichkeiten mindestens genauso viele kurzfristige Vermögensgegenstände gegenüberstehen. Dies bedeutet, dass den Zahlungsverpflichtungen entsprechende flüssige oder flüssig zu machende Vermögensgegenstände gegenüberstehen. Um dies zu überprüfen, werden die Liquiditätsgrade berechnet.

$$\text{Liquidität 1. Grades} = \frac{\text{liquide Mittel}}{\text{kurzfristige Verbindlichkeiten}} \cdot 100$$

$$\text{Liquidität 2. Grades} = \frac{\text{liquide Mittel+sonstige Vermögensgegenstände+ Forderungen*}}{\text{kurzfristige Verbindlichkeiten}} \cdot 100$$

*Hiermit sind Forderungen aus Lieferungen & Leistungen gemeint.

$$\text{Liquidität 3. Grades} = \frac{\text{Umlaufvermögen}}{\text{kurzfristige Verbindlichkeiten}} \cdot 100$$

Die Liquidität 1. Grades (Cash Ratio) gibt das Verhältnis von Zahlungsmitteln und schnell liquidierbaren Wertpapieren (z.b. Aktien, Anleihen, Festgeld usw.) zu kurzfristigen Verbindlichkeiten wieder, es zeigt also, wie hoch der Anteil der flüssigen Mittel am kurzfristigen Fremdkapital ist. Da Unternehmen in der Regel mit Vorräten und Forderungen noch weitere Vermögenswerte zur kurzfristigen Tilgung zur Verfügung stehen, genügt ein Zielkorridor von 5-20% bei der Barliquidität.

Da Forderungen mit einem mehr oder minder großen Abschlag relativ schnell zu Geld gemacht werden können (z.b. durch Factoring), wurde die Liquidität 1. Grades um die bestehenden Forderungen aus Lieferungen und Leistungen erweitert. So gelangt man zur Liquidität 2. Grades (Quick Ratio). Da ein zu hoher Wert unnötig Kapital bindet, ein zu niedriger Wert auf finanzielle Instabilität hinweist, wurde ein Zielkorridor von 90 bis 100 % für diese Kennzahl festgelegt.

Die Kennzahl Liquidität 3. Grades (Current Ratio oder Working Capital Quote) setzt das komplette Umlaufvermögen ins Verhältnis zu den kurzfristigen Verbindlichkeiten. Als Zielkorridor für das Current Ratio hat sich 100 bis 170 % herausgebildet. Der untere Zielwert ergibt sich wie folgt: Wenn das gesamte Umlaufvermögen liquidiert wird, sollten die kurzfristigen Schulden beglichen werden können. Da allerdings Unternehmen, um überhaupt wirtschaften zu können, einen gewissen Anteil an Umlaufvermögen benötigen, weil das Umlaufvermögen dazu dient, das operative Geschäft auszuführen, sollte mehr Umlaufvermögen vorhanden sein als kurzfristiges Fremdkapital. Beträgt die Current Ratio mehr als 170 %, so bindet das Unternehmen zu viel Kapital und die Rentabilität nimmt ab. Hieraus sieht man, dass die Liquiditätskennzahlen einen Zwitterstatus zwischen Liquidität und Rentabilität einnehmen.

Alle Liquiditätskennzahlen beruhen auf der Ermittlung des Deckungsgrades der in der Bilanz ausgewiesenen kurzfristigen Verbindlichkeiten durch liquide oder leicht liquidierbare Vermögensgegenstände. Daher gewähren sie nur einen groben Einblick in die Liquiditätsverhältnisse am Bilanzstichtag und ermöglichen nur geringe und vorsichtige Aussagen über die tatsächliche Liquiditätssituation und deren weitere Entwicklung. Größere Bedeutung wird der dynamischen Finanzierungsanalyse bzw. der Analyse des Cashflows beigemessen.

8.3.2 Cashflow

Die Liquiditätskennzahlen beziehen sich auf die Bilanz. Dagegen bezieht sich der Cashflow auf Erkenntnisse der Gewinn- und Verlustrechnung. Ziel der Cashflow-Analyse ist es, die zukünftige Innenfinanzierungskraft des Unternehmens anhand seines Cashflows und dessen Auswirkungen auf die Finanzlage des Unternehmens zu beurteilen.

Normalerweise wird der Cashflow jedoch nicht direkt, sondern nur indirekt, ausgehend von einer Erfolgsgröße (wie zum Beispiel Jahresüberschuss oder Betriebsergebnis), ermittelt. Von dieser Erfolgsgröße werden die auszahlungsunwirksamen Aufwendungen (wie zum Beispiel Abschreibungen) hinzuaddiert, und die zahlungswirksamen Erträge (wie zum Beispiel Zuschreibungen) werden abgezogen.

Daher zeigt der Cashflow den in der Periode aus eigener Kraft des Unternehmens erwirtschafteten Überschuss der Einnahmen über die Ausgaben durch die laufende Betriebstätigkeit an. Insofern stellt der Cashflow den Innenfinanzierungsspielraum zur Deckung der Schulden, der Investitionen und der Dividendenzahlungen dar.

Heute braucht man den Cashflow nicht mehr selbst zu berechnen, sondern kann ihn direkt der Kapitalflussrechnung (siehe dazu S. 90ff.) entnehmen. Für die Cashflow-Analyse verwendet man den Netto-Cashflow (bzw. Zufluss aus operativer Geschäftstätigkeit). Dabei gilt: Je höher der Cashflow, umso positiver die Liquiditätslage des Unternehmens.

Um ein möglichst genaues Bild über die Ertrags- und Finanzlage eines Unternehmens zu bekommen, wurde der Free Cashflow (s. S. 95ff.) eingeführt. Der Bayer-Konzern hat einem Free Cashflow von 3.714 Mio. €. Der Free Cashflow zeigt, ob das Unternehmen aus seiner Betriebstätigkeit überhaupt liquide Überschüsse erwirtschaftet hat. Daher ist eine Mindestanforderung an den Free Cashflow eines Unternehmens, dass er positiv ist. Überdies sollte der Free Cashflow immer im zeitlichen Ablauf gesehen werden.

8.3.2.1 Cashflow-Kennzahlen

Eine Mindestanforderung an den Cashflow eines Unternehmens besteht darin, dass er ausreicht, die Zins- und Tilgungszahlungen zu gewährleisten. Um dies zu überprüfen, wurden folgenden Kennzahlen des Cashflows entwickelt.

Die Kennzahl Cashflow/Umsatzrate sagt aus, wieviel Prozent des Umsatzes dem Unternehmen zur Selbstfinanzierung zur Verfügung steht.

$$\frac{Cashflow}{Umsatzrate} = \frac{Cashflow}{Umsatz} \cdot 100$$

Mithilfe der Kennzahl Cashflow/Umsatzrate lässt sich das zukünftige Finanzierungspotenzial in Abhängigkeit von der Umsatzentwicklung abschätzen.

Aber auch als Indikator für die Verschuldungsfähigkeit eines Unternehmens kann man den Cashflow verwenden, weil die Schulden ja letztlich nur aus selbst erwirtschafteten Mitteln getilgt werden können. Als Maßstab dafür gilt der dynamische Verschuldungsgrad.

$$Dyn.\ Verschuldungsgrad = \frac{Finanzverbindlichkeiten-liquide\ Mittel}{Free\ Cashflow}$$

Diese Kennzahl gibt die theoretische Schuldentilgungsdauer in Jahren an, wenn das Unternehmen seinen gesamten Free Cashflow zur Schuldentilgung einsetzt. Ferner setzt diese Formel voraus, dass der Cashflow über die Dauer der Schuldentilgung hinweg konstant ist. Das ist allerdings in der Realität nicht der Fall. In der Praxis hat sich aber gezeigt, dass der dynamische Verschuldungsgrad nicht größer als 5 sein sollte. Ansonsten drohen Liquiditätsengpässe. Allgemein gilt: Je kleiner der dynamische Verschuldungsgrad ist, desto schneller kann ein Unternehmen seine Schulden aus Mitteln tilgen, die im eigenen Umsatzprozess erwirtschaftet worden sind.

Mit der Kennzahl Innenfinanzierungsgrad der Investitionen kann man ermitteln, ob das Unternehmen in der Lage war, seine Investitionen aus dem Cashflow zu leisten.

$$Innenfinanzierungsgrad\ der\ Investitionen = \frac{Cashflow}{Zugänge\ Anlagevermögen} \cdot 100$$

Werte von mehr als 100 % signalisieren, dass das Unternehmen in der Lage ist, seine Investitionen aus dem Cashflow zu tätigen. Mit Kenntnis des Cashflows kann die Liquiditätsuntersuchung abgeschlossen werden.

8.3.3 Finanzanalyse für den Beispielsfall der Bayer AG

In diesem Abschnitt möchte ich Ihnen anhand des Beispielsfalls der Bayer AG zeigen, wie man eine Finanzanalyse durchführt. Die Berechnung der Kennzahlen ist in Tabelle 16 (s. S. 145) dargestellt.

Bei den Liquiditätsgraden 1 bis 3 zeigt die Bayer AG ein uneinheitliches Bild. So erfüllen die Liquiditätsgrade 1 und 3 die Sollvorgaben, aber der Liquiditätsgrad 2 nicht. Allerdings führen Experten an, dass sich anhand von empirischen Studien gezeigt hat, dass erst ernsthafte Liquiditätsprobleme drohen, wenn der Liquiditätsgrad 2 unterhalb von 50 % sinkt. Da der Liquiditätsgrad 3 deutlich über 100 % liegt, sollte der Bayer-Konzern eine ausreichende Flexibilität haben. Etwas bedenklich ist, dass sowohl die Liquiditätsgrade als auch die Deckungsgrade A und B (Abschnitt 8.2.4.) rückläufig sind. Diese Entwicklung muss man genauestens im Auge behalten, insbesondere ob die Liquiditätsgrade und Deckungsgrade in den weiteren Jahren zurückgehen. Da sowohl Liquiditätsgrade als auch die Deckungsgrade im Großen und Ganzen in Ordnung sind, kann man sagen, dass der Bayer-Konzern keine kurzfristigen Liquiditätsprobleme sowie auch im langfristigen Bereich keine Liquiditätsengpässe zu befürchten hat.

Der hohe Innenfinanzierungsgrad von 170 % lässt zusammen mit der deutlich über dem Sollwert liegenden Schuldentilgungsdauer von 2,11 Jahren sowie dem hohen Cashflow/Umsatz von 11 % darauf schließen, dass die Bayer AG über hohe Liquiditätspolster verfügt, die auch in der Zukunft erheblichen Spielraum für Aktivitäten und Dispositionen lassen.

Tabelle 16: Kennzahlen für die Finanzanalyse Bayer-Konzern

			in Mio € 31.12.2011	in Mio € 31.12.2012	Sollwert
Liquidität I (%) (In welcher Relation stehen die flüssigen Mittel zum kurzfristigen Fremdkapital?)	Zähler	Flüssige Mittel	1.770,00	1.695,00	
	Nenner	Summe kurzfristiges Fremdkapital	13.390,00	13.099,00	
	Ergebnis	Division x 100	13,22%	12,94%	5 - 20 %
Liquidität II (%) (In welcher Relation stehen die Forderungen und flüssigen Mittel zum kurzfristigen Fremdkapital?)		1. Forderungen aus Lieferungen & Leistungen	7.061,00	7.431,00	
		2. Sonstige Vermögensgegenstände	2.784,00	856,00	
		3. Flüssige Mittel	1.770,00	1.695,00	
	Zähler	Zähler = 1 + 2 + 3	11.615,00	9.982,00	
	Nenner	kurzfristiges Fremdkapital	13.390,00	13.099,00	
	Ergebnis	Division x 100	86,74%	76,20%	90 - 100 %
Liquidität III (%) (In welcher Relation steht das Umlaufvermögen zum kurzfristigen Fremdkapital?)	Zähler	Umlaufvermögen	20.068,00	18.986,00	
	Nenner	kurzfristiges Fremdkapital	13.390,00	13.099,00	
	Ergebnis	Division x 100	149,87%	144,94%	100 - 170 %
Cashflow/Umsatz (%) (misst die Cash-Generierung je Umsatz Euro)	Zähler	operativer Cashflow (Netto-Cashflow)	5.060,00	4.532,00	
	Nenner	Umsatzerlöse	36.528,00	39.760,00	
	Ergebnis	Division x 100	13,85%	11,40%	
Dyn. Verschuldungsgrad (oder Kredittilgungsdauer) (Jahre) (Wie lange dauert es, bis aus dem Cashflow die Effektivverschuldung getilgt werden kann?)	Zähler	Finanzverbindlichkeiten - Liquide Mittel	9.909,00	7.837,00	
	Nenner	Free Cashflow	1.170,00	3.714,00	
	Ergebnis	Division x 100	8,47	2,11	< 5
Innenfinanzierungsgrad der Investitionen (%) (misst, ob der Cashflow ausreicht, um die Investitionen zu bezahlen)	Zähler	operativer Cashflow (Netto-Cashflow)	5.060,00	4.532,00	
	Nenner	Zugänge Anlagevermögen*	2.462,00	2.663,00	
	Ergebnis	Division x 100	205,52%	170,18%	> 100 %

*Die Kennzahlen beruhen auf Positionen der Bilanz, Gewinn- und Verlustrechnung und Kapitalflussrechnung. Ebenso sind Informationen aus dem Anlagegitter Sachanlagen und Entwicklung immaterieller Vermögensgegenstände eingeflossen.

8.4 Erfolgsanalyse

Die erfolgswirtschaftliche Bilanzanalyse dient dazu, die gegenwärtige Gewinnsituation im Hinblick auf die Höhe und das Zustandekommen zu analysieren.
Dabei ist die gegenwärtige Erfolgslage Ausgangspunkt für die Prognosen über die zukünftige Ertragskraft des Unternehmens. Überdies ist sie ein Maßstab für die zukünftige Gewinnerwartung bzw. -ausschüttung. Dazu führt man zunächst eine Wirtschaftlichkeitsanalyse durch.

8.4.1 Wirtschaftlichkeitsanalyse

Betrachtungen zur Wirtschaftlichkeit können mithilfe der Vermögensstruktur und des Umschlagskoeffizientens erfolgen. Üblicherweise wird die Vermögensstruktur mit folgenden Kennzahlen analysiert.

$$\text{Anlagenintensität} = \frac{\text{Anlagevermögen}}{\text{Gesamtvermögen}} \cdot 100$$

$$\text{Arbeitsintensität} = \frac{\text{Umlaufvermögen}}{\text{Gesamtvermögen}} \cdot 100$$

Dabei gilt, dass ein Unternehmen umso effizienter wirtschaftet, je kleiner das Anlagevermögen ist. Je kleiner nämlich der Anteil des Anlagevermögens am Gesamtvermögen ist, umso besser ist die Kapitalausnutzung, da die fixen Kosten abnehmen.
Dagegen geben die Umschlagskoeffizienten an, wie viel ein Vermögensposten im Berichtszeitraum umgeschlagen wurde oder, als reziproker Wert, in welcher Zeit der Bestand einmal umgeschlagen wurde.

$$\text{Umschlagshäufigkeit des Anlagevermögens} = \frac{\text{Abschreibungen auf Sachanlagen}}{\text{durchschnittlicher Bestand an Sachanlagen}}$$

$$\text{Umschlagshäufigkeit des Umlaufvermögens} = \frac{\text{Umsatzerlöse}}{\text{durchschnittlicher Bestand am Umlaufvermögen}}$$

$$\text{Umschlagshäufigkeit des Gesamtvermögens} = \frac{\text{Umsatzerlöse}}{\text{durchschnittlicher Bestand am Gesamtvermögen}}$$

Im Allgemeinen nimmt die Wirtschaftlichkeit zu, je höher die Umschlagshäufigkeit ist. Beispielsweise ist eine geringe Umschlagshäufigkeit des Anlagevermögens bei Unternehmen der Grundstoffindustrie üblich. Sie korrespondiert dabei mit einer hohen Anlagenintensität. Dies liegt daran, dass durch die zunehmende Mechanisierung bzw. Automatisierung der Fertigungsprozesse die Umschlagshäufigkeit sinkt. Insofern weisen die Fixkosten eine steigende Tendenz auf.

Daher haben Unternehmen mit einem hohen Vermögensumschlag auch einen geringeren Fixkostenanteil als Unternehmen mit einem geringen Vermögensumschlag.

Eine Kennzahl, die den Vergleich mit anderen Unternehmen derselben Branche bezüglich der Vorratspolitik ermöglicht, ist die Vorratsintensität (oder Vorratsreichweite oder -umschlag) .

$$\text{Vorratsintensität} = \frac{\text{Vorräte}}{\text{Umsatzerlöse}} \cdot 100$$

Die Vorratsintensität liefert Hinweise auf die Wirtschaftlichkeit der Lagerhaltung. So deutet eine Zunahme der Kennzahl Vorratsintensität an, dass die Unternehmensleitung mit einer Belebung der Geschäftstätigkeit rechnet. Denkbar wäre der Anstieg der Vorratsintensität aber auch mit einer Verschlechterung der Wirtschaftlichkeit der Lagerhaltung. Hieraus erkennt man, dass es sich bei der Vorratsintensität um eine mehrdeutige Kennzahl handelt.

Um diese relativ abstrakten Kennzahlen besser verständlich zu machen, werde ich an dieser Stelle sofort die Wirtschaftlichkeitsanalyse für die Bayer AG durchführen.

Tabelle 17: Intensitäten zur Wirtschaftlichkeit für Bayer AG

		in Mio. € 31.12.2011	in Mio. € 31.12.2012
Anlagenintensität (%) (Wie viel % des Gesamtkapital steckt im Anlagevermögen?)	Zähler — Summe Anlagevermögen	32.697,00	32.350,00
	Nenner — Gesamtvermögen = Anlagevermögen + Umlaufvermögen	52.765,00	51.336,00
	Ergebnis — Division x 100	61,97%	63,02%
Arbeitsintensität (%) (Wie viel % des Gesamtkapital steckt im Anlagevermögen?)	Zähler — Summe Umlaufvermögen	20.068,00	18.986,00
	Nenner — Gesamtvermögen = Anlagevermögen + Umlaufvermögen	52.765,00	51.336,00
	Ergebnis — Division x 100	38,03%	36,98%
Umschlagshäufigkeit des Anlagevermögens (Wie lange dauert es, bis das Anlagevermögen umgeschlagen wird?)	Zähler — Abschreibungen auf Sachanlagen*	17.253,00	17.770,00
	Nenner — durchschnittlicher Bestand an Sachlagen*	27.076,00	27.633,00
	Ergebnis — Division	0,64	0,64
Umschlagshäufigkeit des Umlaufvermögens (Wie lange dauert es, bis das Umlaufvermögen durch Erlöse umgeschlagen wird?)	Zähler — Umsatzerlöse	36.528,00	39.760,00
	Nenner — Summe Umlaufvermögen	20.068,00	18.986,00
	Ergebnis — Division	1,82	2,09
Umschlagshäufigkeit des Gesamtvermögens (Wie lange dauert es, bis das Gesamtvermögen durch Erlöse umgeschlagen wird?)	Zähler — Umsatzerlöse	36.528,00	39.760,00
	Nenner — Gesamtvermögen = Anlagevermögen + Umlaufvermögen	52.765,00	51.336,00
	Ergebnis — Division	0,69	0,77
Vorratsintensität (Wie häufig werden die Bestände auf Basis der Erlöse umgeschlagen?)	Zähler — Vorräte	6.368,00	6.980,00
	Nenner — Umsatzerlöse	36.528,00	39.760,00
	Ergebnis — Division x 100	17,43%	17,56%

*Diese Werte stammen aus dem Anlagegitter für Sachanlagen. Die Abschreibungen auf Sachanlagen stammen aus dem Posten »Kumulierte Abschreibungen Stand ...« und der durchschnittliche Bestand an Sachanlagen stammt aus dem Posten »Anschaffungs- und Herstellungskosten ...«.

Die relativ hohe Umschlagshäufigkeit des Umlaufvermögens deutet darauf hin, dass die Bayer AG eine hohe Wirtschaftlichkeit hat. Dies wird unterstützt durch die verhältnismäßig hohe Vorratsintensität, d.h. die Verweildauer der Vorräte im Unternehmen ist relativ gering. Somit liegen weniger Werte in den Vorräten, was zu weniger gebundenem Kapital und damit entweder zu einer höheren Liquidität oder weniger Zinsaufwand, wenn diese Liquidität zur Schuldentilgung eingesetzt wird, führt. Die geringe Umschlagshäufigkeit des Anlagevermögens ist eine Folge der hohen Anlagenintensität. Dies liegt daran, dass durch die zunehmende Mechanisierung bzw. Automatisierung der Fertigungsprozesse in den Geschäftsbereichen Polymer, Landwirtschaft die Umschlagshäufigkeit sinkt. Infolgedessen deutet nichts darauf hin, dass die Aufwandstruktur der Bayer AG ungesund ist. Im nächsten Schritt muss man nun überprüfen, ob das Unternehmen dauerhaft in der Lage ist, Gewinne zu erwirtschaften.

8.4.2 Rentabilität

Die Rentabilität eines Unternehmens drückt die Fähigkeit aus, Gewinne zu erwirtschaften. Deswegen geben die Rentabilitätskennzahlen Aufschluss über den Erfolg bzw. Misserfolg eines Unternehmens. Insofern bilden diese Kennzahlen die Grundlage für Entscheidungen der Unternehmensleitung, der Anteilseigner und der Gläubiger.

Im Allgemeinen bezeichnet man das prozentuale Verhältnis des im Berichtszeitraumes erzielten Gewinnes zum eingesetzten Kapital als Rentabilität. Hierbei betrachtet man den Gewinn als Verzinsung des investierten Kapitals.

Bei der Ermittlung und Beurteilung der Rentabilitätskennzahlen muss man sich darüber im Klaren sein, dass diese Kennzahlen lediglich den Charakter von Überschlagswerten haben. Dies liegt daran, dass die verwendeten Erfolgs- und Bezugsgrößen durch bilanzpolitische Maßnahmen verzerrt werden können.

Allerdings sind die Rentabilitätskennzahlen von unschätzbarem Wert, wenn man sie durch weitere Kennzahlen und Überlegungen ergänzt. Daher sind sie für die Analyse der vergangenen Entwicklung und für die Prognose der Zukunftsaussichten von Bedeutung. Ferner werden die Rentabilitätskennzahlen zum Betriebs- und Branchenvergleich eingesetzt.

Zur besseren Auswertung werden die Rentabilitätskennzahlen je nach Art der verwendeten Erfolgsziffern und ihrer Bezugsgrößen unterschieden:

- Eigenkapitalrentabilität,
- Gesamtkapitalrentabilität,
- Umsatzrentabilität,
- Betriebsrentabilität,

wobei man häufig die Umsatz- und die Betriebsrentabilität zur Kennzahl Return-on-Investment zusammenfasst.

8.4.2.1 Die Eigenkapitalrentabilität

Die Eigenkapitalrentabilität stellt die Beziehung zwischen dem Gewinn und dem Eigenkapital dar.

$$\text{Eigenkapitalrentabilität} = \frac{\text{Jahresüberschuss} + \text{Steuern vom Einkommen und Ertrag}}{\text{durchschnittliches Eigenkapital}} \cdot 100$$

Üblicherweise wird als Gewinn der Jahresüberschuss gewählt. Zusätzlich werden zum Jahresüberschuss auch noch die Steuern addiert. Auf diese Weise werden die Einflüsse der Gewinnverwendungspolitik und der daraus resultierenden unterschiedlichen Steuerlast eliminiert. Ferner ist bei stark schwankendem Eigenkapital nicht der Wert am Bilanzstichtag zu berücksichtigen, sondern das durchschnittlich in der Periode arbeitende Eigenkapital.

Bei der Interpretation dieser Kennzahl muss man sich im Klaren sein, dass es sich bei dieser Kennzahl um ein Maß für die Verzinsung des eingesetzten Kapitals handelt. Daher sollte die Eigenkapitalrentabilität mindestens eine so hohe Verzinsung haben wie eine Anlage auf dem langfristigen Anleihemarkt. Meistens wird dazu eine 10-jährige Bundesanleihe in Deutschland oder die Umlaufrendite als Vergleichsmaßstab verwendet. Obendrein muss diese Kennzahl immer im zeitlichen Kontext und im Vergleich mit anderen Unternehmen der Branche gesehen werden. Dabei sollte das Unternehmen immer eine Eigenkapitalrendite haben, die im Vergleich zur Branche mindestens dem Branchendurchschnitt entspricht.

8.4.2.2 Gesamtkapitalrendite

Die Gesamtkapitalrendite dient zur Eliminierung des Einflusses verschiedener Kapitalstrukturen aufgrund von unterschiedlichen Finanzierungen der zu vergleichenden Unternehmen.

$$\text{Gesamtrentabilität} = \frac{\text{Jahresüberschuss} + \text{Zinsaufwand} + \text{Steuern vom Einkommen und Ertrag}}{\text{durchschnittliches Gesamtkapital}} \cdot 100$$

Die Gesamtkapitalrendite (oder echter Return-on-Capital) drückt die Verzinsung des im gesamten Unternehmen eingesetzten Kapitals aus. Ein Leitsatz bei der Beurteilung eines Unternehmens ist, dass die Gesamtkapitalrendite über dem Zinssatz für Fremdkapital liegen soll.

Eine über den Fremdkapitalzinssätzen liegende Gesamtkapitalrentabilität drückt aus, dass das Unternehmen in der Lage ist, einen höheren Gewinn zu erzielen, als an Zinsen für Fremdkapital zu zahlen ist. Daraus kann man ableiten, dass eine Aufnahme von Fremdkapital zu einer Gewinnsteigerung und damit zu einer Erhöhung der Eigenkapitalrentabilität führt. Dies gilt aber nur unter der Voraussetzung, dass das Unternehmen das neu zugeführte Fremdkapital zur Finanzierung gleich günstiger Anlagen oder Aktivitäten verwendet.

8.4.2.3 Betriebsrentabilität

Zur Beurteilung des Erfolgs des eigentlichen Betriebszwecks wurde die Betriebsrentabilität eingeführt.

$$\text{Betriebsrentabilität} = \frac{\text{ordentlicher Betriebserfolg}}{\text{betriebsnotwendiges Vermögen}} \cdot 100$$

Der ordentliche Betriebserfolg setzt sich zusammen aus den Ertrags- und Aufwandskomponenten, die dem eigentlichen Betriebszweck dienen.

Abbildung 40: Ermittlung des ordentlichen Betriebsergebnisses für die Bayer AG

Gewinn- / Verlustrechnungsposition bzw. Anhanginformation	2011 [Mio. €]	2012 [Mio. €]
Umsatzerlöse	36.528	39.760
+ sonstige betriebliche Erträge	+ 859	+ 1.083
- untypische oder unregelmäßige Erträge (z.B. aus Anlageabgängen)	- 1.401	- 1.288
- Zuschreibungen laut Anhang oder Anlagegitter	-	-
= Betriebsleistung	35.986	39.555
Herstellungskosten oder Kosten der umgesetzten Leistung	17.975	19.059
+ Vertriebskosten	+ 8.958	+ 9.987
+ allgemeine Verwaltungskosten	+ 1.713	+ 1.866
+ Kosten sonstige Funktionsbereiche (z.B. für Forschung und Entwicklung)	+ 2.932	+ 3.013
+ sonstige betriebliche Aufwendungen	+ 1.660	+ 2.985
- untypische oder unregelmäßige Erträge (z.B. aus Kursverlusten)	- 0	- 0
- außerplanmäßige Abschreibungen auf Sachanlagen	- 136	- 41
- steuerliche Sonderabschreibungen Sachanlagen	- 0	- 0
=Betriebsaufwand	31.442	36.869
Ordentliches Betriebsergebnis = Betriebsleistung – Betriebsaufwand	4.544	2.686

Das betriebsnotwendige Vermögen wird nach folgendem Schema überschlagsweise ermittelt.

Gewinn- / Verlustrechnungsposition bzw. Anhanginformation	2011 [Mio. €]	2012 [Mio. €]
Immaterielle Vermögensgegenstände	9.160	9.293
+ Sonstige immaterielle Vermögenswerte	+ 10.295	+ 9.464
+ Sachanlagen	+ 9.823	+ 9.863
+ Vorräte	+ 6.368	+ 6.980
+ Forderungen aus Lieferungen und Leistungen	+ 7.061	+ 7.431
+ Flüssige Mittel	+ 1.770	+ 1.695
= Betriebsbedingtes Vermögen	= 44.477	= 44.726

8.4.2.4 Umsatzrentabilität

Ausgehend vom ordentlichen Betriebsergebnis wird die Umsatzrentabilität ermittelt.

$$\text{Umsatzrentabilität} = \frac{\text{ordentliches Betriebsergebnis}}{\text{Umsatzerlöse}} \cdot 100$$

Änderungen in der Umsatzrentabilität deuten auf eine veränderte Betriebsleistung hin, beispielsweise wegen neuer Fertigungsprozesse oder Umstrukturierungen. Aber dies kann auch ein Symptom für eine allgemein ungünstige wirtschaftliche Entwicklung oder auch für eine schlechte Geschäftspolitik sein. Um dies zu klären, muss man einen Branchenvergleich durchführen.

8.4.2.5 Return-on-Investment-Konzept

Als Grundlage für dieses Konzept dienen die Kennzahlen Betriebs- und Umsatzrentabilität. Bei dem Return-on-Investment-Konzept (Abk. RoI) handelt es sich um ein Kennzahlensystem, das diese beiden Kennzahlen miteinander verbindet und deren Interdependenzen zu anderen Erfolgs- und Bilanzpositionen erklärt.

Zunächst wird die Betriebsrentabilität von nun an als Return-on-Investment bezeichnet. Sie misst die Verzinsung des im betrieblichen Bereich eingesetzten Kapitals.

$$\text{Return-on-Investment} = \frac{\text{ordentliches Betriebsergebnis}}{\text{betriebsnotwendiges Vermögen}} \cdot 100$$

Aus der obigen Gleichung erkennt man, dass der RoI angibt, welche Rendite das im gesamten Unternehmen eingesetzte Kapital innerhalb des betrachteten Jahres erwirtschaftet hat bzw. wie hoch der prozentuale Anteil des Gewinns am Gesamtkapital ausfällt.

Wird nun die Kennzahl Return-on-Investment mit dem Quotienten Umsatz/Umsatz multipliziert und entsprechend umgeformt, so werden die Umsatzrentabilität und die Umschlagshäufigkeit des Vermögens mit der Kennzahl Return-on-Investment in Verbindung gebracht.

$$\text{Return-on-Investment} = \frac{\text{ordentliches Betriebsergebnis}}{\text{betriebsnotwendiges Vermögen}} \cdot 100 \cdot \frac{\text{Umsatz}}{\text{Umsatz}}$$

$$\text{Return-on-Investment} = \underbrace{\frac{\text{ordentliches Betriebsergebnis}}{\text{Umsatz}}}_{\text{Umsatzrentabilität}} \cdot 100 \cdot \underbrace{\frac{\text{Umsatz}}{\text{betriebsnotwendiges Vermögen}}}_{\text{Umschlagshäufigkeit des Vermögens}}$$

Damit das Return-on-Investment-Konzept ein brauchbares Analyse-Instrument wird, muss man auch das Zustandekommen der Umsatzrentabilität und Umschlagshäufigkeit des Vermögens mit in das Konzept einbeziehen. Nur so erhält man ein transparentes Konzept, was die Ursachen einer Änderung der Betriebsrentabilität bzw. des Return-on-Investment relativ einfach erkennen lässt.

Das vollständige Return-on-Investment-Konzept ist in Abbildung 42 dargestellt. Eine differenzierte Ursachenforschung der Veränderung der Ertragslage ist mit diesem Modell möglich, da die Veränderungen der Spitzenkennzahl (Return-on-Investment) über die Kennzahlenhierarchie bis zu den einzeln aufgegliederten Ertrags-, Aufwands- bzw. Vermögensposten möglich ist. Somit zeigt dieses Kennzahlensystem, welche Einflussfaktoren auf die drei Bestandteile – Umsatz, Kapital und Betriebsergebnis – wirken. Die obige Formel zeigt, dass durch einen hohen Kapitalumschlag und durch eine hohe Betriebsergebnismarge der RoI gesteigert werden kann. Dabei entspricht näherungsweise die Betriebsergebnismarge der Umsatzrendite. Sie wird wiederum durch die Marktstellung und das Kostenmanagement bestimmt. Dagegen hängt der Kapitalumschlag vom Geschäftsmodell und der Investitionspolitik des Unternehmens ab. Um dies möglichst übersichtlich zu gestalten, werden ich dies nicht theoretisch erläutern, sondern direkt für unseren Beispielsfall der Bayer AG.

Rol
2011 10,0 %
2000 6,0 %

↑

Umschlagshäufigkeit		*		Umsatzrentabilität
2011 0,82				2011 12,44 %
2012 0,89				2012 6,76 %

↑

Umsatz	:	Betriebsnotwendiges Vermögen		Ordentliches Betriebser-gebnis	:	Umsatz
2011 36.528 Mio. €		2011 44.477 Mio. €		2011 4.544 Mio. €		2011 36.528 Mio. €
2012 39.760 Mio. €		2012 44.726 Mio. €		2012 2.686 Mio. €		2012 39.760 Mio. €

↑ ↑

Betriebsnotwendiges Anlagevermögen	+	Betriebsnotwendiges Umlaufvermögen		Betriebsleistung	−	Betriebsaufwand
2011 29.278 Mio. €		2011 15.199 Mio. €		2011 35.986 Mio. €		2011 31.442 Mio. €
2012 28.620 Mio. €		2012 16.106 Mio. €		2012 39.555 Mio. €		2012 36.869 Mio. €

Die Berechnung der Betriebsleistung und des Betriebsaufwandes erfolgt in Abbildung 40 (s. S. 151).

Betriebsnotwendiges Anlagevermögen ergibt sich aus	2011 Mio. €	2012 Mio. €
Immaterielle Vermögensgegenstände	19.455	18.757
+ Sachanlagen	9.823	9.863
= Betriebsnotwendiges Anlagevermögen	29.278	28.620
Betriebsnotwendiges Umlaufvermögen ergibt sich aus		
Vorräten	6.368	6.980
+ Forderungen aus Lieferungen und Leistungen	7.061	7.431
+ Konzernverbindlichkeiten	0	0
+ Liquiden Mittel	1.770	1.695
= Betriebsnotwendiges Umlaufvermögen	15.199	16.106

Abbildung 42: **Return-on-Investment-Konzept für die Bayer AG**

Aus Abbildung 42 ist ersichtlich, dass die Kennzahl Return-on-Investment im Jahresvergleich drastisch für die Bayer AG gesunken ist. Ein Grund dafür ist natürlich der gesunkene Betriebserfolg. Warum ist nun aber der Betriebserfolg gesunken? Mithilfe des Return-on-Investment-Konzepts wird deutlich, dass die Umsatzrentabilität deutlich gesunken ist und dies nicht durch eine entsprechend höhere Umschlagshäufigkeit ausgeglichen werden konnte. Obendrein steigt der Betriebsaufwand deutlich stärker als die Betriebsleistung. Dies hat zur Folge, dass das ordentliche Betriebsergebnis deutlich gesunken ist.

Zusätzlich wurde das Umlaufvermögen erhöht. Dieser Effekt wurde aber durch die gleichzeitige Senkung des Anlagevermögens wieder egalisiert. Deswegen konnte die Umschlagshäufigkeit nur gering gesteigert werden.

8.4.3 Erfolgsanalyse für den Beispielsfall der Bayer AG

Um sich ein Bild über die gegenwärtige Gewinnsituation machen zu können, muss man sich nun alle Ergebnisse der Wirtschaftlichkeits- und Rentabilitätsanalyse ansehen.

Tabelle 18: **Intensitäten für die Bayer AG**

Intensitäten	2011	2012
Anlagenintensität	61,97 %	63,02 %
Arbeitsintensität	38,03 %	36,98 %
Umschlagshäufigkeit des Anlagevermögens	0,64	0,64
Umschlagshäufigkeit des Umlaufvermögens	1,82	2,09
Umschlagshäufigkeit des Gesamtvermögens	0,69	0,77
Vorratsintensität	17,43 %	17,56 %

Die hohe Anlagenintensität deutet darauf hin, dass die Bayer AG inflexibel ist und eine geringe Anpassungsfähigkeit gegenüber Marktschwankungen hat. Dies führt wiederum zu einer geringen Umschlagshäufigkeit des Anlagevermögens, da das Anlagevermögen der Bayer AG einen eher langfristigen Charakter hat. Darum kann die Bayer AG das Anlagevermögen nicht schnell in liquide Mittel umwandeln, um es einer anderen Verwendung zuzuführen. Zudem führt die hohe Anlagenintensität zu einem hohen Fixkostenblock und somit zu einem erhöhten Ertragsrisiko. Weiterhin resultiert die geringe Umschlagshäufigkeit des Anlagevermögens auch darin, dass sich Maßnahmen gegen Gewinnrückgänge nur langsam umsetzen lassen. Dies erklärt auch die teilweise dramatischen Einbrüche in den Rentabilitätskennzahlen (s. Tabelle 19, S. 157). Allerdings scheint einer der Hauptgründe für den Rückgang des Gewinns und in dessen Schlepptau der Rentabilitätskennzahlen zu sein, dass hohe Rückstellungen für Rechtsstreitigkeiten getroffen wurden. Somit ist der Gewinnrückgang 2012 hauptsächlich einem außergewöhnlichen, einmaligen Ereignis[65] geschuldet. Deswegen dürften die Einbrüche bei den Rentabilitätskennzahlen der Bayer AG auch nur von kurzfristiger Natur sein. Zusätzlich deutet die Wirtschaftlichkeitsanalyse an, dass die Aufwandsstruktur der Bayer AG in Ordnung ist. Gleichzeitig lässt sich aus den zukünftigen hohen Investitionen in Höhe von 18 Mrd. € in den nächsten Jahren eine positive Gewinn- und Umsatzerwartung ableiten.

Somit scheint die Bayer AG auf den ersten Blick nicht das hässliche Entlein zu sein, sondern doch eher der prächtige Schwan. Doch es kommt auf den zweiten Blick an. Insofern sollten Sie noch tiefer in die Materie einsteigen, und sich fragen: Dienen die getroffenen Maßnahmen letztlich dazu, die Existenz des Unternehmens zu sichern und die Gewinnchancen zu verbessern? Schließlich sind die Einbrüche bei den Rentabilitätskennzahlen doch dramatisch, und es hat noch niemandem geschadet, einer Sache näher auf den Grund zu gehen.

---

[65] Allerdings sollte man diese Rechtsstreitigkeiten im Hinterkopf behalten und anhand des Berichts des nächsten Jahres prüfen, ob die Kosten für Rechtsstreitigkeiten tatsächlich rückläufig sind.

Tabelle 19: Rentabilitätskennzahlen für die Bayer AG

			in Mio € 31.12.2011	in Mio € 31.12.2012
Eigenkapitalrentabilität (%)	Zähler	Jahresüberschuss + Ertragsteuern	3.361,00	3.198,00
(Wie viel Ergebnis (%) vor Steuern	Nenner	Eigenkapital	19.212,00	18.469,00
wird je Eigenkapital-Euro erzielt?)	Ergebnis	Division x 100	17,49%	17,32%
Gesamtrentabilität (%)	Zähler	Jahresüberschuss + Ertragsteuern + Zinsaufwand	4.147,00	3.910,00
(Wie viel Ergebnis (%) vor Steuern und Zinsaufwand	Nenner	Gesamtkapital = Eigenkapital + Fremdkapital	52.765,00	51.336,00
wird je Gesamtkapital-Euro erzielt?)	Ergebnis	Division x 100	7,86%	7,62%
Betriebsrentabilität (%)	Zähler	ordentlicher Betriebserfolg	4.544,00	2.686,00
(Wie viel wurde durch den eigentlichen Betriebszweck	Nenner	betriebsnotwendiges Vermögen	44.477,00	44.726,00
verdient?)	Ergebnis	Division x 100	10,22%	6,01%
Umsatzrentabilität (%)	Zähler	ordentlicher Betriebserfolg	4.544,00	2.686,00
(Wie viel Betriebserfolg (%) wird je Umsatz-Euro	Nenner	Umsatzerlöse	36.528,00	39.760,00
erzielt?)	Ergebnis	Division x 100	12,44%	6,76%

*Die Kennzahlen beruhen auf Positionen der Bilanz, Gewinn- und Verlustrechnung und Kapitalflussrechnung.

8.5 Zukunftsvorsorge

Leider finden viele Maßnahmen zur Sicherung der Existenz und zur Steigerung der Gewinnchancen nur einen geringen Niederschlag in der Bilanz. Dies liegt daran, dass beispielsweise Aktivitäten wie Investitionen in Markt und Organisation, etwa Mitarbeiterschulung, wegen des Verbotes der Aktivierung derartiger Aufwendungen für immaterielle Vermögengenstände nicht oder nur zu einem Teil in der Bilanz berücksichtigt werden.

In der Regel drückt sich die Zukunftsvorsorge im besonderen Maße durch Investitionen aus. Dabei bedeutet Investieren die gegenwärtige Festlegung und Umwandlung von finanziellen Mitteln in Vermögensgegenstände. Solche Investitionen können aus Eigen- oder Fremdkapital finanziert werden. Obendrein erstreckt sich die Investitionstätigkeit auf das Anlage- und Umlaufvermögen.

Das gesamte Investitionsvolumen innerhalb des Berichtszeitraums geht aus dem Anlagegitter für Sachanlagen hervor. Allgemein gilt: Je größer das Investitionsvolumen ist, umso besser ist die Zukunftsvorsorge des Unternehmens und die zu erwartende Ertragskraft. Aber diese Einschätzung wird relativiert, wenn die Abgänge zu Restbuchwerten sehr groß sind. Dieses Phänomen tritt meistens auf, wenn frühere Fehlinvestitionen korrigiert werden. Um solche Vorgänge zu erkennen, wird die Kennzahl Nettoinvestition berechnet.

Nettoinvestition = Zugänge-Restbuchwert Anlagenabgänge

Der Restbuchwert Anlagenabgänge wird wie folgt berechnet.

Restbuchwert Anlagenabgänge = Abgänge zu Bruttowerten - Abschreibungen auf Abgänge

Mithilfe der Nettoinvestition werden folgende Kennzahlen gebildet.

$$\text{Investitionsquote} = \frac{\text{Nettoinvestition}}{\text{Anlagenanfangsbestand}} \cdot 100$$

$$\text{Investitionen in \% des Umsatzes} = \frac{\text{Nettoinvestition}}{\text{Umsatz}} \cdot 100$$

Je größer diese Kennzahlen sind, umso höher ist die Investitionsneigung und somit auch die Zukunftsvorsorge. Zusätzlich macht die Kennzahl Investitionen in % des Umsatzes Aussagen darüber möglich, ob die Investitionstätigkeit bei steigendem bzw. fallendem Umsatz geringer oder größer wird, d.h., ob die Investitionstätigkeit stark vom Umsatz abhängt oder nicht.

Da Investitionen häufig in Schüben erfolgen, müssen diese Kennzahlen über einen längeren Zeitraum betrachtet werden, um die Investitionstätigkeit in den Gesamtzusammenhang einordnen zu können.

Ein wichtiger Kernbereich eines Unternehmens ist die Forschung und Entwicklung. Infolgedessen wurde folgende Kennzahl ermittelt.

$$\text{Forschung und Entwicklung} = \frac{\text{Forschungs-und Entwicklungsausgaben}}{\text{Umsatz}} \cdot 100$$

Je höher die Forschungs- und Entwicklungsausgaben sind, umso besser ist die Zukunftsvorsorge des Unternehmens. Demgemäß sollte diese Kennzahl besonders groß sein.

Von besonderer Bedeutung sind Investitionen in das Sachanlagevermögen, da sie direkt dem eigentlichen Unternehmenszweck zugutekommen.

$$\text{Investitionsquote des Sachanlagevermögens} = \frac{\text{Nettoinvestitionen in Sachanlagen}}{\text{Anfangsbestand Sachanlagen zu Bruttowerten}} \cdot 100$$

Auch hier gilt: Je größer diese Kennzahl ist, desto besser ist die zukünftige Ertragskraft des Unternehmens.

Eine Kehrseite der Investitionen ist das ihnen anhaftende Risiko. Dieses Risiko ergibt sich durch die Fixkostenbelastung neuer Maschinen und die Anpassungsbelastung.

Das unternehmerische Risiko ist umso kleiner, je besser sich das Unternehmen an Veränderungen anpassen kann. So sollte sich das Unternehmen an eine gestiegene Nachfrage kurzfristig durch größere Produktionsmengen anpassen können bzw. bei einem Nachfragerückgang die Produktion einschränken können, ohne dass die Existenz des Unternehmens gefährdet ist. Außerdem sollte das Unternehmen sich an Strukturveränderungen anpassen können.

Zur Beurteilung des Investitionsrisikos können wir auf bereits früher dargestellte Kennzahlen zurückgreifen. So deutet beispielsweise der hohe Cashflow der Bayer AG auf eine solide Ausstattung mit Eigenkapital hin, dadurch sollte das Unternehmen in der Lage sein, konjunkturelle und strukturelle Veränderungen zu meistern. Dagegen deutet die hohe Anlagenintensität und geringe Arbeitsintensität der Bayer AG zunächst darauf hin, dass eine hohe Kapitalbindung und eine starke Fixkostenbelastung besteht. Dies wiederum führt zu einer verhältnismäßig geringen Anpassungsfähigkeit des Unternehmens.

Bis jetzt haben wir die Investitionen nur unter dem Aspekt des Risikos betrachtet. Unberücksichtigt blieb bisher aber die Beurteilung der Investitionen unter dem Aspekt der Substanzerhaltung des Unternehmens. Zur Substanzerhaltung eines Unternehmens ist es erforderlich, dass der im Geschäftsjahr erfolgte Werteve zehr am Anlagevermögen, der durch die Abschreibungen zum Ausdruck kommt, durch Neuinvestitionen kompensiert wird.

So ergibt sich ein echtes Wachstum nur, wenn die Investitionen über die Abschreibungen hinausgehen. Dies kann mithilfe der Kennzahl Wachstumsrate (oder Wachstumsquote) gemessen werden.

$$\text{Wachstumsrate} = \frac{\text{Investitionen ins Sachanlagevermögen}}{\text{Abschreibungen des Sachanlagevermögens}}$$

Eine Wachstumsrate von 1 besagt, dass die Neuinvestitionen gerade nur den Wertverlust der alten Anlagen ausgleichen, d.h., die Substanz des Unternehmens wird erhalten. Indessen signalisiert eine Wachstumsrate von kleiner 1, dass eine Schrumpfung des Vermögens des Unternehmens stattfindet, was auf eine Verringerung der Substanz des Unternehmens hindeutet. Ein echtes Wachstum tritt nur bei Wachstumsraten von größer 1 auf.

Aber diese Kennzahl kann auch mal besonders niedrige Werte annehmen, wenn in den Vorjahren in hohem Maße investiert wurde und als Folge davon nun hohe Abschreibungen anfallen. In diesem Fall wäre es sicherlich falsch, von einem mangelnden Wachstum zu sprechen.

Ein weiterer Aspekt ist, dass in einer insgesamt wachsenden Wirtschaft jedes Unternehmen gezwungen ist mitzuwachsen, wenn es seine Stellung im Markt und seine Konkurrenzfähigkeit erhalten möchte. Demgemäß darf diese Kennzahl nur im Branchenvergleich betrachtet werden.

Nach der Analyse der Investitionstätigkeit stellt sich nun natürlich die Frage: Konnten die Investitionen aus dem Cashflow finanziert werden?

Dabei impliziert man, dass der Cashflow zum überwiegenden Teil zur Investitionsfinanzierung eingesetzt und nur zu einem geringen Teil zur Dividendenzahlung und Schuldentilgung genutzt wird.

$$\text{Innenfinanzierungsgrad} = \frac{\text{Cashflow} + \text{Rest-Buchwert Anlageabgänge}}{\text{Zugänge im Anlagevermögen}} \cdot 100$$

Wenn der Innenfinanzierungsgrad größer als 100 % ist, dann können die Investitionen aus dem Cashflow des Unternehmens finanziert werden.

8.5.1 Anwendung auf den Beispielsfall der Bayer AG

Um letztlich die Frage zu beantworten, ob die getroffenen Maßnahmen der Bayer AG zur Existenzsicherung und zur Gewinnsteigerung führen, müssen zunächst die Kennzahlen berechnet werden.

Tabelle 20: Kennzahlen zur Zukunftsvorsorge der Bayer AG

			in Mio € 31.12.2011	in Mio € 31.12.2012	Sollwert
Nettoinvestition (in Mio. €) (Wie groß ist das Investitionsvolumen?)		Zugänge	1.875,00	2.610,00	
		Restwertbuch Anlageabgänge	85,00	65,00	
	Ergebnis	Zugänge - Restbuchwert Anlageabgänge	1.790,00	2545,00	möglichst groß
Investitionsquote (%) (Wie viel % vom Anlagebestand wird wieder reinvestiert?)	Zähler	Nettoinvestition	1.790,00	2.545,00	
	Nenner	Anlageanfangsbestand	56.672,00	57.727,00	
	Ergebnis	Division x 100	3,16%	4,41%	möglichst groß
Investitionen in % des Umsatzes (%) (Wie viel % vom Umsatz wird wieder reinvestiert?)	Zähler	Nettoinvestition	1.790,00	2.545,00	
	Nenner	Umsatz	36.528,00	39.760,00	
	Ergebnis	Division x 100	4,90%	6,40%	möglichst groß
Forschung und Entwicklung in % des Umsatzes (%) (Wie viel % vom Umsatz wird in Forschung und Entwicklung investiert?)	Zähler	Forschung und Entwicklung	2.932,00	3.013,00	
	Nenner	Umsatz	36.528,00	39.760,00	
	Ergebnis	Division x 100	8,03%	7,58%	möglichst groß
Investitionsquote des Sachanlagevermögens (%) (Wie viel % des Sachanlagevermögens wird reinvestiert?)	Zähler	Nettoinvestitionen in Sachanlagen	1.242,00	1.583,00	
	Nenner	Anfangsbestand Sachanlage Bruttowerte	26.262,00	27.076,00	
	Ergebnis	Division x 100	4,73%	5,85%	möglichst groß
Wachstumsrate (Wie ist das Verhältnis von Investitionen zu Abschreibungen des Sachanlagevermögens?)	Zähler	Investitionen des Sachanlagevermögens	814,00	557,00	
	Nenner	Abschreibungen des Sachanlagevermögens	826,00	517,00	
	Ergebnis	Division x 100	0,99	1,08	>1
Innenfinanzierungsgrad (Konnten aus dem Netto-Cashflow die Investitionen getätigt werden?)	Zähler	Cashflow + Rest-Buchwert Anlageabgänge	5.145,00	4.597,00	
	Nenner	Zugänge im Anlagevermögen	1.875,00	2.610,00	
	Ergebnis	Division x 100	274 %	176 %	>1

*Die Kennzahlen beruhen auf Positionen der Bilanz, Gewinn- und Verlustrechnung und Kapitalflussrechnung. Ebenso sind Informationen aus dem Anlagegitter Sachanlagen und Entwicklung immaterieller Vermögensgegenstände eingeflossen.

Die hohen Nettoinvestitionen im Anlagevermögen von 2.610 Mio. € deuten auf eine rege Investitionstätigkeit hin. Besonders auffällig ist die Höhe der Forschungs- und Entwicklungsausgaben mit 7,58 % vom Umsatz, was auf eine gute zukünftige Ertragskraft hoffen lässt. Dies wird durch die hohen Investitionen in das Sachanlagevermögen unterstützt.

Besonders hervorzuheben ist, dass die Wachstumsrate wieder über den Sollwert von 1 gestiegen ist. Dies bedeutet, dass ein echtes Wachstum vorliegt. Das heißt, die Wachstumsdynamik hat vonseiten der Investitionstätigkeit zugenommen, Bayer befindet sich wieder in einer expansiven Phase. Ferner lässt dies auch auf eine zukünftig gute Ertragskraft schließen. Zudem zeigt der hohe Innenfinanzierungsgrad, dass das Wachstum zum größten Teil aus selbst erwirtschafteten Mitteln bestritten wird.

Kommen wir nun zurück zu der eingangs gestellten Frage, ob die getroffenen Maßnahmen letztlich die Existenz des Unternehmens sichern und die Gewinnchancen verbessern. Aufgrund der guten Kennzahlen der Zukunftsvorsorge (auch Investitionskennzahlen genannt), welche allesamt über dem Branchendurchschnitt liegen, kann man davon ausgehen, dass durch die getroffenen Maßnahmen die Existenz der Bayer AG gesichert ist. Außerdem sollten die durchgeführten Investitionen und die hohen Ausgaben für Forschung und Entwicklung zu deutlich steigenden Gewinnen und Umsätzen in der Zukunft führen.

Da wir nun alle Fakten kennen, können wir eine abschließende Beurteilung der Bayer AG aus Sicht der Bilanzanalyse vornehmen.

8.6 Abschließende Beurteilung des Unternehmens Bayer AG

Nach Abschluss der Partialanalysen, wie beispielsweise der Erfolgsanalyse, werden nun deren Teilergebnisse zu einem einheitlichen Ergebnis zusammengefasst – mit dem Ziel, zu einer abschließenden Beurteilung des Unternehmens zu kommen. In dieses Ergebnis gehen nicht alle zuvor erarbeiteten Teilergebnisse bzw. Kennzahlen der Partialanalysen ein. Sie dienen lediglich als Vorarbeiten für eine umfassende Beurteilung des Unternehmens.

Abbildung 43:   Bayer AG im Überblick

	2011	2012
Jahresabschlussdaten		
Bilanzdaten		
Umsatz	36.528 Mio. €	39.760 Mio. €
Anlagevermögen	32.697 Mio. €	32.350 Mio. €
Umlaufvermögen	20.068 Mio. €	18.986 Mio. €
Eigenkapital	19.271 Mio. €	18.569 Mio. €
Langfristiges Fremdkapital	20.104 Mio. €	19.668 Mio. €
Kurzfristiges Fremdkapital	13.390 Mio. €	13.099 Mio. €
Gewinn- und Ertragslage		
EBIT	4.149 Mio. €	3.960 Mio. €
Jahresüberschuss (Konzernergebnis)	2.470 Mio. €	2.446 Mio. €
Strukturanalyse		
Vermögensstrukturanalyse		
Anlagenintensität	61,97 %	63,02 %
Arbeitsintensität	38,03 %	36,98 %
Gesamtkapitalumschlag	0,69	0,78
Immobilisierungsverhältnis	162,93 %	170,39 %
Kapitalstrukturanalyse		
Eigenkapitalanteil	36,45 %	36,05 %
Fremdkapitalquote	63,55 %	63,95 %
Eigenkapitalrendite	12,86 %	13,24 %
Gesamtkapitalrendite	7,87 %	7,73 %
Finanzstrukturanalyse		
Deckungsgrad A	58,76	57,09
Deckungsgrad B	120,24	117,89
Finanzanalyse		
Liquiditätsanalyse		
Liquidität 3. Grades	149,87 %	144,94 %
Cashflow		
Cashflow / Umsatz	13,97 %	11,40 %
Dyn. Verschuldungsgrad	8,47 Jahre	2,11 Jahre
Innenfinanzierungsgrad	205,52 %	170,18 %
Erfolgsanalyse		
Wirtschaftlichkeitsanalyse		
Umschlagshäufigkeit des Anlagevermögen	0,64	0,64
Umschlagshäufigkeit des Umlaufvermögen	1,82	2,09
Rentabilität		
Umschlagsrentabilität	12,44 %	6,76 %
RoI	10,00 %	6,00 %
Zukunftsvorsorge		
Wachstumsrate	0,99	1,08
Investitionsquote	3,16 %	4,41 %

Die Strukturanalyse offenbart, dass es sich beim Bayer-Konzern um ein unelastisches Unternehmen handelt. Die hohe Anlagenintensität wiederum führt zu einer hohen Kapitalbindung (zum Beispiel in Maschinen) und zu einer starken Fixkostenbelastung. Zudem führt die geringe Anpassungsfähigkeit der Bayer AG dazu, dass die Bayer AG bei einer gestiegenen Nachfrage nicht kurzfristig mit einer größeren Produktionsmenge reagieren kann bzw. bei einem Nachfragerückgang die Produktion nicht schnell zurückfahren kann. Letztlich führt dies dazu, dass bei einem konjunkturellen Abschwung die Gewinne einbrechen. So berichtet der Bayer-Konzern 2013 von Problemen aufgrund des Abschwungs der Plastiksparte. Die Marktbedingungen seien widrig – es gebe branchenweit zu viele Fabriken, Energie- und Rohstoffkosten seien hoch. Zudem könnten die höheren Kosten nur schwer an die Kunden weitergegeben werden. Deswegen musste der Teilkonzern MaterialScience Ende Juli 2013 nach einem Gewinneinbruch die Prognose senken. Die Frage ist nun: Kann die Bayer AG solche konjunkturellen Abschwünge überstehen?

Aus der Kapitalstrukturanalyse erkennt man, dass der Eigenkapitalanteil mit 36 % deutlich größer ist als der durchschnittliche Wert der deutschen Industrie in Höhe von 20 %. Der hohe Eigenkapitalanteil zeigt, dass die Bayer AG solide finanziert ist. Überdies garantiert der hohe Eigenkapitalanteil Dispositionsfreiheit und weitgehende Unabhängigkeit von Kreditgebern. Zusätzlich erkennt man aus der Liquidität 3. Grades und den Deckungsgraden A und B, dass keine kurz- oder langfristigen Liquiditätsprobleme auftauchen sollten. Außerdem deutet der hohe Innenfinanzierungsgrad von 170 % zusammen mit der hohen Schuldentilgungsdauer von 2,11 Jahren an, dass die Bayer AG über hohe Liquiditätspolster verfügt. Folglich sollte die Bayer AG ohne große Probleme konjunkturelle Abschwünge meistern können. Dies wird noch dadurch unterstützt, dass Bayer knapp 70 % seiner Umsätze in dem wenig unter Konjunkturschwankungen leidenden Bereich der Life-Science-Produkte erzielt.

Dennoch dürften wegen der geringen Anpassungsfähigkeit die Gewinne in konjunkturellen Abschwüngen, insbesondere im Teilkonzern MaterialScience, mehr oder minder stark einbrechen. Dies wird allerdings aufgefangen durch die Tatsache, dass Bayer heute den überwiegenden Teil seiner Gewinne mit Life-Science-Produkten erzielt, d.h. mit den Teilkonzern CropScience und HealthCare. Hier lauern aber andere Gefahren für den Gewinn. Das sind vornehmlich Patentabläufe und Rechtsstreitigkeiten. Von den Patentabläufen ist Bayer weniger betroffen als andere Pharmakonzerne, weil Bayers fünf wichtigste Produktkandidaten ein mögliches Umsatzpotenzial von über 5 Mrd. € haben. Auf der anderen Seite drohen Bayer u.a. wegen Rechtsfälle bei Yasmin / Yaz hohe Kosten. Wegen dieser Kosten

(1,7 Mrd. €) konnte das »Ergebnis vor Finanzergebnis und Steuern« – das EBIT – mit 4 Mrd. € nicht ganz auf dem Niveau von 2011 gehalten werden. Dies hat zur Folge, dass die Rentabilität des Bayer-Konzerns deutlich zurückging. Da aber die Gesamtrentabilität noch so hoch ist, dass sie deutlich über dem Zinssatz für Fremdkapital liegt, konnte durch eine zusätzliche Aufnahme von Fremdkapital (Fremdkapitalquote von 63,55 auf 63,95 %) die Eigenkapitalrendite (von 12,86 auf 13,24 %) gesteigert werden.

Ferner dürfte nächstes Jahr die Rentabilität steigen, weil die einmaligen Sondereinflüsse in Höhe von 1,7 Mrd. € den Konzern nicht mehr belasten.

Nun muss man sich der nächsten Frage zuwenden: Hat die Bayer AG Maßnahmen getroffen, um die Existenz des Unternehmens zu sichern und um sich zukünftige Gewinnmöglichkeiten zu erschließen? Die Steigerung der Investitionsquote zeigt, dass Bayer verstärkt investiert, um für die Zukunft gerüstet zu sein. Dass hier ein echtes Wachstum vorliegt, zeigt sich daran, dass die Wachstumsrate über 1 liegt. Außerdem sollten die durchgeführten Investitionen und die hohen Ausgaben für Forschung und Entwicklung zu deutlich steigenden Gewinnen in der Zukunft führen.

Abschließend kann man sagen, dass die Bayer AG ein ertragreiches, äußerst solide finanziertes, expandierendes Unternehmen mit gutem Entwicklungspotenzial und hervorragenden Aussichten bezüglich der Ertragskraft ist. Zusätzlich verfügt die Bayer AG über ein starkes Portfolio von Produkten, welche aber meistens nur in Fachkreisen einen hohen Bekanntheitsgrad haben. Gerade dieses Portfolio sollte in der Zukunft für steigende Gewinne sorgen. Das Haar in der Suppe ist, dass der Teilkonzern MaterialScience[66] stark von der Branchenkonjunktur abhängig ist. Zusätzlich muss der Anleger ein wachsames Auge auf die hohen Kosten für Rechtsstreitigkeiten haben und überprüfen, ob sie wirklich nur von einmaliger Natur sind.

---

[66] Wieder einmal zeigt sich, dass Unternehmen lebende Organismen sind. Deswegen muss der Anleger auch nach der Beurteilung immer ein Auge auf sie haben. Es kann immer zu einem unerwarteten Ereignis kommen, das eine Neubewertung nötig macht. So gab Bayer am 18. September 2014 bekannt, die Kunststoffsparte MaterialScience als eigenständiges Unternehmen an die Börse zu bringen. Durch die Abspaltung von MaterialScience konzentriert sich Bayer auf die Life-Science-Geschäfte HealthCare und CropScience. Die »neue« Bayer wird ungefähr einen Jahresumsatz von ca. 29 Mrd. € erzielen und knapp 99.000 Mitarbeiter haben.

8.7 Schnellverfahren zur Ermittlung der Solidität und Finanzkraft eines Unternehmens

In diesem Abschnitt werde ich Ihnen ein Schnellverfahren zur Ermittlung der Solidität und Finanzkraft eines Unternehmens an die Hand geben.

Dieses Verfahren geht von der Überlegung aus, dass sich die Solidität und Finanzkraft eines Unternehmens ableiten lässt aus der Bonität der Unternehmensanleihen des betrachteten Unternehmens. Dabei steht das Bonitätsrisiko für die Gefahr der Zahlungsunfähigkeit des Schuldners. Außerdem steht das Bonitätsrisiko auch für eine mögliche vorübergehende oder endgültige Unfähigkeit des Schuldners zur termingerechten Erfüllung bzw. Bedienung seiner Zins- oder Tilgungsverpflichtungen. Man erkennt schon aus der Definition der Bonität einer Anleihe, dass sie im Prinzip genau die Solidität und Finanzkraft eines Unternehmens misst. Zudem zeigt sich, dass Unternehmen mit einer guten Bonität natürlich auch über eine besonders gute Ertragskraft und logischerweise somit auch über eine gute Zukunftsaussicht verfügen. Darum liefert die Aussage der Bonität eigentlich alle Informationen, die auch die Bilanzanalyse liefert, und zwar in einer Kennzahl. Um das Schnellverfahren zur Ermittlung der Solidität und Finanzkraft eines Unternehmens zu verstehen, ist es besonders wichtig, die Bedeutung der Bonität von Anleihen zu verstehen. Darum wird diese zunächst erläutert.

8.7.1 Exkursion: Bonität

8.7.1.1 Messung der Bonität eines Schuldners

Die Messung der Bonität eines Unternehmens erfolgt von unabhängigen Ratingagenturen. Die Bonität wird mittels eines Ratings festgestellt. Die bekanntesten Ratingagenturen sind Moody's und Standard & Poor's. Dabei verwenden die Ratingagenturen folgende Ratingsymbole.

Tabelle 21:   **Ratingsymbole**

Bonitätsbewertung	Rating – Symbol	
	Ratingagentur Moody´s	Ratingagentur Standard & Poor's
Sehr gute Anleihen Beste Qualität, geringstes Ausfallrisiko	Aaa	AAA
Hohe Qualität, aber etwas größeres Risiko als die Spitzengruppe	Aa1 Aa2 Aa3	AA+ AA AA-
Gute Anleihen Gute Qualität, viele gute Investmentattribute, aber auch Elemente, die sich bei veränderter Wirtschaftsentwicklung negativ auswirken können	A1 A2 A3	A+ A A-
Mittlere Qualität, aber mangelnder Schutz gegen die Einflüsse sich verändernder Wirtschaftsentwicklung	Baa1 Baa2 Baa3	BBB+ BBB BBB-
Spekulative Anleihen Spekulative Anlage, nur mäßige Deckung für Zins- und Tilgungsleistungen	Ba1 Ba2 Ba3	BB+ BB BB-
Sehr spekulativ, generell fehlende Charakteristika eines wünschenswerten Investments, langfristige Zinszahlungserwartung gering	B1 B2 B3	B+ B B-
Junk Bonds Niedrigste Qualität, direkte Gefahr des Zinszahlungsverzuges	Caa Ca C	CCC CC C

Die Ratingsysteme sind so entwickelt, dass sie sowohl quantitativen als auch qualitativen Beurteilungskriterien Rechnung tragen. Dabei umfasst die Analyse auch die gesamtwirtschaftliche Situation des Landes, in dem der Emittent seinen Sitz hat. Zudem wird die individuelle wirtschaftliche Situation des Emittenten analysiert. Zusätzlich findet eine juristische Beurteilung der Ausstattungsmerkmale der Anleihe statt.

Hierbei hat das Rating, das einem Emittenten zugestanden wird, Auswirkungen auf die Konditionengestaltung der noch auszugebenden Anleihe. Sie hat auch einen entscheidenden Einfluss auf die Höhe des Zinssatzes der Anleihe. Dies bedeutet, dass eine Anleihe mit erstklassigem Rating dem Anleger eine niedrigere Rendite bietet als eine Anleihe mit einem schlechteren Rating.

Nun wissen wir, wie die Bonität gemessen wird. Die nächste Frage ist logischerweise: Wie kann es zu Bonitätsveränderungen kommen?

8.7.1.2 Wie kommt es zu Bonitätsveränderungen?

In diesem Abschnitt wird näher untersucht, wie es zu einer Bonitätsveränderung von Schuldnern kommen kann.

Im Allgemeinen kann sich die Bonität eines Emittenten während der Laufzeit der Anleihe ändern aufgrund von Entwicklungen im gesamtwirtschaftlichen oder unternehmensspezifischen Umfeld. In der Regel gibt es zwei Faktoren für die Änderung der Bonität eines Emittenten.

1. Zunächst kann dies durch eine konjunkturelle Veränderung passieren. Diese konjunkturelle Veränderung kann die Gewinnsituation bzw. die Zahlungsfähigkeit des Emittenten nachhaltig beeinträchtigen. Solche dramatischen Veränderungen treten meistens bei langfristigen Wirtschaftskrisen auf. Dies führt insbesondere bei Industrieunternehmen zu Bonitätsänderungen.

2. Zudem können Veränderungen, die ihre Ursache in den einzelnen Unternehmen, Branchen oder Ländern haben, zu einer Bonitätsänderung führen. So können zum Beispiel durch die Entwicklung von neuen innovativen Produkten die Gewinne des Unternehmens drastisch ansteigen, sodass eine höhere Bonitätseinstufung notwendig ist. Zudem können politische Entwicklungen, wie zum Beispiel Putsche, mit starken wirtschaftlichen Auswirkungen die Zahlungsfähigkeit von Unternehmen und Ländern verschlechtern.

Da wir nun wissen, wie Bonitätsänderungen entstehen, müssen wir uns der Frage zuwenden: Welche Auswirkungen haben Bonitätsveränderungen?

8.7.1.3 Auswirkungen einer Bonitätsveränderung

Eine Bonitätsveränderung des Emittenten bewirkt immer eine Veränderung des Kurses der Anleihe.

Eine erstklassige Schuldnerbonität ist in der Regel mit einer geringen Rendite der Anleihe verbunden. Dies führt dazu, dass diese Anleihen von vornherein mit einer niedrigeren Nominalverzinsung ausgestattet sind als gleichzeitig emittierte Anleihen von Emittenten mit schlechterer Bonität. Hieraus erkennt man, dass die Bonität einen direkten Einfluss auf die Höhe der Zinsen einer Anleihe hat. Infolgedessen beobachtet man auch, dass Staatsanleihen (hohe Bonität) meistens niedrigere Zinssätze haben als vergleichbare Industrieanleihen (schlechte Bonität).

Eine Bonitätsverschlechterung wirkt sich ungünstig auf die Kursentwicklung der betreffenden Anleihe und meistens auch negativ auf den Aktienkurs aus. Man beobachtet dann meistens einem Risikoabschlag. Das Bonitätsrisiko liegt tendenziell umso höher, je länger die Restlaufzeit der Anleihe ist. Demgegenüber wirkt sich eine Bonitätsverbesserung meistens günstig auf die Kursentwicklung der betreffenden Anleihe sowie Aktie aus.

Eine besonders drastische Auswirkung einer Bonitätsverschlechterung für ein Unternehmen sind die steigenden Zinslasten, welche zusätzlich den Gewinn schmälern können. Hierdurch kann eine prekäre Lage für das Unternehmen entstehen, welches zur Insolvenz führen kann. Dies tritt immer dann auf, wenn die Zinsen des Fremdkapitals aufgrund der Bonitätsverschlechterung größer werden als die Gesamtkapitalrentabilität des Unternehmens. In einen solchen Fall muss das Unternehmen nämlich die Zinszahlungen meistens aus der Substanz tätigen.

Kommen wir nun nach dieser Exkursion zum Schnellverfahren zur Ermittlung der Solidität und Finanzkraft eines Unternehmens zurück.

8.7.2 Schnelltest zur Prüfung von Solidität und Finanzkraft eines Unternehmens

Unter Bilanzanalyse versteht man ein Verfahren der Informationsgewinnung und Auswertung, mit deren Hilfe aus den Angaben des Jahresabschlusses bzw. Geschäftsberichts Erkenntnisse über die Finanz- und Ertragslage des Unternehmens gewonnen werden. Besondere Beachtung findet bei der Bilanzanalyse die Fragestellung der finanziellen Stabilität (Insolvenzrisiko) und der Ertragskraft des Unternehmens. Um dies zu ergründen, werden im Rahmen der Bilanzanalyse eine Vielzahl von Kennzahlen verwendet.

Genau diese Fragestellung wird auch bei der Einstufung des Ratings einer Anleihe (siehe vorherige Abschnitte) gestellt. Das Rating erfolgt nämlich ebenfalls anhand der Ertragslage und finanziellen Stabilität eines Unternehmens. Deswegen kann man, anstatt die Bilanzanalyse durchzuführen, einfach das Rating für eine Unternehmensanleihe des betreffenden Unternehmens verwenden. Dabei gilt:

- Aus dem Rating der Anleihe lässt sich direkt die Solidität und Finanzkraft eines Unternehmens ableiten.

Vereinfacht ausgedrückt, geht man bei diesem Modell davon aus, dass Unternehmen mit einer guten Bonität auch über eine gute Solidität und Finanzkraft verfügen. Dagegen haben Unternehmen mit einer schlechten Bonität natürlich auch eine schlechte Solidität und Finanzkraft.

In Tabelle 22 sind die Aussagen des Schnellverfahrens zur Ermittlung der Solidität und Finanzkraft eines Unternehmens in Abhängigkeit von der Bonität einer Unternehmensanleihe dargestellt. Als Privatinvestor sollte man Unternehmen bevorzugen, die mindestens eine mittlere Ertragskraft und mittlere finanzielle Stabilität haben, also Unternehmen ab einem Standard & Poor's-Rating von BBB. Dieses Rating wird zum Beispiel im Anleihecenter des Direktbrokers www.maxblue.de veröffentlicht, oder man sieht sich das Rating des betrachteten Unternehmens direkt bei den Ratingagenturen www.standardandpoors.com oder www.moodys.com an oder fragt bei den Unternehmen direkt nach bzw. sieht im Geschäftsbericht nach. Eine Voraussetzung für dieses Schnellverfahren ist, dass das Unternehmen eine Anleihe ausgegeben hat, welche durch eine Ratingagentur bewertet wurde. Falls dies der Fall ist, können Sie mittels dieses Verfahrens die Bilanzanalyse substituieren.

Tabelle 22: **Schnellverfahren zur Unternehmensbewertung**

Rating-Symbol		Beurteilung des Unternehmens aus Sicht der Bilanzanalyse
Ratingagentur Moody	Ratingagentur Standard & Poor's	
Aaa Aa1 Aa2 Aa3	AAA AA+ AA AA-	Sehr gute Ertragskraft und sehr gute finanzielle Stabilität, d.h. kein Insolvenzrisiko
A1 A2 A3	A+ A A-	Gute Ertragskraft und gute finanzielle Stabilität, d.h. kein Insolvenzrisiko
Baa1 Baa2 Baa3	BBB+ BBB BBB-	Mittlere Ertragskraft und mittlere finanzielle Stabilität. Achtung, diese Unternehmen sind zu beobachten, da mangelnder Schutz gegen die Einflüsse sich verändernder Wirtschaftsentwicklung besteht. Dies bedeutet, der wirtschaftliche Rahmen für zukünftige Expansionsbestrebungen ist eng.
Ba1 Ba2 Ba3	BB+ BB BB-	Befriedigende bis schlechte Ertragskraft und finanzielle Stabilität, da nur mäßige Deckung für Zins- und Tilgungsleistungen besteht. Diese Unternehmen haben ein erhöhtes Insolvenzrisiko.
B1 B2 B3	B+ B B-	Schlechte Ertragskraft und schlechte finanzielle Stabilität. Insolvenzrisiko ist gegeben.
Caa Ca C	CCC CC C	Sehr schlechte Ertragskraft und sehr schlechte finanzielle Stabilität, d.h. hohes Insolvenzrisiko

8.7.2.1 Anwendung des Schnelltests für unser Beispiel Bayer AG

Als ersten Schritt bei der Durchführung des Schnelltests müssen wir das Rating für die Anleihen der Bayer AG ermitteln. Dazu geht man am besten direkt zu der Internetseite der Ratingagenturen www.standardandpoors.com oder www.moodys.com. Dort gibt es eine Suchfunktion, bei der man nur noch den Namen des Unternehmens eingeben muss, und man erhält das Rating. Eine Alternative dazu ist, in den Geschäftsbericht des Unternehmens oder auf der Internetseite unter der Rubrik Investor Relation nachzuschauen, dort wird in der Regel auch das Rating veröffentlicht. Für die Bayer AG bekommt man als Auskunft zum Rating von der Ratingagentur Moody's das Ratingsymbol A3 und von Standard & Poor's A-. Danach sieht man einfach in Tabelle 22 nach, welchem Ergebnis dies aus Sicht der Bilanzanalyse entspricht. Aus Tabelle 22 entnimmt man, dass die Bayer AG eine gute Ertragskraft und gute finanzielle Stabilität hat, d.h., es besteht kein Insolvenzrisiko. Somit decken sich die Ergebnisse der Bilanzanalyse (siehe Kapitel 8.6.) und des Schnelltests.

Mithilfe der CDS (s. S. 34ff.) bekommt der Anleger sogar ein Instrument an die Hand, mit dem er täglich die aktuelle Bonitätseinschätzung des Marktes über das Unternehmen ablesen kann. Denn CDS ändern sich beinahe täglich. Die Höhe des CDS drückt dabei die Einschätzung der aktuellen Kreditwürdigkeit des Unternehmens aus. Im Allgemeinen ist eine Höhe der CDS von 300 Punkten (Bayer: Oktober 2013 80 Punkte) unbedenklich, bei darüber hinaus gehenden Werten sollte der Geschäftsverlauf bzw. der Geschäftsbericht kritisch hinterfragt werden. Obendrein sollte immer[67] auch ein vergleichender Blick mit einen Vergleichsindex (in dem Index sollte am besten das Unternehmen enthalten sein), wie dem iTraxx Europe, durchgeführt werden. Liegt die Höhe des CDS des Unternehmens unterhalb (wie bei Bayer) bzw. gleich auf, so ist die Welt noch in Ordnung. Größere Werte müssen stets hinterfragt werden. Es sollte dann unbedingt eine vollständige Bilanzanalyse durchgeführt werden.

In der Regel zeigen die CDS eine Verschlechterung der Bonität eines Unternehmens wesentlich früher an als die Bonitätseinschätzung durch die Ratingagenturen. Ebenso wie bei der Bonitätseinschätzung durch die Ratingagenturen ergibt sich durch die CDS-Prüfung (Bayer: 80 Punkte, CDS unterhalb des iTraxx Europe), dass Bayer ein solides Unternehmen ist. Die Ampel steht also aus fundamentaler Sicht für Bayer auf Grün. Jetzt müssen wir herausfinden, wie die Bayer-Aktie an der Börse bewertet ist.

---

[67] Dies ist notwendig, weil in Finanzkrisen, wie 2009, die CDS schon mal durch die Decke gehen können, sodass sich ein falsches Bild ergibt, wenn man nur den absoluten Wert des Unternehmens betrachtet.

9 Aktien- und kursbezogene Kennzahlen

Bisher haben wird die Ertragslage bzw. Ertragskraft eines Unternehmens anhand von Fakten aus dem Unternehmensgeschehen (Geschäftsbericht) beurteilt. Dabei blieb aber folgende Schwierigkeit bestehen: Es werden nicht alle Faktoren, die die Ertragskraft bestimmen, im Geschäftsbericht erfasst. Man denke zum Beispiel an Managementqualität, Markenimage usw. Demzufolge bleiben unsere Erkenntnisse, die wir über die Ertragskraft gewonnen haben, immer mit einem gewissen Risiko behaftet.

Nun werden aber Aktiengesellschaften laufend von objektiver und oft gut informierter Seite beurteilt, nämlich der Börse. Diese Beurteilung drückt sich dann im Aktienkurs des Unternehmens aus. Die laufend ermittelten Aktienkurse spiegeln das ökonomische Interesse der Kapitalanleger und deren Einschätzung der zukünftigen Gewinnchancen des Unternehmens wider. Folglich liegt es nahe, sich die in den Kursen sich niederschlagende Sachkenntnis und die Einschätzung des Börsenpublikums für die Beurteilung des Unternehmens nutzbar zu machen. Die Einschätzung des Börsenpublikums für eine Aktie erfolgt allerdings meist nach aktienbezogenen Kennzahlen.

9.1 Aktienbezogene Kennzahlen

Die aktienbezogenen Kennzahlen spielen in der Bewertung von Aktiengesellschaften eine wichtige Rolle. Für unser Beispiel Bayer AG werden viele aktienbezogene Kennzahlen im Abschnitt 10.3. (Seite 219ff.) im Rahmen des Vergleiches von Bewertungsmethoden ausführlich besprochen. Darum verzichte ich an dieser Stelle darauf, die aktienbezogenen Kennzahlen für die Bayer AG darzustellen. Vielmehr werde ich die aktienbezogenen Kennzahlen theoretisch erläutern. Eine aus der Bilanz kommende aktienbezogene Kennzahl ist der Bilanzwert.

$$Bilanzwert = \frac{Grundkapital + Rücklagen}{Grundkapital} \cdot 100$$

Leider ist der Bilanzwert nur bedingt aussagekräftig, da die stillen Reserven unberücksichtigt bleiben. Darum ist in der Regel der aktuelle Wert eines Unternehmens an der Börse wesentlich höher als der Bilanzwert. Häufig setzt man den Bilanzwert auch in Beziehung zu der Anzahl der ausgegebenen Aktien.

$$\text{Bilanzwert je Aktie} = \frac{\text{Bilanzwert}}{\text{Anzahl der ausgegebenen Aktien}}$$

Eine zweite wichtige Kennzahl aus der Bilanz ist das Eigenkapital pro Aktie.

$$\text{Eigenkapital je Aktie} = \frac{\text{Eigenkapital}}{\text{Anzahl der ausgegebenen Aktien}} \cdot 100$$

Sowohl der Bilanzwert als auch das Eigenkapital je Aktie sind wichtige Qualitätsmerkmale für ein Unternehmen. Nur in Ausnahmefällen unterschreitet der Aktienkurs das Eigenkapital pro Aktie und den Bilanzwert je Aktie. Dies tritt auf, wenn die Börsenteilnehmer davon ausgehen, dass sich die wirtschaftliche Lage des Unternehmens oder der Branche drastisch ändert.

Eine Kennzahl, die immer häufiger in den Blickpunkt der Anleger gerät, ist die Umsatzrendite bzw. Umsatzrentabilität. Sie stellt eine Beziehung zwischen den Verkaufserlösen und der Ertragskraft eines Unternehmens her. Sie gibt also an, wie viel Cent Gewinn durch einen Euro an Umsatz erwirtschaftet werden. Daher zeigt die Umsatzrendite an, wie effizient ein Unternehmen arbeitet. Normalerweise vergleichen Anleger die Umsatzrendite im Zeitverlauf und innerhalb einer Branche.

$$\text{Umsatzrendite} = \frac{\text{Jahresüberschuss}}{\text{Umsatzerlöse}} \cdot 100 = \frac{2.496 \text{ Mio. } €}{39.760 \text{ Mio. } €} \cdot 100 = 6,28\,\%$$

Bei Konzernabschlüssen muss zur Berechnung der Umsatzrendite[68] immer auf das Ergebnis vor Abzug von Minderheitsanteilen zurückgegriffen werden. Allgemein gilt eine Umsatzrendite von 3 bis 5 % als solide Grundlage für ein Unternehmen. Bayer erwirtschaftete im Jahr 2012 eine Umsatzrendite von 6,28 %. Wesentlichen Einfluss auf die Umsatzrendite haben die Marktmacht und das Kostenmanagement des Unternehmens. Das heißt: Je besser ein Unternehmen die Preise anpassen und gleichzeitig Kosten sparen kann, desto höher fällt die Umsatzrendite aus. Letztlich deutet eine hohe Umsatzrendite auf ein Alleinstellungsmerkmal, Marktmacht oder eine geringe Konkurrenz hin. Dagegen deutet eine niedrige Umsatzrendite auf intensiven, hauptsächlich über den Preis betriebenen Wettbewerb oder schlechtes Kostenmanagement hin.

---

[68] In einigen Lehrbüchern wird die Meinung vertreten, dass bei der Berechnung der Umsatzrendite der Zähler neben dem Jahresüberschuss um die gezahlten Steuern und Zinsen zu erweitern ist. Da allerdings Zinsen und Steuern reale Aufwendungen sind, sollten diese auch berücksichtigt werden.

Zusätzlich relativiert die Umsatzrendite die Angaben über das Umsatzwachstum. So sind steigende Umsätze nicht automatisch gut, wenn gleichzeitig die Umsatzrendite fällt – wie bei Bayer (Umsatzrendite 2011: 6,77 %). Dies ist vielmehr ein Zeichen für einen hohen Preisdruck oder ein schlechtes Kostenmanagement des Unternehmens. Demgegenüber sind schrumpfende Umsätze nicht automatisch schlecht, wenn die Umsatzrendite dabei steigt. So etwas passiert zum Beispiel, wenn ein Verkauf von unrentablen Geschäftsbereichen erfolgt.

9.2 Kursbezogene Kennzahlen

Als Vorstufe für die Ermittlung der kursbezogenen Kennzahlen dienen die bilanz- und aktienbezogenen Kennzahlen. Demzufolge ist man heute in der Anlagepraxis dazu übergegangen, die Bilanzanalyse den Spezialisten zu überlassen und sich nur noch an den kursbezogenen Kennzahlen zu orientieren. Allerdings ist dies eine sehr stark vereinfachte Betrachtungsweise, welche zu fehlerhaften Ergebnissen führen kann. Behalten Sie dabei im Hinterkopf: Faulheit ist der Schlüssel zur Armut. Daher empfehle ich persönlich, sich die Mühe zu machen, sich mindestens die bilanz- und aktienbezogenen Kennzahlen aus dem Internet zu besorgen sowie den Schnelltest zur Prüfung der Solidität und Finanzkraft eines Unternehmens durchzuführen. Nur mithilfe dieser Informationen kann man nämlich die Solidität und Liquidität eines Unternehmens abschätzen.

In den folgenden Abschnitten werde ich nicht jede kursbezogene Kennzahl ausführlich darstellen, sondern nur diejenigen, welche in der Praxis häufig Verwendung finden. Der Anleger sollte immer bedenken, dass die Analysten in Banken und Brokerhäusern mit den vorgestellten kursbezogenen Kennzahlen ihre Anlageentscheidung zu den einzelnen Aktiengesellschaften treffen. Daher ist es sinnvoll, die Entscheidungsgrundlagen und die analytischen Instrumente der Analysten zu kennen und diese mit in die eigene Anlageentscheidung einfließen zu lassen.

9.2.1 Dividendenrendite

Mithilfe der Dividendenrendite sollen Aktien mit verschiedenen Kursen und verschiedenen Dividenden vergleichbar gemacht werden.

$$\text{Dividendenrendite} = \frac{\text{Dividende je Aktie}}{\text{Aktienkurs}} \cdot 100$$

Allgemein gilt: Je höher die Dividendenrendite, desto rentabler ist eine Aktie. Aber Aktien sollten nicht nur wegen ihrer Dividendenrendite gekauft werden. Die heute gezahlte Dividende muss nicht zwangsläufig auch in der Zukunft beibehalten werden. Infolgedessen muss überprüft werden, ob das Unternehmen auch in Zukunft in der Lage ist, die Dividende zu bezahlen. Dazu dient unter anderem die Kennzahl Dividende/Gewinn-Verhältnis.

$$\frac{\text{Dividende}}{\text{Gewinn}}\text{-Verhältnis=}\frac{\text{Dividende je Aktie}}{\text{Gewinn je Aktie}}$$

Je mehr nun die Dividende durch den Gewinn abgedeckt wird, umso größer ist die Wahrscheinlichkeit, dass die Dividende auch in Zukunft beibehalten wird.

Überdies hat die Dividendenrendite auch nur eine eingeschränkte Aussagekraft, weil gerade Standardwerte mit einer vergleichsweise geringen Dividendenrendite dennoch im Kurs überdurchschnittlich zulegen können. Umgekehrt kann es aber auch vorkommen, dass Aktien mit relativ hoher Dividendenrendite nur unterdurchschnittliche Kurszuwächse haben. Aber gerade in Zeiten magerer Kurszuwächse, meistens nach Börsencrashs, rückt die Dividendenrendite wieder verstärkt ins Visier von Anlegern.

9.2.2 Kurs/Buchwert-Verhältnis

Eine entscheidende Einflussgröße für die Aktienkursentwicklung ist das Kurs/Buchwert-Verhältnis (Abk. KBV).

$$\frac{\text{Kurs}}{\text{Buchwert}}\text{-Verhältnis=}\frac{\text{Börsenkapitalisierung}}{\text{Eigenkapital}}$$

Die Kennzahl KBV ermöglicht eine Aussage darüber, mit welchem Aufschlag das eingesetzte Kapital an der Börse bewertet wird. Dabei gilt: Je größer die Kennzahl KBV ist, umso positiver sind die von den Marktteilnehmern erwarteten Zukunftsaussichten. Allerdings ist somit wahrscheinlich das Kurswachstumspotenzial nach oben begrenzter und das Rückschlagspotenzial größer als bei Unternehmen mit einem vergleichbar geringeren Kurs/Buchwert-Verhältnis.

Ferner orientiert sich der Buchwert eines Unternehmens an historischen Werten, d.h. wiederum, dass der Buchwert nichts über die aktuelle Marktbewertung von Aktiva und Passiva aussagt.

Außerdem muss man bedenken, dass die Aktiva von alteingesessenen und bekannten Unternehmen durch die aufgelaufene Inflation oft weit mehr wert sind, als aus der Bilanz ersichtlich ist. Demgemäß liegt das KBV bei solchen Unternehmen relativ hoch.

Obendrein suggeriert das KBV, dass jede Änderung in der Kapitalstruktur automatisch eine Änderung des Aktienkurses nach sich zieht. Darum müssten eigentlich bei einer Zunahme des Eigenkapitals gegenüber dem Fremdkapital die Aktienkurse steigen. Allerdings ist bis heute ein solcher Zusammenhang noch nicht nachgewiesen worden. Dies liegt darin begründet, dass die Börse weniger darauf blickt, woher das Kapital kommt, sondern vielmehr darauf, welche Verwendung das Kapital findet und welche Rendite damit erwirtschaftet wird. Gleichwohl beobachtet man, dass, wenn die Verschuldung zunimmt und damit natürlich auch das KBV deutlich abnimmt, auch der Aktienkurs des Unternehmens fällt.

9.2.3 Q-Ratio

Eine im Vergleich zum KBV aussagekräftigere Kennziffer ist die Q-Ratio. Dabei vergleicht die Q-Ratio die Börsenkapitalisierung einer Aktiengesellschaft (Aktienkurs multipliziert mit der Zahl der Aktien) mit dem Wiederbeschaffungswert aller betriebsnotwendigen Ausrüstungen, Anlagen usw., sprich: der Aktiva.

$$\text{Q-Ratio} = \frac{\text{Börsenkapitalisierung}}{\text{Wiederbeschaffungswert aller betriebsnotwendigen Anlagen}}$$

Ist das Q-Verhältnis kleiner 1, so entspricht der Aktienkurs nicht dem Marktwert der Aktiva. Dies bedeutet, dass je nach Grad der Abweichung die Aktie mehr oder weniger stark unterbewertet ist. Ist dagegen das Q-Verhältnis deutlich größer 1, so ist die Aktie überbewertet.

Der Nachteil der Kennzahl Q-Ratio ist, dass sie sich nur unter großem Aufwand berechnen lässt, da alle Bilanzpositionen einzeln zu analysieren sind. Näherungsweise kann man für die Aktiva auch bei der Berechnung der Q-Ratio das Umlaufvermögen und das Anlagevermögen verwenden.

9.2.4 Kurs-Gewinn-Verhältnis und Kurs-Cashflow-Verhältnis

Normalerweise werden das Kurs-Gewinn- und Kurs-Cashflow-Verhältnis bei der Aktienanalyse immer zusammenbetrachtet.

9.2.4.1 Kurs-Gewinn-Verhältnis

Kaum eine andere Aktienkennziffer findet so viel Beachtung wie das Kurs-Gewinn-Verhältnis[69] (Abk. KGV).

---

[69] Wird auch häufig bezeichnet als Price-Earnings-Ratio.

$$\frac{\text{Kurs}}{\text{Gewinn}}\text{-Verhältnis}=\frac{\text{Kurs}}{\text{Gewinn je Aktie}}$$

Bevor wir uns näher mit dem Kurs-Gewinn-Verhältnis beschäftigen können, müssen wir uns die Frage stellen, wie eigentlich der Gewinn je Aktie ermittelt wird. Heute ist es in Deutschland üblich geworden, den Gewinn je Aktie mittels der DVFA/SG-Methode zu berechnen. Inzwischen wird dieser Gewinn je Aktie nach DVFA/SG-Methode von den meisten Unternehmen mitveröffentlicht. Eine andere Möglichkeit, um Informationen über den Gewinn pro Aktie zu erhalten, ist das Internet. So bietet beispielsweise die Internetseite www.onvista.de Analystenschätzungen zum Gewinn pro Aktie für das laufende und das kommende Geschäftsjahr an. So ergibt sich das Kurs-Gewinn-Verhältnis nach folgender Gleichung.

$$\frac{\text{Kurs}}{\text{Gewinn}}\text{-Verhältnis}=\frac{\text{Kurs}}{\text{Gewinn je Aktie nach }\frac{\text{DVFA}}{\text{SG}}\text{-Methode}}$$

Hieraus erkennt man, dass der Börsenkurs eines Unternehmens sich aus den Ertragsaussichten des Unternehmens und seinem Substanzwert zusammensetzt. Der Substanzwert eines Unternehmens ergibt sich aus dem Bilanzkurs.

$$\text{Bilanzkurs}=\frac{\text{bilanziertes Eigenkapital}}{\text{gezeichnetes Kapital}}$$

Zieht man den Bilanzkurs vom Börsenkurs ab, so bekommt man den Ertragswert des Unternehmens nach Ansicht der Börse. Dabei kann es vorkommen, dass der Börsenkurs unterhalb des Bilanzkurses liegt. Dieses tritt auf, wenn die Börse die zukünftigen Ertragsaussichten des Unternehmens besonders negativ einschätzt.

Aber man kann diese Betrachtung auch global am Börsen- oder Bilanzwert des Unternehmens durchführen. Diese Betrachtung spielt besonders im Zusammenhang mit Unternehmensübernahmen eine Rolle. Daher möchte ich diese Methode hier kurz vorstellen. Der Börsenwert eines Unternehmens ergibt sich aus der Multiplikation der Anzahl der Aktien mit dem Börsenkurs. Der Bilanzwert entspricht dem bilanzierten Eigenkapital und den Rücklagen. Aus der Differenz von Börsenwert und Bilanzwert erhält man dann wieder den Ertragswert des Unternehmens.

Kommen wir nach diesem Exkurs wieder zurück zur Price-Earnings-Ratio bzw. zum KGV. Diese Kennzahl wird nämlich von vielen Börsenteilnehmern zur Beurteilung eines Unternehmens herangezogen. Bei dieser Kennzahl handelt es sich nämlich um eine reziproke Kennzahl, welche besonders aus der Sicht des Kapitalanlegers zu sehen ist, weil sie den Gewinn auf das investierte Kapital des Investors und nicht auf das Unternehmenskapital bezieht.

Es gilt: Je höher das KGV ist, umso teurer ist das Unternehmen, desto kleiner ist auch die kurzfristig zu realisierende Rendite, bzw. umso länger dauert es, bis der Kaufpreis durch Gewinne wieder amortisiert wird. Zudem bedeutet ein hohes KGV, dass die Börse auch zukünftig hohe Ertragserwartungen hat, weil sonst niemand eine solch teure Aktie kaufen würde. Andererseits bedeutet ein niedriges KGV, dass die Aktie preiswert ist. So könnte ein Erwerb vorteilhaft sein, weil die Rendite vergleichsweise hoch ist und Kursgewinne möglich sind, wenn die Börse diesen Wert entdeckt. Überdies wird diese Kennzahl oft mit den erzielbaren Renditen am Rentenmarkt verglichen. Hierbei teilt man beispielsweise 100 durch den Marktzins (z.b. für langfristige Anleihen 5 %) und erhält ein KGV für den Rentenmarkt (in unserem Beispiel 20). Die Gegenüberstellung beider Bewertungsmaßstäbe soll anzeigen, ob eine Aktie relativ zum Rentenmarkt günstig oder teuer ist. Zudem darf das KGV nur innerhalb einer Branche verglichen werden. Um zu erkennen, wie das zu analysierende Unternehmen nach Maßgabe des KGV im Vergleich zu anderen Unternehmen bewertet wird, wurde das relative Kurs-Gewinn-Verhältnis eingeführt.

$$\text{relatives } \frac{\text{Kurs}}{\text{Gewinn}}\text{-Verhältnis} = \frac{\text{KGV des Unternehmens}}{\text{Branchen-KGV}} \cdot 100$$

Dabei deutet ein Wert von kleiner 100 % darauf hin, dass die Aktie bzw. das Unternehmen im Vergleich zu den anderen Unternehmen der Branche unterbewertet ist.

Bedeutet nun ein niedriges KGV auch, dass die Aktie billig ist? Bei der Analyse der Banken und Broker wird das KGV meistens auf die Gewinnschätzungen für das laufende und das folgende Jahr bezogen. Aber der Anleger kauft mit einer Aktie ja nicht nur den dies- und nächstjährigen Gewinn, sondern das langfristige Ertragspotenzial eines Unternehmens. Darum spiegelt das KGV die Gewinnerwartung über einen Zeitraum von mindestens fünf Geschäftsjahren wider. Deswegen deutet ein niedriges KGV nicht unbedingt auf eine Unterbewertung und ein hohes KGV nicht notwendigerweise auf eine Überbewertung hin. So wurde beispielsweise der amerikanische Aktienmarkt vor dem großen Börsencrash im Jahr 1929 mit einem durchschnittlichen KGV von nur 12 bewertet, d.h., er wurde als billig angesehen. Demzufolge drückt das KGV die Einschätzung des Marktes hinsichtlich des langfristigen Gewinn- und Umsatzpotenzials eines Unternehmens aus. Dies führt dazu, dass solide, substanzstarke Unternehmen, welche aber nur ein geringes Gewinn- und Umsatzpotenzial haben, auch ein niedriges KGV besitzen. Dagegen haben Unternehmen mit einem hohen Gewinn- und Umsatzpotenzial auch ein hohes KGV.

Allerdings zeigen Untersuchungen, dass die Aktienkurse mehr die langfristige Entwicklung des Cashflows als die langfristige Entwicklung der Unternehmensgewinne reflektieren.

9.2.4.1.1 Einschub: PEG

Die PEG-Ratio ist das Verhältnis von KGV zum langfristigen jährlichen Gewinnwachstum eines Unternehmens in Prozent. Dabei wird das Gewinnwachstum von Analysten für die nächsten 3 bis 5 Jahre geschätzt.

$$\text{PEG-Ratio} = \frac{\frac{\text{Kurs}}{\text{Gewinn}}\text{-Verhältnis}}{\text{langfristiges Gewinnwachstum}}$$

Beispielsweise hat ein Unternehmen ein 2012er KGV von 26 sowie ein langfristiges Gewinnwachstum von 33 % pro Jahr. Daraus ergibt sich eine PEG-Ratio von 0,79. Allgemein gilt: Wenn die PEG-Ratio kleiner 1 ist, so ist die Aktie billig. Die PEG-Ratio wird hauptsächlich für Wachstumswerte verwendet.

9.2.4.2 Kurs-Cashflow-Verhältnis

Bei der Aktienbewertung mithilfe des KGV wird die Analyse letztlich gestützt durch den bilanzierten Gewinn. Dagegen wird beim Kurs-Cashflow-Verhältnis (Abk. KCFV) eine Einschätzung des Aktienkurses auf der Grundlage der finanzwirtschaftlichen Situation des Unternehmens vorgenommen. Dabei muss man berücksichtigen, dass der Cashflow nicht nur eine Ertragskennziffer wie der Bilanzgewinn ist, sondern vielmehr eine Liquiditätskennziffer, die das Innenfinanzierungspotenzial und somit auch das Expansionspotenzial eines Unternehmens wiedergibt.

$$\frac{\text{Kurs}}{\text{Cashflow}}\text{-Verhältnis} = \frac{\text{Kurs}}{\text{Cashflow je Aktie}}$$

Meistens findet das KCFV dort Anwendung, wo auf den Gewinn nicht zurückgegriffen werden kann, weil das Unternehmen Verluste schreibt. Überdies ermöglicht das KCFV Vergleiche verschiedener Unternehmen einer Branche sowie den zeitlichen Vergleich. Aber bei dem Branchenvergleich muss man beachten, dass eine Abweichung vom Branchendurchschnitt nicht in jedem Fall als ein Hinweis für eine gute oder schlechte Ertragskraft genommen werden darf. Dies kann nämlich daran liegen, dass unterschiedliche Abschreibungsmethoden, Rückstellungen und außerordentliche Ergebnisse die Ermittlung des Cashflow beeinflussen können. Bei dem zeitlichen Vergleich des Cashflow sollte darauf geachtet werden, ob der Cashflow in den letzten Jahren konstant geblieben ist oder ob er größeren Schwankungen unterworfen war.

9.2.4.3 Klassifizierung von Substanz- und Wachstumsaktien

Die Frage nach der besten Methode zur Unternehmensbewertung findet ihre Fortsetzung in der Frage, ob mit Substanz- oder Wachstumsaktien höhere Kursgewinne zu erzielen sind.

Wer in Substanzaktien investiert, kauft Aktien von Unternehmen, die im Vergleich zu ihrem Gewinn, ihrer Substanz und anderen fundamentalen Kriterien günstig bewertet sind. Wer dagegen in Wachstumsaktien investiert, kauft Aktien von Unternehmen mit schnellem Gewinn- und Umsatzwachstum.

Typische Branchen für Substanzwerte sind: Auto-, Chemie-, Versorger- und Finanzwerte. Typische Substanzwerte sind: Dow Chemical, Deutsche Bank, Volkswagen. Demgegenüber sind Branchen für Wachstumswerte: Technologie, Kommunikation und Unterhaltung. Daher sind beispielsweise Aktien von Walt Disney, Siemens, SAP oder L'Oreal typische Wachstumsaktien.

Tabelle 23: Kriterien für die Einordnung in Substanz- und Wachstumsaktien

	Substanzaktien	Wachstumsaktie
Kurs-Cashflow-Verhältnis	Unterdurchschnittlich	Überdurchschnittlich
Kurs-Gewinn-Verhältnis	Unterdurchschnittlich	Überdurchschnittlich
Historisches und erwartetes Gewinnwachstum	Unterdurchschnittlich	Überdurchschnittlich
Kurs/Buchwert-Verhältnis	Unterdurchschnittlich	Überdurchschnittlich
Dividendenrendite	Überdurchschnittlich	Unterdurchschnittlich

Die Frage, die man sich nun stellen muss, lautet: Zu welchem Zeitpunkt kauft man Substanz- oder Wachstumsaktien?

Die Antwort auf diese Frage kann man relativ einfach aus den Finanzzeitungen entnehmen. Dort ist oft von einer positiven oder enttäuschenden Gewinnerwartung von Unternehmen die Rede. Dabei führt häufig eine positive Gewinnüberraschung zu einem Kursanstieg und eine enttäuschende Gewinnerwartung zu drastischen Kursrückgängen. Solche Gewinnerwartungen kommen meistens nicht unsystematisch, sondern in Zyklen.

Ein solcher Zyklus beginnt meistens damit, dass die Wachstumsaktie ein hohes KGV hat, häufig über 100. Dann kommt es nach einer Gewinnenttäuschung zu einem Kurssturz (Phase 1 des Zyklus). Daraufhin werden die Gewinnerwartungen der Analysten mehrmals gesenkt, was zu einem verstärkten Kursverlust der Aktie führt (Phase 2 des Zyklus). Letztlich kommt es dazu, dass die Aktie nicht mehr bzw.

von weniger Analysten beobachtet wird. Nun erreicht die Aktie nach nochmaligen Kursrückgängen den absoluten Tiefpunkt (Phase 3 des Zyklus). Meistens haben Wachstumsaktien wegen ihrer hohen Gewinnerwartungen dann mehr als 90 % ihres Wertes verloren. Dagegen haben Substanzwerte nur Einbußen bis zu 70 %. Falls das Unternehmen nun nicht insolvent wird, kommt es nach einiger Zeit wieder zu positiven Gewinnüberraschungen (Phase 4 des Zyklus). Der Kurs der Aktie fängt wieder zu steigen an. Allerdings ist für viele Investoren die Gewinnerwartung immer noch zu niedrig, aber es findet ein moderater Kursanstieg statt. Zudem beginnen die Analysten die Aktie wieder verstärkt zu beobachten (Phase 5 des Zyklus). Die Gewinnerwartungen werden von den Analysten nach oben korrigiert, welches zu teilweise starkem Kurswachstum führt, und der Zyklus schließt sich wieder. Eines darf man nicht außer Acht lassen, nämlich dass es mehrere Jahre bzw. sogar Jahrzehnte dauern kann, bis sich der Zyklus wieder schließt.

Da Substanzaktien in der Regel keine hohen Gewinnerwartungen haben, sind für diese Aktien besonders die Phasen 3 und 4 des Zyklus wichtig. Mit Substanzaktien wird im Zyklus durch den antizyklischen Kauf in der Phase 4 die beste Performance erzielt. Bei Substanzaktien ist infolgedessen Geduld und Disziplin beim Kauf der Schlüssel für dauerhaften Erfolg.

Umgekehrt sieht es bei Wachstumsaktien aus, dort ist vielmehr Disziplin beim Verkauf gefragt. Obendrein sollten Wachstumsaktien dann gekauft werden, wenn die Gewinnerwartungen für ein Unternehmen zu niedrig liegen und die Gewinne wieder für einen längeren Zeitraum zu steigen beginnen, also in Phase 4 des Zyklus. Wenn hingegen sich nun die Aktie wieder im Fokus der Anleger befindet und sich wieder als Wachstumsaktie etabliert hat, besteht die große Gefahr von Kursverlusten, wenn die erhöhten Gewinnerwartungen nicht mehr erfüllt werden. Zu diesem Zeitpunkt sollte man dann die Wachstumsaktie verkaufen.

Sowohl für Substanz- als auch für Wachstumsaktien ist ein Kauf in den Phasen 1 und 2 des Zyklus nicht zu empfehlen, da die Gewinnaussichten zunehmend pessimistischer werden und somit die Aktienkurse geringer werden. Erst wenn sich die Gewinnaussichten wieder verbessern, können Substanz- und Wachstumsaktien gekauft werden, also ab der Phase 3 des Zyklus.

Einen Fehler darf der Anleger auf keinen Fall machen, nämlich das Gewinnpotenzial der Wachstumsaktien in Relation zu den Substanzaktien überzubewerten. Dieses führt in der Regel zu starken Übertreibungen der Kurse von Wachstumsaktien, in der Regel folgt mehr oder weniger prompt eine dramatische Korrektur der Kurse. So wurden beispielsweise in den späten 60er und frühen 70er Jahren die amerikanischen Wachstumsaktien in abenteuerliche Kurshöhen getrieben. Zu diesen Aktien gehörten Unternehmen wie Unisis, IBM, Polaroid, Walt Disney und Xerox, damals waren Anleger bereit, ein KGV von bis 110 für diese Aktien zu bezahlen. Als die Spekulationsblase platzte, reduzierte sich das KGV bis auf 20. Einige der Aktien konnten bis heute ihre Kursverluste nicht mehr aufholen, andere brauchten mehrere Jahre bzw. Jahrzehnte. Aber allen gemeinsam ist, dass das hohe KGV von 110 nie wieder erreicht wurde.

Insofern ist ein Anzeichen von Euphorie bei Wachstumsaktien ein Anlass auszusteigen bzw. die Kursbewegungen der Aktie genauestens zu beobachten.

9.2.5   Kurs-Umsatz-Verhältnis

Der Nachteil der gewinnabhängigen Kennzahlen (wie beispielsweise des KGV) besteht darin, dass sie sich nur berechnen lassen, wenn das Unternehmen schwarze Zahlen schreibt. Allerdings fallen bei Wachstumsfirmen häufig Verluste an. Hier kann der Umsatz als Kenngröße für die zukünftige Ertragsstärke dienen.

$$\frac{Kurs}{Umsatz}\text{-Verhältnis}=\frac{Marktkapitalisierung}{Umsatz}$$

Das Kurs-Umsatz-Verhältnis (Abk. KUV) zeigt, mit dem wievielfachen des Umsatzes ein Unternehmen an der Börse bewertet ist. Ferner darf man mit dem KUV nur Aktien innerhalb derselben Branche vergleichen. Liegt das KUV eines Unternehmens unterhalb des Durchschnittes der Branche, so gilt die Aktie als günstig. Aber diese Kennzahl sollte immer im Zusammenhang mit dem Geschäftsmodell und den Gewinnaussichten betrachtet werden.

9.2.6   EBIT und EBITDA

Das EBIT stellt eine Approximation für den betrieblichen Erfolg eines Unternehmens dar. Das EBIT ist die Kurzform des englischen Begriffes Earnings before Interest and Taxes, zu Deutsch misst also das EBIT den Gewinn vor den Zinsen für Fremdkapital und den Steuern. Dieses Vorgehen vermeidet bei Unternehmensvergleichen, dass Unternehmen besser abschneiden, weil sie an ihrem Standort weniger Steuern zahlen müssen oder weil sie wegen ihrer Kapitalstruktur weniger Zinsen zahlen müssen.

Allgemein sagt man: Wenn das EBIT steigt, floriert das Kerngeschäft eines Unternehmens. International gilt das EBIT als Maßstab dafür, ob ein Unternehmen in der Lage ist, seine Schulden zu zahlen und Gewinne auszuschütten.

Gerade Wachstumsunternehmen weisen gerne ein EBIT aus, um ihren Geschäftserfolg bei niedrigen Gewinnen oder gar Verlusten zu beweisen. Verluste entstehen bei Wachstumsunternehmen meistens dadurch, dass sie ihr Wachstum häufig durch Kredite finanzieren. In der Regel wird das EBIT und EBITDA in den Geschäftsberichten der Unternehmen veröffentlicht. Ansonsten kann man EBIT und EBITDA anhand folgender Formeln berechnen.

Tabelle 24:   **EBIT und EBITDA der Bayer AG (Geschäftsbericht 2012, S. 82ff.)**

Formel		Bayer 2012	Formel		Bayer 2012
	Jahresüberschuss	2.496 Mio. €		Jahresüberschuss	2.496 Mio. €
+	Steueraufwand	752 Mio. €	+	Steueraufwand	752 Mio. €
-	Steuererträge		-	Steuererträge	
+	Zinsaufwand	1.214 Mio. €	+	Zinsaufwand	1.214 Mio. €
-	Zinserträge	502 Mio. €	-	Zinserträge	502 Mio. €
=	**EBIT**	**3.960 Mio. €**	=	*EBIT*	*3.960 Mio. €*
			+	Abschreibungen auf das Anlagevermögen	2.960 Mio. €
			-	Zuschreibungen auf das Anlagevermögen	
			=	**EBITDA***	**6.920 Mio. €**

*Die EBIT-Berechnung erfolgt hier nach dem indirekten Verfahren, d.h. Rückwärtsrechnung ausgehend vom Jahresergebnis. In Abbildung 10 (s. S. 41) ist direkte EBIT-Berechnung nach dem Umsatzkostenverfahren, d.h. aus der Gewinn- und Verlustrechnung, dargestellt. Anstelle von Zinsaufwand und Zinserträgen kann man auch das Finanzergebnis verwenden. Dies beträgt -712 Mio. €. Da der Aufwand beim EBIT positiv gezählt wird, muss dieser Betrag als +712 Mio. € zum Jahresüberschuss hinzu addiert werden. **EBITDA = EBIT zuzüglich Abschreibungen auf immaterielle Vermögenswerte und Sachanlagen. Da der Bayer-Konzern seine Gewinn- und Verlustrechnung nach dem Umsatzkostenverfahren erstellt, müssen die Abschreibungen aus der Kapitalflussrechnung entnommen werden.

Wodurch unterscheidet sich nun das EBIT vom EBITDA? Zunächst einmal baut sich das EBITDA auf dem EBIT auf, klammert aber zusätzlich die Abschreibungen aus. EBITDA[70] leitet sich von den englischen Begriffen Earnings before Interest, Taxes, Depreciation und Amortization ab.

Die Bereinigung um Abschreibungen ist deshalb sinnvoll, um innovationsfreudige Unternehmen mit hohen Abschreibungen mit anderen Unternehmen vergleichen zu können. Dabei stellt die Goodwill-Abschreibung eine besondere Form dar. Der Goodwill kommt ins Spiel bei Akquisitionen und bezeichnet die Differenz zwischen dem Buchwert und dem tatsächlichen Preis des gekauften Unternehmens. Dieser

---

[70] Nach den Bilanzfälschungen von u.a. Enron und Tyco wurde das EBITDA auch verspottet als <u>E</u>arnings <u>b</u>efore <u>I</u> <u>T</u>ricked the <u>D</u>umb <u>A</u>uditor (zu Deutsch: Gewinn, bevor ich den dummen Buchprüfer täuschte). Beispielsweise kann das EBITDA durch die Aktivierung von Eigenleistungen künstlich erhöht werden. Folglich kann ein Unternehmen ein positives EBITDA ausweisen, ohne einen tatsächlichen Zufluss an Zahlungsmitteln erwirtschaftet zu haben. Hiervon machten zu Zeiten des Neuen Marktes viele Unternehmen zur Verschleierung einer Verlustsituation Gebrauch.

Preisunterschied wird ebenfalls abgeschrieben. Infolgedessen stellt das EBITDA eine Annäherung an den betrieblichen Cashflow vor Steuern eines Unternehmens dar.

EBIT und EBITDA sollten bei einem Unternehmen stets positiv sein, weil nur in diesem Fall Gewinne im Kerngeschäft erzielt werden. Zudem sollten EBIT und EBITDA immer über einen Zeitraum von mehreren Jahren betrachtet werden. Um Unternehmen in einer Branche oder über verschiedene Regionen hinweg vergleichen zu können, betrachtet man häufig die EBIT- und EBITDA-Marge.

$$\text{EBIT-Marge} = \frac{\text{EBIT}}{\text{Umsatzerlöse}} \cdot 100 = \frac{3.920 \text{ Mio. €}}{39.760 \text{ Mio. €}} \cdot 100 = 9,96\,\%$$

$$\text{EBITDA-Marge} = \frac{\text{EBITDA}}{\text{Umsatzerlöse}} \cdot 100 = \frac{6.920 \text{ Mio. €}}{39.760 \text{ Mio. €}} \cdot 100 = 17,40\,\%$$

Eine andere wichtige Kennzahl, die sich vom EBITDA ableitet, ist die Net Debt/EBITDA. Als Net Debt bezeichnet man die Finanzverbindlichkeiten abzüglich der liquiden Mittel. Dabei wird unterstellt, dass das EBITDA den Betrag darstellt, der zur Bedienung der Zinslast in der kurzen Frist verwendet werden kann. Je stärker also die Verbindlichkeiten durch das EBITDA gedeckt sind, umso größer ist die Wahrscheinlichkeit einer vollständigen Rückzahlung.

$$\frac{\text{Net Debt}}{\text{EBITDA}} = \frac{7.837 \text{ Mio. €}}{6.920 \text{ Mio. €}} = 1,13$$

Werte des Net Debt/EBITDA von größer 3 werden als kritisch angesehen. Bei Werten von mehr als 8 kann man in der Regel nicht mehr von einer vollständigen Tilgung aus dem Cashflow ausgehen. Der Wert von Bayer mit 1,13 ist als gut einzustufen, d.h. die Verbindlichkeiten können mit einer hohen Wahrscheinlichkeit zurückgezahlt werden.

Im nächsten Abschnitt wenden wir uns der spannenden Frage zu: Wie viel ist eine Aktie wirklich wert? Dort wird unter anderem mittels der aktienbezogenen Kennzahlen der Wert einer Aktie berechnet.

10 Methoden zur Berechnung des fairen Aktienkurses

Die Basishypothese der Fundamentalanalyse geht davon aus, dass der Kurs einer Aktie um ihren fairen Wert[71] schwankt, d.h., das Ziel der Fundamentalanalyse ist die Suche nach dem inneren Wert einer Aktie. In der Theorie ist die Suche nach dem fairen Wert einer Aktie relativ simpel: Ein Unternehmen kann immer nur so viel wert sein wie die gegenwärtigen und die zukünftigen Gewinne, wobei die zukünftigen Gewinne abgezinst werden auf die Gegenwart.

Grundsätzlich hat der Betrachter bei der Wahl der Methoden zur Ermittlung des inneren Wertes eines Unternehmens zunächst das Problem, sich zwischen leicht verständlichen (traditionellen bzw. relativen Bewertungsverfahren), aber methodisch zu kurz greifenden Verfahren einerseits sowie Verfahren mit hoher Komplexität (modernen Bewertungsverfahren) andererseits zu entscheiden. Bei den zuerst genannten Verfahren stehen die relativen, gewinnbasierten Bewertungsverfahren wie beispielsweise das KGV im Blickpunkt. Aufgrund ihrer mangelnden Erfassung der Dynamik und möglichen Verzerrung durch buchhalterische Vorgänge gerieten diese Bewertungsverfahren in die Kritik.

Darum fanden modernere Bewertungsverfahren wie beispielsweise Discounted Cashflow Eingang in die Aktienbewertung. Jedoch werden diese Verfahren nie isoliert zur Bewertung herangezogen, sondern wegen ihres Höchstmaßes an Subjektivität oftmals als Reality Check der aus den traditionellen Bewertungsverfahren gewonnenen Ergebnissen genutzt.

Doch bevor wir nun mit der Berechnung des fairen Aktienwertes starten, ist es eine gute Idee, sich an einen Ratschlag von Warren Buffet zu erinnern: »Es ist besser, ein schönes Unternehmen zu einem fairen Aktienkurs zu kaufen als ein schönes Unternehmen zu einem fantastischen Aktienkurs«. Die Idee hinter diesem Spruch ist ein Unternehmen zu finden, dessen Produkte einem zusagen, und anschließend mittels Berechnung des fairen Aktienkurses sicherzustellen, dass der Preis für die Aktie akzeptabel ist.

---

[71] Synonyme sind »wirklicher Wert einer Aktie« oder »innerer Wert einer Aktie bzw. eines Unternehmens«.

10.1 Traditionelle bzw. relative Bewertungsverfahren

Die traditionellen Bewertungsverfahren basieren meistens auf dem jahresabschlussrechtlichen Gewinn. Diese Verfahren finden in der Praxis des Aktienresearch am häufigsten Gebrauch, weil die Ermittlung der bewertungsrelevanten Größen vergleichsweise objektiv und einfach erfolgen kann. So wird hierbei der Frage nach dem theoretisch wahren Wert eines Unternehmens mithilfe von relativen Bewertungsmaßstäben nachgegangen. Solche werden wiederum auf das betrachtete Unternehmen bezogen. Es wird also impliziert, dass die zum Vergleich herangezogenen Unternehmen zum einen von der Geschäftstätigkeit und Profitabilität her vollkommen identisch sind, und zum anderen, dass sie richtig bewertet sind.

10.1.1 Das Kurs-Gewinn-Verhältnis (KGV)

Das in der Praxis wohl am häufigsten gebrauchte Verfahren ist die Aktienbewertung mittels des KGV. Ausgangspunkt zur Bewertung eines Unternehmens anhand seines KGV ist der aus dem Jahresüberschuss abgeleitete Gewinn je Aktie (engl. Earning per Share (Abk. EPS)):

$$EPS = \frac{\text{Jahresüberschuss der Periode}}{\text{durchschnittliche Aktienanzahl der Periode}}$$

So ergibt sich das Kurs-Gewinn-Verhältnis nach folgender Gleichung:

$$KGV = \frac{\text{Aktienkurs}}{EPS}$$

Beim KGV können drei verschiedene Typen unterschieden werden:
Das historische KGV, welches das Verhältnis des Aktienkurses zum Gewinn in der Vergangenheit beschreibt.

1. Das relative KGV, welches das Verhältnis zu einer Branche, zu vergleichbaren Unternehmen oder zum Gesamtmarkt ausdrückt.
2. Das prognostizierte KGV, welches aus dem historischen oder relativen KGV abgeleitet wird.

Bei der Aktienbewertung basierend auf dem KGV gelangt man zum fairen Aktienkurs, indem der prognostizierte Gewinn je Aktie mit dem prognostizierten KGV multipliziert wird.

$$\text{Fairer Aktienkurs} = EPS_{\text{prognostiziert}} \cdot KGV_{\text{prognostiziert}}$$

Die Popularität des KGV in der Unternehmensbewertung beruht auf dem Reiz, eine Verhältniszahl zu haben, die den Aktienkurs ins Verhältnis zum Gewinn eines Unternehmens setzt und relativ einfach ermittelt werden kann. Theoretisch basiert das KGV auf dem Konzept der ewigen Rente, daher ist der Kehrwert des KGV identisch mit der (Gewinn-)Rendite auf das aktuelle Kursniveau:

$$\text{Rendite} = \frac{1}{KGV} = \frac{EPS}{Aktienkurs}$$

Durch Umformung erkennt man, dass sich der Aktienkurs als Kapitalisierung des Gewinnes ergibt. Eine solche Berechnung wird auch als Gordon-Modell bezeichnet.

$$\text{Aktienkurs} = \frac{EPS}{Rendite}$$

Aus der obigen Gleichung wird ersichtlich, dass die Verwendung des KGV zur Aktienbewertung ein Nullwachstum der Gewinne und gleich bleibende Rendite unterstellt. Dies ist jedoch in der Praxis unrealistisch, da die Gewinne und Renditen in der Realität stark schwanken.

Zusätzlich weisen Aktien mit einem hohen Gewinnwachstum meist auch ein hohes KGV auf, da sich die Verzinsungserwartungen schneller erfüllen als bei Aktien mit geringem Gewinnwachstum. Als Versuch, dem Problem der mangelnden Erfassung des Wachstums und der daraus resultierenden Nichteignung des KGV zur Bewertung von Wachstumsunternehmen gerecht zu werden, wurde die Price/Earnings-Growth-Ratio (PEG) eingeführt.

10.1.2 Price/Earnings to Growth Ratio (PEG)

In der Regel weisen Aktien mit einem hohen Gewinnwachstum ein höheres KGV auf als Aktien mit niedrigem Gewinnwachstum. Der Grund hierfür wird ersichtlich, wenn man das Gordon-Modell etwas anders darstellt, indem man den fairen Aktienkurs aus dem Quotienten von EPS und erwarteter Aktienrendite (Cost of Equity/COE) abzüglich Gewinnwachstum (g) errechnet:

$$\text{Fairer Aktienkurs} = \frac{EPS}{COE\text{-}g}$$

Nach Umstellung kommt man so problemlos zu einem fairen KGV:

$$\text{Faires KGV} = \frac{1}{COE\text{-}g}$$

Allgemein gilt, je höher das Gewinnwachstum, desto höher sollte auch das KGV sein. Genau hier setzt auch die PEG-Ratio an. Sie basiert nämlich auf der Annahme, dass das KGV positiv mit dem Gewinnwachstum eines Unternehmens korreliert.

$$PEG = \frac{KGV}{g}$$

Als Faustregel für die absolute PEG-Bewertung existiert in der Praxis die Annahme, dass eine PEG-Ratio von unter 1 als attraktiv gilt, da die Wachstumschancen in der Bewertung des Unternehmens nicht adäquat berücksichtigt sind.

Überdies werden, ähnlich wie beim KGV, Durchschnitte einer Branche gebildet und die PEG-Bewertungen einzelner Unternehmen in Relation hierzu gesetzt (relative PEG-Bewertung). Es gilt dabei: Hat das betrachtete Unternehmen bei gleichzeitiger Identität der Wachstumscharakteristiken ein PEG unterhalb des Branchendurchschnittes, so deutet dies auf eine Unterbewertung des Unternehmens hin.

Sowohl das PEG als auch das KGV können bei Verlusten des Unternehmens nicht angewendet werden.

10.1.3 Enterprise-Value-Verfahren (EV)

Das Konzept des Enterprise Value (EV) basiert auf der Annahme, dass der Unternehmenswert nicht etwa durch den Wert seiner bilanziellen Passivseite bestimmt wird, sondern durch die Cashflows, die mit den Aktiva generiert werden. Der Enterprise Value ergibt sich nach folgender Formel:

EV= $\underbrace{\text{Marktkapitalisierung+Anteile Dritter-Peripheres Vermögen}}_{\text{Wert des Eigenkapitals}}$ + $\underbrace{\text{Nettoverschuldung+Pensionsrück.}}_{\text{Wert des Fremdkapitals}}$

Marktkapitalisierung	:	Hierbei handelt es sich um den Börsenwert des Unternehmens.
Anteile Dritter	:	Dies sind die Anteile Dritter an Tochterunternehmen.
Peripheres Vermögen	:	Beim peripheren Vermögen kann es sich beispielsweise um Minderheitsbeteiligungen handeln.
Nettoverschuldung	:	Saldo zwischen den zinstragenden Finanzverbindlichkeiten und den kurzfristigen zinstragenden Aktiva.
Pensionsrückstellungen	:	Dies sind die in der Bilanz ausgewiesenen Pensionsrückstellungen.

Häufig verwendet man zur Berechnung des Enterprise Value auch die folgende stark vereinfachte Formel:

Enterprise Value = Marktkapitalisierung + Marktwert der Nettofinanzschulden

Die EV-Unternehmensbewertung erfolgt anhand verschiedener Multiplikatoren wie EBIT und EBITDA.

$$\frac{EV}{EBIT} = \frac{\text{Enterprise Value}}{EBIT}$$

$$\frac{EV}{EBITDA} = \frac{\text{Enterprise Value}}{EBITDA}$$

Die Unternehmensbewertung mithilfe dieser Multiplikatoren findet hauptsächlich in der relativen Bewertung statt. Falls EBITDA und EBIT negativ sind, empfiehlt sich die Bewertung anhand des Verhältnisses EV zu Umsatz.

$$\frac{EV}{Sales} = \frac{\text{Enterprise Value}}{\text{Umsatz}}$$

Mithilfe dieses Multiplikators kann mittels einer durchschnittlichen Branchenbewertung auch ein Unternehmen mit negativem Ergebnis bewertet werden.

Zusammenfassend kann man sagen, dass die EV-Bewertungen gegenüber der Bewertung des KGV bzw. PEG eindeutig zu bevorzugen sind. Dies liegt insbesondere daran, dass keine Verzerrung durch unterschiedliche Kapitalstrukturen und verschiedene Abschreibungsmethoden (außer bei EV/EBIT) sowie keine Verzerrung durch unterschiedliche Steuersysteme erfolgt und durch EV/Umsatz auch bei Unternehmen mit Verlust eine Bewertung möglich ist.

Allerdings können die EV-Bewertungen auch nicht die Probleme beseitigen, die sich aus der mangelnden Erfassung der Gewinndynamik und der Vernachlässigung der immateriellen Werte ergeben.

Zudem ist allen relativen Bewertungsmethoden gemein, dass sie implizieren, dass die Vergleichsunternehmen fair gepreist sind. Dabei leuchtet auf Anhieb ein, dass dies in der Realität wohl kaum richtig sein kann. So wird offensichtlichen Unterschieden in der Natur und Qualität der Unternehmen meist mit pauschalen Bewertungsauf- bzw. -abschlägen Rechnung getragen, denen allerdings meistens die theoretische Fundierung fehlt. Derartige Bewertungsauf- bzw. -abschläge ergeben sich meistens aus historischen Gegebenheiten. Um dieses Problem zu umgehen, wurden die modernen Bewertungsverfahren, welche im übernächsten Abschnitt erläutert werden, entwickelt.

10.1.4 Beispiel für die Bewertung eines Unternehmens mittels Multiplikatorenverfahren

Als Beispiel für die Ermittlung des fairen Aktienwertes mittels relativen Bewertungsverfahren gehen wir von unserem Beispielsunternehmen Bayer AG aus. Ich persönlich nehme bei den relativen Bewertungsverfahren eigentlich nur das KGV, weil dieses für jede Aktie kostenlos verfügbar ist. Im nächsten Schritt muss man sich ansehen, in welcher Branche die Bayer AG von den Analysten eingeordnet wird. Diese Branche ist die Pharmazie (mit Abstand größter Unternehmensbereich). Nun muss man sich das Branchen-KGV der Pharmazie besorgen. Dieses wird beispielsweise bei www.yahoo.de veröffentlicht. Das Branchen-KGV der Pharmazie beträgt zurzeit 15.

Geht man nun davon aus, dass die Vergleichsunternehmen fair gepreist sind, so ergibt sich der faire Aktienkurs von Bayer durch die Multiplikation des Branchen-KGVs mit dem Gewinn je Aktie von 2012 (s. Geschäftsbericht, S. 48).

$$\text{Fairer Aktienkurs}_{Bayer} = \text{Branchen-KGV}_{Pharma} \cdot \frac{\text{Gewinn}}{\text{Aktie}} = 15 \cdot 2{,}96 = 44{,}40 \ €$$

Der faire Aktienkurs der Bayer AG beträgt demnach 44,40 €. Da der Kurs zum 31.12.2012 71,89 € betrug, kann man sagen, dass die Bayer AG überbewertet ist. Somit führte der Kurssprung von knapp 50 % im Jahr 2012 dazu, dass sich die Bayer AG stark von ihren fundamentalen Daten abgekoppelt hat. Der Kurssprung ist also eher auf psychologische Faktoren zurückzuführen, weil Bayer z.B. in zwei Trendbranchen (Pharma, Landwirtschaft) zu den großen Playern gehört. Um dies näher zu untersuchen, sieht man sich den geschätzten Gewinn je Aktie für das Jahr 2013 an. Er beträgt 4,40 € (Quelle: bwinvestment.de). Achtung: Im Internet werden zwei unterschiedliche Gewinne je Aktie veröffentlicht: Einmal der Gewinn je Aktie gemäß IFRS und zum anderen ein bereinigter Gewinn je Aktie. Um zu dem bereinigten Gewinn je Aktie zu kommen, wird zunächst ein »bereinigtes Konzernergebnis« ermittelt. Hierzu wird das Konzernergebnis um sämtliche Abschreibungen auf immaterielle Vermögenswerte, außerplanmäßige Abschreibungen auf Sachanlagen und Sondereinflüsse auf das EBITDA sowie die darauf bezogenen Steuereffekte bereinigt[72]. Anschließend wird das bereinigte Konzernergebnis nur

---

[72] Die Entstehung des bereinigten Gewinns je Aktie resultiert daher, weil der Gewinn je Aktie gemäß IFRS sowohl durch Effekte aus der Kaufpreisaufteilung für Akquisitionen als auch durch weitere Sondervorbehalte beeinflusst wird. Kritiker des bereinigten Gewinns je Aktie führen dagegen an, dass ja gerade die Sondervorbehalte (z.B. bei Bayer im Jahr 2012 hohe Rückstellungen für Rechtsstreitigkeiten) usw. tatsächlich den Gewinn eines Unternehmens

noch durch die Anzahl der Aktien geteilt und man erhält das bereinigte Ergebnis je Aktie. Dieser sog. bereinigte Gewinn je Aktie beträgt für Bayer 5,69 € (siehe Geschäftsbericht 2012, S. 85)[73]. Zur Berechnung des fairen Aktienkurses setzt man eigentlich immer auf den Gewinn je Aktie gemäß IFRS, weil dieser nach internationalen Rechnungslegungsvorschriften definiert ist. Dem bereinigten Gewinn je Aktie haftet immer etwas Willkürliches an, weil die Formeln zur Berechnung von den Unternehmen teilweise selbst definiert werden.

$$\text{Fairer Aktienkurs}_{Bayer} = \text{Branchen-KGV}_{Pharma} \cdot \frac{\text{geschätzter Gewinn}}{\text{Aktie}} = 15 \cdot 4{,}40 = 66 \, €$$

Somit bestätigt sich, dass Bayer überbewertet ist, da sich als Basis mit dem geschätzten Gewinn/Aktie für 2013 ein fairer Aktienkurs von 66 € ergibt. Dieser geschätzte Gewinn/Aktie für 2013 ist allerdings mit Vorsicht zu genießen, weil die Analysten davon ausgehen, dass 2013 die hohen Sonderbelastungen (hohe Rückstellung für Rechtsstreitigkeiten) wegfallen.

Um diese Aussage zu verifizieren, sieht man sich nun das Enterprise-Value-Verfahren an. In der Regel werden mit dem EV-Verfahren keine fairen Aktienkurse berechnet, sondern es wird nur überprüft, ob das Unternehmen im Rahmen des Marktdurchschnittes bewertet ist oder nicht. Der Bayer-Konzern weist im Geschäftsbericht des Jahres 2012 in seiner Gewinn- und Verlustrechnung sowie Bilanz folgende für das EV-Verfahren wichtige Kennzahlen aus:

Kennzahl	2012
EBIT	3.960 Mio. €
Abschreibungen	2.960 Mio. €
lang. Finanzverbindlichkeiten	6.962 Mio. €
kurz. Finanzverbindlichkeiten	2.570 Mio. €
Zahlungsmittel u. −äquivalente	1.695 Mio. €
Anteile anderer Gesellschafter	100 Mio. €
Eigenkapital	18.569 Mio. €
Anzahl der Aktien	826.947.808 Stück

---

schmälern. Deswegen spiegelt der bereinigte Gewinn je Aktie die Wirklichkeit nicht wider. Er ist vielmehr eine Schönfärberei des Gewinns.

[73] Leider geben die Finanzportale im Internet nicht an, nach welcher Art von Gewinn je Aktie sie veröffentlichen. Er heißt schlicht: Gewinn je Aktie. Beispielsweise veröffentlicht onvista.de für Bayer den bereinigten Gewinn je Aktie, dagegen finanzen.net den Gewinn je Aktie gemäß IFRS. Setzt man als Anleger den bereinigten Gewinn je Aktie ein, so muss man darauf achten, dass man auch das Branchen-KGV für die bereinigten Gewinne je Aktie verwendet. Er beträgt für die Pharmaziebranche in etwa 12. Das heißt, Bayer hat auf Basis des bereinigten Gewinns je Aktie einen fairen Aktienkurs von 68,28 €. Auch nach dieser Betrachtung ist Bayer überbewertet.

Die Aktie der Bayer AG notierte am 31.12.2012 zu 71,89 €. Man erhält die Marktkapitalisierung, indem man einfach die Anzahl der Aktien mit dem Börsenkurs multipliziert. Folglich beträgt die Marktkapitalisierung 59.449.277.917,12 €, d.h. 59.449 Mio. €. Die Nettofinanzschulden ergeben sich, indem man zunächst die kurz- und langfristigen Finanzverbindlichkeiten addiert und davon die Zahlungsmittel abzieht. Somit belaufen sich die Nettofinanzschulden auf 7.837 Mio. € (=6.962 + 2.570 – 1.695). Jetzt muss der Marktwert der Anteile Dritter bestimmt werden. Hierzu wird der Buchwert der Anteile anderer Gesellschafter (100 Mio. €) mit dem Kurs-Buchwert-Verhältnis des Bayer-Konzerns multipliziert. Das Kurs-Buchwert-Verhältnis ergibt sich, indem man die Börsenkapitalisierung durch das Eigenkapital teilt. Daher beträgt das Kurs-Buchwert-Verhältnis 3,2 (=59.449 / 18.569). Insofern ergibt sich ein Marktwert der Anteile anderer Gesellschafter von 320 Mio. € (=100 · 3,2). Der Enterprise Value ergibt sich nun wie folgt:

EV	=	Marktkapitalisierung (Marktwert EK)	+	Nettofinanzverbindlichkeiten	+	Anteile anderer Gesellschafter
EV_{Bayer}	=	59.449 Mio. €	+	7.837 Mio.	+	320 Mio. €
EV_{Bayer}	=	67.606 Mio. €				

Das EBITDA des Bayer-Konzerns beträgt 6.920 Mio. € (s. S. 184) im Jahr 2012. Teilt man das EV durch das EBITDA, kommt man zum EV/EBITDA. Es beträgt 9,76 (= 67.606 / 6.920). Laut einer Untersuchung haben die 2.000 größten Unternehmen ein Median beim EV/EBITDA von 8,7. Zudem zeigt sich, dass die Mehrzahl der Unternehmen ein EV/EBITDA bis 10 habe. Darüber hinaus gehende Werte sind ein Indiz für eine Überbewertung. Allerdings beobachtet man höhere Werte als 10 bei Unternehmen mit außergewöhnlichen Geschäftsmodellen und hohen Wachstumsraten, wie z.B. bei Apple zwischen 2000 bis 2010. Aber die Börse fängt diese Unternehmen nach einer gewissen Zeit wieder ein, sodass das EV/EBITDA wieder unter 10 sinkt.

Das EV/EBITDA von 9,76 zeigt, dass Bayer über dem Marktdurchschnitt liegt, aber noch gerade im vertretbaren Bereich. Mit anderen Worten: Es deutet sich hier eine Überbewertung an. Um diese Aussage zu verifizieren, sieht man sich noch das EV/EBIT an. Hierzu teilt man EV durch EBIT (3.960 Mio. €). Das EV/EBIT des Bayer-Konzerns lautet 17,06 (= 67.606 / 3.960). Der Median des EV/EBIT der 2.000 größten Unternehmen liegt bei 12,3. Rund 2/3 aller Unternehmen haben ein EV/EBIT kleiner 16. Demnach liegt das EV/EBIT der Bayer AG wieder oberhalb des Marktdurchschnittes. Es scheint so, als ob die Marktteilnehmer (Börse) die Ansicht vertreten, dass die Ergebnisse des nächsten Jahres deutlich besser ausfallen werden, weil die Sonderbelastungen, wie hohe Kosten für Rechtsstreitigkeiten, wegfallen. Ohne diese Belastungen hätte Bayer ein EV/EBIT im Marktdurchschnitt. Nichtsdestotrotz ist Bayer nach den relativen Bewertungsmethoden fundamental gesehen überbewertet. Eine Annäherung an den fairen Aktienkurs bekommt man, wenn man den Enterprise Value durch die Anzahl der Aktien teilt.

$$\text{fairer Aktienkurs}_{roh} = \frac{\text{Enterprise Value}}{\text{Anzahl der Aktien}} = \frac{67.564,86 \text{ Mio. €}}{826,95 \text{ Mio.}} = 81,70 €$$

Wegen einer Norm wird von diesem errechneten »fairen Aktienkurs roh« ein Sicherheitsabschlag von 20 % genommen, d.h. der faire Aktienkurs beträgt 65,36 €. Aber jedem Anleger bleibt es selbst überlassen, ob er diesen Abschlag vornimmt oder nicht bzw. in welcher Höhe der Abschlag ausfallen soll.

Um das Bild weiter abzurunden, betrachten wir jetzt die modernen Bewertungsverfahren.

10.2 Moderne Bewertungsverfahren

Die traditionellen Bewertungsverfahren kamen besonders mit dem Aufkommen des Shareholder-Value-Gedankens immer häufiger in die Kritik. Deswegen bekamen seit der zweiten Hälfte der achtziger Jahre in den USA und seit Anfang der neunziger Jahre in Deutschland die modernen Bewertungsverfahren zunehmende Popularität.

Als deren gemeinsame theoretische Grundlage ist die Unternehmenswertbestimmung mittels Abzinsung (engl. Discount) bestimmter Kennzahlen anzusehen, welche üblicherweise aus dem Cashflow oder Gewinn gebildet werden – mit der Zielsetzung, durch die Abzinsung direkt den fairen Wert eines Unternehmens zu bestimmen.

Der innere Wert einer Aktie bzw. der faire Wert stellt sozusagen den eigentlichen Wert des Unternehmens dar. Allerdings kann der tatsächliche Börsenkurs sowohl nach unten als auch nach oben erheblich vom inneren Wert abweichen. Dies liegt daran, dass jedes Modell zur Berechnung des fairen Wertes bzw. Aktienkurses von individuellen Parametern des Investors abhängt. Da an der Börse eine Vielzahl von Investoren tätig ist, kann es somit häufig zu unterschiedlichen Einschätzungen einer Aktie kommen, was sich wiederum im Aktienkurs widerspiegelt.

Ich möchte Ihnen nun zunächst kurz die wichtigsten modernen Bewertungsverfahren vorstellen. Diese Verfahren sind nicht nur relativ kompliziert, sondern auch in ihrer Handhabung sehr komplex. Da aber viele Analysten solche Verfahren verwenden, ist es wichtig, zumindest die Grundbegriffe der modernen Bewertungsverfahren zu kennen. Nur so können Sie gegebenenfalls den Analysten den Spiegel vorhalten. Haben Sie deswegen etwas Geduld beim Durchlesen dieses Abschnittes, da alle Dinge zunächst schwierig sind, bevor sie leicht werden. Daher werde ich Ihnen am Ende des Kapitals ein Modell für die modernen Bewertungsverfahren vorstellen, welches Sie auch als Privatinvestor anwenden können.

10.2.1 Das Substanzverfahren

Das Substanzverfahren findet heute kaum noch Anwendung. Dieses Verfahren wird nur noch angewendet, wenn das Unternehmen zum größten Teil aus getrennt veräußerungsfähigen Teilen besteht, für welche ein sicherer Verkehrswert ermittelt werden kann. Der Substanzwert (wird auch als Zerschlagungswert bezeichnet) eines Unternehmens ist jener Wert, der sich ergibt, wenn das Vermögen des Unternehmens einzeln verkauft wird. Von Bedeutung ist dieses Verfahren eigentlich nur noch bei Firmenübernahmen.

10.2.2 Das Ertragsverfahren

Das Ertragsverfahren findet in der Unternehmensanalyse häufig Anwendung. Dabei gilt: Ein Unternehmen ist immer so viel wert wie der Gegenwartswert der zukünftigen Gewinne. Daher muss der Aktionär die zukünftigen Gewinne bei der Ermittlung des fairen Aktienkurses mit einbeziehen und sie auf den heutigen Wert abzinsen. Hierfür muss er natürlich zunächst die zukünftigen Gewinne des Unternehmens abschätzen. Dazu muss er sich die Frage stellen: Für wie viele Jahre in die Zukunft muss man die Gewinne abschätzen?

Sehen wir uns dazu ein Beispiel an. Nehmen wir an, Sie möchten in ein Unternehmen investieren, welches in den letzten 12 Monaten 10 € Gewinn je Aktie erwirtschaftet hat. Zudem nehmen wir an, dass das Unternehmen in der vorhersehbaren Zukunft weiter wachsen wird, und zwar mit einer jährlichen Steigerung des Gewinns je Aktie um 8 % für die nächsten 10 Jahre. Für den Zeitraum danach machen wir wegen der Vorhersehbarkeit keine weiteren Aussagen zum Wachstum, aber wir gehen davon aus, dass das Unternehmen mindestens seinen erzielten Gewinn halten kann. Dann sehen die Erwartungen für die Gewinnentwicklung wie folgt aus.

Gewinn je Aktie

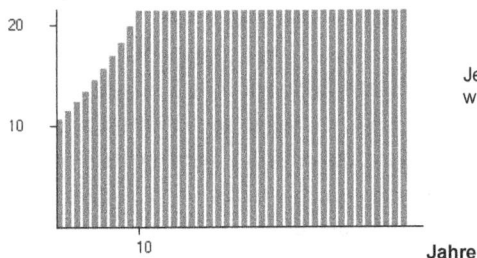

Jeder Balken steht für einen Gewinn je Aktie in der Zukunft.

Jahre

Abbildung 44: Entwicklung der prognostizierten Gewinne für ein Beispielsunternehmen

Im nächsten Schritt müssen wir ermitteln, wie viel die zukünftigen Gewinne in der Gegenwart wert sind. Dieses wird mittels der folgenden Formel berechnet.

$$\text{Abdiskontierter Gewinn je Aktie im Jahr } n = \frac{\text{Gewinn je Aktie im Jahr}_n}{D^n}$$

D=Abdiskontierungsfaktor; n = Anzahl der Jahre

Als Abdiskontierungsfaktor[74] nehmen wir 11 % an, weil dies die durchschnittliche jährliche Rendite am Aktienmarkt über viele Dekaden hinweg war.

Berechnet man nun nach der obigen Formel für sämtliche Gewinne in der Zukunft den heutigen Wert[75], so ergibt sich folgender, vielleicht für Sie überraschender Chart.

Gewinn je Aktie

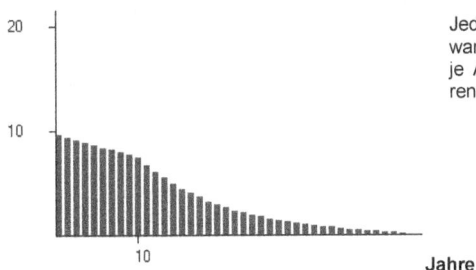

Jeder Balken steht für einen Gegenwartswert eines zukünftigen Gewinns je Aktie. Diese Balken korrespondieren mit denen aus Abbildung 44.

Jahre

Abbildung 45: Present Value unseres Beispielsunternehmens

Aus obiger Abbildung erkennt man, dass der Gegenwartswert eines zukünftigen Gewinns je Aktie umso weniger in der Gegenwart wert ist, je weiter er in der Zu-

---

[74] Dieser Vorgang wird häufig auch nur als Diskontierung bezeichnet.
[75] Dieser wird auch als Present Value bezeichnet.

kunft liegt. Wegen dieses rapiden Verfalls des Gegenwartswerts der zukünftigen Gewinne je Aktie, werden meistens nur die Gewinne je Aktie zwischen 5 bis 10 Jahren in der Zukunft bei der Berechnung des fairen Aktienkurses berücksichtigt. Dies wird auch durch eine Empfehlung des Institutes der Wirtschaftsprüfer bestätigt. Es empfiehlt nämlich die Berechnung des fairen Aktienkurses für einen Zeitraum von sieben Jahren. Als nächstes müssen wir uns der Frage zuwenden: Wie schätzt man das Gewinnwachstum eines Unternehmens in der Zukunft ein? Dazu wird zunächst das zukünftige Wachstum des Gewinnes je Aktie aus den Werten der Vergangenheit und der näheren Zukunft abgeschätzt. Hierfür kann man sich besonders gut auf Analystenschätzungen oder auf Aussagen innerhalb des Geschäftsberichts (siehe Lagebericht) stützen.

Zur Berechnung des fairen Aktienwerts müssen Sie nun zunächst alle zukünftigen Gewinne je Aktie kalkulieren. Daraufhin müssen Sie mithilfe des Abdiskontierungsfaktors den Gegenwartswert des zukünftigen Gewinns je Aktie bestimmen, also den Present Value. Der innere Wert eines Unternehmens ergibt sich dann aus folgender Formel:

$$\text{Innerer Wert} = \frac{\text{EPS im Jahr (1)}}{(1+R)} + \frac{\text{EPS im Jahr (2)}}{(1+R)^2} + ... + \frac{\text{EPS im Jahr (n)}}{(1+R)^n} + \underbrace{\frac{EPS\ im\ Jahr\ (n)}{(1+R)^n} \cdot \frac{\frac{1}{(1+R)}}{\left(1 - \frac{1}{(1+R)}\right)}}_{\text{ewige Rente}}$$

EPS = Gewinn je Aktie; R = Abdiskontierungsfaktor (Bsp. 11 % in Form von 0,11)

Haben Sie keine Angst vor einer solch komplexen Gleichung – schließlich ist die Angst und ihre Überwindung Voraussetzung für das Überleben. Am sinnvollsten kann man eine solche Gleichung mithilfe eines Computers lösen. Eine andere sehr elegante Möglichkeit ist das Internet. So bieten beispielsweise die Internetseiten www.moneychip.com oder www.quicken.com/investments sog. »Discounted Cashflows Calculators« an. Sie funktionieren im Prinzip alle so, dass man nur den Gewinn je Aktie der letzten 12 Monate, das Gewinnwachstum, den Abdiskontierungsfaktor und den Zeitraum eingeben muss. Anschließend berechnen diese Kalkulatoren den fairen Aktienkurs. Beispielsweise würde sich mittels der obigen Gleichung für unser Beispielsunternehmen[76] ein fairer Wert von 137 € ergeben.

---

[76] Annahmen für unser Beispielsunternehmen: 10 € Gewinn je Aktie, Gewinnwachstum 8 %, Vorhersagezeitraum 7 Jahre, Abdiskontierungsfaktor 11 %.

10.2.3 Das Dividend-Discount-Modell

Das Dividend-Discount-Modell basiert auf der Überlegung, dass die Anleger ihre Verzinsung aus der Dividende bekommen. Daher lohnt sich eine Anlage nur, wenn der Anleger in den zukünftigen Perioden mit steigenden Dividendenzahlungen rechnen kann. Demzufolge werden beim Dividend-Discount-Modell zukünftige Dividenden ähnlich wie beim Ertragsverfahren auf den heutigen Wert abgezinst (Barwertkonzept). Dabei gilt: Eine Aktie ist umso attraktiver, je höher der Barwert zukünftiger zu erwartender Dividendenzahlungen ist. Die Berechnung des fairen Aktienwertes ergibt sich analog wie beim Ertragsverfahren, nur mit dem Unterschied, dass anstatt des Gewinns je Aktie die Dividende je Aktie verwendet wird.

Der Nachteil dieses Modells ist, dass bei einer hohen Einbehaltungsrate liquider Mittel die Dividenden in spätere Perioden bzw. Zeiträume verlagert werden. Ein besonderes gutes Beispiel dafür ist das Unternehmen Microsoft, das erst nach 20 Jahren anfing, Dividenden zu zahlen.

10.2.4 Das Discounted-Cashflow-Verfahren (DCF-Methode)

Im Wesentlichen gibt es drei Varianten des DCF-Verfahrens, die in zwei Ansätze unterteilt sind:

- der Entity-Ansatz sowie
- der Equity-Ansatz.

Im Folgenden möchte ich nur das wesentliche Vorgehen bei diesen Ansätzen beschreiben.

10.2.4.1 Der Entity-Ansatz

Ganz vereinfacht ausgedrückt, kann man den Entity-Ansatz so beschreiben, dass der Marktwert des Fremdkapitals vom Gesamtunternehmenswert subtrahiert wird, um so zum Marktwert des Eigenkapitals zu kommen. Der faire Aktienkurs ergibt sich dadurch, dass man das so ermittelte Eigenkapital des Unternehmens durch die Anzahl der Aktien dividiert. Zur Ermittlung des Eigenkapitals eines Unternehmens haben sich zwei Wege herausgebildet: entweder über den Weighted Average Cost of Capital (WACC) oder über den Adjusted Present Value (APV-Ansatz).

Zunächst beginnt der Weg zur Eigenkapitalermittlung für beide Wege über die entziehbaren Cashflows. Entziehbare Cashflows sind die versteuerten Differenzen aus Ein- und Auszahlungen abzüglich der Investitionen. Da hier der Unternehmenswert errechnet werden soll, wird der entziehbare Cashflow vor dem Abzug der Fremdkapitalzinsen betrachtet.

$$FCf_t = (E_t - A_t) \cdot (I - s) - I_t$$

FCf = entziehbare Cashflows; E = Einzahlungen; A = Auszahlungen; I = Investitionen; s = versteuerte Differenz zwischen Ein- und Auszahlungen; t = Jahr

Die entziehbaren Cashflows werden in einem zweiten Schritt (ab jetzt weichen die Wege voneinander ab) mit den gewichteten durchschnittlichen Kapitalkosten, der Weighted Average Cost of Capital, auf ihren heutigen Wert diskontiert. Anschließend wird von dem erhaltenen Unternehmenswert nur noch das Fremdkapital abgezogen, und man erhält das Eigenkapital des Unternehmens.

$$UW = \sum_{t=1}^{T} \frac{FCf_t}{(1 + WACC_t)^t}$$

UW = Unternehmenswert; WACC = Weighted Average Cost of Capital

Grob gesagt, gibt die Weighted Average Cost of Capital (WACC) die Untergrenze der Verzinsung an, die beim Einsatz des Kapitals erreicht werden muss, damit sich ein Mehrwert für das Unternehmen einstellt. Dies bedeutet wiederum: Wird diese Untergrenze nicht erreicht, lohnt sich der Einsatz des Kapitals nicht, und der Marktwert des Unternehmens sinkt.

Ein anderer Weg zur Berechnung des Eigenkapitals des Unternehmens mittels der Entity-Methode ist der Adjusted-Present-Value-Ansatz (APV-Ansatz). Im Konzept des Adjusted Present Value (APV) werden zwei entziehbare Cashflows (FCf-Werte) bestimmt. So wird zunächst eine finanzierungsunabhängige Komponente berechnet, das heißt, es wird der Wert eines unverschuldeten Unternehmens berechnet. Im nächsten Schritt wird eine finanzierungsabhängige Komponente berücksichtigt, d.h., es wird der Barwert der Steuervorteile aus der Fremdfinanzierung berücksichtigt. Näherungsweise wird der Unternehmenswert beim Adjusted Present Value nach folgender Formel berechnet.

$$UW = \sum_{t=0}^{\infty} \frac{FCf \text{ vor Zinsen}_{unverschuldet}}{(1 + \text{Eigenkapitalkosten eines unverschuldeten Unternehmens})^t}$$

$$+ \sum_{t=0}^{T} \frac{Steuersatz \cdot Fremdkapitalkosten}{\prod_{t=0}^{t}\left(1 + \text{risikoadäquater Zins des Steuervorteils}_t\right)^t}$$

+Marktwert des nichtbetriebsnotwendigen Vermögens-Marktwerts des Fremdkapitals

10.2.4.2 Equity-Ansatz

Der Equity-Ansatz nimmt die Perspektive des Eigenkapitalgebers ein und ermittelt auf direktem Weg durch die Abdiskontierung der den Anteilseignern zufließenden Cashflows[77] mit den risikoadäquaten Eigenkapitalkosten den fairen Unternehmenswert.

Die Berechnung des fairen Aktienkurses erfolgt analog zum Ertragsverfahren, wobei anstelle des Gewinnes je Aktie der freie Cashflow je Aktie verwendet wird. Ein Beispiel für die Berechnung eines fairen Aktienwertes nach dem Equity-Ansatz ist in Abschnitt 10.2.5.1.1. gegeben.

10.2.5 Beispiel für die Anwendung moderner Bewertungsmethoden

Wie Sie aus den vorherigen Abschnitten ersehen konnten, ist allen modernen Bewertungsverfahren gemein, dass sie relativ kompliziert und für einen Privatinvestor schwer umzusetzen sind.

Getreu dem Motto »Man muss etwas Neues machen, um etwas Neues zu sehen«, habe ich deswegen einige moderne Bewertungsverfahren so modifiziert, dass man diese Verfahren auch als Privatanleger ohne Betriebswirtschaftsstudium anwenden kann. Daher haben die hier dargestellten Verfahren teilweise ein ganz anderes Aussehen bekommen als die in der Wirtschaftsliteratur bzw. in vorherigen Abschnitten beschriebenen modernen Bewertungsverfahren.

Zudem werden die Modelle so modifiziert, dass ein Privatinvestor sie mit einem Minimum an Zeit und Mitteln durchführen kann. Zusätzlich werden alle Modelle so konzipiert, dass sie auf leicht verfügbare Daten zurückgreifen, welche üblicherweise kostenlos im Internet verfügbar sind. Diese Daten bieten beispielsweise folgende Internetseiten an: www.onvista.de oder www.deutsche-bank.de.

Um diese neuen Verfahren besonders anschaulich zu gestalten, werde ich Sie direkt anhand unseres Beispielunternehmens Bayer AG erläutern.

10.2.5.1 Beispiel für moderne Bewertungsmethoden basierend auf dem Cashflow

Das hier dargestellte Discounted-Cashflow-Modell geht vom Equity-Ansatz aus. Ferner kann man das vorgestellte vereinfachte Modell nur dann anwenden, wenn das Unternehmen einen positiven bzw. zukünftigen positiven Cashflow produziert.

---

[77] Meistens verwendet man hierzu den freien Cashflow.

Von allen anderen Unternehmen (negativer Cashflow über mehrere Jahre) sollte ein Privatinvestor sowieso Abstand nehmen, weil derartige Unternehmen stark von einer Insolvenz gefährdet sind.

10.2.5.1.1 Discounted Cashflow (DFC)

Die Basis des Discounted-Cashflow-Modells ist die Ermittlung des Netto-Cashflows. Ferner geht diese Theorie davon aus, dass fundamental gesehen ein Unternehmen nur so viel wert ist wie der gegenwärtige und der Gegenwartswert der zukünftigen Netto-Cashflows. Dabei schätzt man die zukünftigen Netto-Cashflows aufgrund einer Empfehlung des Institutes der Wirtschaftsprüfer für sieben Jahre. Normalerweise wird der Netto-Cashflow nach folgender Formel berechnet:

Netto-Cashflow (NCF) = Operative Cashflows (OCF) - Sachinvestitionen (SI)

Dabei symbolisiert der operative Cashflow die Zahlungsmittelzuflüsse aus der betrieblichen Tätigkeit. Leider werden diese Netto-Cashflows nicht veröffentlicht oder nur die aktuellen. Daher muss man als Privatinvestor einen anderen Weg wählen. Dazu geht man vom Cashflow je Aktie aus. Dieser Cashflow wird im Internet beispielsweise bei www.onvista.de publiziert. Der Vorteil ist, dass man hier die Vergangenheitswerte und die Schätzungen für die nähere Zukunft hat.

Tabelle 25:   **Cashflow je Aktie der Bayer AG (Quelle: www.onvista.de)**

	2010	2011	2012	2013
Cashflow je Aktie [€]	6,99	6,12	5,48	7,43
Jährliches Wachstum des Cashflow		-12 %	-10 %	+ 36 %

Aus dem jährlichen Wachstum des Cashflow kann man nun wirklich überhaupt nichts ableiten. Die starken Schwankungen sind vielmehr ein Ausdruck der schwierigen Konjunkturlage und des Rückschlags in der Pharmasparte (hohe Kosten für Rechtsstreitigkeiten) der Bayer AG.

Da wir das Cashflow-Wachstum für die nächsten 7 Jahre abschätzen müssen, gehen wir von einer konservativen Schätzung aus. Dazu geht man von folgender Formel aus:

$$\text{Zukünftiges Wachstum Cashflow} = \left(\frac{\text{Cashflow je Aktie (2013)}}{\text{Cashflow je Aktie (2010)}}\right)^{\frac{1}{\text{Betrachtungszeitraum}}}$$

Falls der Cashflow je Aktie am Ende des Betrachtungszeitraumes kleiner ist als der Cashflow je Aktie am Anfang des Betrachtungszeitraumes, kann man diese Formel nicht über den gesamten Betrachtungszeitraum anwenden. In einen solchen Fall versucht man, einen Trend innerhalb der Zeitreihe Cashflow je Aktie zu finden. So zeigt sich, dass die Bayer AG seit 2010 ihren Cashflow je Aktie deutlich steigern konnte. Deswegen verwenden wir den Cashflow je Aktie von 2010 und 2013 als Berechnungsgrundlage.

$$\text{Zukünftiges Wachstum Cashflow} = \left(\frac{\text{Cashflow je Aktie (2013)}}{\text{Cashflow je Aktie (2010)}}\right)^{\frac{1}{\text{Betrachtungszeitraum}}} = \left(\frac{7,43}{6,99}\right)^{\frac{1}{3}} = 1,031$$

Aus der obigen Formel erkennt man, dass das zukünftige jährliche Cashflow-Wachstum für die Bayer AG gerundet 3,1 % beträgt. Dies erscheint mir trotz der Schwierigkeiten in der Pharmasparte und der angespannten konjunkturellen Situation im Teilkonzern MaterialScience doch sehr niedrig zu sein. Es scheint gleichsam so zu sein, als stünde man vor einem »Scherbenhaufen«, getreu dem Prinzip »Jede Lösung eines Problems wirft ein neues Problem auf«.

Doch wie löst man nun dieses Problem? Dazu nimmt man den Geschäftsbericht in die Hand und sieht sich im Anhang die historische Entwicklung des Cashflow an oder man schaut im Internet bei www.boerse-frankfurt.de unter dem Stichwort Bayer nach. Dort findet man unter der Rubrik Kennzahlen die Cashflow-Entwicklung über 10 Jahre hinweg. Diesen Zahlen ist zu entnehmen, dass der Cashflow von 3.293 Mio. € im Jahr 2003 bis zum Jahr 2012 auf 4.532 Mio. € gestiegen ist. Dies entspricht in etwa einem durchschnittlichen jährlichen Cashflow-Wachstum von 3,6 %. Doch *Vorsicht ist besser als Nachsicht:* Runden wir das Cash-flow-Wachstum auf 3 % ab. Jedem Investor ist es natürlich freigestellt, ob er einen solchen Abschlag vornehmen möchte oder nicht. Für die weiteren Berechnungen verwenden wir also als durchschnittliches Cashflow-Wachstum für die nächsten sieben Jahre den Wert 3 %.

Nun muss noch eine Annäherung an die Sachinvestitionen gefunden werden. Dazu muss man den Geschäftsbericht in die Hand nehmen und nachsehen, wie groß die Sachinvestitionen (siehe Kapitalflussrechnung) im Verhältnis zum Cashflow sind. Danach berechnet man nach folgender Formel den modifizierten Netto-Cashflow für die Bayer AG.

Modifizierter Netto-Cashflow	=	Netto-Cashflow	-	Sachinvestitionen		
	=	4.532 Mio. €	-	1.929 Mio. €	=	2.603 Mio. €

Für die Bayer AG ergibt sich im Jahr 2012 ein modifizierter Netto-Cashflow von 2.603 Mio. €. Der modifizierte Netto-Cashflow muss nun noch durch die Anzahl der Aktien (826,95 Mio. Stück) geteilt werden. So erhält man den Startwert für die modifizierte Netto-Cashflow-Berechnung. Für die Bayer AG beträgt der Startwert für den modifizierten Netto-Cashflow also 3,15. Jetzt können wir nach folgendem Schema den modifizierten Netto-Cashflow für die nächsten 7 Jahre berechnen.

mod. Netto-Cashflow 2013 = mod. Netto-Cashflow (2012) · 1,03 = 3,24 €

mod. Netto-Cashflow 2014 = mod. Netto-Cashflow (2013) · 1,03 = 3,34 €

$$\vdots$$

mod. Netto-Cashflow 2019 = mod. Netto-Cashflow (2018) · 1,03 = 3,87 €

Tabelle 26:   modifizierter Netto-Cashflow für die Bayer AG

	2013	2014	2015	2016	2017	2018	2019
mod. Netto-Cashflow je Aktie [€]	3,24	3,34	3,44	3,54	3,65	3,76	3,87

Im nächsten Schritt müssen wir ermitteln, wie viel die zukünftigen Netto-Cashflows je Aktie in der Gegenwart wert sind. Dazu verwendet man folgende Formel:

$$\text{Abdiskontierter Netto-Cashflow je Aktie im Jahr n} = \frac{\text{mod. Netto-Cashflow je Aktie im Jahr n}}{D^n}$$

D = Abdiskontierungsfaktor; n = Anzahl der Jahre

Die Frage, die man sich nun zwangsläufig stellen muss: Wie groß ist der Abdiskontierungsfaktor bzw. der Diskontierungsfaktor? Um einen möglichst individuellen Diskontierungsfaktor zu ermitteln, geht man von der folgenden Formel aus:

$$\text{Diskontierungsfaktor} = R_f + \beta \cdot (R_M - R_f)$$

R_f = risikofreier Zins; β = Beta; R_M = Renditeniveau des Marktes

Der risikofreie Zins wird Näherungsweise mit dem Zinssatz einer langjährigen Bundesanleihe beschrieben, zurzeit also mit ca. 1,75 %.

Das Beta[78] beschreibt, wie sich eine Aktie zum Gesamtmarkt verhält. Als Gesamtmarkt verwendet man einen Aktienindex, wie zum Beispiel den Deutschen Aktienindex (Abk. DAX). Weiterhin bedeutet ein Beta größer 1 ein höheres Risiko und ein Beta von kleiner 1 ein niedrigeres Risiko als der Gesamtmarkt. Eine Voraussetzung, damit dieses Modell funktioniert, ist, dass man einen Aktienindex verwendet, in dem die Aktie notiert ist. Für unser Beispiel der Bayer AG verwende ich als Gesamtmarkt den DAX, weil die Bayer-Aktie in diesem Index notiert. Das Beta beträgt 1,14. Das Renditeniveau des Marktes beschreibt die Performance der Aktien des

---

[78]   Das Beta wird im Internet (wie bei www.onvista.de) oder in Börsenzeitschriften veröffentlicht.

Gesamtmarktes. Sie ermittelt man, indem man den Startwert des DAXes vom 30.12.1987 von 1.000 Punkten nimmt und diesen mit dem DAX-Stand vom 31.12.2012 von 7.612 Punkten vergleicht. Somit ergibt sich eine jährliche Rendite von 8,46 %. Mit diesen Informationen können wir nun den Diskontierungsfaktor berechnen.

$$\text{Diskontierungsfaktor} = R_f + \beta \cdot (R_M - R_f) = 1,75 + 1,14 \cdot (8,46 - 1,75) = 9,40$$

Mithilfe dieses Diskontierungsfaktors werden nun die geschätzten modifizierten Netto-Cashflows je Aktie auf den heutigen Wert abdiskontiert.

$$\text{Abdiskontierter mod. Netto-Cashflow 2013} = \frac{\text{mod. Netto-Cashflow (2013)}}{1,094^1} = \frac{3,24 \ €}{1,094^1} = 2,96 \ €$$

$$\text{Abdiskontierter mod. Netto-Cashflow 2014} = \frac{\text{mod. Netto-Cashflow (2014)}}{1,094^2} = \frac{3,34 \ €}{1,094^2} = 2,79 \ €$$

$$\vdots$$

$$\text{Abdiskontierter mod. Netto-Cashflow 2019} = \frac{\text{mod. Netto-Cashflow (2018)}}{1,094^7} = \frac{3,87 \ €}{1,094^7} = 2,06 \ €$$

Tabelle 27: **Abdiskontierte mod. Netto-Cashflows für die Bayer AG**

	2013	2014	2015	2016	2017	2018	2019
Abdiskontierter Netto-Cashflow [€]	2,96	2,79	2,63	2,47	2,33	2,19	2,06

Anschließend bildet man die Summe der abdiskontierten modifizierten Netto-Cashflows von 2013 bis 2019. Sie beträgt 17,44 €.
Natürlich hört die Bayer AG nun nicht nach 7 Jahren auf, Cashflow zu produzieren. Um die Berechnung zu vereinfachen, geht man von einem konstanten Cashflow nach 7 Jahren aus. Dies wird als ewige Rente bezeichnet. Deswegen nehmen wir an, dass der modifizierte Netto-Cashflow im 8. Jahr weiterhin um 3 % wächst.

$$\text{mod. Netto-Cashflow im 8. Jahr} = \text{mod. Netto-Cashflow (2019)} \ 1,03 = 3,87 \ 1,03 = 3,99 €$$

Für das Modell wird nun angenommen, dass dieser modifizierte Netto-Cashflow von 3,99 € in jedem weiteren Jahr anfallen wird. Ausgehend von diesem modifizierten Netto-Cashflow wird die ewige Rente berechnet.

$$\text{Wert der ewigen Rente} = \frac{\text{mod. Netto-Cashflow im 8. Jahr}}{\text{Zinssatz}} = \frac{3,99 \ €}{0,94} = 42,43 \ €$$

Zinssatz = Abdiskontierungsfaktor = 9,4 %

Aber es gilt: Je weiter die ewige Rente in der Zukunft liegt, umso weniger ist sie in der Gegenwart wert. Darum muss die ewige Rente auf den heutigen Wert abdiskontiert werden.

$$\text{Gegenwartswert der ewigen Rente} = \frac{42,43\ €}{1,0175^8} = 36,94\ €$$

Im letzten Schritt wird nun der innere Wert bzw. faire Aktienkurs der Bayer-Aktie nach folgender Formel berechnet.

$$\text{innerer Wert} = \text{Summe der abdiskontierten mod. Netto-Cashflows bis 2019}$$

$$+ \text{Gegenwartswert der ewigen Rente}$$

$$\text{innerer Wert}_{Bayer} = 17,44\ € + 36,94\ € = 54,38\ €$$

Der innere Wert von Bayer beträgt 54,38 € nach dem Discounted-Cashflow-Modell.

10.2.5.2 Beispiele für moderne Bewertungsmethoden basierend auf dem Gewinn je Aktie

Alle hier dargestellten Modelle gehen von einem Gewinn je Aktie als Grundlage aus. Deswegen können die hier dargestellten Verfahren nicht durchgeführt werden, wenn das Unternehmen innerhalb von 5 Jahren keinen Gewinn je Aktie erwirtschaftet hat bzw. keinen zukünftigen Gewinn je Aktie. Von einem solchen Unternehmen sollte ein Privatinvestor sowieso Abstand nehmen, weil derartige Unternehmen stark Insolvenz gefährdet sind.

10.2.5.2.1 Ertragsmethode

Die Ertragsmethode geht von folgender Formel aus:

$$\text{Faire Aktie} = \frac{\text{EPS im Jahr (1)}}{(1+R)} + \frac{\text{EPS im Jahr (2)}}{(1+R)^2} + ... + \frac{\text{EPS im Jahr (n)}}{(1+R)^n} + \underbrace{\frac{\text{EPS im Jahr n}}{(1+R)^n} \cdot \frac{\frac{1}{(1+R)}}{\left(1 - \frac{1}{(1+R)}\right)}}_{\text{Ewige Rente}}$$

Faire Aktien = fairer Aktienkurs; EPS = zukünftiger Gewinn je Aktie; n = 7 Jahre; R = Abdiskontierungsfaktor (bspw. 11 % wird in Form 0,11 in die Formel eingetragen).

Bekommen Sie bitte keinen Schreck beim Betrachten dieser Formel. Denn vieles erscheint im ersten Augenblick komplizierter, als es in Wahrheit ist. In diesem Abschnitt werde ich Ihnen einen Weg aufzeigen, mit dem Sie diese Formel relativ einfach lösen können.

Dazu müssen wir zunächst den Gewinn je Aktie für die nächsten 7 Jahre abschätzen. Dazu sieht man sich zuerst die Gewinne je Aktie aus der Vergangenheit und die Schätzung für die nähere Zukunft an.

Tabelle 28: **Gewinn je Aktie für die Bayer AG (Quelle: bwinvestment.de)**

	2010	2011	2012	2013 (Schätzung)	2014 (Schätzung)
Gewinn je Aktie [€]	1,57	2,99	2,96	4,40	6,49
Jährliches Wachstum		90,45 %	-1,00 %	48,65 %	47,50 %

Aus dem jährlichen Wachstum des Gewinns je Aktie kann man nun ableiten, um wie viel der Gewinn je Aktie in der Vergangenheit und in der näheren Zukunft gewachsen ist. Allerdings erkennt man bei Bayer, dass hier eine sehr unstetige Entwicklung vorliegt, mit teilweise kräftigen Sprüngen beim Gewinn je Aktie. Da wir das Gewinnwachstum für die nächsten 7 Jahre abschätzen müssen, gehen wir von einer konservativen Schätzung aus. Dazu verwendet man eine zur Ermittlung des zukünftigen Cashflow-Wachstums analoge Formel. Alle Regeln betreffend dieser Formel gelten also auch hier.

$$\text{Zukünftiges Wachstum Gewinn je Aktie} = \left(\frac{\text{Gewinn je Aktie (2014)}}{\text{Gewinn je Aktie (2010)}}\right)^{\frac{1}{\text{Betrachtungszeitraum}}} = \left(\frac{6,49}{1,57}\right)^{\frac{1}{4}}$$

$$=1,4259$$

Als Ergebnis erhält man einen Wert von 42,59 % Gewinnwachstum p. a. für die nächsten 7 Jahre. Da durch Basiseffekte über wenige Jahre sehr hohe jährliche Wachstumsraten zustande kommen, sollte man Wachstumsraten im zweistelligen Bereich kritisch hinterfragen.

Ein jährliches Gewinnwachstum von 42,59 % scheint über sieben Jahre eigentlich unmöglich, falls das Unternehmen nicht eine Sonderkonjunktur (Entwicklung neuer Produkte, die einen neuen Markt erschließen, wie Apple mit dem iPhone) hat. Allerdings ist dieses Gewinnwachstum auch nur für kurze Zeit möglich. Aus dem Geschäftsbericht erfährt man, dass Bayer keine Sonderkonjunktur hat. Vielmehr wird dort berichtet, dass die Bayer AG hohe Rückstellungen im Jahr 2012 getroffen hat, durch deren Wegfall der Gewinn je Aktie 2013 kräftig steigen dürfte. Zudem erfährt man aus der Presse, dass 2010 in Folge der Wirtschaftskrise die Gewinne von Bayer merklich eingebrochen sind. Somit sind die Gewinne je Aktie eigentlich nicht zu gebrauchen, weil sie durch Sonderfaktoren (Wirtschaftskrise, Rückstellungen) zu stark verzerrt sind. Darum sieht man sich die Entwicklung des Gewinns nach Steuern an. Von 2006 mit 1.526 Mio. € ist der Gewinn nach Steuern auf 2.496 Mio. € im Jahr 2012 gestiegen. Dies entspricht einem jährlichen Wachstum des Gewinns nach Steuern von 8,55 %. In der Regel gilt, dass der Gewinn je Aktie nicht stärker steigt als der Gewinn nach Steuern.

Da *Vorsicht die Mutter der Weisheit ist*, gehe ich von einem Gewinnwachstum von 5,55 % p. a. für die nächsten sieben Jahre aus. Schließlich befindet sich die Bayer AG mit dem Teilkonzern MaterialScience in einer schwierigen konjunkturellen Phase.

Eines sei hier noch erwähnt: Ob Sie als Leser einen solchen Abschlag vornehmen, hängt von Ihren persönlichen Präferenzen ab. Sie sollten nur nicht mit einem Wert rechnen, der wesentlich größer ist als der ermittelte Wert aus der Schätzformel. Sie sollten aber auch nicht aus Angst einen zu großen Abschlag vornehmen. Der Abschlag sollte, das zeigen empirische Untersuchungen, nicht größer als 3 Prozentpunkte sein.

Hieraus erkennen Sie schon, dass Sie dem Ergebnis der Schätzformel für das zukünftige Gewinnwachstum und somit auch der Formel für das zukünftige Cashflow-Wachstum nicht blind vertrauen dürfen. Sie müssen es vielmehr immer kritisch hinterfragen.

Nach dem folgenden Schema wird nun der Gewinn je Aktie für die nächsten 7 Jahre berechnet.

$$\text{Gewinn je Aktie 2013} = \text{Gewinn je Aktie (2012)} \cdot 1{,}0555 = 3{,}12 \, \text{€}$$

$$\text{Gewinn je Aktie 2014} = \text{Gewinn je Aktie (2013)} \cdot 1{,}0555 = 3{,}30 \, \text{€}$$

$$\vdots$$

$$\text{Gewinn je Aktie 2019} = \text{Gewinn je Aktie (2018)} \cdot 1{,}0555 = 4{,}32 \, \text{€}$$

Tabelle 29: **Geschätzter Gewinn je Aktie für die Bayer AG**

	2013	2014	2015	2016	2017	2018	2019
Geschätzter Gewinn je Aktie [€]	3,12	3,30	3,48	3,67	3,88	4,09	4,32

Im nächsten Schritt müssen wir ermitteln, wie viel die zukünftigen Gewinne je Aktie in der Gegenwart wert sind. Dazu verwendet man folgende Formel:

$$\text{Abdiskontierter Gewinn je Aktie im Jahr } n = \frac{\text{Gewinn je Aktie im Jahr } n}{D^n}$$

D = Abdiskontierungsfaktor; n = Anzahl der Jahre

Der Diskontierungsfaktor wird genauso berechnet wie bei der Discount-Cashflow-Methode (s. S. 204ff.). Demzufolge beträgt der Diskontierungsfaktor 9,4 %. Mithilfe dieses Diskontierungsfaktors werden nun die geschätzten Gewinne je Aktie auf den heutigen Wert abdiskontiert.

$$\text{Abdiskontierter Gewinn je Aktie 2013} = \frac{\text{Gewinn je Aktie (2013)}}{1{,}094^1} = \frac{3{,}12\ \text{€}}{1{,}094^1} = 2{,}86\ \text{€}$$

$$\text{Abdiskontierter Gewinn je Aktie 2014} = \frac{\text{Gewinn je Aktie (2014)}}{1{,}094^2} = \frac{3{,}30\ \text{€}}{1{,}094^2} = 2{,}76\ \text{€}$$

$$\vdots$$

$$\text{Abdiskontierter Gewinn je Aktie 2019} = \frac{\text{Gewinn je Aktie (2018)}}{1{,}094^7} = \frac{4{,}32\ \text{€}}{1{,}094^7} = 2{,}30\ \text{€}$$

Tabelle 30: **Abdiskontierter Gewinn je Aktie für die Bayer AG**

	2013	2014	2015	2016	2017	2018	2019
Abdiskontierter Gewinn je Aktie [€]	2,86	2,76	2,66	2,57	2,47	2,39	2,30
Summe abdiskontierter Gewinn je Aktie	18,00 €						

Im nächsten Schritt wird die ewige Rente des Unternehmens nach folgender Gleichung bestimmt.

$$\text{ewige Rente} = \frac{\left(\frac{1}{1 + \text{Diskontierungsfaktor}}\right)}{1 - \left(\frac{1}{1 + \text{Diskontierungsfaktor}}\right)} \cdot \text{abdiskontierter Gewinn je Aktie im n-ten Jahr}$$

$$\text{ewige Rente}_{\text{Bayer}} = \frac{\left(\frac{1}{1{,}094}\right)}{1 - \left(\frac{1}{1{,}094}\right)} \cdot 0{,}95 = 10{,}64 \cdot 2{,}30 = 24{,}52\ \text{€}$$

Der faire Wert des Unternehmens nach der Ertragsmethode ergibt sich aus der Addition der ewigen Rente und der Summe der abdiskontierten Gewinne je Aktie.

faire Wert = ewige Rente + Summe abdiskontierter Gewinn je Aktie = 24,52 + 18 = 42,52 €

Der faire Wert der Bayer AG nach der Ertragsmethode ist 42,52 €. Zum Vergleich: Würde man die Berechnung ohne den Sicherheitsabschlag von 3 % durchführen, d.h. mit 8,5 %, so erhielte man einen fairen Aktienkurs von 49,79 €.

10.2.5.2.1 Modifizierte Ertragsmethode

Der Hauptunterschied zwischen der modifizierten Ertragsmethode und der Ertragsmethode ist, dass bei der modifizierten Ertragsmethode die Eintrittswahrscheinlichkeit der eigenen Gewinnprognose berücksichtigt werden kann. Dazu geht man von folgender Formel aus.

$$FA= \frac{(EPS \text{ im Jahr } (1)) \cdot W}{(1+R)} + \frac{EPS \text{ im Jahr } (2)}{(1+R)^2} +...+ \frac{EPS \text{ im Jahr } (n)}{(1+R)^n} + \underbrace{\frac{EPS \text{ im Jahr } (n)}{(1+R)^n} \cdot \frac{\frac{1}{(1+R)}}{\left(1-\frac{1}{(1+R)}\right)}}_{\text{Ewige Rente}}$$

FA = fairer Aktienkurs; EPS = zukünftiger Gewinn je Aktie; W = Eintrittswahrscheinlichkeit der Gewinnprognose (z.B. 50 % wird in Form 0,5 in die Formel eingetragen); n = 7 Jahre; R = Abdiskontierungsfaktor (bspw. 11 % wird in Form 0,11 in die Formel eingetragen).

Diese Formel sieht ähnlich kompliziert aus wie die Formel der Ertragsmethode. Aber keine Angst vor dem Lösen dieser Formel, schließlich ist das Geheimnis des Könnens letztlich nur das Wollen.

Als erstes müssen wir das zukünftige Wachstum des Gewinns je Aktie ermitteln. Das funktioniert genauso wie bei der Ertragsmethode mit der Formel des zukünftigen Gewinnwachstums (s. S. 207ff.), mit allen dort besprochenen Regeln. Infolgedessen nehmen wir für das zukünftige Gewinnwachstum für die Bayer AG 5,55 % an. Da man als Privatinvestor schlecht abschätzen kann, wie hoch die Eintrittswahrscheinlichkeit des zukünftigen Gewinnwachstums ist, geht man aufgrund einer Norm prinzipiell von einer Eintrittswahrscheinlichkeit von 50 % aus.

Nach dem folgenden Schema wird nun der Gewinn je Aktie für die nächsten 7 Jahre berechnet.

Gewinn je Aktie 2013=(*geschätzter Gewinn je Aktie* (2012) · 0,5) · 1,0555=1,56 €

Gewinn je Aktie 2014=Gewinn je Aktie (2013) · 1,0555=1,65 €

$$\vdots$$

Gewinn je Aktie 2019=Gewinn je Aktie (2018) · 1,0555=2,16 €

Tabelle 31: **Geschätzter Gewinn je Aktie für die Bayer AG mit Berücksichtigung der Eintrittswahrscheinlichkeit der Gewinnprognose**

	2013	2014	2015	2016	2017	2018	2019
Geschätzter Gewinn je Aktie [€]	1,56	1,65	1,74	1,84	1,94	2,05	2,16

Im nächsten Schritt müssen wir ermitteln, wie viel die zukünftigen Gewinne je Aktie in der Gegenwart wert sind. Als Diskontierungsfaktor verwendet man aufgrund einer Norm den Zinssatz für eine langlaufende Bundesanleihe (10-jährige Bundesanleihe) von 1,75 % plus einen Sicherheitsaufschlag von bis zu 2,5 %.[79] Ich nehme

---

[79] Besonders in Niedrigzinsphasen, wie wir sie aktuell (2013) vorfinden, sollte der Sicherheitsaufschlag besonders groß sein, weil sonst das unternehmerische Risiko nicht in ausreichendem Maße berücksichtigt wird. Allerdings sollte der Diskontierungsfaktor (Zinssatz langlau-

in der Regel einem Sicherheitsaufschlag von 1,25 %. Somit beträgt der Diskontierungsfaktor 3 %.

$$\text{Abdiskontierter Gewinn je Aktie } 2013 = \frac{\text{Gewinn je Aktie (2013)}}{\text{Diskontierungsfaktor für Bayer}^1} = \frac{1,56 \text{ €}}{1,03^1} = 1,52 \text{ €}$$

$$\text{Abdiskontierter Gewinn je Aktie } 2014 = \frac{\text{Gewinn je Aktie (2014)}}{\text{Diskontierungsfaktor für Bayer}^2} = \frac{1,64 \text{ €}}{1,03^2} = 1,55 \text{ €}$$

$$\vdots$$

$$\text{Abdiskontierter Gewinn je Aktie } 2019 = \frac{\text{Gewinn je Aktie (2018)}}{\text{Diskontierungsfaktor für Bayer}^7} = \frac{2,16 \text{ €}}{1,03^7} = 1,76 \text{ €}$$

Tabelle 32: **Abdiskontierter Gewinn je Aktie für die Bayer AG (mit Diskontierungsfaktor 3 %)**

	2013	2014	2015	2016	2017	2018	2019
Abdiskontierter Gewinn je Aktie [€]	1,52	1,55	1,59	1,63	1,67	1,71	1,76
Summe abdiskontierter Gewinne je Aktie	11,44						

Nun müssen wir die ewige Rente berechnen.

$$\text{ewige Rente} = \frac{\left(\frac{1}{1 + \text{Diskontierungsfaktor}}\right)}{1 - \left(\frac{1}{1 + \text{Diskontierungsfaktor}}\right)} \cdot \text{abdiskontierter Gewinn je Aktie im n-ten Jahr}$$

$$\text{ewige Rente}_{\text{Bayer}} = \frac{\left(\frac{1}{1,03}\right)}{1 - \left(\frac{1}{1,03}\right)} \cdot 1,52 = 33,33 \cdot 1,76 = 58,54 \text{ €}$$

Der faire Aktienwert der Bayer AG ergibt sich aus der Addition der ewigen Rente und der Summe der abdiskontierten Gewinne je Aktie.

fairer Wert = ewige Rente + Summe abdiskontierter Gewinn je Aktie = 58,54 + 11,44 = 69,98 €

Der faire Wert der Bayer AG nach der modifizierten Ertragsmethode ist 69,98 €.

10.2.5.2.3 Gewinn je Aktie / KGV-Modell

Als erstes möchte ich die faire Aktienkursbestimmung mithilfe des Modells »faires KGV« erläutern.

Dazu ermittelt man zunächst das faire KGV der Bayer AG. In der Regel sind Wachstum und Rentabilität die wesentlichen Einflussfaktoren bei der Bestimmung des KGVs. Aber auch ein Unternehmen mit Nullwachstum sollte bei fairer Bewertung

---

fende Bundesanleihe + Sicherheitsaufschlag) nur maximal halb so hoch sein wie bei der Ertragsmethode, also max. 4,7 %.

zu einem Mindestfaktor seiner Gewinne notieren. Dieses sog. Sockel- oder Minimum-KGV liegt empirischen Untersuchungen zufolge zwischen 7 bis 8.

Die finanzielle Stabilität ist der Grundstein jedes erfolgreichen Unternehmens. Ist diese nicht gegeben, so können Marktposition, Rentabilität oder Wachstum noch so gut sein, langfristig kann das Unternehmen nicht überleben. Ist die finanzielle Stabilität gewährleistet, erhöht sich das Sockel-KGV, in Abhängigkeit der finanziellen Stabilität, um 0,5 bis 2 Punkte.

Als nächstes muss man sich der Marktposition des Unternehmens zuwenden (s. dazu Kapitel 5. und 6 (S. 107ff.)). Ich leite die Marktposition aus der Umsatzrendite ab. Meiner Ansicht nach bündeln sich in dieser Zahl alle wesentlichen Faktoren – Rivalität unter den bestehenden Wettbewerbern, Bedrohung durch neue Anbieter, Verhandlungsstärke gegenüber Lieferanten und Abnehmern sowie Bedrohung durch Ersatzprodukte –, die die Marktposition eines Unternehmens ausmachen. Je ausgeprägter die Marktstellung eines Unternehmens ist, desto höher ist schließlich seine Umsatzrendite, weil das Unternehmen mit seinen Produkten höhere Margen erzielen kann. Als Faustformel sind folgende KGV-Aufschläge zu berücksichtigen (man kann diese natürlich im Einzelfall anpassen):

Marktstellung	KGV-Aufschlag	Umsatzrendite	Anmerkung
Nicht vorhanden	0 bis 0,5	0 bis 3 %	Vollkommene Konkurrenz
Schwach	0,5 bis 1,5	3 bis 5 %	Starker Wettbewerb, mäßige Anzahl an Mitbewerbern
Mittel	1,5 bis 2	5 bis 7 %	Mäßiger Wettbewerb, geringe Anzahl an Mitbewerbern
Gut	2 bis 2,5	7 bis 12 %	Oligopolistische Tendenzen
Hervorragend	2,5 bis 3	>12 %	Monopolistische Tendenzen

Mit einer Umsatzrendite von ca. 7 % rechtfertigt Bayer einen KGV-Aufschlag von 2 Punkten.

Allein die Marktstellung an sich ist kein Garant für einen hohen Unternehmenswert, weil jedes Unternehmen an seiner Fähigkeit gemessen wird, aus vorhandenen Vermögenswerten Cashflows zu erwirtschaften, also an seiner Rentabilität. Letztlich sollte das Kapital angemessen verzinst werden. Somit ist für den Aktionär die Eigenkapitalrendite, also die Verzinsung des von den Eigenkapitalgebern eingebrachten Kapitals, die zentrale Kennzahl. Darum wird das Ergebnis aus der Marktposition multiplikativ mit dem Ergebnis der Rentabilität des Unternehmens zusammengefasst.

Das Problem ist, dass die Eigenkapitalrendite durch Ausnutzung des Leverage-Effekts und den dadurch bedingten hohen Verschuldungsgrad künstlich erhöht werden kann. Dies muss bereinigt werden. Dazu wurde die ungehebelte Eigenkapitalrendite eingeführt. Sie unterstellt eine je nach Geschäftsmodell angemessene

Eigenkapitalbasis und berechnet diese auf Grundlage der risikoadjustierten Eigenkapitalrendite. Die vertretbare Menge an Fremdkapital variiert je nach Geschäftsmodell. Beispielsweise sollte ein starker Zykliker eine hohe Mindesteigenkapitalquote vorhalten, weil die aus dem Geschäftsmodell generierten Cashflows als unsicher gelten. Die ungehebelte Eigenkapitalrendite ergibt sich nach folgender Formel:

$$\text{Ungehebelte Eigenkapitalrendite} = \frac{\text{Jahresüberschuss}}{\text{Bilanzsumme} \cdot \text{Sachinvestitionsquote}}$$

Die Sachinvestitionsquote beträgt für Bayer 34,64 % (s. S. 138). Somit ergibt sich die ungehebelte Eigenkapitalrendite wie folgt:

$$\text{Ungehebelte Eigenkapitalrendite} = \frac{2.496 \text{ Mio. €}}{51.336 \text{ Mio. €} \cdot 0,3464} = 14,04 \%$$

Es gilt: Je höher die ungehebelte Eigenkapitalrendite ist, desto höher die Bewertung. Dabei wird ein Unternehmen umso besser bewertet, wenn es ohne wesentliche Ausnutzung des Leverage-Effekts eine überdurchschnittliche Eigenkapitalrendite erzielt. Aus empirischen Untersuchungen leitet sich folgender Bewertungsschüssel ab.

Ungehebelte Eigenkapitalrendite	Multiplikator
0 bis 5	0,3
5 bis 7	0,5
7 bis 10	0,7
10 bis 12	0,9
12 bis 15	1,1
15 bis 18	1,3
18 bis 21	1,5
21 bis 25	1,7
25 bis 27	2,0
27 bis 30	2,3
<30	2,5

Der gesamte KGV-Aufschlag für die Marktposition und Rentabilität ergibt sich, indem man den KGV-Aufschlag für die Marktposition mit dem Multiplikator aus der Rentabilitätsbetrachtung multipliziert. Bayer erzielt einen KGV-Aufschlag für die Marktposition von 2 Punkten und erreicht mit einer ungehebelten Eigenkapitalrendite von 14 % einen Multiplikator von 1,1. Daher beträgt der gesamte Aufschlag 2,2 KGV-Punkte (=2 · 1,1).

Natürlich spielt auch das Umsatzwachstum eine wichtige Rolle für das KGV. Eine Mindestanforderung an das Umsatzwachstum ist eine Höhe gleich der erwarteten

Inflation. Um einen Anhaltspunkt zu erhalten, sieht man sich die Umsatzentwicklung der letzten vier bis fünf Jahre an.

Tabelle 33: **Umsatzerlöse der Bayer AG der letzten fünf Jahre**

	2008	2009	2010	2011	2012
Umsatzerlöse [Mio. €]	32.918	31.168	35.088	36.528	39.760

Aus Tabelle 33 erkennt man, dass Bayer seinen Umsatz um jährlich ca. 5 % steigern konnte. Da allerdings eine Steigerung der Umsatzerlöse ohne entsprechenden Gewinnanstieg keinen positiven Einfluss auf den Unternehmenswert hätte, muss man berücksichtigen, wie viel Wachstum auch tatsächlich bei den Eigentümern ankommt. Aus diesem Grund ist die Steigerung des Gewinnes je Aktie das relevante Wachstumsmaß. In Abschnitt 10.2.2. (s. S. 196ff.) haben wir festgestellt, dass Bayer eine unstetige Entwicklung bei den Gewinnen hat, wobei die Tendenz nach oben zeigt. Allerdings konnten wir anhand des Gewinn nach Steuern abschätzen, dass Bayer eine geglättete jährliche Steigerung der Gewinne von 8,55 % erzielt. Aus Tabelle 34 (S. 214) erkennt man, dass ein Wachstum von 8,55 % einem KGV-Aufschlag von 2 bis 3 Punkten entspricht. Zur Feinjustierung nimmt man jetzt das Umsatzwachstum hinzu. Da dies nur 5 % beträgt, sollte der KGV-Aufschlag eher in Richtung 2 gehen. Wir nehmen einen KGV-Aufschlag von 2,2 Punkten an.

Tabelle 34: **KGV-Aufschlag für Umsatzwachstum**

Wachstum	KGV-Aufschlag	Anmerkung
Negativ		Ausmaß abhängig von Dauer und Geschwindigkeit des Ergebnisrückganges
0 bis 3 %	0 bis 0,5	Wachstum in Höhe der Inflation
3 bis 5 %	0,5 bis 1	Langsames, aber stetiges Wachstum
5 bis 7 %	1,0 bis 2,0	Leicht überdurchschnittliches Wachstum
7 bis 10 %	2,0 bis 3,0	Überdurchschnittliches Wachstum
10 bis 15 %	3,0 bis 4,0	Hohes Wachstum, Verdoppelung ca. alle fünf Jahre
15 bis 20 %	4,0 bis 5,0	Sehr hohes Wachstum, Verdoppelung alle vier Jahre
20 bis 25 %	5,0 bis 6,0	Herausragendes Wachstum, Verdoppelung ca. alle drei Jahre

Nun kommen wir wohl zum schwersten Teil der Bestimmung des fairen KGVs, nämlich der Individualität. Jedes Unternehmen hat seine Eigenarten und Besonderheiten, so dass das Baukastensystem einfach zu oberflächlich ist. Gilt z.B. ein Unternehmen wegen seines hohen Freefloats oder bestimmten Vermögenswerten als Übernahmekandidat, so erhöht dies den Börsenwert und rechtfertigt einen KGV-Aufschlag. Ebenso rechtfertigen eine besonders gut einschätzbare Gewinnentwicklung (z.B. wegen langlaufender Lieferverträge) oder merkliche Cash-Reserven (die operativ nicht benötigt werden) einen Zuschlag auf das KGV.

Bayer hat durch die vielen großen Übernahmen (AventisCropScience und Schering) ein großes Know-how bei der Integration von übernommenen Unternehmen entwickelt. Dies sollte auch in Zukunft helfen, schnell und erfolgreich übernommene Unternehmen zu integrieren. Zusätzlich spielt es dem Bayer-Konzern derzeit in die Karten, dass er in den aktuellen Börsenthemen »grüne Technologie« und »Gesundheitstrend« mit seinen Teilkonzernen HealthCare und CropScience stark vertreten ist. Demgegenüber steht, dass der Teilkonzern MaterialScience aufgrund der Konjunktur Probleme hat. Somit können wir Bayer wegen seiner individuellen Faktoren einen KGV-Aufschlag von einem Punkt gewähren. Somit hat der Bayer-Konzern folgendes faire KGV:

Kategorie	KGV-Aufschlag
Sockel-KGV	7,5
Finanzielle Stabilität	2,0
Marktposition & Rentabilität	2,2
Umsatzwachstum	2,2
Individuelle Faktoren	1,0
Faires KGV	**14,9**

Der Bayer-Konzern hat ein faires KGV von 14,9. Daher hat Bayer einen fairen Aktienkurs von:

Fairer Aktienkurs=faires KGV · geschätzter Gewinn des folgenden Jahres=14,9 4,40=65,56 €

Ein anderes Verfahren zur Ermittlung des fairen Aktienkurses anhand des KGVs ist folgendes:

Auch dieses Modell geht zuerst von der Ermittlung des zukünftigen Wachstums des Gewinnes je Aktie aus. Dieses wird analog zur Ertragsmethode (s. S. 207ff.) ermittelt. Demgemäß beträgt das zukünftige Gewinnwachstum der Bayer AG 5,55 %.

Bei der Ermittlung des geschätzten zukünftigen Gewinnes je Aktie trennen sich die Wege der beiden Verfahren voneinander. Für das Modell Gewinn je Aktie / KGV wird der geschätzte zukünftige Gewinn je Aktie nach folgendem Schema ermittelt.

Gewinn je Aktie 2013=geschätzter Gewinn je Aktie (2013) = 4,40 €

Gewinn je Aktie 2014=Gewinn je Aktie (2013) · 1,0555=4,64 €

$\vdots$

Gewinn je Aktie 2019=Gewinn je Aktie (2018) · 1,0555=6,08 €

Tabelle 35: Geschätzter Gewinn je Aktie für die Bayer AG

	2013	2014	2015	2016	2017	2018	2019
Geschätzter Gewinn je Aktie [€]	4,40	4,64	4,90	5,17	5,46	5,76	6,08

Nun müssen wir eine Annahme zum zukünftigen Kurs-Gewinn-Verhältnis treffen. In den vergangenen Jahren entwickelte sich das KGV so:

Tabelle 36: KGV der Bayer AG (Quelle: www.onvista.de)

	2010	2011	2012	2013 (Schätzung)
KGV	35,15	16,34	24,3	20,22

Es zeigt sich, dass die Bayer AG in den letzten Jahren ein durchschnittliches KGV von ca. 24,03 hatte, allerdings unter großen Schwankungen. Wie groß könnte nun das KGV in der Zukunft sein? Da Vorsicht besser ist als Nachsicht, sollten wir bei unserer Schätzung sehr konservativ vorgehen.

Um einen Anhaltspunkt für das zukünftige KGV zu bekommen, verwendet man folgende Formel. Mithilfe dieser Formel erhält man zunächst einen Korrekturfaktor, welcher zu einem späteren Zeitpunkt umgewandelt wird in das zukünftige KGV.

$$\text{Korrekturfaktor} = \left(\left(\frac{KGV\,(2013) \cdot 0{,}9}{KGV\,(2010)} \right)^{\frac{1}{\text{Betrachtungszeitraum}}} \right) - 0{,}02 = \left(\frac{20{,}22 \cdot 0{,}9}{35{,}14} \right)^{\frac{1}{3}} - 0{,}02 = 0{,}7844$$

Im letzten Schritt der Korrektur des zukünftigen KGV wird einfach nur noch der Korrekturfaktor mit dem KGV von 2012 multipliziert.

KGV im n-ten Jahr = Korrekturfaktor · letztes nicht geschätzte KGV = 0,7844 x 24,33 = 19,06

Das KGV der Bayer AG im siebten Jahr (2019) beträgt also 19,06. Der innere Wert der Aktie in sieben Jahren ist das Produkt aus dem angenommenen Gewinn pro Aktie (2019) und dem angenommenen KGV:

Innerer Wert im n-ten Jahr = Gewinn je Aktie im n-ten Jahr · angenommenes KGV

Innerer Wert im n-ten Jahr$_{Bayer}$ = 6,08 · 19,06 = 115,89 €

Um den gegenwärtigen Wert des inneren Werts der Bayer AG zu erhalten, ist wiederum abzudiskontieren. Der Diskontierungsfaktor wird genauso berechnet wie bei der Discount-Cashflow-Methode (s. S. 204ff.). Demzufolge beträgt der Diskontierungsfaktor 9,4 %.

$$\text{fairer Wert} = \frac{\text{Innerer Wert im n-ten Jahr}}{1{,}094^7} = \frac{115{,}89 \, €}{1{,}094^7} = 61{,}84 \, €$$

Der faire Wert der Bayer AG beträgt nach dem Gewinn-je-Aktie/KGV-Modell 61,84 €.

10.2.5.2.4 Berechnung des fairen Wertes mithilfe von Internetkalkulatoren

Wie im Abschnitt 10.2. beschrieben, gibt es im Internet eine Vielzahl von Kalkulatoren zur Berechnung des fairen Aktienwertes.

Zur Berechnung des fairen Aktienwertes verwende ich persönlich gerne den Discounted Cashflow Calculator von www.moneychimp.com/articles/valuation/dcf.htm. Er funktioniert im Prinzip so, dass man den Gewinn je Aktie der letzten 12 Monate (d.h. den aktuellen), das Gewinnwachstum, den Abdiskontierungsfaktor und den Zeitraum eingegeben muss. Anschließend berechnen diese Kalkulatoren den fairen Aktienkurs. Dazu müssen wir nun einfach die Daten für die Bayer AG in den Kalkulator eingeben. Da die meisten im Internet verfügbaren Kalkulatoren in englischer Sprache verfasst sind, gebe ich auch die englischen Bezeichnungen mit an.

Tabelle 37: **Berechnung des fairen Aktienkurses mithilfe eines Internetkalkulators**

Gewinn je Aktie (engl. earning per share)	4,4 € für das Jahr 2013
Gewinnwachstum (engl. earnings are expected to grow at a rate of)	5,5 %
Zeitraum (engl. for the next years)	7 Jahre
Wachstum für den Zeitraum nach 7 Jahren (engl. before leveling off to an annual growth rate of % thereafter)	0 %
Abdiskontierungsfaktor (engl. Return available on an appropriate market benchmark investment)	9,4 % (s. S. 204ff.)
Fairer Aktienwert	63,18 €

Der Internetkalkulator ermittelt mithilfe des Ertragsverfahrens (siehe Abschnitt 10.2.2) einen fairen Aktienwert von 63,18 €.

Im letzten Schritt der Berechnung des fairen Wertes eines Unternehmens werden alle 5 Bewertungsmethoden zu einem Gesamtwert zusammengefasst.

10.2.5.3 Der faire Wert eines Unternehmens

Der faire Wert eines Unternehmens ergibt aus der Mittelwertbildung der Ergebnisse aus den fünf Berechnungsrechnungsmethoden: DCF, Ertragsmethode, modifizierte Ertragsmethode, Gewinn je Aktie / KGV, faires KGV und Internetkalkulator.

Tabelle 38: Fairer Wert der Bayer AG nach verschiedenen Berechnungsmodellen

Fairer Wert nach DCF-Methode	54,38 €
Fairer Wert nach Ertragsmethode	42,52 €
Fairer Wert nach modifizierter Ertragsmethode	69,98 €
Fairer Wert nach Gewinn je Aktie / KGV	61,84 €
Fairer Wert nach fairem KGV	65,56 €
Fairer Wert mittels Internetkalkulator	63,18 €
Mittelwert fairer Unternehmenswert für die Bayer AG	59,58 €
Derzeitiger Aktienkurs der Bayer AG (Kurs am 19.10.13)	90,49 €

Der endgültige faire Aktienkurs der Bayer AG ist 59,58 ± 9,8 €. Was bedeutet nun dieser faire Aktienkurs? Zunächst einmal, dass nach unseren individuellen Annahmen der Aktienkurs von Bayer ab einem Aktienkurs von 59,58 € fundamental überbewertet und ab einem Aktienkurs von unter 59,58 € fundamental unterbewertet ist. Daher kann man sagen, dass die Bayer-Aktie am 19.10.2013 fundamental überbewertet war, weil der Aktienkurs über 59,58 € lag. Dies bedeutet, dass der Bayer-Aktie mittelfristig Kursverluste oder eine Stagnation drohen, bis der Aktienkurs den fairen Aktienkurs erreicht hat. Andererseits könnte der Bayer-Konzern Maßnahmen für weiteres Kurspotenzial treffen. So müsste Bayer entweder seine Eigenkapitalrendite steigern und/oder die Eigenkapitalbasis ausbauen. Ein weiterer Schritt wäre eine Verringerung des Risikoprofils, um die Eigenkapitalkosten zu senken, jedoch besteht in diese Richtung wenig Spielraum für den Konzern.

Fundamental orientierte Anleger gehen sogar so weit zu sagen, dass sie nur Aktien kaufen, deren Aktienkurs fundamental unterbewertet bzw. fair bewertet ist. Überdies verkaufen solche Anleger meistens aus fundamentaler Sicht, wenn der Aktienkurs des Unternehmens um 20 % über dem fairen Unternehmenswert liegt. Eines darf der Anleger aber nicht außer Acht lassen: Die Qualität der Ergebnisse ist stark von den einfließenden Variablen, wie zum Beispiel der Cashflow-Wachstumsrate, abhängig. Selbst kleine Änderungen – beispielsweise der Abdiskontierungsfaktoren – führen zu deutlich veränderten Bewertungsergebnissen. Dies erklärt auch die Schwankung des fairen Aktienwertes zwischen 42,52 € und 69,98 € der Bayer AG. Dieses Problem versucht man dadurch zu umgehen, dass man mit sechs unterschiedlichen Modellen rechnet.

Trotz der Schwächen der Berechnungsmodelle zur fairen Aktienkursermittlung sollte sie in keiner seriösen Unternehmensbewertung fehlen. Im Gegensatz zu den in den vorherigen Abschnitten erläuterten relativen Bewertungsmethoden wird hier ein fairer Aktienkurs ermittelt, der die Ergebnisse der relativen Bewertung quasi als »Realitätscheck« ergänzt. Vielmehr ist es mithilfe des fairen Aktienkurses möglich, teure Aktien von preiswerten Aktien zu selektieren. Darum sehen wir uns nun auch die wichtigsten Ergebnisse für die relativen Bewertungsmethoden der Bayer AG an.

10.3 Relative Bewertungsmethoden im Vergleich zu modernen Bewertungsmethoden am Beispiel der Bayer AG

Heutzutage braucht man die relativen Kennzahlen nicht mehr auszurechnen, sondern kann sie direkt aus dem Internet erhalten, beispielsweise bei www.onvista.de oder aktienlab.de.

Tabelle 39: Relative Kennzahlen für die Bayer AG, Teil 1 (Quelle: www.onvista.de)

	2011	2012	2013*	2014*
PEG	0,95	2,11	1,21	1,08
Dividendenrendite	3,34 %	2,64 %	2,27 %	2,54 %
Kurs-Cashflow-Verhältnis	8,07	13,11	12,16	10,91

*Schätzung

Die Bayer AG hat mit einem KGV 24,3 ein deutlich höheres KGV als der Branchendurchschnitt von 15, das signalisiert eine Überbewertung. Unterstützt wird dies durch den PEG, weil das PEG deutlich größer als 1 ist. Eine Faustregel besagt: Ein PEG-Ratio von unter 1 gilt als attraktiv, da die Wachstumschancen in der Bewertung nicht adäquat berücksichtigt sind. Umgekehrt sind Werte größer 1 unattraktiv.

Darum kann man sagen, dass die Bayer AG überbewertet ist. Ein Indiz hierfür ist auch die weit unter dem Durchschnitt liegende Dividendenrendite.

Tabelle 40: Relative Kennzahlen für die Bayer AG Teil 2 (Quelle: www.onvista.de)

	2012	2011
Kurs-Buchwert-Verhältnis (KBV)	3,2	2,11
Eigenkapital je Aktie	22,45	

Das Kurs-Buchwert-Verhältnis (KBV) stellt den aktuellen Börsenkurs einer Aktie zu seinem bilanziell ausgewiesenen Buchwert pro Aktie dar. Allgemein deutet ein KBV von weniger als 1 auf eine Unterbewertung hin, weil das Vermögen des Unternehmens an der Börse geringer eingestuft wird, als es tatsächlich wert ist. Da das Kurs-Buchwert-Verhältnis deutlich oberhalb von 1 notiert, zeigt auch diese relative Kennzahl eine Überwertung an.

Überdies wurde im Abschnitt 10.1.4. mittels der relativen Bewertungsmethoden ein fairer Aktienkurs von 44,40 bis 66 € festgestellt, also eine fundamentale Überbewertung, da der aktuelle Aktienkurs am 19.10.2013 bei 90,49 € lag.

Fasst man nun die Ergebnisse der relativen Bewertungsmethoden zusammen, so kommt man zu dem Ergebnis, dass die Bayer AG fundamental überbewertet ist und deshalb mittelfristig mit Kursverlusten zu rechnen ist.

Genau diese Aussage bekommt man auch bei der Berechnung des fairen Aktienpreises mittels der modernen Bewertungsverfahren, wie dem Discounted Cashflow, heraus. Hier haben wir ja auch festgestellt, dass der Aktienkurs der Bayer AG oberhalb des fairen Aktienkurses liegt, d.h., die Bayer AG ist fundamental überbewertet.

10.4 Abschließende Bewertung der Berechnungsverfahren

Allen modernen Berechnungsverfahren, wie Discounted Cashflow, eignet ein hohes Maß an Subjektivität, Komplexität und eine Art Blackbox-Charakteristik an. Bedauerlicherweise eröffnet sich hierdurch auch ein gewisses Missbrauchspotenzial durch den Bewertenden. So stößt man häufig auf das Phänomen, dass die Nutzer der modernen Bewertungsverfahren gerne ihre Bewertungsparameter, wie beispielsweise Abdiskontierungsfaktor oder Wachstumsrate, der allgemeinen Börsenstimmung anpassen. So beobachtet man, dass beispielsweise in einer positiven Börsenstimmung die Wachstumsraten größer und die Abdiskontierungsfaktoren kleiner werden, um bei steigenden Aktienkursen den fairen Aktienkurs möglichst mitsteigen zulassen. Genau das Gegenteil tritt bei einer schlechten Börsenstimmung auf. Diese Erscheinung beschreibt schon Molière mit dem Spruch: »Die Dinge haben nur den Wert, den man ihnen gibt«. Darum kann ich nur jedem Anwender von modernen Bewertungsverfahren raten, kritisch zu hinterfragen, ob die gewählten Parameter tatsächlich der Wirklichkeit entsprechen. Zudem legen auch viele Nutzer der modernen Bewertungsverfahren alle nicht unternehmensspezifischen Parameter, wie beispielsweise Abdiskontierungsfaktoren, vorher fest.

Diese Missbrauchsgefahr führte zwangsläufig zur Skepsis der Marktteilnehmer gegenüber den Ergebnissen aus den modernen Bewertungsmethoden. Mit wachsendem Wissen über die Methoden wuchs auch der Zweifel an deren Zuverlässigkeit. Daher werden diese Verfahren, obwohl theoretisch richtig, bei Unternehmensbewertungen eher als Realitätscheck der aus den traditionellen Bewertungsmethoden gewonnenen Ergebnisse verwendet.

Aber auch die traditionellen Bewertungsverfahren haben ihre Nachteile. Diese zeigten sich besonderes bei der Überbewertung der Börsen im Jahr 2000. Dabei förderten die auf Vergleichsmultiplikatoren basierenden Bewertungsverfahren – wie z.b. das KGV – solche Übertreibungen, da sie implizieren, dass die Vergleichsunternehmen immer fair bewertet sind. Eine solche Annahme kann im Extremfall einen Teufelskreis in Gang setzen, da bei Kurssteigerungen der Vergleichsunternehmen bzw. der Peer Group ständige Anpassungen der Kursziele nach oben bzw. bei Kursverlusten nach unten notwendig werden. Eine mit realistischen Annahmen durchgeführte Bewertung mittels moderner Bewertungsverfahren, wie Discounted Cashflow, zeigt eine solche Übertreibung in der Regel frühzeitig an und sollte folgerichtig dem längerfristig agierenden Anleger zu überlegten Entscheidungen verhelfen. Um diese Probleme zu umschiffen, halten Sie sich immer an den Grundsatz der Unternehmensbewertung: **Der Wert eines Unternehmens sollte stets konservativ und im Zweifel zu niedrig angesetzt werden. So werden unter Umständen einige unterbewertete Unternehmen übersehen, aber auf der anderen Seite wird der Fehler vermieden, das Potenzial eines Unternehmens zu hoch einzuschätzen und einen überteuerten Wert zu kaufen!**

11 Anlagestrategien

11.1 Einleitung

»Börsenjauchzen erfülle die Welt. Die Wirtschaft brummt, das Geld vermehrt sich wie von Geisterhand, und jedermann denkt, er könne eine Aktiengesellschaft führen. Wenn dann mieses Management und Wirtschaftsflaute die Gewinne schrumpfen lassen, werden die Kurse manipuliert und künstlich wieder hochgetrieben – bis es endgültig kracht.« Kommt Ihnen dies bekannt vor? In dem Roman »Die neuen Serapionsbrüder« von Karl Gutzkow geht es aber nicht um Mauscheleien am Neuen Markt (siehe Bucheinleitung), sondern um die Rabesche Maschinenbedarfs-Gesellschaft. Dieses Buch erschien 1877. Zu dieser Zeit hatte eine Wirtschaftskrise die Wachstums- und Spekulationseuphorie der Gründerjahre des Deutschen Reiches abgelöst. Sie sehen also schon bei diesem kleinen Ausflug in die Geschichte, dass es an den Börsen immer wieder zu mehr oder weniger starken Übertreibungen kommt. Um sich als Anleger vor solchen Übertreibungen zu schützen, wurden Aktienstrategien bzw. -regeln entwickelt.

11.2 Wichtige Aktienregeln

Die wichtigste Regel bei der Anlage in Aktien ist, die Chancen und Risiken auf mehrere Aktien zu verteilen. Hierdurch können die Schwankungen des Kurses einer Aktie durch die Schwankungen des Kurses einer anderen Aktie ausgeglichen werden. Was in einem solchen Depot auf Dauer übrig bleibt, ist der langfristig aufwärts gerichtete Trend der Aktienkurse. Ferner entspricht die Rendite eines solchen Aktiendepots dem Mittelwert der Renditen der einzelnen Aktien im Depot. Weiterhin gilt, dass für solche Depots im Normalfall das Risiko weit unter dem durchschnittlichen Risiko der im Depot enthaltenen Aktien liegt. Dies bedeutet, dass durch gezielte Streuung das Risiko stark vermindert wird, aber die Rendite nicht. Allerdings sollte die Risikostreuung nicht so weit gehen, dass das Depot zu unübersichtlich wird. Dies tritt häufig auf, wenn der Anleger mehr als dreißig Werte im Depot hat, weil dann der Überwachungsaufwand zu groß wird. Dieses Problem lässt sich heute gut durch Computerprogramme umgehen. Deshalb kann der Investor im Prinzip so viele verschiedene Aktien im Depot haben, wie er möchte. Beim Kauf von Aktien unterscheidet man zwischen dem systematischen und dem unsystematischen Risiko. Hierbei entspricht das unsystematische Risiko dem individuellen Unternehmensrisiko und kann somit durch Streuung des Kapitals in mehrere Aktien vermindert werden. Dahingegen ist das systematische Risiko das Risiko der Anlageform Aktie an sich. Es ergibt sich durch die Schwankungen des Gesamtmarktes. Dieses Risiko kann nur minimiert werden, indem man sein Kapital in mehrere unterschiedliche Vermögensformen investiert, wie zum Beispiel in Aktien oder Renten.

Besonders riskant sind Aktienkäufe auf Kredit. Hierdurch kann man zwar aufgrund der Hebelwirkung deutlich mehr Gewinn erzielen, aber genauso auch deutlich mehr Verlust erleiden.

Der Investor muss, bevor er Aktien erwirbt, immer bedenken, dass eine Aktienanlage ihren Preis hat. Zum einem muss der Anleger beim Kauf bzw. Verkauf von Aktien Gebühren zahlen. Hierbei gilt zu beachten, dass die meisten Banken eine Gebühr von ca. 1,5 % vom Auftragsvolumen nehmen, mindestens aber eine Gebühr von ca. 15 € pro Auftrag. Zudem kommt noch eine Maklercourtage von ca. 0,04 % bis 0,08 % hinzu. Zu diesen Kosten kommen auch noch die Depotgebühren. Diese werden von den einzelnen Banken individuell festgesetzt.

In der Regel hängt es von der Stärke der Handelsaktivität des Anlegers ab, zu welcher Bank er mit seinem Depot gehen sollte. Ein Anleger, der nur selten sein Depot umschichtet, ist eher an niedrigen Depotkosten interessiert. Dagegen ist ein Investor, der häufig sein Depot umschichtet, eher an niedrigen Transaktionskosten interessiert. Im Allgemeinen sind die Discountbroker günstiger als Filialbanken, aber dafür bieten die Discountbroker keine Anlageberatung.

Doch bevor wir uns eingehend mit den Aktienstrategien beschäftigen können, müssen wir uns zunächst überlegen, wo wir die benötigten Informationen, wie zum Beispiel die Marktkapitalisierung, herbekommen. Die wohl beste Möglichkeit dazu bieten die im Internet verfügbaren sog. Stock Screeners.

11.3 Informationssuche für die Aktienstrategien

Profitable Aktien aus der Masse der börsennotierten Unternehmen herauszufinden ist alles andere als einfach. Anleger können sich von Stock Screeners helfen lassen. Dabei lässt sich der englische Begriff Stock Screener wohl am ehesten übersetzen mit dem Begriff »Aktienfilter«. Es handelt sich also um Werkzeuge, mit denen der Anleger die Liste der an der Börse gehandelten Unternehmen nach aussichtsreichen Aktien durchsuchen kann. Je nach Temperament, Aktienstrategie oder Vorlieben kann der Anleger verschiedene Kriterien festlegen: Kurs-Gewinn-Verhältnis, Marktkapitalisierung, Dividendenrendite usw. Welche Kriterien der Anleger ansetzt, hängt davon ab, welche Aktienstrategie (siehe folgenden Abschnitt) er verfolgt. Die Stock Screeners werfen nach festgelegten Kriterien eine Auswahl von Aktien aus, die den Kriterien des Anlegers entsprechen, und vernachlässigen die Aktien, die nicht zum vorgegebenen Muster passen. Doch wie funktionieren nun die Aktienfilter? Man kann sich die Aktienfilter als eine Art Tabellenkalkulationsprogramm vorstellen, das eine große Datenbank mit Unternehmensdaten durchsucht, filtert und sortiert.

Viele Anleger schwören auf diese Form des Suchens nach passenden Unternehmen für ihre Aktienstrategie, da sie so alle Emotionen beiseiteschieben und sich voll und ganz auf die Aktienstrategie konzentrieren können. Dies ist wichtig, weil Aktienstrategien unemotional, rigoros und ohne Abweichung durchgeführt werden müssen. In der Regel führt nämlich jedes Abweichen von der gewählten Aktienstrategie zu mehr oder minder großen Verlusten.

Die Gefahr besteht allerdings, dass ein Anleger die Kriterien bei den Stock Screeners falsch setzt. Daher sollten Anfänger zuerst einen vorgegebenen Screen, sprich ein festes Research-Muster, nutzen und damit experimentieren. Solche vorgegebenen Screenings orientieren sich meistens an weitverbreiteten Aktienstrategien. Einen solchen Stock Screener bieten beispielsweise www.quicken.com, www.onvista.de, www.yahoo.de oder www.morningstar.com an.

11.4 Indexbezogene und nichtindexbezogene Aktienstrategien

Nach Götte[80] [Lit. 15] unterscheidet man in der Regel zwischen »indexbezogenen Strategien« und »nichtindexbezogenen Strategien«.

11.4.1 Indexbezogene Strategien

Ein Index ist eine Kennzahl, welche die Entwicklung eines aus unterschiedlichen, meist gewichteten Aktien bestehenden Portfolios wiedergibt. Ferner unterscheidet man zwischen Kursindices und Performanceindices.

Die Kursindices geben die reine Kursentwicklung des abgebildeten Aktienkorbes an, das heißt, in die Berechnung gehen etwaige Erträge, wie zum Beispiel Dividenden oder Bezugsrechte, nicht ein. Dagegen geben die Performanceindices die Wertentwicklung des zugrunde liegenden Aktienkorbes mit allen Erträgen an, d.h. zum Beispiel mit Dividenden und Bezugsrechten.

---

[80] In dieser Veröffentlichung werden mehr als 50 unterschiedliche Aktienstrategien miteinander verglichen. Weiterhin wird in dieser Veröffentlichung überprüft, ob diese Strategien über einen längeren Zeitraum funktionieren.

Alle in diesem Abschnitt erwähnten Strategien beruhen auf einem Aktienindex. Dabei versucht der Anleger durch die »indexbezogenen Strategien« möglichst die Performance des Index zu erreichen bzw. zu übertreffen. Um dies zu erreichen, müssen alle »indexbezogenen Strategien« unemotional, rigoros und ohne von der Strategie abzuweichen durchgeführt werden. Meistens führen nämlich Abweichungen von einer »indexbezogenen Strategie« zu teilweise extremen Performanceverlusten.

Besonderes Augenmerk bei der Auswahl der Aktienstrategie wurde darauf gelegt, dass der Investor relativ einfach alle benötigten Informationen kostenlos aus dem Internet bekommt. Wie dies geht, möchte ich Ihnen anhand der Strategie Dividendenrendite erläutern.

11.4.1.1 Strategie Dividendenrendite

Bei dieser Strategie wählt der Investor die 10 Unternehmen mit der höchsten Dividendenrendite aus. Diese Strategie wird einmal jährlich angepasst.

Als ersten Schritt wählen Sie sich einen Vergleichsindex aus. Wir nehmen als Vergleichsindex den Deutschen Aktienindex (Abk. DAX). Als nächstes müssen Sie sich aus dem Deutschen Aktienindex die Aktien mit der höchsten Dividendenrendite aussuchen. Sie brauchen heutzutage nicht mehr den Börsenteil einer Zeitung auszuwerten, sondern Sie können die benötigten Informationen bequem aus dem Internet bekommen. Dazu gehen Sie beispielsweise auf die Internetseite von www.onvista.de.

In der Navigationsleiste wählen Sie unter der Rubrik »Aktien« den Bereich »Vergleiche« aus (siehe dazu Abbildung 46, S. 226).

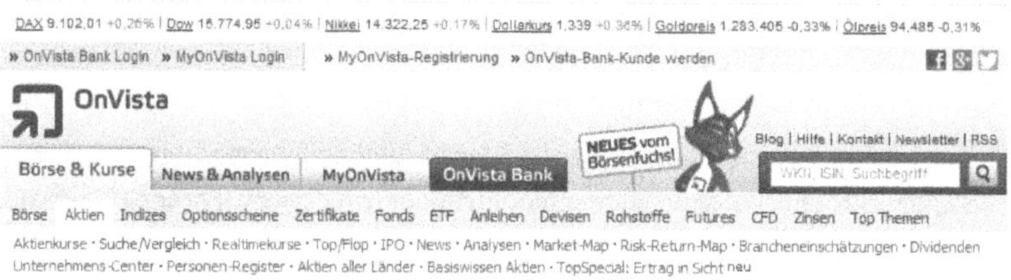

Abbildung 46:   Navigationsleiste Onvista, Quelle: Onvista

Wählen Sie anschließend den Profivergleich aus.

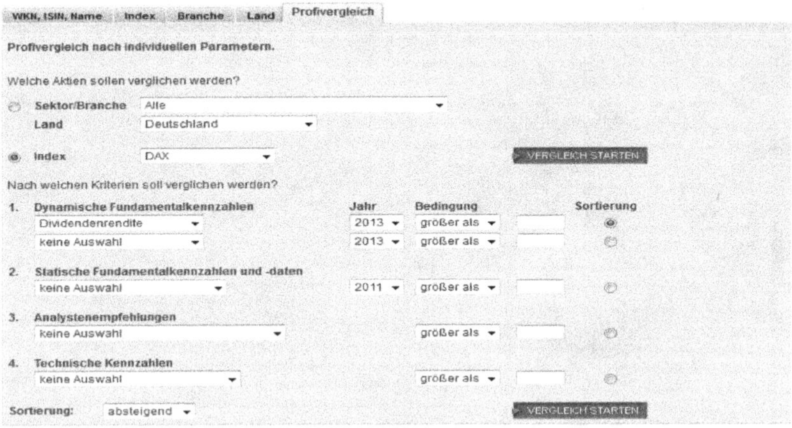

Abbildung 47: Eingabemenü Quelle: Onvista

Sie müssen folgende Optionen auswählen:

a) Unter dem Punkt Index wählen Sie den Index »DAX« aus.
b) Unter dem Punkt dynamische Fundamentalkennzahlen wählen Sie die »Dividendenrendite« aus. Obendrein wählen Sie das betrachtete Jahr aus, also 2013.
c) Abschließend wählen Sie bei dem Punkt Sortierung »absteigend« aus.

Nachdem Sie diese Eingaben gemacht haben, drücken Sie die rechts oben befindliche Schaltfläche »Vergleich starten«. Dann ermittelt das Finanzportal Onvista die Dividendenrendite für die Aktien des DAX.

Index: DAX PERFORMANCE-INDEX
Anzeige: ⦿ WKN ○ ISIN ○ Ticker [ANZEIGEN]   [>] Zurück zur Suchmaske

30 Treffer: (1 - 30)

WKN	Name	Kurs	Börse	Diff. abs.	Diff. in %	Datum / Uhrzeit	Dividenden-rendite in % 2013
KSAG88	K+S AG	20,860 EUR	Xetra	+0,050	+0,24%	11.11./13:48:56	5,00
ENAG99	E.ON SE	13,455 EUR	Xetra	+0,020	+0,15%	11.11./13:48:47	4,84
555750	DEUTSCHE TELEKOM AG	11,190 EUR	Xetra	-0,155	-1,37%	11.11./13:47:48	4,76
843002	MUENCHENER RUECKVERS...	IR. 154,200 EUR	Xetra	+0,250	+0,16%	11.11./13:48:45	4,65
703712	RWE AG	26,935 EUR	Xetra	-0,065	-0,24%	11.11./13:48:56	4,45
710000	DAIMLER AG	IR. 58,970 EUR	Xetra	-0,500	-0,84%	11.11./13:49:04	4,22
840400	ALLIANZ SE	125,850 EUR	Xetra	+1,600	+1,29%	11.11./13:48:11	4,16
581005	DEUTSCHE BOERSE AG	55,250 EUR	Xetra	+0,370	+0,67%	11.11./13:48:05	3,87
BASF11	BASF SE	75,670 EUR	Xetra	-0,010	-0,01%	11.11./13:48:51	3,51
519000	BAYERISCHE MOTOREN W...	82,050 EUR	Xetra	+0,280	+0,34%	11.11./13:48:43	3,28
723610	SIEMENS AG	96,090 EUR	Xetra	+0,470	+0,49%	11.11./13:48:59	3,24
555200	DEUTSCHE POST AG	24,610 EUR	Xetra	+0,295	+1,21%	11.11./13:47:43	3,16
823212	DEUTSCHE LUFTHANSA A..	14,685 EUR	Xetra	+0,195	+1,35%	11.11./13:48:57	2,94
BAY001	BAYER AG	93,990 EUR	Xetra	+0,190	+0,20%	11.11./13:48:46	2,22
514000	DEUTSCHE BANK AG	34,760 EUR	Xetra	+0,010	+0,03%	11.11./13:49:00	2,17
766403	VOLKSWAGEN AG	192,000 EUR	Xetra	-0,350	-0,18%	11.11./13:48:55	2,13
648300	LINDE AG	143,450 EUR	Xetra	-1,700	+1,20%	11.11./13:47:25	2,03
A1EWWW	ADIDAS AG	86,810 EUR	Xetra	-0,130	-0,15%	11.11./13:47:58	1,78
543900	CONTINENTAL AG	143,450 EUR	Xetra	-0,200	-0,14%	11.11./13:48:00	1,72
623100	INFINEON TECHNOLOGIE...	IR. 7,245 EUR	Xetra	+0,124	+1,74%	11.11./13:48:57	1,71
547040	LANXESS AG	52,400 EUR	Xetra	+0,580	+1,12%	11.11./13:48:55	1,66
716460	SAP AG	IR. 59,620 EUR	Xetra	+0,630	+1,07%	11.11./13:49:03	1,54
659990	MERCK KGAA	123,900 EUR	Xetra	+0,300	+0,24%	11.11./13:48:14	1,52
604700	HEIDELBERGCEMENT AG	57,340 EUR	Xetra	+0,360	+0,63%	11.11./13:49:00	1,49
578580	FRESENIUS MEDICAL CA..	IR. 48,005 EUR	Xetra	+0,115	+0,24%	11.11./13:48:53	1,43
604843	HENKEL AG & CO. KGAA	81,820 EUR	Xetra	+0,260	+0,32%	11.11./13:48:38	1,27
578560	FRESENIUS SE & CO. K...	IR. 97,440 EUR	Xetra	+1,060	+1,10%	11.11./13:48:59	1,23
520000	BEIERSDORF AG	73,930 EUR	Xetra	+0,870	+1,19%	11.11./13:48:50	1,09
750000	THYSSENKRUPP AG	19,395 EUR	Xetra	+0,175	+0,91%	11.11./13:47:25	0,89
CBK100	COMMERZBANK AG	IR. 10,400 EUR	Xetra	-0,025	-0,24%	11.11./13:48:27	0,00

Abbildung 48:   Ergebnisliste. Quelle: Onvista

Sie brauchen nun nur noch die 10 Aktien mit der höchsten Dividendenrendite aus-
zuwählen und anschließend zu kaufen. Nehmen wir dazu an, dass Sie 100.000 €
investieren möchten. Deswegen investieren Sie in jede Aktie 10.000 €. Ihr Depot
könnte dann so aussehen:

Tabelle 41:   Beispieldepot für die Dividendenstrategie

	Kurs vom 11.11.2013	Anzahl der Aktien
K+S	20,86 €	479
E.ON	13,45 €	743
Deutsche Telekom	11,19 €	893
Münchner Rückversicherung	154,2 €	64
RWE	26,93 €	371
Daimler	58,97 €	169
Allianz	125,85 €	79
Deutsche Börse	55,25 €	180
BASF	75,67 €	132
BMW	82,05 €	121

Nach genau einem Jahr wird die Zusammensetzung des Portfolios wieder überprüft. Dazu führen Sie die beschriebene Prozedur einfach nochmals aus. Sollten
dabei andere DAX-Werte ermittelt werden, müssen Sie Ihr Portfolio umschichten.
Mit dieser Strategie können Sie langfristig die Performance des DAX schlagen, aber
niemand kann Ihnen eine Garantie dafür geben, dass sich diese Strategie jedes
Jahr bewährt. Götte [Lit. 15] konnte in einer Untersuchung aufzeigen, dass in 73 %
der Fälle die jährliche Rendite mit der Dividendenrenditenstrategie größer ist als
die des Deutschen Aktienindices. Gleichzeitig konnte Götte aufzeigen, dass diese
Strategie nur langfristig funktioniert. Daher sollte ein Investor diese Strategie nur
durchführen mit einem Zeithorizont von mindestens fünf Jahren.
Es gibt nach Götte auch noch eine etwas riskantere Modifikation dieser Anlagestrategie, welche aber eine etwas höhere Performance hat. Um diese Strategie
umzusetzen, wählen Sie aus den 10 Aktien mit der höchsten Dividendenrendite
die fünf Aktien mit dem optisch billigsten Aktienkurs aus.

Tabelle 42:   Beispieldepot für Dividendenstrategie mit fünf Aktien

Aktienname	Aktienkurs	Anzahl der Aktien
Deutsche Telekom	11,19 €	1.787
E.ON	13,45 €	1.486
K+S	20,86 €	958
RWE	26,93 €	742
Deutsche Börse	55,25 €	361

Wiederum nach einem Jahr wird die Zusammensetzung des Depots überprüft und
gegebenenfalls umgeschichtet.
Die folgenden Strategien können genauso ermittelt werden mit der Ausnahme,
dass im Eingabemenü bei dem Punkt dynamische Fundamentalkennzahlen eine
andere Kennzahl eingegeben werden muss. Allerdings möchte ich die anderen

Strategien anhand des von Götte[81] entwickelten Vergleichsindex erläutern. Der Vorteil ist, dass dieser Index viele in der Finanzwelt wichtigen Indices abbildet. Er besteht aber nicht direkt aus Aktien, sondern aus mathematischen Variablen. Ich konnte so in früheren Arbeiten aufzeigen, dass die Ergebnisse mit diesem Index übertragbar sind, beispielsweise auf die Indices DAX, Dow Jones, S&P500, €Stoxx50 oder Stoxx50.

11.4.1.2 Nach Marktkapitalisierung bzw. Big-10-Strategie

Bei dieser Strategie werden die 10 größten Unternehmen eines Aktienindex gekauft. Das Ziel dieser Strategie ist es, die Performance eines Index mindestens zu erreichen. In früheren Publikationen habe ich gezeigt, dass es möglich ist, die Performance eines Aktienindex zu erreichen bzw. zu übertreffen, wenn man die 10 größten Aktienpositionen eines Index kauft (Götte-Index). Zudem sollte die Gewichtung der Aktien im Depot dieselbe sein wie im Index. Obendrein funktioniert diese Strategie nur, wenn der Investor jede Anpassung des Index nachvollzieht.

Tabelle 43: **Statistische Daten der Big-10-Strategie**

Von 1953 bis 1998	Big-10-Strategie [%]	Götte-Index [%]
Mittelwert	14,47 %	14,38 %
Standardabweichung	16,96 %	16,93 %
Maximaler Ertrag	53,12 %	53,12 %
Minimaler Ertrag	-27,89 %	-27,87 %

Die obige Tabelle zeigt, dass mit der Big-10-Strategie der Investor dieselbe Performance erzielen kann wie mit dem Index selbst.

Mithilfe dieser Strategie wurden aus einem Euro im Jahr 1953 im Jahr 1998 immerhin 295,78 €. Im Vergleich dazu wurden aus einem Euro beim Index selbst 286,01 € bis zum Jahr 1998 erzielt.

11.4.1.3 Nach Kurs-Umsatz-Verhältnis

Diese Strategie geht davon aus, dass vernachlässigte Aktien ein geringes Kurs-Umsatz-Verhältnis haben. Anhand dieses Verhältnisses wählt der Investor nun die 10 Aktien mit dem geringsten Kurs-Umsatz-Verhältnis aus. Weiterhin muss der Investor diese Strategie einmal jährlich anpassen.

---

[81] Alle statistischen Daten stammen aus [Lit. 15].

Tabelle 44: Statistische Daten der Strategie Kurs-Umsatz-Verhältnis

von 1953 bis 1998	Kurs-Umsatz-Verhältnis [%]	Götte-Index [%]
Mittelwert	21,56 %	14,38 %
Standardabweichung	25,27 %	16,93 %
Maximaler Ertrag	83,30 %	53,12 %
Minimaler Ertrag	-29,10 %	-27,87 %

Es zeigt sich, dass man mit der Kurs/Umsatz-Strategie die Performance des Vergleichsindex deutlich schlagen kann, allerdings mit einem erhöhten Risiko. Dieses erhöhte Risiko kommt zum Ausdruck durch die wesentlich höhere Standardabweichung der Kurs/Umsatz-Strategie als des Götte-Index.

Aber der Anleger wird belohnt durch eine wesentlich höhere Performance, so wurden aus einem Euro im Jahr 1953 im Jahr 1998 2705,33 €. (Beim Götte-Index wurden – zum Vergleich – aus einem Euro im Jahr 1953 im Jahr 1998 286,01 €.)

11.4.1.4 Strategie Aggressives Wachstum

Diese Strategie wählt aus dem Index die 10 Aktien aus, welche das höchste Gewinnwachstum innerhalb eines Jahres haben. Weiterhin sollten diese Aktien auch über die höchste Gewinnwachstumsprognose für das nächste Jahr verfügen. Diese Strategie muss halbjährlich angepasst werden.

Tabelle 45: Statistische Daten für die Strategie Aggressives Wachstum

von 1953 bis 1998	Aggressives-Wachstum-Strategie [%]	Götte-Index [%]
Mittelwert	22,14 %	14,38 %
Standardabweichung	25,09 %	16,93 %
Maximaler Ertrag	96,60 %	53,12 %
Minimaler Ertrag	-30,00 %	-27,87 %

Der Vergleich mit der Performance des Index zeigt, dass man mit der Strategie Aggressives Wachstum wesentlich mehr Rendite erzielen kann als mit dem Index. Dies zeigt sich auch daran, dass aus einem Euro im Jahr 1953 im Jahr 1998 3.861,34 € wurden.

Allerdings erkauft man sich die deutlich bessere Performance durch ein wesentlich höheres Risiko, denn die Standardabweichung der Strategie Aggressives Wachstum ist wesentlich größer als die des Index.

11.4.1.5 Wert-Strategie

In dieser Strategie wählt der Investor die 10 Unternehmen des Index mit der größten Dividendenrendite und der höchsten Dividendenprognose für das nächste Jahr aus. Diese Strategie muss einmal im Jahr angepasst werden.

Tabelle 46: Statistische Daten der Wert-Strategie

von 1953 bis 1998	Wert-Strategie [%]	Götte-Index [%]
Mittelwert	15,43 %	14,38 %
Standardabweichung	16,54 %	16,93 %
Maximaler Ertrag	53,00 %	53,12 %
Minimaler Ertrag	-20,10 %	-27,87 %

Die Wert-Strategie hat eine bessere Performance als der Index – bei einem niedrigeren Risiko als der Index. Zudem hat man mit dieser Strategie eine hohe Wahrscheinlichkeit, in einem Jahr die Performance des Index zu schlagen, und zwar mit ca. 70%iger Wahrscheinlichkeit. Ferner ist das Risiko dieser Strategie aufgrund der hohen Dividendenrendite nicht so groß wie das Risiko des Index. Demgegenüber kann der Investor aber auch nicht so viel Geld mit dieser Strategie verdienen wie zum Beispiel mit der Aggressives-Wachstum-Strategie. Aus einem Euro im Jahr 1953 wurden mit der Wert-Strategie im Jahr 1998 453,74 €; bei der Strategie Aggressives Wachstum dagegen 3.861,34 €.

Ein weiterer Vorteil der Wert-Strategie besteht darin, dass bei fallendem Index das Depot des Investors nicht ganz so stark fällt. Dies zeigt, dass durch die hohe Dividendenrendite der Investor einen Absicherungsschutz gegen Kursverluste hat, allerdings nur in einem begrenzten Umfang. Dies gilt natürlich auch für die Strategie Dividendenrendite. Ferner hat der Investor durch die hohe Dividendenrendite einen Schutz gegen die Inflation.

11.4.1.6 Wachstums-Strategie

In der Wachstums-Strategie wählt der Investor 5 Unternehmen des Index mit der höchsten Dividendenrendite und der höchsten Dividendenprognose für das nächste Jahr aus. Weiterhin wählt der Investor 5 Unternehmen des Index mit dem größten Gewinnwachstum aus. Der Vorteil dieser Strategie ist, dass der Investor durch die Dividendenwerte ein hohes Einkommen hat und durch die Wachstumsunternehmen eine zusätzliche Performancechance. Diese Strategie muss einmal im Jahr angepasst werden.

Tabelle 47: Statistische Daten der Wachstums-Strategie

von 1953 bis 1998	Wachstums-Strategie [%]	Götte-Index [%]
Mittelwert	17,69 %	14,38 %
Standardabweichung	18,36 %	16,93 %
Maximaler Ertrag	61,45 %	53,12 %
Minimaler Ertrag	-19,99 %	-27,87 %

Auch mit dieser Strategie erzielt man eine bessere Performance als der Index. Weiterhin erkennt man, dass die Wachstums-Strategie eine bessere Performance hat als die Strategie der Dividendenrendite. Dies liegt an den Wachstumswerten. Dies erkennt man besonders gut daran, dass aus einem Euro im Jahr 1953 im Jahr 1998 1.007,09 € wurden.

Allerdings hat der Investor durch die Wachstumswerte ein wesentlich höheres Risiko als mit der Strategie der Dividendenrendite. Insofern ist es auch nicht verwunderlich, dass der Investor mit dieser Strategie bei fallenden Kursen größere Verluste erleidet als mit der Strategie der Dividendenrendite.

11.4.1.7 Vergleich der indexbezogenen Strategien

In der folgenden Tabelle sind sämtliche »indexbezogenen Strategien« in einer Übersicht angegeben. Dabei zeigt sich, dass alle Strategien in der Lage sind, über einen längeren Zeitraum hinweg eine bessere Performance zu erzielen als der Vergleichsindex.

Außerdem gilt: Strategien mit einem erhöhten Risiko, d.h. größerer Standardabweichung, haben generell eine bessere Performance als Strategien mit einem niedrigeren Risiko.

Überdies sollten Investoren nur dann Aktien nach fundamentalen Strategien kaufen, wenn sie über einen Anlagehorizont von mindestens 5 Jahren, besser sogar 10 Jahren verfügen.

Tabelle 48: **Vergleich der indexbezogenen Strategien**

	Performance-Mittelwert	Standardabweichung	Was wird aus einem Euro im Zeitraum von 1953 bis 1998?	Für welchen Anlegertyp geeignet?
Index	14,38 %	16,93 %	286,01 €	
Big 10	14,47 %	16,96 %	295,78 €	Risiko-scheu
Wert-Strategie	15,43 %	16,54 %	453,74 €	Risiko-bewusst
Dividendenrendite mit 10 Aktien	16,92 %	16,57 %	826,18 €	Risiko-scheu
Dividendenrendite mit 5 Aktien	17,10 %	16,61 %	889,53 €	Spekulativ
Wachstums-Strategie	17,69 %	18,36 %	1007,09 €	Spekulativ
Kurs-Umsatz-Verhältnis	21,56 %	25,27 %	2705,33 €	Spekulativ
Aggressives Wachstum	22,14 %	25,09 %	3861,34 €	Sehr spekulativ

11.4.2 Nichtindexbezogene Aktienstrategien

In diesem Abschnitt werden die Aktienstrategien dargestellt, welche nicht an einen Index gebunden sind. Dies bedeutet, dass die Aktien aus verschiedenen Ländern, Branchen oder Indices kommen können. Hierdurch steigt natürlich auch der Arbeitsaufwand des Investors bei der Auswahl der Aktien, weil die Aktienauswahl nicht durch einen Index eingeschränkt wird. Als wesentliche Arbeitserleichterung bei der Auswahl der Aktien haben sich die Stock Screener (siehe Abschnitt 11.3.) bewährt.

11.4.2.1 Variation der Reinganum-Strategie

Nach einer Untersuchung von Marc R. Reinganum an 222 amerikanischen Aktien, deren Kurs sich im Zeitraum von 1970 bis 1983 innerhalb eines Jahres verdoppelt hat, zeigt sich, dass 164 der 222 Aktien vor ihrem Kursaufschwung unter ihrem Buchwert notierten. Ferner ist allen Aktien gemeinsam, dass vor ihrem jeweiligen Kursanstieg das Kurs/Buchwert-Verhältnis unter 1 lag. Überdies zeigte diese Studie, dass man keinen Zusammenhang ableiten kann zwischen einem niedrigen KGV und einem überdurchschnittlichen Kursanstieg. Nur 10 der Aktien hatten ein KGV von 5, bei einem durchschnittlichen KGV der 222 Aktien von 13,6, was damals ein marktübliches KGV war. Demnach ist ein niedriges KGV zwar eine hinreichende, aber nicht notwendige Voraussetzung für eine erfolgreiche Anlagestrategie. Überdies gibt es keinen Zusammenhang zwischen der Kursentwicklung und der Börsenkapitalisierung. Die Börsenkapitalisierung der untersuchten Aktien war nämlich in der oberen Hälfte der Börsenkapitalisierung der an der New York Stock Exchange gelisteten Aktien.

Zudem hatten alle Aktien in der Zeit vor dem Kursanstieg eine positive Vorsteuergewinnmarge von durchschnittlich über 12 %. Gleichzeitig weitete sich die Gewinnmarge während des Kursanstieges aus. Dabei konnte ein Zusammenhang zwischen der prozentualen Veränderung der Quartalsgewinne und einem mit zeitlicher Verzögerung erfolgenden Kursanstieg festgestellt werden. Zusätzlich konnte ein Zusammenhang zwischen der prozentualen Veränderung des Umsatzes und der Kursentwicklung erkannt werden, da dem Kursanstieg eine Erhöhung der Quartalsumsätze vorausging. Alle untersuchten Aktien wiesen in dem Quartal vor dem Kursanstieg mindestens ein 3-jähriges Gewinn- und Umsatzwachstum auf. Obendrein notierten knapp 80 % der Aktien nur maximal 15 % unter ihrem letzten Höchstkurs der letzten zwei Jahre.

Aus dem hier Gesagten leitet sich folgende Strategie ab, welche auch noch heute ihre Gültigkeit hat:

- Kaufe nur Aktien mit einem Kurs/Buch-Verhältnis von kleiner eins. Kaufe nur Aktien mit einer positiven Vorsteuermarge, d.h. einer positiven EBIT.
- Kaufe nur Aktien mit einer positiven 5-jährigen Wachstumsrate der Quartalsergebnisse.
- Kaufe nur Aktien mit einem Umsatzwachstum.
- Kaufe nur Aktien, welche nicht mehr als 15 % unterhalb des Höchstkurses der letzten beiden Jahre liegen.

11.4.2.2 Grahams Aktienstrategie

Benjamin Graham wird als Altmeister der fundamentalen Aktienanalyse bezeichnet, weil er mithilfe seiner Strategie überdurchschnittliche Gewinne erwirtschaftet hat.
Der wohl beste Beweis für die Gültigkeit der Graham-Aktienstrategie ist der legendäre Erfolg des amerikanischen Aktiengurus Warren Buffet und seiner Investmentgesellschaft Berkshire Hathaway, welche er streng nach der Graham-Aktienstrategie managt.
Die Aktienstrategie von Graham sagt, kaufe nur Aktien, die die folgenden Bedingungen erfüllen:

a) Die Gewinnrendite des Unternehmens sollte mindestens über dem Zweifachen der Rendite von sicheren Anleihen sein.

b) Zusätzlich sollte das KGV der Aktie weniger als 40 % des höchsten KGV der letzten fünf Jahre sein.

c) Zudem sollte die Dividendenrendite mindestens zwei Drittel der Rendite von sicheren Anleihen sein.

d) Der Aktienkurs sollte weniger als zwei Drittel des Buchwerts je Aktie sein.

e) Der Aktienkurs sollte weniger als zwei Drittel des Nettoumlaufvermögens der Aktie betragen.

f) Die gesamten Verbindlichkeiten bzw. Schulden sollten unter dem Buchwert liegen.

g) Die Liquidität 3. Grades sollte größer als zwei sein.

h) Die Schulden sollten weniger als das Zweifache des Nettoumlaufvermögens betragen.

i) Das Gewinnwachstum der letzten 5 Jahre sollte im Schnitt über 7 % gelegen haben.

j) In den letzten fünf Jahren darf es auf Basis der Jahresgewinne nur zu einem Gewinnrückgang von maximal 5 % gekommen sein.

Graham bezeichnete die Kriterien von (a) bis (e) als »Reward« und die Kriterien von (f) bis (j) als »Risk«. Nach Graham wird eine Aktie in das Portfolio aufgenommen, wenn die Aktie mindestens ein Reward- und ein Risk-Kriterium erfüllt. Denn nach Graham hängt der Wert einer Aktie bzw. ihre spätere Kursentwicklung von der Leistungsfähigkeit des Unternehmens und seiner soliden Finanzierung ab.

Bei einer Untersuchung aller gelisteten Aktien an der New York Stock Exchange durch Henry R. Oppenheimer, die entweder die Kriterienkombination (a) und (f), (a) und (c) sowie (a) oder (c) und (f) erfüllten, zeigte sich eine deutliche Ertragssteigerung gegenüber der marktdurchschnittlichen Performance. Dabei nehmen in der Reihenfolge der Kriterienkombinationen: (a) und (f), (c) und (f), (a) und (c) sowie (f) die Ertragssteigerungen ab.

In einer anderen Untersuchung zeigte Michael Aczel, dass auch nur die Auswahl der Aktien anhand des Kriteriums (e) ebenfalls zu weit über dem Durchschnitt liegenden Ergebnissen führt. Eine alternative Regel entwickelten Donald und Kenneth Stewart, ausgehend von den Regeln Grahams:

Die jährliche Dividende muss über einen Zeitraum von 5 Jahren eine Wachstumsrate von mindestens 10 % aufweisen. Die jährlichen Gewinne müssen über einen Zeitraum von 5 Jahren eine Wachstumsrate von mindestens 10 % aufweisen. Außerdem fordern Donald und Kenneth Stewart, dass die Entwicklung der Dividende und Wachstumsrate möglichst stabil ist. Um dies zu gewährleisten, werden von den Aktien, die die beiden Kriterien erfüllen, die fünf Aktien mit der größten Börsenkapitalisierung ins Portfolio aufgenommen. Nach Ablauf eines Jahres wird dann die Zusammensetzung des Portfolios überprüft und gegebenenfalls neu zusammengestellt.

12 Goldene Regeln der fundamentalen Unternehmensanalyse

Die goldenen Regeln für die fundamentale Unternehmensanalyse sind:
1. Analyse von Produkten oder Dienstleistungen
2. Bilanzanalyse
3. Bewertung des Unternehmens mittels des fairen Aktienkurses

Unter der Analyse der Produkte oder Dienstleistungen ist zu verstehen, sich bewusst zu machen, was eigentlich das Unternehmen herstellt. Man kann diesen Punkt auch als Bestandsaufnahme der Geschäftstätigkeit des Unternehmens charakterisieren.

Danach schließt sich die Bilanzanalyse oder das Schnellverfahren zur Ermittlung der Solidität und Finanzkraft eines Unternehmens an. Ziel ist es, die künftige Ertragskraft eines Unternehmens einzuschätzen und vor allem die Untersuchung der Solidität bzw. der Liquiditätssituation des Unternehmens. Dabei werden die Vermögens- und Kapitalstruktur (Analyse von Anlage- und Umlaufvermögen) sowie die Deckungs- und Liquiditätsgrade ermittelt. Überdies ist besonders wichtig, dass das Unternehmen mit seinem Geschäftsmodell Gewinne erzielt. Daher sollte das EBIT bzw. EBITDA möglichst positiv sein. Da fundamental orientierte Anleger eher einen langfristigen Anlagehorizont haben, sollten Sie nur Aktien von Unternehmen auswählen, die über eine gute Solidität und Finanzkraft verfügen.

Zum Abschluss der fundamentalen Bewertung eines Unternehmens wird der faire Aktienwert berechnet – mithilfe der modernen bzw. der traditionellen Berechnungsmethoden. Ein fundamental orientierter Anleger kauft die Aktien eines Unternehmen nur, wenn sie mindestens 10 % unterhalb des fairen Aktienwerts liegen.

Jeder Investor, der sich an diese Regeln hält, hat gute Chancen, mittels der fundamentalen Aktienanalyse überdurchschnittliche Profite zu erzielen. Aber dabei darf der Investor nicht außer Acht lassen, dass es sich bei der fundamentalen Aktienanalyse um eine langfristige Strategie handelt.

13 Schlusswort

Jeder Investor, der in Aktien investieren möchte, sollte folgende allgemein gültige Regeln beachten:

- Kontrolle der Angst,
- Besiegen der Gier,
- Geduld,
- nicht verwirren lassen.

Mit »Kontrolle der Angst« ist gemeint, dass sich der Investor nicht von einem Ruck in die falsche Richtung in Panik versetzen lassen sollte. Letztlich ist eine Krise auch eine Chance, wenn man ihr den Hauch der Katastrophe nimmt.

Einer der größten Börsengurus Benjamin Graham hat vor langer Zeit einem Anleger folgendes Beispiel zur Beschreibung der Marktschwankungen gegeben. Stellen Sie sich dazu vor, dass die Aktienkurse von einem bemerkenswerten Burschen namens Mr. Börse kommen. Mr. Börse erscheint ihnen unfehlbar, da er bei Ihnen jeden Tag auftaucht, um entweder von Ihnen Aktien zu kaufen oder an Sie zu verkaufen, was immer Sie möchten. Manchmal fühlt sich nun Mr. Börse euphorisch und kann nur die günstigen Faktoren sehen. In einer solchen Stimmung nennt Ihnen Mr. Börse besonders hohe Preise für Aktien. Zu anderen Zeiten ist Mr. Börse sehr deprimiert und kann nichts anderes als negative Faktoren sehen. Je manisch depressiver nun Mr. Börse ist, desto günstiger werden die Aktien. Mr. Börse hat noch eine andere charmante Eigenschaft. Es macht ihm nichts aus, von Ihnen ignoriert bzw. sogar beleidigt zu werden. Wenn Ihnen ein Aktienkurs heute nicht gefällt, kommt Mr. Börse gewiss am nächsten Tag wieder vorbei und nennt Ihnen einen neuen Kurs. Schließlich ist Mr. Börse da, um Ihnen zu dienen, aber nicht, um Sie zu führen oder anzuleiten, vielmehr versucht er Sie zu verführen. Falls Mr. Börse eines Tages in einer besonders närrischen Stimmung zu Ihnen kommt, steht es Ihnen frei, Mr. Börse zu ignorieren oder nicht, aber es führt unweigerlich in eine Katastrophe, wenn Sie seinem Einfluss erliegen.

Diese Erfahrung mussten viele Investoren mit Wachstumsaktien am Neuen Markt machen. Dort waren Kurssteigerungen von mehreren hundert Prozentpunkten bis ins Frühjahr 2001 eher die Regel als die Ausnahme, d.h., Mr. Börse war total euphorisch. So verfielen viele Investoren den Verführungen von Mr. Börse. Sie lautete beispielsweise Dauerurlaub als Lebenskonzept. Doch plötzlich verfiel Mr. Börse in tiefe Depressionen, und es kam, wie es kommen musste, die Katastrophe trat ein. So fiel der damalige Leitindex des Neuen Marktes um mehr als 95 %[82].

Deswegen muss sich der Anleger ein klares Konzept von seinen Erwartungen erstellen und sich sklavisch bzw. diszipliniert daran halten. Dies bedeutet, wenn zum Beispiel eine Aktie über dem von ihm berechneten fairen Aktienkurs ist, darf er die Aktie auf keinen Fall kaufen. Auch wenn er noch so überzeugt von dieser Aktie ist. Dagegen ist mit Gier die Notwendigkeit gemeint, nicht in blinde Euphorie nach oben zu verfallen. Schließlich kann der Wert eines Vermögens, welcher Art auch immer, nicht schneller wachsen als die Gewinne, die es generiert. Investoren können nicht auf unbegrenzte Zeit jährliche Renditen von mehr als 12 % mit Aktien erwarten, wenn die Erträge bzw. Gewinne der Aktiengesellschaften jährlich nur um 5 % zulegen.

Deswegen bleiben Sie Ihrer Strategie in jedem Fall treu. Dies bedeutet: Setzen Sie sich Ziele und realisieren Sie auch mal Gewinne. Beispielsweise verkaufen Sie eine Aktie, wenn Sie 20 % über ihren fairen Aktienkurs gestiegen ist. Letztlich ist noch niemand an Gewinnmitnahmen gestorben. Insofern sollten Sie regelmäßig Ihre Aktienpositionen überprüfen, ob wirklich noch ausreichend Potenzial vorhanden ist.

Eine Tugend eines Investors sollte auch die Geduld sein, d.h. das Abwarten, bis sich ein Aktienkurs tatsächlich unterhalb des fairen Aktienkurses bewegt. Weiterhin darf der Investor nicht dem Zwang unterliegen, permanent handeln zu müssen, auch wenn dies bedeutet, über Monate hinweg keine Geschäfte zu tätigen. Deshalb gewinnen Sie von den Aktien etwas Abstand und betrachten Sie das Geschehen aus der Ferne. Nur so können Sie in Ruhe und mit Verstand eigene Prognosen erstellen und gegebenenfalls handeln.

Besonders wichtig ist auch, dass der Anleger sich nicht verwirren lässt, deswegen treffen Sie ihre eigenen Anlageentscheidungen nach Ihren eigenen Kriterien. Nach meiner Meinung wird ein Investor an der Börse erfolgreich sein, wenn er ein gutes wirtschaftliches Urteilsvermögen mit der Fähigkeit paart, seine Gedanken und sein Verhalten gegen die höchst ansteckenden Stimmungen an der Börse zu immunisieren.

Der Erfolg an der Börse hängt aber auch von sehr vielen persönlichen Faktoren ab. Je mehr man sich über diese Erfolgskomponenten und deren Zusammenhang mit der eigenen Person im Klaren ist, umso besser stehen die Chancen für ein erfolgreiches Handeln an der Börse.

---

[82] Diese extremen Kursverluste führten dazu, dass der Neue-Markt-Index schließlich am 28.02.2003 eingestellt wurde, d.h., dieses Marktsegment existiert nicht mehr.

Was sind die psychologischen Erfolgsfaktoren?

Zuerst benötigt man eine gewisse emotionale Stabilität, man muss sich kritisch mit solchen Fragen auseinandersetzen wie: Wie leicht bin ich zu verunsichern? Wie stark belasten mich schwierige Situationen? Oder: Wie reagiere ich nach Misserfolgen?

Dazu kommt dann noch die Selbstdisziplin. Hierzu sollten Sie sich folgende Frage stellen: Setze ich mir konkrete Ziele, und verfolge ich deren Erreichen auch konsequent? Im Umkehrschluss: Woran scheitern die meisten Anleger? Die Gründe sind zwar unterschiedlich, aber in einer Untersuchung konnte aufgezeigt werden, dass sehr risikobereite, gewinnorientierte Anleger, die emotional instabil sind, wenig Erfolg an der Börse haben und mit ihren Investments meistens unzufrieden sind. Da man aber an der Börse auch immer zeitweise Glück haben kann, ist es leicht, chronische Schwächen und selbst verschuldete Misserfolge zu übersehen bzw. zu verdrängen. Auch die Selbstüberschätzung kann den Börsenerfolg schmälern. Hier gibt es in der Regel zwei Extreme: Die eine Gruppe von Investoren traut sich wenig zu, welches dazu führt, dass sie meistens nur wenig handelt. Die andere Gruppe sind die Anleger, die glauben, sie hätten vollkommene Kontrolle. Sie neigen dazu, sich zu überschätzen, und handeln deswegen nicht situationsgerecht. Schließlich kommt in der Spekulation die Fähigkeit zur Selbstkritik, d.h. der gesunde Menschenverstand, abhanden. Bedenken Sie daher immer: Man ist nur solange ein Finanzgenie, bis der Bankrott eingetreten ist.

Die Frage ist nun: Wie gehe ich mit meinen psychischen Schwächen um? Zuerst einmal sollte jeder Anleger, bevor er mit dem Handeln beginnt, eine Selbstanalyse vornehmen und das Ergebnis mit eigenen Erfahrungen und dem Bild anderer über sich abgleichen. Anschließend sollte man die eigenen Ziele definieren. Dabei sollte man sich die Frage stellen: Wie muss ich vorgehen, um meine mittel- und langfristigen Lebensziele zu erreichen? Viele Anleger reduzieren ihre Entscheidungen letztlich nur darauf, welche Aktie sie kaufen bzw. verkaufen möchten, anstatt sich zu fragen, was sie eigentlich für sich selbst erreichen möchten. Viele Anleger verfallen fälschlicherweise dem Gedanken, der Gewinn an sich wäre das Ziel. Doch bringt man es auf den Punkt, so gilt wohl der Spruch von Kostolany: Nicht reich muss man sein, sondern unabhängig.

Wie Sie gesehen haben, spielt die Psychologie eine wichtige Rolle für den Anlageerfolg. Vielleicht haben Sie sich ja schon gefragt: Wo erhalte ich professionelle Hilfe, um meine psychologischen Stärken und Schwächen auszuloten? Oder sollte ich erst zum Psychiater gehen, bevor ich mich an die Börse wage?

Leider gibt es nur wenige Möglichkeiten zur und geringe Unterstützung bei der Erkundung der eigenen Persönlichkeit. Eine gute Hilfestellung dazu liefert die

Homepage http://boerse.ard.de/boersenwissen/boersenwissen-grundlagen/anle
gertest-welcher-anlegertyp-bin-ich-100.html.

Abschließend sollte jeder Anleger immer im Hinterkopf behalten, dass es für einen Privatanleger ein erstrebenswertes Ziel ist, Spaß bei der Anlage in Aktien zu haben. Meistens stellt sich dann auch der Anlageerfolg wie von selbst ein.

14 Literaturverzeichnis

Lit. 1   : Bauer, Ch. (1991): Volatilitäten und Betafaktoren – geeignete Risikomaße? Die Bank 3, S. 172-175.

Lit. 2   : Bayer AG (2012): Geschäftsbericht von 2012, Leverkusen.

Lit. 3   : Brackert, Gerhard, Früh, Hans-Joachim, Reinke, Rüdiger und Rockel, Klaus (1987): Der Konzernabschluss, Wiesbaden.

Lit. 4   : Born, K. (2001): Rechnungslegung nach IAS, US-GAAP und HGB im Vergleich, 2. Aufl., Stuttgart.

Lit. 5   : Botthoft, Heinz-Josef, Hölze, Franz und Raslan, Nadja (2008): Wie Zahlen wirken. Betriebliche Kennzahlen vorteilhaft darstellen, Rudolf Haufe Verlag GmbH & Co. KG, München, 1. Aufl.

Lit. 6   : Cesar, Gerald (1996): Aktienanalyse heute, Gabler, Wiesbaden.

Lit. 7   : Coenenberg, Adolf G. (1991): Jahresabschluss und Jahresabschlussanalyse, verlag moderne Industrie, Landsberg am Lech, 13. Aufl.

Lit. 8   : Cunningham, A. Lawrence (2001): Die Essays von Warren Buffet – Das Buch für Investoren, VNR Verlag für die Deutsche Wirtschaft AG, Bonn.

Lit. 9   : Deutsches Aktieninstitut e.V. (1998): Aktien richtig einschätzen, Frankfurt.

Lit. 10   : Deutsches Aktieninstitut e.V. (1998): Alles über Aktien, Frankfurt.

Lit. 11   : Dimson, Elroy (1973): Stock market Theories and Evidence, Richard D. Irwin Inc. Homeward Illinois.

Lit. 12   : Elton, E.J., Guber, M. J. (1991): Modern Portfolio Theory and Investment Analysis, New York, 4. Aufl.

Lit. 13   : Götte, Rüdiger (2001a): Aktien, Futures, Optionen ... Risiken und Strategien, Tectum Verlag, Marburg.

Lit. 14   : Götte, Rüdiger (2001b): Aktienanleihen, Discount-Zertifikate, Fonds, Genußscheine. Risiken und Strategien, Tectum Verlag, Marburg.

Lit. 15   : Götte, Rüdiger (2000): Cycle of money. A compare of some share strategy, Tectum Verlag, Marburg.

Lit. 16   : Götte, Rüdiger (2001c): Optionsscheine. Das Kompendium, Tectum Verlag, Marburg.

Lit. 17   : Gräfer, Horst (1990): Bilanzanalyse, Verlag Neue Wirtschafts-Briefe, Herne/Berlin, 5., verb. u. erw. Aufl.

Lit. 18   : Gruber, Wolfang, Hessen, Bernd (2011): Bilanzanalyse und Kennzahlen, Gabler Verlag Springer Fachmedien, Wiesbaden, 3. Aufl.

Lit. 19   : Hamilton, Mary T., Lorie, James H. (1973): The Stock Market Theories and Evidence, Richard D. Irwin Inc. Homewood.

Lit. 20   : Heese, Viktor (2011): Aktienbewertung mit Kennzahlen, Gabler Verlag Springer Fachmedien, Wiesbaden.

Lit. 21   : Huber, Maier, Stehle (1996): "Rückberechnung des DAX für die Jahre 1995 bis 1987", Kredit und Kapital, S. 277-304.

Lit. 22   : Küting, Karlheinz (1987): Bilanzanalyse und Bilanzpolitik nach neuem Bilanzrecht, Fachverlag für Wirtschaft und Steuern Schäffer GmbH & Co, Stuttgart.

Lit. 23   : Leven, Franz-Josef, Schlienkamp (1998): Erfolgreiches Depotmanagement. Wie Ihnen die moderne Portfoliotheorie hilft, Betriebswirtschaftlicher Verlag Dr. Th. Gaber GmbH, Wiesbaden.

Lit. 24	:	Lohse, Günter (1979): Jahresabschlussanalyse, verlag für wirtschafts- u. kartographie-publikationen, Obertshausen.
Lit. 25	:	Markowitz, Harry M. (1959): Portfolio Selection, Efficient Diversification of Investments, John Wiley & Sons, New York.
Lit. 26		Peridon, Louis, Steiner, Manfred (1991): Finanzwirtschaft der Unternehmung, Vahlen, München, 6. Aufl.
Lit. 27	:	Podding, Thorsten, Rehkugler, Heinz (1990): Bilanzanalyse, R. Oldenbourg Verlag, München/Wien, 2. unveränd. Aufl.
Lit. 28	:	Posluschny, Peter (2007): Die wichtigsten Kennzahlen, Redline Wirtschaft GmbH, Heidelberg.
Lit. 29	:	Schmidt, Reinhard H. (1976): Aktienkursprognose. Aspekte positiver Theorien über Aktienkursänderungen, Betriebswirtschaftlicher Verlag Dr. Th. Gabler, Wiesbaden.
Lit. 30	:	Schmidlin, Nicolas (2013): Unternehmensbewertung & Kennzahlenanalyse. Praxisnahe Einführung mit zahlreichen Fallbeispielen börsennotierter Unternehmen, Verlag Franz Vahlen, München, 2. überarb. Aufl.
Lit. 31	:	Sharpe, William F. (1964): "Capital Asset Prices: A Theory of Market Equilibrium under Conditions of Risk", Journal of Finance, vol. 19, no. 3. S. 425-442.
Lit. 32	:	Standard & Poor's (2000): "S&P500 1995 Directory", New York.
Lit. 33	:	Steiner, Manfred, Bruns (2000): Wertpapiermanagement, Schäffel-Poeschel, Stuttgart, 7. Aufl.
Lit. 34	:	Trenner, Dieter (1988): Aktienanalyse und Anlegerverhalten, Gabler, Wiesbaden.
Lit. 35	:	Wagenhofer, A. (2001): International Accounting Standards, Bilanzierung und Bewertung, Auswirkung auf den Jahresabschluss, 3. Aufl., Wien/Frankfurt.

15 Glossar

Abschreibung
: Allgemein beschreibt die Abschreibung, dass durch die Nutzung eines Vermögensgegenstandes sich der Wert des Gegenstandes verringert.

Aktivierung
: Wertmäßige Erfassung eines Vermögensgegenstandes in der Bilanz eines Konzerns.

Aktie
: Teilhaberpapier, welches dem Eigentümer ein Anteilsrecht an einer Aktiengesellschaft verbrieft.

Aktienanalyse
: Die Aktienanalyse hat die Bewertung von Aktien zum Ziel, sie dient als Informationsgrundlage für die Kaufs- bzw. Verkaufsentscheidungen von Aktien. Die wichtigsten Analysemethoden sind die traditionelle Fundamentalanalyse und die technische Analyse.

Aktiengesellschaft
: Unternehmen, dessen Grundkapital aus Aktien besteht. Bei dieser Rechtsform haften die Aktionäre nur mit ihrer Einlage, dem Nennwert ihrer Aktie.

Aktiv gemanagtes Depot
: Beim aktiv gemanagten Depot wird versucht, ein Depot so zusammenzustellen, dass es eine bessere Performance als ein adäquater Vergleichsmaßstab (Index) erzielt.

Andere Gesellschafter
: Auch wenn die Muttergesellschaft keine 100 %ige Beteiligung an dem Tochterunternehmen hat, werden dessen nicht in die Kapitalaufrechnung eingehenden Bilanzpositionen (wie stille Reserven) in voller Höhe in die Konzernbilanz übernommen, d.h., es findet eine Vollkonsolidierung statt. Zum Bilanzausgleich wird daher das anteilig auf andere Gesellschafter entfallende Eigenkapital des Tochterunternehmens in die Konzernbilanz aufgenommen.

Anhang
: Der Anhang ist Bestandteil des Jahresabschlusses einer Aktiengesellschaft. Der Anhang dient zur Erläuterung der Positionen der Bilanz und Gewinn- und Verlustrechnung. Zusätzlich enthält er Angaben über angewandte Bilanzierungs- und Bewertungsmethoden.

Anlagespiegel
: Der Anlagespiegel gibt einen Überblick über die Wertentwicklung der einzelnen Vermögensgegenstände eines Unternehmens.

Anlagevermögen	:	Dies sind Vermögensgegenstände, die zur dauerhaften Nutzung bestimmt sind. Dabei werden die Vermögensgegenstände unterteilt in: Immaterielle Vermögensgegenstände, Sach- und Finanzanlagen.
Anleihe	:	Als Anleihe werden verzinsliche Wertpapiere bezeichnet.
Anschaffungskosten	:	Alle Kosten, die nötig sind, um einen Vermögensgegenstand zu erwerben bzw. betriebsbereit zu machen.
Assoziiertes Unternehmen	:	Übt eine Muttergesellschaft einen maßgeblichen Einfluss auf die Geschäfts- und Finanzpolitik eines nicht einbezogenen Unternehmens aus, so ist dieses als assoziiertes Unternehmen nach der Equity-Methode zu bewerten und in die Konzernbilanz aufzunehmen. Als Kriterien für einen maßgeblichen Einfluss auf ein Tochterunternehmen gelten Vertretung im Aufsichtsrat, Mitwirkung an wichtigen Entscheidungen, Personalverflechtungen, Anteil am Tochterunternehmen größer 20 % sowie finanzielle oder technologische Abhängigkeiten.
Aufwertung einer Währung	:	Eine Aufwertung einer Währung liegt vor, wenn sich ihr Außenwert verbessert hat. Beispielsweise spricht man von einer Aufwertung, wenn der Wechselkurs des Euro zu US-Dollar von 0,9:1 auf 0,95:1 steigt.
Aufsichtsrat	:	Der Aufsichtsrat überwacht die Geschäftsführung einer Aktiengesellschaft.
Aufwand (Aufwendungen)	:	Die in Geldeinheiten ausgedrückten Kosten, um die Erträge eines Unternehmens zu erzielen.
Ausgleichposten für Anteile anderer Gesellschafter	:	Dies ist der Betrag des Eigenkapitals eines Tochterunternehmens, was nicht in Besitz der Konzernmutter bzw. des Konzerns ist.
Außerordentliches Ergebnis	:	Ist die Differenz zwischen den unregelmäßig anfallenden Erträgen und Aufwendungen.
Badwill	:	Ist die bei der Kapitalkonsolidierung auftretende negative Differenz zwischen dem anteiligen Eigenkapital der Muttergesellschaft und dem Beteiligungsbuchwert.
Baisse	:	Längere Zeit anhaltende, starke Kursrückgänge an der Börse.
Basel II	:	Basel II regelt die Eigenkapitalunterlegung von Bankgeschäften (Kredite) mit Eigenkapital der Bank.

Beteiligung	:	Alle Beteiligungen, z.B. an Unternehmen, bis zu einer Höhe von 20 %, zählen als Beteiligung.
Bestätigungsvermerk	:	Wird für den Jahresabschluss nach Prüfung von einem Wirtschaftsprüfer gegeben, wenn der Jahresabschluss den gesetzlichen Vorschriften entspricht.
Betriebsvermögen	:	Zum Betriebsvermögen zählen das Sachanlagevermögen und das betriebliche Umlaufvermögen wie Vorräte.
Betriebsergebnis	:	Saldo aus betrieblichen Erträgen und Aufwendungen. Daher zeigt das Betriebsergebnis den Erfolg der operativen Geschäftstätigkeit des Unternehmens in einer bestimmten Periode an.
Bilanz	:	In der Regel wird die Bilanz definiert als eine wertmäßige Gegenüberstellung des betrieblichen Vermögens sowie der dafür eingesetzten finanziellen Mittel.
Bilanzanalyse	:	Verfahren zur Gewinnung von Informationen über die Finanz- und Ertragslage eines Unternehmens.
Bilanzgewinn/-verlust	:	Der Bilanzgewinn/-verlust errechnet sich aus dem Jahresüberschuss/-verlust + Gewinnvortag/-verlust + Entnahmen aus in die Gewinnrücklagen – Einstellungen aus den Gewinnrücklagen + Entnahmen aus der Kapitalrücklage.
Bilanzkurs	:	Er errechnet sich aus dem Nettosubstanzwert dividiert durch die Anzahl der Aktien. Der Nettosubstanzwert ergibt sich aus der Bilanz.
BIZ	:	Bank für internationalen Zahlungsausgleich mit Sitz in Basel.
BIZ-Eigenkapitalquote	:	Kennziffer für Banken, die das in Prozent ausgedrückte Verhältnis von Eigenkapital zu aufsichtsrechtlichen Risikopositionen beschreibt. Die einzuhaltende Mindestkennziffer beträgt 8 % für die Eigenkapitalquote und 4 % für die Kernkapitalquote.
Bluechip	:	Aktien von substanz- und ertragsstarken Unternehmen mit einer besonders hohen Börsenkapitalisierung.
Bonds	:	Angelsächsischer Begriff für festverzinsliche Wertpapiere bzw. Schuldverschreibungen.
Bonität	:	Maßstab für die Zahlungsfähigkeit und -willigkeit eines Schuldners.

Börse	:	Handelsplatz für Güter. Je nach Handelsobjekt werden Wertpapierbörsen (Handel mit Aktien und festverzinslichen Wertpapieren), Devisenbörsen (Handel mit Devisen) und Warenterminbörsen unterschieden.
Börsencrash	:	Dramatischer Kursrückgang von Aktien auf breiter Front.
Börsenkapitalisierung	:	Aktienkurs multipliziert mit der Anzahl der emittierten Aktien.
Buchwert je Aktie	:	Der Buchwert je Aktie bezeichnet den bilanziellen Wert des Unternehmensteils, der dem Anleger in Form einer Aktie gehört. Er entspricht dem ausgewiesenen Eigenkapital dividiert durch die Zahl der ausgegebenen Aktien des Unternehmens.
Capital Employed	:	Engl. Begriff für Betriebsvermögen.
Cashflow	:	Als Cashflow bezeichnet man den Nettozugang an liquiden Mitteln aus der Umsatztätigkeit und sonstigen laufenden Aktivitäten während einer Periode.
Charts	:	Grafiken, in den vergangene Kursverläufe von Wertpapieren abbildet werden.
COE	:	Engl. Abkürzung für Eigenkapitalkosten
Comprehensive Income	:	Siehe umfassender Periodenerfolg.
Corporate Governance	:	Das Corporate Governance beschreibt den rechtlichen und faktischen Rahmen für die Leitung und Überwachung von Unternehmen.
Depot	:	Bankkonto, auf dem Käufe und Verkäufe von Wertpapieren durchgeführt werden.
Disagio	:	Das Disagio gibt den Betrag an, um den der Ausgabebetrag eines Darlehens geringer ist als der Rückzahlungsbetrag.
Diversifikation	:	Diversifikation beschreibt die Streuung des Vermögens auf verschiedene Anlagegattungen bzw. -werte, wie zum Beispiel Aktien, Renten oder Optionsscheine.
Dividende	:	Die Dividende stellt den Gewinnanteil einer Aktiengesellschaft dar, der pro Aktie ausgeschüttet wird.
Eigenkapital	:	Dies sind die Geldmittel, welche die Eigentümer dem Unternehmen ohne zeitliche Begrenzung zur Verfügung gestellt haben.

Eigenkapitalrentabilität	:	Kennzahl aus der Bilanzanalyse, welche entweder den Jahresüberschuss oder eine andere Vorsteuer-Erfolgsgröße (beispielsweise der Gewinn vor Steuern) zum durchschnittlichen Eigenkapital in Beziehung setzt. Diese Kennzahl gibt an, wie sich das Eigenkapital verzinst. Das Ziel sollte es sein, eine Eigenkapitalrentabilität zu erzielen, die mindestens einer Verzinsung am langfristigen Kapitalmarkt entspricht.
Einheitstheorie	:	Im Konzernabschluss werden die Vermögens-, Finanz- und Ertragslage der einbezogenen Unternehmen so dargestellt, als ob diese Unternehmen insgesamt ein einziges Unternehmen wären.
Emission	:	Ausgabe neuer Wertpapiere.
Equity-Bewertung	:	Das Wesen der Equity-Methode besteht darin, dass sich die Veränderungen im Eigenkapital des assoziierten Unternehmens spiegelbildlich im Beteiligungsbuchwert und im Ergebnis des Mutterunternehmens niederschlagen. Insofern erhöhen Gewinne beim assoziierten Unternehmen den Buchwert der Beteiligung bei der Muttergesellschaft, während anteilige Verluste diesen vermindern.
Erfolg	:	Obergriff für Gewinn oder Verlust.
Ergebnis je Aktie	:	Jahresüberschuss nach Steuern geteilt durch die Anzahl der Aktien. Zudem wird ein verwässertes Ergebnis je Aktie ausgewiesen, wenn sich aus der Wandlung und Ausübung ausstehender Aktienoptionen usw. die Zahl der Aktien erhöhen kann.
Ermessensreserven	:	Dies sind stille Reserven, die durch die Ausnutzung von Bilanzierungs- und Bewertungswahlrechten entstehen.
Ertrag	:	Vermögensmehrung innerhalb einer Abrechnungsperiode.
Ertragskraft	:	Dies bezeichnet die Fähigkeit eines Unternehmens in der Zukunft Erfolge zu erwirtschaften.
Erstkonsolidierung	:	Erstmalige Konsolidierung eines Tochterunternehmens.
Erwerbsmethode	:	Die Erwerbsmethode unterstellt beim Neuerwerb eines Tochterunternehmens durch eine Muttergesellschaft den Einzelerwerb von dessen Vermögensgegenständen und Schulden.
Fairer Aktienkurs	:	Der faire Aktienkurs stellt den eigentlichen Wert des Unternehmens dar. In Theorie gilt: Ein Unternehmen ist immer nur so viel Wert, wie der gegenwärtige Gewinn und der Gegenwartswert der zukünftigen Gewinne.

Finanzanlagen	:	Teil des Anlagevermögens, in dem die Anteile, Ausleihungen, Beteiligungen und Wertpapiere zugeordnet werden, die langfristig dem Unternehmen dienen sollen.
Fremdkapital	:	Die dem Unternehmen aufgrund von Schulden für begrenzte Zeit überlassene Mittel.
Firmenwert	:	Siehe Goodwill.
Fristenkongruenz	:	Übereinstimmung von Vermögensbindung und Fristigkeit des Fremdkapitals. Dies meint beispielsweise, dass langfristiges Vermögen, wie Grundstücke, auch mit langfristigem Fremdkapital finanziert sein sollte.
Geldkapitalerhaltung	:	Der Zweck eines Unternehmens ist die Erhaltung des von den Unternehmenseignern im Unternehmen investierten Kapitals.
Gesamtkapitalrentabilität	:	Dies ist die Rentabilität des gesamten im Unternehmen eingesetzten Kapitals.
Gesamtkostenverfahren	:	In Deutschland werden bei den meisten GuV als betriebliche Aufwendungen sämtliche Aufwendungen angeführt, die im abgelaufenen Geschäftsjahr für die Unternehmensleistung angefallen sind, unabhängig davon, ob diese Leistungen im gleichen Geschäftsjahr zu einem Umsatz geführt haben oder nicht. Dies ist das Wesen des Gesamtkostenverfahrens.
Gesamtleistung	:	Mit Unternehmensleistung ist gemeint die Produktion von Gütern oder die Erbringung von anderen Leistungen.
Gesamtwert	:	Entspricht nach finanziellen Zielvorstellungen, wie zum Beispiel Gewinn, den abgeleitetem Gegenwartswert eines Unternehmens.
Geschäftswert	:	Siehe Goodwill.
Gewinnrücklagen	:	Aus dem Gewinn eines Unternehmens, selbst erwirtschaftetes Eigenkapital.
Gewinn- und Verlustrechnung	:	Teil des Jahresabschlusses, indem systematisch sämtliche Aufwendungen den Erträgen gegenübergestellt werden. Wird erstellt nach dem Gesamtkosten- oder Umsatzkostenverfahren.
Goodwill	:	Der Goodwill (Firmenwert) spiegelt die Differenz zwischen dem Substanzwert eines Unternehmens und dem bei seiner Akquisition gezahlten Preis wider. Abschreibungen auf den Goodwill sind zwar ergebniswirksam und können zu immensen Verlusten führen. Sie belasten aber nicht die Liquidität eines Unternehmens. Es handelt sich also gewissermaßen um Buchverluste.

GuV	:	Abkürzung für Gewinn und Verlustrechnung.
Hauptversammlung	:	Organ einer Aktiengesellschaft, das mindestens einmal im Jahr zusammentritt. Es beschließt u.a. die Verwendung des Bilanzgewinnes.
Hausse	:	Längere Zeit anhaltende starke Kursgewinne an der Börse.
Herstellungskosten	:	Alle Kosten, die notwendig sind, um ein Produkt verkaufsfähig zu machen.
Immaterielle Vermögensstände des Anlagevermögens	:	Als immaterielle Vermögensgegenstände werden alle käuflich erworbenen, nicht körperlich fassbaren Vermögensgegenstände zusammengefasst, wie zum Beispiel Patente.
IAS	:	Die IAS (International Accounting Standards) werden vom IASB (International Accounting Standards Board) herausgegeben. Das IASB ist eine internationale Fachorganisation, die von bzw. mit Rechnungslegungsfragen befassten Berufsverbänden getragen wird. Das Ziel der IASB ist es, die Rechnungslegung international zu vereinheitlichen.
IASB	:	Siehe IAS.
IFRS	:	Die IFRS (International Financial Reporting Standards) umfassen die bisherigen International Accounting Standards (IAS) sowie die Interpretationen des Standing Interpretations Committees. Zusätzlich umfasst das IFRS alle Standards und Interpretationen, die vom IASB angekündigt sind bzw. werden.
Index	:	Der Index ist eine Zahlengröße, die aus einem nach bestimmten Kriterien festgelegten Bestand von Aktien oder Anleihen errechnet wird.
Innerer Wert	:	Andere Bezeichnung für fairer Aktienkurs.
Inflation	:	Prozess anhaltender Preisniveausteigerungen, der zu einer Abnahme der Kaufkraft des Geldes bzw. des Geldwertes führt.
Ingangsetzungs- und Erweiterungsaufwendungen	:	Dieses sind beispielsweise Ausgaben für Marktstudien, Einführungskosten für neue Produkte usw. Die Aufwendungen werden als Bilanzierungshilfe unter den Aktiva ausgewiesen und auf vier Folgeperioden verteilt.

Interessenzusammenfüh-rungsmethode	:	Diese Methode zur Konsolidierung von Tochterunternehmen baut theoretisch auf der Überlegung auf, dass der Unternehmenszusammenschluss durch einen Aktientausch realisiert wird, wobei die Aktionäre aus freien Stücken ihre Unternehmen zu einem zusammenschließen und dieses künftig gemeinsam fortführen möchten.
International Accounting Standards	:	Siehe IAS.
International Financial Reporting Standards	:	Siehe IFRS.
International Accounting Standard Board	:	Siehe IAS.
Investor Relations (IR)	:	Investor Relations zu pflegen bedeutet, den Kapitalmarkt über das Unternehmen zu informieren. Im Mittelpunkt stehen dabei Informationen über Strategien, finanzielle Kennzahlen usw.
Jahresabschluss	:	Der Jahresabschluss besteht grundsätzlich aus einer Bilanz, GuV, Lagebericht und einem Anhang.
Jahresüberschuss/-verlust	:	Der im Geschäftsjahr erwirtschaftete Gewinn oder Verlust.
KAP	:	Siehe Konsolidierungsausgleichsposten.
Kapitalflussrechnung	:	Bewegungsrechnung, in der für einen bestimmten Zeitraum Herkunft und Verwendung liquiditätswirksamer Mittel dargestellt werden.
Kapitalrücklage	:	Von außen zugeführtes Eigenkapital, welches nicht als gezeichnetes Kapital gilt.
Kapitalkonsolidierung	:	Aufnahme einer Tochtergesellschaft in einem Konzern. Dabei erfolgt eine Aufrechnung des Beteiligungsbuchwertes aus dem Einzelabschluss des Mutterunternehmens mit dem beteiligungsproportionalen Buchwert des Tochterunternehmens bei der Erstellung des Konzernabschlusses.
Kennzahl	:	Ausdruck zweier zueinander in Beziehung gesetzter betriebswirtschaftlicher Messgrößen, zum Beispiel Gewinn zu Umsatz.
Konsolidierungsaus-gleichsposten	:	Differenz zwischen dem Buchwert von Konzernbeteiligungen und dem auf die Beteiligung entfallenden Eigenkapital des Tochterunternehmens.
Konsolidierungskreis	:	In den Konzernabschluss nach der Vollkonsolidierung einbezogene Tochterunternehmen.

Konsolidierungs-maßnahmen	:	Maßnahmen zur Zusammenführung der verschiedenen Einzelbilanzen und Gewinn- und Verlustrechnungen zur Konzernbilanz.
Konzern	:	Gruppe rechtlich selbstständiger Unternehmen, welche durch einen Mutterkonzern kontrolliert werden.
Kurs-Gewinn-Verhältnis	:	Aktueller Börsenkurs geteilt durch den Gewinn je Aktie.
Kursrisiko	:	Preisschwankungen von Aktienkursen.
Lagebericht	:	Bestandteil des Jahresabschlusses, gibt zusätzliche Angaben über den allgemeinen Geschäftsverlauf und die Lage des Unternehmens.
Latente Steuern	:	Latente Steuern sind Abgrenzungsposten für zukünftige Ertragsteuerzahlungen und -verpflichtungen, wenn sie auf temporäre Differenzen zwischen den Wertansätzen in der Handelsbilanz und der Steuerbilanz beruhen. Überdies begründen latente Steuern keine tatsächlichen Forderungen oder Verbindlichkeiten gegenüber den Steuerbehörden.
Liquidität	:	Fähigkeit eines Unternehmens jederzeit seinen Zahlungsverpflichtungen nachzukommen.
Niederstwertprinzip	:	Beim Niederstwertprinzip werden Vermögensgegenstände grundsätzlich zu dem durch Anschaffungs- oder Herstellungskosten bestimmten Wert in die Bilanz aufgenommen.
Ordentliches Betriebsergebnis	:	Dies ist die Differenz zwischen den regelmäßig anfallenden Erträgen und Aufwendungen aus der Erzeugung und dem Vertrieb der vom Unternehmen im eigentlichen Geschäftszweig erzeugten und gelieferten Produkte.
Ordentliches betriebsfremdes Ergebnis	:	Dies ist die Differenz zwischen den regelmäßig anfallenden Erträgen und Aufwendungen der nicht unmittelbar den eigentlichen Betriebszweck dienenden Transaktionen.
Other Comprehensive Income	:	Siehe übriger umfassender Periodenerfolg
Pooling of Interests	:	Siehe Interessenzusammenführungsmethode.
Portfolio	:	Gesamtheit einer Vermögensanlage in Wertpapieren bzw. Vermögensgegenständen.

Price-Earnings-Ratio	:	Engl. für Kurs-Gewinn-Verhältnis.
Produktivität	:	Maßstab für die Ergiebigkeit des Einsatzes eines Produktionsfaktors, beispielsweise Arbeitsproduktivität = (Gesamtleistung / durchschnittliche Mitarbeiteranzahl).
Purchase-Methode	:	Siehe Erwerbsmethode.
Rating	:	Bonitätsbeurteilung von Anleihen und ihrer Emittenten durch unabhängige Agenturen.
Rechnungsabgrenzungsposten	:	Aktivischer (passivischer) Bilanzposten für streng zeitraumbezogene Zahlungen, die vor dem Bilanzstichtag geleistet werden, aber deren Leistung erst in die Zukunft erfolgt, wie zum Beispiel Mieten.
Rentabilität	:	Kennzahl, bei der eine Ergebnisgröße zu einer bestimmten Einflussgröße in Beziehung gesetzt wird, beispielsweise Gewinn zu Umsatz.
Return-on-Investment	:	Bei dem Return-on-Investment-Konzept handelt es sich um ein Kennzahlensystem, das die Kennzahlen Betriebs- und Umsatzrentabilität miteinander verbindet und deren Interdependenzen zu anderen Erfolgs- und Bilanzpositionen erklärt.
RoE	:	Engl. Abkürzung für Eigenkapitalrendite (Return-on-Equity).
Rücklagen	:	Sind ein variabler Teil des Eigenkapitals, der aufgrund von gesetzlichen oder satzungsmäßigen Regelungen gebildet wird.
Rückstellungen	:	Rückstellungen werden gebildet für Wertminderungen eines Vermögensgegenstandes oder Ansprüche, die für die Zukunft erwartet werden. Beispielsweise werden Steuerrückzahlungen gebildet, wenn deren Steuertatbestand im laufenden oder einem früheren Berichtszeitraum liegt, aber die Zahlung erst in den folgenden Perioden erfolgt.
Sachanlagen	:	Materieller Teil des Anlagevermögens, wie Immobilien, Maschinen usw.
Schwebende Geschäfte	:	Schwebende Geschäfte resultieren aus verpflichteten Verträgen, die noch von keinem Vertragspartner erfüllt sind.
Shareholder-Value	:	Managementkonzept, welches die dauerhafte Wertsteigerung des Unternehmens in den Mittelpunkt strategischer und operativer Entscheidungen stellt.

Schlusskurs	:	Letzter an einem Handelstag an einer Börse offiziell festgestellter Aktienkurs.
Steuerbilanz	:	Ist die gültige Bilanz für die Steuerzahlung. Sie wird nach steuer-rechtlichen Regeln aufgestellt. Im Gegensatz zu der Handelsbi-lanz bekommt ein externer Bilanzleser diese Bilanz nicht zu lesen. Sie dient ausschließlich der Steuerverwaltung zur Ermittlung der fälligen Steuern.
Stille Reserven	:	Stille Reserven werden durch die Unterbewertung von Aktiva bzw. durch Überbewertung von Passiva gebildet und sind daher aus der Bilanz nicht ersichtlich. Man unterscheidet in der Regel vier unterschiedliche Arten der stillen Reserven: Die Zwangsrücklage resultiert aus der Beachtung gesetzlicher Bewertungsvorschriften (beispielsweise Ansatz Anschaffungs- oder Herstellungskosten auch bei gestiegenen Wiederbeschaf-fungskosten). Die Schätzungsrücklage entsteht dadurch, wenn der Wert eines Vermögens- oder Schuldpostens nur im Wege der Schätzung festgestellt werden kann (beispielsweise Bemessung von Ab-schreibungen). Die Ermessensrücklage liegt dann vor, wenn der Bilanzierende von zwei oder mehreren zulässigen Wertansätze den niedrigeren wählt (beispielsweise Ermittlung der Herstellungskosten). Die Willkürrücklage entsteht durch bewusste, bilanzpolitisch mo-tivierte Entscheidungen bzw. absichtliche Fehlschätzungen (bei-spielsweise willkürliche Unterschreitung des bekannten bzw. durch Schätzung ermittelten Wertes eines Vermögensgegen-standes).
Tageswertprinzip	:	Vermögensgegenstände werden in der Bilanz zu Tageskursen aufgenommen.
Technische Analyse	:	Die technische Analyse versucht durch die Beobachtung von ver-gangenen Einzelkursverläufen von Wertpapieren oder Indexver-läufen (in Charts) Trendverläufe, bestimmte wiederkehrende Formationen sowie Umkehrpunkte frühzeitig zu erkennen und daraus Kursprognosen abzuleiten.
Übriger umfassender Pe-riodenerfolg	:	Enthält im Wesentlichen unrealisierte Gewinne und Verluste aus der Währungsumrechnung sowie aus Wertpapiergeschäften.
Umfassender Periodener-folg	:	Veränderung des Eigenkapitals ohne Transaktionen mit den Akti-onären, wie Dividendenzahlungen. Er besteht somit primär aus dem Jahresüberschuss und dem übrigen umfassenden Perioden-erfolg.

Umlaufvermögen	:	Vermögensgegenstände, die nur zur vorübergehenden Nutzung im Geschäftsbetrieb der Unternehmung bestimmt sind.
Umsatzkostenverfahren	:	Bei diesem Verfahren werden in die Gewinn- und Verlustrechnung nur die durch den Umsatz bedingten betrieblichen Aufwendungen aufgezeigt. Daneben werden die Erträge und die Aufwendungen für Eigenleistungen gegeneinander saldiert und nicht ausgewiesen.
Umschlagsdauer	:	Der reziproke Wert des Umschlagskoeffizienten gibt an, in welcher Zeit der Bestand einmal umgeschlagen wird.
Umschlagskoeffizient	:	Ein Umschlagskoeffizient gibt an, wievielmal ein Vermögensposten umgeschlagen wurde.
US-GAAP	:	Rechnungslegungsregeln der USA (Generally Accepted Accounting Principles). Sie werden durch Verlautbarungen des Financial Accounting Standards Board (FASB) sowie des American Institute of Certified Public Accountants (AICPA) gebildet.
Valutaforderungen	:	Forderungen bzw. Verbindlichkeiten in ausländischer Währung.
Vermögensgegenstand	:	Ein Gut, was einzeln veräußerbar ist, d.h. selbstständig verkaufsfähig, wie zum Beispiel Maschinen.
Verschuldungsgrad	:	Der Verschuldungsgrad eines Unternehmens berechnet sich aus dem Fremdkapital im Verhältnis zum Eigenkapital. Grundsätzlich gilt: Je höher der Verschuldungsgrad eines Unternehmens, umso abhängiger ist das Unternehmen von externen Gläubigern.
Vollkonsolidierung	:	Methode der Einbeziehung eines Tochterunternehmens in einen Konzernabschluss.
Vorräte	:	Teil des Umlaufvermögens. Vorräte umfassen die Bestände an Roh-, Hilfs- und Betriebsstoffen, unfertigen und fertigen Erzeugnissen und Waren.
Vorstand	:	Der Vorstand leitet eine Aktiengesellschaft und ist verpflichtet, den Jahresabschluss und den Lagebericht zu erstellen.
Währungsrisiko	:	Risiko einer Anlage in einer ausländischen Währung, das durch mögliche Wechselkursveränderungen verursacht wird.
Wertorientiertes Management	:	Grundgedanke dieses Konzeptes ist es, dass sich Investitionen nur dann rechnen, wenn deren Rendite über den Eigenkapitalkosten liegt. Nur dann wird ein Wert für die Aktionäre geschaffen.

| Wertschöpfung | : | Wertzuwachs der im Produktionsprozess verwendeten Güter. In der Regel ergibt er sich aus der Differenz zwischen Umsatzerlösen und Vorleistungen. |

16 Stichwortverzeichnis

A

Abdiskontierungsfaktor 197

Abschlussprüfer

Bestätigungsvermerk 105

Abzinsung 195

Adjusted Present Value 199, 200

Aggressiv-Wachstum-Strategie 231

Aktienbezogene Kennzahlen 173

Aktienfilter *Siehe* Stock Screener

Aktienregeln 223

Aktienrisiko 223

Aktienstrategien

Indexbezogene Strategien *Siehe*
Indexbezogene Strategien

Nichtindexbezogene Strategien *Siehe*
Nichtindexbezogene Strategien

Aktionär 15

Aktiva 70, 72, 73, 177

Anderen Gesellschaftern zustehender
Gewinn 83

André Kostolany 13, 15

Anhang 98

Anlagedeckungsgrad 1 132

Anlagedeckungsgrad 2 132

Anlagegitter 100

Nettobereich 103

Sachanlagen 103

Anlagenintensität 125, 137

Anlagespiegel 100

Anlagestrategien 223

Anlagevermögen

Finanzanlagen 74

Anspannungskoeffizient 130

APV-Ansatz 199

Arbeitsintensität 125

assoziiertes Unternehmen 68

Auswirkungen einer Bonitätsveränderung
168

B

Barwertkonzept 199

Bayer AG

Anlagegitter Sachanlagen 104

Eigenkapitalentwicklung 88

Erfolgsanalyse 155

Finanzanalyse 144

Geschäftsbericht 22

Kapitalflussrechnung 91

Lagebericht 28, 30, 36, 51, 54, 106, 114, 115

Strukturanalyse 133

Benjamin Graham 235, 239

Bestätigungsvermerk des Abschlussprüfers
105

Beta 204

betriebsnotwendiges Vermögen 151

Betriebsrentabilität 151

Betriebsvergleich 122

Bilanz 70

aktive latente Steuern 75

Aufgaben 71

Bilanzidentität 72

Bilanzierungsrichtlinien 71

Bilanzklarheit 71

Bilanzkontinuität 71

Bilanzwahrheit 71

Eigenkapital 76

Gliederung 72

latente Steuern 77

Passiva 76

Bilanzanalyse 123

Erfolgsanalyse *Siehe* Erfolgsanalyse

Finanzanalyse *Siehe* Finanzanalyse

Strukturanalyse *Siehe* Strukturanalyse

Bilanzidentität 72

Bilanzklarheit 71
Bilanzkontinuität 71
Bilanzkurs 178
Bilanzwahrheit 71
Bilanzwert 173
Bilanzwert je Aktie 173
Bonitätsänderungen 168
Bonitätsrisiko 166
Bonitätsveränderung 168
Bonitätsverbesserung 169
Börse 173
Börsenpsychologie 13
Börsenspekulanten 13
Branchenvergleich 122
Brutto-Cashflow 92
Buchwertmethode 59

C

Cash Ratio 141
Cash Value Added 43
Cashflow / Umsatzrate 143
Cashflow je Aktie 202
Cashflowanalyse 142
Cashflow-Return-on-Investment 44
CFRoI 44, 55
Current Ratio 141

D

DCF-Methode 199
Deckungsgrad A 132
Deckungsgrad B 132
Depotgebühren 224
Discontinuing Operations 75
Discount 195
Discount-Broker 224
Discounted Cashflow Calucator 198
Discounted-Cashflow-Verfahren Siehe DCF-
   Methode
Diskontierungsfaktor 205

Dividend-Discount-Modell 199
Dividende/Gewinn-Verhältnis 176
Dividendenrendite 175
Donald Stewart 236
DVFA/SG-Methode 178
dynamischer Verschuldungsgrad 143

E

EBIT 183
EBITDA 64, 184
Economic-Value-Added-Konzept Siehe EVA-
   Konzept
Eigenkapital 86
   Kapitalrücklage 76
Eigenkapital pro Aktie 174
Eigenkapitalanteil 130
Eigenkapitalentwicklung 86
Eigenkapitalrendite 131
Eigenkapitalrentabilität 150
Eigentümerwechsel 13
Einheitstheorie 58
Einkaufsmanager-Index 112
Enterprise Value 190
   Berechnung fairer Aktienpreis 191
Entity-Ansatz 199
Equity Ratio 130
Equity-Ansatz 201
Equity-Methode 58, 68
   Buchwertmethode 68
   Ziel 68
Erfolgsanalyse 123, 146
Erstkonsolidierung 66
Erstkonsolidierung des
   Tochterunternehmens 59
Ertragssteuern 83
Ertragsverfahren 196
Ertragswert eines Unternehmens 178
Erwerbsmethode 59, 66, 67
Europäische Zentralbank 113

EV *Siehe* Enterprise Value
EVA-Konzept 55
Ewige Rente 205, 209

F

fairer Aktienkurs 220
fairer Aktienwert 217
fairer Wert 217
fairer Wert einer Aktie 187
Finanzanalyse 123, 140
  Cashflowanalyse 142
  Liquiditätsanalyse 140
Finanzanlagen 74
Finanzierungsrechnung 90
Finanzstrukturanalyse 131
Folgekonsolidierung 67
Folgekonsolidierung eines
  Tochterunternehmens 64
Forschungs- und Entwicklungskosten 83
Fremdkapital 128
Fremdkapitalquote 128
Fremdkapitalstruktur 129
Frühindikator 113
fundamentale Aktienanalyse
  Ablauf 14
  Basishypothese 187
  Beispielsunternehmen Bayer AG 14
  Zielgruppen 13

G

Gesamtkapitalrendite 131, 150
Gesamtkapitalumschlag 126
Gesamtvermögen 124
Geschäftsbericht 15, 107, 173
  Aufbau 22
  Lagebericht 35
  Was ist das? 15
  Woher 21
Geschäftswert 62
Gewinn je Aktie / KGV-Modell 211

Gewinn- und Verlustrechnung 81
Goldene Bilanzregel 132, 140
Goldene Finanzregel 132
Goldenen Regeln der fundamentalen
  Aktienanalyse 237
Goodwill 60, 62
Gordon-Modell 189
Graham 235, 239
Grahams Aktienstrategie 235

H

Handelsbilanz 70
Handelsgesetzbuch 16, 70
Herbstumfrage des Deutschen Industrie-
  und Handelskammertages 112
Herrscher innerhalb der Branche 9
HGB *Siehe* Handelsgesetzbuch
hurdle 42

I

Ifo-Geschäftsklimaindex 111
IFRS/IAS 16
Immobilisierungsverhältnis 125, 137
Index
  Was ist das? 225
Indexbezogene Strategien 225
  Aggressives-Wachstum-Strategie 231
  Dividendenrendite 226
  Kurs-Umsatz-Verhältnis 230
  Marktkapitalisierung 230
  Wachstums-Strategie 232
  Wert-Strategie 231
Innenfinanzierungsgrad 160
Innenfinanzierungsgrad der Investitionen
  143
innerer Wert 187, 195, 206
Institutionelle Anleger
  Ziel der Kapitalanlage 13
Internetkalkulatoren 217

Investitionen in das Sachanlagevermögen 159

Investitionskennzahlen 161

J

Jahresabschluss 15

K

KAP 59

Kapitalflussrechnung 90

Kapitalrendite *Siehe* RoCE

Kapitalrücklage 76

Kapitalstrukturanalyse 128

KBV 176, 219

KCFV 180

Kenneth Stewart 236

Kennzahl 2, 121

  Vergleichsmaßstab 122

Kennzahlenrechnung 121

KGV 177, 188

  Berechnung fairer Aktienkurs 188

  historische 188

  prognostizierte 188

  relative 188

  Rentenmarkt 179

Konsolidierung 58

  von Tochterunternehmen 58

Konsolidierungsausgleichsposten 59, 65

  Aktiver 59

  Passiver 60

Kontributionsmodell 55

Kostolany *Siehe* André Kostolany

Kundenziel 127, 137

Kurs/Buchwert-Verhältnis 176

Kursbezogene Kennzahlen 175

Kurs-Buchwert-Verhältnis 219

Kurs-Cashflow-Verhältnis 180

Kurs-Gewinn-Verhältnis 177, 188

Kursindex 225

Kurs-Umsatz-Verhältnis 183

Kurs-Umsatz-Verhältnis-Strategie 230

KUV 183

L

Lagebericht 35

latente Steuern

  Aktive 75

  Passive 77

Liquidität 3. Grades 141

Liquiditätsanalyse 140

M

Maklercourtage 224

Marken 9, 109

Marktführer 10

Marktkapitalisierungs-Strategie 230

Marktrisiko 121

Messung der Bonität eines Schuldners 166

Mittelfluss aus Finanzierungstätigkeit 96

Moderne Bewertungsverfahren 195

  Anwendungsbeispiel 201

Moody's 166

Mr. Börse 239

N

NEMAX All Share 1

Netto-Cashflow 202

Nettoinvestition 158

Neuer Markt 1

New Economy 13

Nichtindexbezogene Strategien 234

  Grahams Aktienstrategie 235

  Reinganum-Strategie 234

O

Operativer Cashflow 202

ordentliches Betriebsergebnis 151

P

Passiva 70, 72, 76

PEG 189

PEG-Ratio 180

Pensionen 77

Performanceindex 225

Peter Lynch 109

Present Value 197, 198

Price/Earnings to Growth Ratio 189

Price-Earning-Ratio 178

Privatanleger

Ziel Kapitalanlage 13

Produktionsrisiko 121

Purchase Method 59

Q

Q-Ratio 177

Quartalsbericht 15

R

Rating 166, 169, 170

Ratingagenturen 166

Ratingsymbole 167

Reinganum-Strategie 234

relative Bewertungsmethoden 219

relative Bewertungsverfahren 187

relative Kurs-Gewinn-Verhältnis 179

Rentabilität 149

rentables Wachstum 43

Rentenmarkt KGV 179

Restbuchwert Anlagenabgänge 158

Return-on-Capital-Employed 53

Return-on-Investment-Konzept 152

risikofreier Zins 204

RoCE 53

S

Schätzformel

Cashflowwachstum 202

Gewinnwachstum 207

Schnellverfahren 170

Schnellverfahren zur Ermittlung der Solidität und Finanzkraft eines Unternehmens 166

Schuldnerbonität 168

sonstige betriebliche Aufwendungen 83

sonstige betriebliche Erträge 83

Standard & Poor's 166

Statistisches Bundesamt 112

Steuerbilanz 70

stille Lasten 60

stille Reserven 60

Stock Screener 224, 234

Strategie Dividendenrendite 226

Strukturanalyse 123

Finanzstrukturanalyse 131

Vermögensstrukturanalyse 124

Substanzaktien 181

Kaufzeitpunkt 181

Substanzverfahren 196

systematisches Risiko 121, 223

T

traditionelle Bewertungsverfahren 187, 188

Transaktionskosten 224

U

übrige Forderungen und sonstige Vermögenswerte 75

Umsatzkostenverfahren 81

Umsatzrendite 174

Umsatzrentabilität 152

Umsatzwachstum 175

Umschlagsdauer des Vorratsvermögens 126

Umschlagskoeffizient 126, 146

unsystematisches Risiko 121, 223

Unternehmensführung

wertorientiert 42

Unterschieds-Brutto-Cashflow 43
US-GAAP 16

V

Variation der Reinganum-Strategie 234
Vermögensstrukturanalyse 124
   Kapitalstrukturanalyse 128
Verschuldungsgrad 128
Vertriebskosten 83
Verwaltungskosten 83
Vollkonsolidierung 58, 61
Vorratsintensität 147
Vorsitzende des Vorstandes 28
Vorstandssprecher 28

W

WACC 199
Wachstumsaktien 181

Kaufzeitpunkt 181
Wachstumsrate 160
Wachstums-Strategie 232
Warren Buffet 107, 187
Weigthed Average Cost of Capital 199
Wert-Strategie 231
Wirtschaftlichkeit 146

Y

YAHOO! 21

Z

Zahlungsmittelbestand 96
ZEW-Index 112
Zinsstrukturkurve 44
Zukunftsvorsorge 158
Zwischenbericht 15
Zyklus der Kursbewegung 181

ibidem-Verlag

Melchiorstr. 15

D-70439 Stuttgart

info@ibidem-verlag.de

www.ibidem-verlag.de
www.ibidem.eu
www.edition-noema.de
www.autorenbetreuung.de